Михаэль Лайтман

Духовный Поиск

серия
КАББАЛА. ТАЙНОЕ УЧЕНИЕ

Работы Михаэля Лайтмана, автора более 30 книг серии «Каббала. Тайное Учение», переведены на 19 языков мира (www.kab1.com). М.Лайтман является крупнейшим практикующим каббалистом нашего времени.

Учение Михаэля Лайтмана, основанное на исследованиях самых выдающихся каббалистов за всю историю человечества и на собственном опыте Пути, приобрело огромную международную популярность. Более 150 отделений школы М.Лайтмана работают по всему миру.

Книга «Духовный поиск» – это сборник каббалистических текстов, которые дают представление об основных предметах исследования науки Каббала: структура и развитие души, строение духовных миров, возможности человека выйти в своем познании за пределы материального мира. Когда человек начинает изучать духовный мир и восстанавливать свою связь с Творцом, он превращается из прямоходящего животного в Человека. Каббала – это инструкция, без которой такое превращение невозможно.

ISBN 978-1-77228-170-5
Laitman Kabbalah
Publishers 2023

ОГЛАВЛЕНИЕ

К читателю 4
Язык Каббалы 6
Беседы с начинающими 7
Развитие души 103
   Независимость творения 105
   Четыре ступени развития желания 114
   Условие слияния 124
   Ускорение исправления 137
   Преодоление помех верой выше знания 141
   Несколько мыслей 150
Духовный поиск 157
   Беседы в Дублине 159
   Советы обучающим 222
   О товариществе 238
   Свобода воли 241
   О природе творения 258
Ночь Каббалы 273
Сказания языком Каббалы 471
Человек и Творец 515
От издателя 537

К ЧИТАТЕЛЮ

Известно, что Каббала является тайным учением. Именно ее скрытность, тайность послужила поводом для возникновения вокруг Каббалы множества легенд, фальсификаций, профанаций, досужих разговоров, слухов, невежественных рассуждений и выводов. Лишь в конце XX столетия получено разрешение на открытие знаний науки Каббалы всем и даже на распространение их по миру. И потому в начале этой книги я вынужден в этом обращении к читателю сорвать вековые наслоения с древней общечеловеческой науки Каббала.

Наука Каббала никак не связана с религией. То есть связана в той же самой степени, что, скажем, физика, химия, математика, но не более. Каббала – не религия, и это легко обнаружить хотя бы из того факта, что никто из религиозных людей не знает ее и не понимает в ней ни одного слова. Глубочайшие знания основ мироздания, его Законов, методику познания мира, достижение Цели творения Каббала скрывала в первую очередь от религиозных масс. Ибо ждала времени, когда разовьется основная часть человечества до такого уровня, что сможет принять каббалистические Знания и правильно использовать их. Каббала – это наука управления судьбой, это Знание, которое передано всему человечеству, для всех народов земли.

Каббала – это наука о скрытом от глаз человека, от наших пяти органов чувств. Она оперирует только духовными понятиями, т.е. тем, что происходит неощутимо для наших пяти чувств, что находится вне их, как мы говорим, в Высшем мире. Но названия каббалистических обозначений и терминов взяты Каббалой из нашего земного языка. Это значит, что хотя предметом изучения науки Каббала являются высшие, духовные миры, но объяснения, выводы исследователь-каббалист выражает названиями, словами нашего мира. Знакомые слова обманывают человека, представляя ему якобы земную картину, хотя Каббала описывает происходящее в Высшем мире. Использование знакомых слов-понятий приводит к недоразумениям, к неправильным представлениям, неверным измышлениям, воображениям. Поэтому сама же Каббала запрещает представлять себе какую-либо связь между названиями, взятыми из нашего мира, и их духовными корнями. Это является самой грубой ошибкой в Каббале.

И потому Каббала была запрещена столько лет, вплоть до нашего времени: развитие человека было недостаточным для того, чтобы перестал он представлять себе всяких духов, ведьм, ангелов и прочую чертовщину там, где говорится совершенно о другом.

Только с 90-х годов XX века разрешено и рекомендуется распространение науки Каббала. Почему? Потому что люди уже более не связаны с религией, стали выше примитивных представлений о силах природы как о человекоподобных существах, русалках, кентаврах и пр. Люди готовы представить себе Высший мир как мир сил, силовых полей, мир выше материи. Вот этим-то миром сил, мыслей и оперирует наука Каббала.

С пожеланием успеха в открытии Высшего мира,
Михаэль Лайтман

ЯЗЫК КАББАЛЫ*

Когда необходимо описать высший мир, неощущаемое пространство, каббалисты используют для описания слова нашего мира. Потому что в высшем мире нет названий. Но поскольку оттуда, как из корня ветви, нисходят силы, рождающие в нашем мире объекты и действия, то для отображения корней, объектов и сил высшего мира, применяются названия ветвей, их следствий, объектов и действий нашего мира. Такой язык называется «язык ветвей». На нем написаны Пятикнижие, Пророки, Святые писания – вся Библия и многие другие книги. Все они описывают высший мир, а не историю еврейского народа, как может показаться из буквального понимания текста.

Все святые книги говорят о законах высшего мира. Законы высшего мира называются Заповедями. Их всего 613. В мере выполнения этих законов, человек входит в ощущение высшего мира, ощущение вечности и совершенства, достигает уровня Творца. Выполнение достигается использованием высшей силы, называемой Высшим светом или Торой. Все книги говорят о обретении веры, под этим в Каббале подразумевается не существование в потемках, а именно явное ощущение Творца.

Желающему войти в ощущение высшего мира ни в коем случае нельзя понимать тексты буквально, а только пользуясь языком ветвей. Иначе он останется в своем понимании на уровне этого мира.

Принятые у религиозных евреев ритуалы, в обиходе также называются заповедями и описываются тем же языком, что и духовные действия и процессы. Ритуалы были введены в народ для оформления границ поведения, позволявших сохранять народ в изгнании.

Кроме истинной, духовной трактовки понятия Заповедь, начинающему необходима адаптация к духовной интерпретации слов: поцелуй, гой, объятие, Израиль, беременность, иудей, роды, изгнание, народы мира, освобождение, половой акт, вскармливание и пр. Время постепенно рождает в человеке новые определения и сквозь них начинает ощущаться высший, вечный мир.

---

* см. также: «Учение Десяти Сфирот», Вступление.

Беседы с начинающими

ОГЛАВЛЕНИЕ

Беседа первая 9
Беседа вторая 17
Беседа третья 24
Беседа четвертая 31
Беседа пятая 37
Беседа шестая 43
Беседа седьмая 46
Беседа восьмая 49
Беседа девятая 54
Беседа десятая 62
Беседа одиннадцатая 68
Беседа двенадцатая 73
Беседа тринадцатая 76
Беседа четырнадцатая 83
Беседа пятнадцатая 85
Беседа шестнадцатая 92
Беседа семнадцатая 96
Беседа восемнадцатая 100

БЕСЕДА ПЕРВАЯ

Как ощутить желание? Для того чтобы знать, что я хочу, я должен сначала попробовать, чтобы во мне осталось ощущение, какой-то вкус. Наслаждение было, а сейчас его нет, но я к нему стремлюсь. Таким должно быть настоящее кли, в котором когда-то побывал свет: оно вкусило всю силу наслаждения светом, а затем свет исчез, и кли страстно желает вновь ощутить вкус света.

А сейчас поговорим о том, как устроена душа и почему мы должны что-то с ней делать. Душа — это единственное, что создано. Через свои пять фильтров душа получает в себя зрительные, слуховые, обонятельные, вкусовые и осязательные ощущения. За этими пятью органами чувств стоит компьютер, программа. Она переводит то, что находится снаружи, на язык, понятный нам: наслаждения или страдания. И в самой центральной точке нашей души мы ощущаем, плохое это или хорошее.

Если этот компьютер запрограммирован естественно, то программа его рассчитана таким образом, что удовлетворяет эгоистическое восприятие плохого и хорошего. Если же он запрограммирован альтруистически, то понятие хорошего и плохого оценивается относительно не себя, а внешнего, Творца.

Таким образом, есть две возможности запрограммировать душу на оценку и выбор: эгоистически, ради себя, или альтруистически, ради Творца. Ведь кроме Творца и творения, света-наслаждения и желания-сосуда, нет в мироздании ничего.

Естественным образом человек рождается запрограммированным эгоистически. Поэтому на «задней» стороне его сознания, мозга у него откладывается, проецируется эгоистически проявленное изображение, которое называется «наш мир».

Кроме света, человек ничего не ощущает. Но если свет проходит эгоистическую обработку, он отражается в человеке как наш мир. Если бы эгоистическое влияние не вносило бы свою обработку, свои помехи (отбирает все, что хорошо, и отбрасывает плохое, т.е. программа самосохранения организма), то картина была бы совершенно другой. Она отпечатывалась бы на передней стороне души и показывала человеку все, что есть снаружи, объективно, а не внутри, субъективно, с выгодой для себя. То, что снаружи, называется светом, или Творцом.

Для перепрограммирования компьютера с эгоистического на альтруистический существует наука Каббала, которая помогает нам получать истинно существующее наружное изображение без налета эгоизма: мы сможем ощутить то истинное мироздание, которое находится вне нас. Такое состояние называется слиянием со светом, когда между душой и светом нет никаких помех.

Это немного напоминает то ощущение, которое испытывают люди в состоянии клинической смерти, частично оторвавшись от эгоистического тела (животного эгоизма). Они впереди видят свет и очень стремятся к нему. Достичь света они не в состоянии, так как еще не избавились от духовного эгоизма, избавиться от которого можно лишь вместе с животным эгоизмом нашего тела. Поэтому вся работа человека происходит в течение одной или нескольких жизней в эгоистическом теле.

Избавиться от духовного эгоизма можно очень просто, если будем знать, какие помехи вносит эгоизм в наш внутренний компьютер. Вся информация поступает через пять фильтров, которые называются пятью частями малхут, пятью частями власти эгоизма. Эти пять каналов и перерабатывают всю информацию извне в информацию, подходящую эгоизму: что для него хорошо, а что плохо. Все сигналы проводятся через определенную толщину фильтров (авиют), которая у каждого человека разная.

Чем больше кругооборотов проходит душа, тем авиют ее больше, тем человек грубее, более целеустремлен, тем он более готов к исправлению. А для людей, не развитых эгоистически, не нужно многого. Они довольствуются малым. Большой эгоист уже готов к исправлению, он сильнее ощущает необходимость в заполнении себя светом.

Как возникает потребность в исправлении программы компьютера? При развитии авиют в человеке до максимального размера. Это происходит за много кругооборотов, жизней в нашем мире, не только человека, животных и растений, но и неживой природы, — вся природа, кроме человека, поднимается вместе с ним, зависит от состояния человека.

Беседа первая

После того как авиют развивается до максимальной толщины, где существует максимальная разница между светом и той картиной, которую человек ощущает внутри, тут включается в человеке внутренний переключатель, который дает ему ощущение, что он уже больше ничем не сможет себя заполнить ни сейчас, ни в будущем.

Это служит сигналом к тому, что человек перестает искать что-либо у себя внутри, на «задней» стенке души, а стремится к ощущению наружного: обращается к различным философиям и методикам, пока не приходит в Каббалу, где именно и может найти то, что так долго искал.

Каббала является той методикой, которая способна изменить эти фильтры, не убрать их вообще, а только перестроить с эгоистического намерения получать наслаждения на альтруистическое намерение давать наслаждение, вернее, получать его ради отдачи, потому что все это говорится относительно Творца, которому дать-то нечего, кроме наслаждения от Него.

Таким образом, эти же фильтры можно использовать для получения, но ради света, Творца, и тогда информация, поступающая извне, совершенно не исказится, а предстанет перед нами такой, какая она есть на самом деле, снаружи. На этом заканчивается вся программа творения, которая позволяет человеку существовать без всяких помех для своего «эго» — существовать, ощущать, жить в истинном мироздании. Все наслаждения нашего мира, которые человечество ощущало и еще ощутит, являются лишь одной шестисоттысячной долей наслаждения от самого маленького света (нэфеш).

Даже одна душа, которая исправилась полностью и получает весь свет без ограничения, находится впереди всех душ и наблюдает все до входа информации, наслаждения во все остальные души.

Авиют заложен в человеке с первым нисхождением его души в этот мир (кругооборотом), но Каббала может развить его на десятки процентов и сократить количество жизней, нисхождений в этот мир, ускорить процесс созревания человека для освоения духовного пространства.

Человеческие страдания — это внешнее выражение желания того, чего не хватает. Страдания не исчезают, но Каббала меняет животные страдания на духовные — страдания от отсутствия духовного ощущения. Качественное изменение страданий ведет к перестройке внутреннего кли, к перестройке души. А согласно стремлению приходит ощущение света... и то, что должно было произойти за несколько поколений, человек проходит за несколько лет.

Вы спрашиваете, почему иногда нельзя задать, сформулировать вопрос? Это происходит потому, что человек не чувствует еще в себе того, о чем говорится, оно еще в нем не раскрылось, нет отклика на услышанное.

Такова конструкция души: исходящий из Творца свет создает желание им насладиться. Это желание называется малхут. До малхут свет проходит девять стадий своего изменения, пока становится годным создать малхут. Свет проходит девять стадий, называемых кэтэр, хохма, бина, хэсэд, гвура, тифэрэт, нэцах, ход, есод. Затем он строит последнюю стадию, которая называется малхут; шесть стадий от хэсэд до есод называются зэир анпин.

Итого есть десять сфирот, или девять уровней света, и один малхут — желание его получить. Малхут — это и есть душа, или настоящее творение, которое чувствует, что желает получить, насладиться светом. Малхут начинает получать свет, а вместе с ним и его свойства. Даже в нашем мире мы знаем, что любое воздействие на нас создает в нас свое отражение. То же самое происходит и в малхут, от получения света девяти верхних сфирот.

Мы видим, что одна эгоистическая структура — малхут, получая свет от девяти сфирот света, приобрела в себе еще девять дополнительных альтруистических свойств света. Внешняя информация, свет, проходя через девять альтруистических свойств малхут, не искажается, не имея эгоистических преград. Этот свет только несколько уменьшается — настолько, чтобы душа оптимально наполнилась им, но не переполнилась, что тоже вызывает страдания.

Но есть еще одна часть в малхут, не десятая, которая получила альтруистические свойства от света и стала ему подобной в своем желании отдавать, а еще одна часть в малхут, которая совершенно не в состоянии ощутить свойство света, а потому измениться. Эта часть называется «Лев аЭвэн» — каменное сердце (см. рисунок).

Наша работа заключается в том, чтобы отставить эту часть малхут, которая называется моим «я», как бы перестать работать с нею, потому что она навсегда, до конца исправления и явления машиаха, остается эгоистической. Поэтому на эту часть малхут

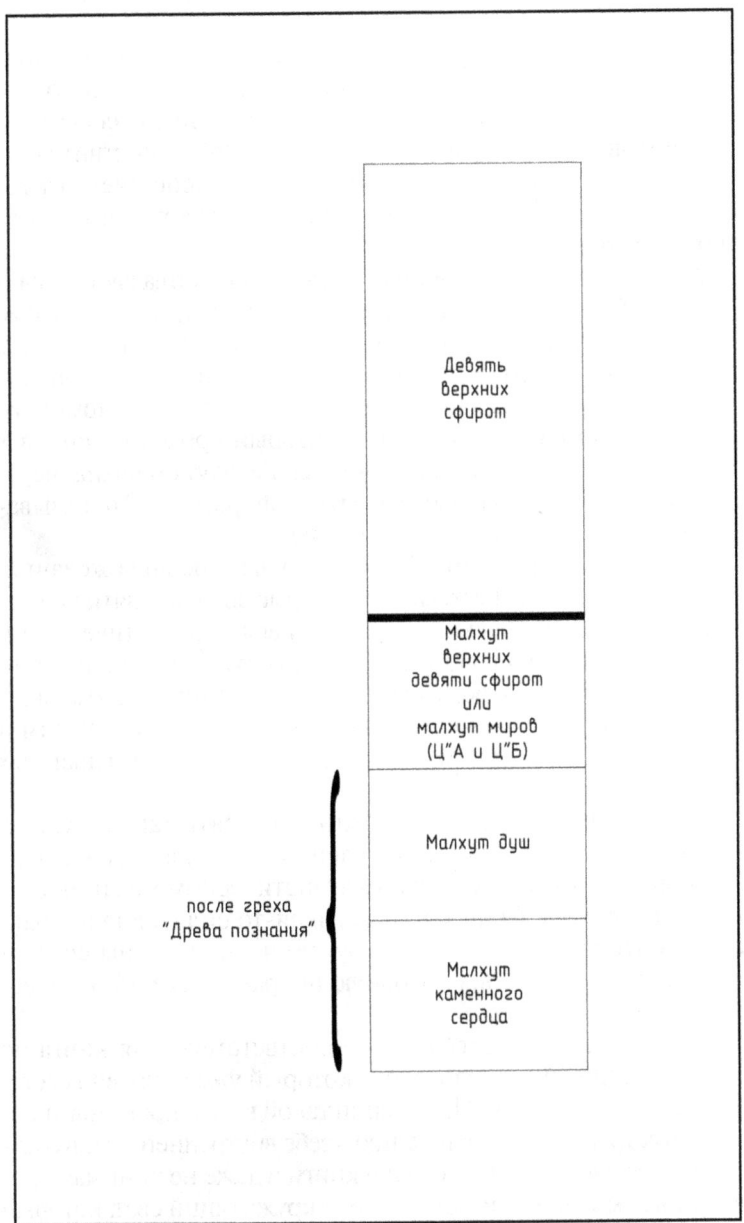

необходимо совершить сокращение (цимцум алеф) — не использовать ее ни в каком виде.

А малхут, десятая сфира, та часть малхут, которая получила свойства света, смогла ощутить свойства ее наполняющего света, а потому измениться, — она должна постепенно преобразиться: начать действовать, как свет. Для того чтобы действительно вогнать в малхут свойства света, совершается действие, называемое «швира» — разбиение — удар, вследствие которого проникают свойства девяти первых сфирот в малхут.

Потому что недостаточно понять, что свойства света и малхут обратны: малхут должна поступать, как свет, ей необходимо уподобиться девяти сфирот. Но как это можно сделать, если в нее вообще не входит свет? Для этой цели произошло разбиение (швират) келим, разбиение желаний. Делается это с помощью так называемого светового удара, который проходит через все девять сфирот, входит в малхут — теперь малхут смешана, переплетена со всеми остальными девятью сфиротами. Это называется «швират келим» или грехопадением.

После швират келим образовалось четыре вида желаний: чисто альтруистические желания, которые были в девяти первых сфирот, альтруистические, смешавшиеся с эгоистическими, эгоистические, смешавшиеся с альтруистическими, и чисто эгоистические. Таким образом, два вида желаний, чисто альтруистические и чисто эгоистические, упав при швират келим и смешавшись друг с другом, превратились в еще два смешанных вида желаний.

Только сейчас стало возможным создать такую душу, в которой малхут была бы исправлена так же, как девять первых сфирот, потому что в любом эгоистическом желании есть искра альтруизма. Сейчас нужна какая-то сила, сила исправления, которая из каждой альтруистической искры создаст превалирующую часть, способную исправить все эгоистическое желание.

Как это происходит? Берется соответствующая книга по Каббале, написанная человеком, который уже исправил себя в соответствии со светом. При чтении такой книги происходит передача инструкции по построению в себе внутреннего кли в соответствии со светом. Читая строки книги и даже не понимая прочитанного, мы притягиваем на себя окружающий свет, который постепенно очищает и исправляет наши желания.

Беседа первая

Изучение, происходящее под четким руководством учителя-каббалиста и в группе желающих достичь цели творения — подобия Творцу, обязано дать результат!

Изучение Каббалы также объясняет, в каком порядке должны исправляться части нашей души, если мы настраиваем наши желания в соответствии с исправленными желаниями каббалиста, написавшего книгу.

Исправляясь, человек постепенно начинает ощущать, что его желания разбиты, он учится их дифференцировать, затем сортировать, отбирать по свойству и качеству, сочетать в определенной последовательности, собирать их. Путь долгий, но особый и интересный. Человек начинает выявлять в себе новые свойства, ощущать себя творением, осознавать свою связь с Творцом, с остальными частями мироздания. Приходит понимание того, как устроена вся внешняя система, как происходит управление.

Цель Творца заключается в том, чтобы человек сначала научился управлять собой, а потом и всем миром, заменив собою Творца. В нашем мире мы гонимся за отдельными проявлениями света, такими, как наслаждение от познания, власти, секса, пищи, детей.

А когда свет приходит и заполняет собой полностью без границ человека, то это воспринимается как полное совершенство и наслаждение. В человеке не остается никаких желаний. Процесс заполнения светом поступенчатый и называется «Сулам». Об этом писал Бааль Сулам, названный так в честь разработанной им системы духовного подъема «Сулам» в своих комментариях «Сулам» на книгу «Зоар».

Творцом создана одна общая душа Адам, которая разбивается на 600 тысяч частей, каждая из которых состоит из четырех желаний. Задача человека заключается в том, чтобы исправить не только себя, но свою часть в общей душе. Каждая из душ должна исправить свое отношение ко всем 600 тысячам душ и таким образом исправляет себя, потому что каждая душа в свою очередь состоит из 600 тысяч частей, в каждую из которых входят девять первых сфирот.

Души могут исправляться только через тела, а тела исправляются в группе с помощью взаимных механических действий, направленных на достижение одной цели. Таких механических действий два: учеба и общая работа во имя духовного исправления души.

Свои желания человек не властен изменить, они ведь созданы светом. Нужно только изменить направление действия этих желаний, ради чего он хотел бы их исполнять. Если временно я не наполню свое какое-то желание, оно снова ко мне вернется в еще более искаженном виде.

Нужно работать над тем, как правильно использовать это желание. Нельзя голодать, истязать себя, уходить от чего-то. Исправлять необходимо намерение в применении желаний. Тогда мы увидим, что все желания нам необходимы для достижения своей цели. Поэтому говорят, что тот, кто более эгоистичен, имеет большие желания. Еще говорится, что с тех пор, как пал Храм, только у каббалистов остался настоящий вкус земных наслаждений.

БЕСЕДА ВТОРАЯ

Мы, согласно замыслу творения, должны прийти к состоянию, в котором можно жить и существовать по духовным законам. Все несчастья, которые случаются с каждым из нас, все катаклизмы и катастрофы происходят для того, чтобы привести каждого человека и все человечество в целом к исполнению духовных заповедей при жизни в этом мире. Так пишет Бааль Сулам.

Каббала является инструкцией раскрытия Творца творениям, живущим в этом мире. Пишется не о том, что произойдет с нами после смерти, а о том, что должно произойти с нами при жизни в этом мире. В Каббале говорится только о том, что нужно человеку в этом мире, чего он обязан достичь, иначе проживет зря и вновь вернется совершать ранее несовершенное. Поэтому Каббала является самой необходимой и практической наукой в мире.

От этого нельзя убежать, сама жизнь нас обязывает поступать так, мы должны в результате всех страданий прийти к полному своему исправлению, гмар тикун. Что такое «гмар тикун»? Мир продолжит существовать, все будет происходить, как раньше: та же вселенная, те же звезды, птицы и деревья.

Изменится только осознание человека, постижение им окружающего, поскольку изменится сам человек. Все остальное не должно меняться, а должно продолжать действовать по законам природы, по тем указаниям, которые она получает от Творца. Только человек из животного превратится в настоящего человека.

Каббала объясняет, как этого достичь: с помощью учения в определенной группе, по правильным учебникам и под руководством настоящего рава — учителя. А далее пишется, что чем более ученик начинает понимать, что делать, тем больше он совершенствует себя, группу и занятия. Об этом пишет Бааль Сулам. Он рисует перед нами картину, как должен выглядеть исправленный земной шар.

Сначала изучается распространение всех миров, парцуфим и сфирот сверху вниз, а второй этап заключается в том, что человек для своего исправления должен подняться по уже заготовленным для него духовным ступеням снизу вверх, продолжая жить в этом мире. Общее количество ступеней, отделяющее нас от Творца, которые мы должны пройти по пути восхождения в духовный мир, составляет 125. Это 125 уровней постижения Творца.

Сейчас я поступаю так, как я понимаю свою эгоистическую природу. Что-то для меня является хорошим, а что-то — плохим. Я учусь у моего окружения и соответственно поступаю. Чем больше я приспосабливаюсь к среде, тем более свободно я себя чувствую в ней. А мир вокруг меняется так, как его хотят видеть люди.

Каждое поколение характерно своими душами, отличающимися от предыдущего поколения и от последующего. Мы видим, насколько два смежных нам поколения, наши родители и наши дети, отличаются от нас.

Нисходящие в наш мир в каждом поколении, из поколения в поколение души накапливают свой опыт, в связи с этим их желания больше, чем у душ предыдущего и ранних поколений. Поэтому каждое следующее поколение стремится к новым открытиям, что способствует дальнейшему развитию человечества.

Когда человек начинает изучать духовный мир, его подталкивают изменять наш мир, свое окружение к большему подобию Творцу. В последней стадии этого изменения мир будет представлять собой полное подобие Творцу. Такое поколение называется «последним поколением» — не потому, что после этого все должно вымереть, просто такое поколение наиболее совершенно и не нуждается в дальнейшем исправлении.

О дальнейшем развитии не говорится, это относится к тайнам Торы, а говорится о том, как привести поколение к уровню «последнее поколение». Вся Тора говорит только о том, как пройти эти 125 ступеней постижения Творца.

Окружение человека служит, с одной стороны, той средой, где он осуществляет свои духовные законы и меняет среду. С другой стороны, у него есть возможность, меняя среду, меняться самому: то, что делается для изменения среды, затем изменяет самого человека с силой, равной количеству членов данного общества.

Короче говоря, наша группа, например, является сама местом исправления и одновременно источником исправления каждого в ней. И даже если кто-то в группе еще слаб и ничего не может дать ей, уже как аванс получает от группы силу для своего исправления.

Поэтому каждый должен построить для себя правильное окружение, чтобы в нем черпать силы для духовного исправления и для подъема после падения. В группе, которая еще недостаточно может дать сил для исправления, многие находятся в состоянии депрессии, плохого настроения, отсутствия сил продвигаться. В полноценном окружении эти состояния все равно бывают, но длятся недолго.

Каждая ступень построена следующим образом: «справа» находится альтруистическая сила Творца; «слева» находится эгоистическая сила созданного им желания; посередине между ними находится человек — так он себя ощущает. Человек должен взять от правой и левой сил правильное количество, нужную пропорцию и с их помощью подняться на следующую ступень. Естественно, что правая и левая, как и остальные определения, условны, мы просто не имеем никакой возможности иначе обозначить свойства высшего мира.

И так далее, вплоть до 125-й ступени. Эти 125 ступеней делятся на пять миров, по 25 ступеней в каждом. Первый снизу духовный мир, находящийся выше нашего мира, называется миром Асия, затем мир Ецира, затем мир Брия, Ацилут, Адам Кадмон. Наш мир находится под последней ступенью мира Асия и отделяется от него махсомом (перегородкой).

Эти правая и левая силы взаимно помогают человеку преодолеть все трудности по переходу от одной ступени к другой. Но когда человек первоначально включается в работу против своего эгоизма, от нахождения в правой стороне (сил Творца) у него возникает желание и силы для подъема. Это первый этап.

Второй этап заключается в том, что человек переходит на левую сторону, добавляет эгоизм к себе. Его настроение здесь полностью противоположно настроению на правой стороне: плохое настроение, депрессия, бессилие, ничего не стоит делать. Быть на правой стороне в начальном состоянии зависит не от человека, а от Творца.

Пребывание в левой стороне нужно для того, чтобы ощутить свой эгоизм, и время пребывания в ней зависит от самого человека. Он может сократить пребывание там до минимума. Все плохое, что происходит с человеком, зависит от времени пребывания его в левой линии. Если человек понимает, что его плохое теперешнее состояние происходит с целью дальнейшего исправления, то он будет оценивать это состояние уже не как плохое, а как хорошее. Страдания воспримутся им как ощущение необходимого, а потому хорошего.

Таким образом, меняется понимание и ощущение хорошего и плохого. В исправлении этих ощущений может помочь группа, окружение, откуда человек может черпать духовные силы, пока он еще не находится в духовном мире. Все творения представляют собой одно тело Адама и лишь в силу неисправленных желаний разделены отдельными телами-желаниями.

Когда эгоизм уничтожается, мы можем получить от других душ информацию, почувствовать их, ведь каждый готов все сделать для другого. Нужно построить группу, у которой будет одна цель: группа должна быть единым целым, с единым духом внутри, следить, чтобы всегда был один уровень состояния, и всегда быть готовым помогать один другому, каждый должен включаться в другого и во всех вместе. Насколько каждый сможет пригнуть свое «я» относительно других и группы в целом, настолько больше он получит от каждого и от группы в целом. Маленький может получить от большого. Для этого только нужно другого считать выше себя.

Группа всегда должна быть в таком состоянии, при котором **самым главным фактором является возвышение Творца**. Эта цель должна определять любое действие. И тогда каждый может получить от группы заряд духовности, и падения будут незаметны. Каждый уровень душ строит для себя свое, соответствующее ему окружение. Все зависит от внутреннего уровня душ. В каждом мире это окружение должно быть построено по другим законам.

Группа строится по принципу гибкости, легкого изменения; даже если она все время должна будет меняться, это только говорит о ее продвижении. Жизнь, работа, семья в этом мире, животная жизнь в физическом теле должны будут в дальнейшем меняться в соответствии с духовностью членов группы. Именно этого требует от нас Творец.

Наше тело будет находиться в этом мире, а душа в мире духовном. И насколько больше душа будет совершать духовных действий, настолько тело все больше и больше будет подчиняться духовным законам в материальном. То есть отношения в семье и между членами группы должны быть построены в итоге нашего развития по высшим законам мира Ацилут.

Адам аРишон был создан специально таким образом, что его тело-желание состояло из желаний девяти сфирот, но малхут было из части «Лев аЭвэн», той части малхут, которая не смогла впитать в себя свойства девяти первых сфирот, свойств Творца.

Поэтому запрещено было ему даже возбуждать в себе это десятое желание, есть от древа познания добра и зла, потому что все зло в этой части и оно выйдет в мир — смешается с остальными частями, девятью первыми сфиротами.

Но прегрешил, надеясь получить свет от девяти сфирот в малхут ради Творца, а так как малхут не может принять это альтруистическое намерение на себя, то получил ради себя, отчего его душа разделилась на 600 тысяч отдельных душ, которые не чувствуют, что когда-то были одной целой душой, не ощущают одна другую.

Каждая часть — это желание получить наслаждение. Эта часть называется «я», которое необходимо исправить, подняв его на 125 ступеней, т.е. каждый раз исправить одну сто двадцать пятую частицу в каждом из 600 тысяч душ-желаний. Каждый раз, когда каждая частица проходит правую сторону, затем левую, после чего включается в среднюю линию, она из правой берет силу Творца — желание отдавать, с левой — приобретается желание получать, а в средней линии возникает их сумма — желание получать ради отдачи.

Сверху всегда дают столько силы, чтобы можно было с ее помощью противостоять эгоизму левой стороны, т.е. исправить необходимую эгоистическую часть, чтобы получить ради отдачи. Дается только то, что может человек вынести. Если человек не получил сверху силы, то ему не дадут плохое состояние.

Если член группы хочет духовно продвинуться, он всегда должен иметь возможность взять в группе как духовность, так и эгоизм. Поэтому эти два свойства должны идти все время вместе в группе. Быть в группе — это значит быть связанным с нею внутренне.

Приходящий к Каббале очень эгоистичен, самостоятелен, независим от других. Но и ему нужно время, пока он не возжелает Творца и не поймет важность цели творения. Только тогда он сможет принизить себя относительно группы, чтобы давать ей и получать от нее.

У человека вначале может не быть желания делать что-то для группы, но общая цель должна обязать его к этому. Если каждый поймет, что нет ничего важнее цели творения, то ему будет легко быть чем-то полезным группе.

Но если человеку пока еще дороже наслаждения этого мира и он не может от них оторваться, то его время не пришло и ему нет места в группе. Его душа не готова принять на себя духовные законы. Когда же человек проходит все наслаждения этого мира, ему дают толчок к духовному. Для этого он не должен действительно побывать во всех обстоятельствах этого мира и отстраниться от них, обнаружив их ничтожность. Этого он достигает, получая свыше необходимые обоснования ничтожности земного поиска наслаждения.

Если в группе есть ученики, которых не поддерживают их жены, то для исправления жены безразлично, будет ли она заодно или нет со своим мужем. Она может вести свою жизнь. Но постепенно, находясь рядом с мужем и в группе женщин, она может получить желание к Каббале, что сократит ей множество жизней.

Если жена едина с мужем в его стремлении к исправлению, то получает исправления от и через него, но если муж не идет вперед, она самостоятельно может идти к Творцу. Женщина по характеру души более исправлена, чем мужчина, поэтому у нее есть естественная возможность сделать еще большие исправления, чем у мужчины.

Духовность настолько противна нашей природе, что человек не в состоянии ощутить духовное, как сказано: «Не может увидеть меня человек и остаться жив». Эгоист не может этого выдержать. Истинный альтруизм для него страшнее смерти.

Но не важно для женщины, хочет она духовно развиваться вместе с мужем или нет, — все равно рано или поздно с помощью мужа и группы она начнет продвигаться. Мужчине, если, например, жена желает духовного, а он нет, ничего не поможет и в группе ему нет места, он должен пройти все исправления, которые без желания нельзя выполнить.

Сегодня духовность притягивает нас большим наслаждением по сравнению с миром материальным. Поэтому мы желаем ее. И это не обман. Весь наш мир живет и поддерживается маленькой искрой духовного света, которая прорвала махсом и проскочила в наш мир. А теперь представьте себе духовный мир, который весь сплошной свет в миллиарды миллиардов раз больше этой искорки наслаждения нашего мира. Какие наслаждения там находятся!

Беседа вторая

Но как пройти в духовный мир? Мы знаем, что для этого нужно изменить всю нашу эгоистическую сущность с желания получить на желание отдать. Но мы не понимаем, что это такое, и я не имею достаточно слов, чтобы объяснить такое понятие. В нашем мозгу нет таких «извилин», чтобы понять подобное, потому что наш мозг работает в системе эгоизма.

А тут еще говорят, что достаточно только изменить направление желания, а не само желание, чтобы ощутить наслаждение, которое будет соответствовать величине изменения целенаправленности желания. То есть речь идет о чисто психологическом понятии, а получать наслаждение я все равно буду, важно лишь, ради чего или кого.

Возникает вопрос: а где находится тот клапан, который надо повернуть, чтобы достичь этого?

Он находится на границе между эгоизмом нашего мира и альтруизмом духовного и называется «махсом» — он означает, что я готов уже ко всему, на все, лишь бы перейти своими ощущениями в духовный мир. Для такого состояния нужна группа и постоянство в учебе. Группа нужна, чтобы развить желание получить духовное до необходимого размера. Тогда происходит внутренний щелчок... и человек начинает сверху получать духовную силу и духовное осознание.

БЕСЕДА ТРЕТЬЯ

Между Творцом и нашим миром существует пять миров: Адам Кадмон, Ацилут, Брия, Ецира и Асия. Под миром Асия находится махсом, а под ним наш мир. Нашей целью, пока мы еще находимся в этом мире, является достижение по уровню души мира Эйн Соф, т.е. полного слияния с Творцом душой, облаченной в тело нашего мира, когда на каждой духовной ступени постепенно меняются свойства эгоизма на свойства Творца, пока весь эгоизм не будет заменен альтруизмом и наша душа по свойствам полностью уподобится свойству Творца.

В нашем мире действуют два свойства эгоизма: «получать ради получения» и «отдавать ради получения». Духовные миры построены на свойстве «отдавать ради отдачи» и «получать ради отдачи». Первой задачей желающего «перейти в мир иной» является сокращение использования своих желаний — цимцум алеф, т.е. перестать работать с эгоизмом, с эгоистическими желаниями.

Изменить наше «желание получать» мы не можем, это единственное, что создано Творцом. Но можно и нужно изменить намерение в желании «получать **ради себя**» на намерение «получать **ради Творца**». Отсюда мы видим, что внешне действие не изменяется, а только меняется намерение.

Поэтому методика изменения намерения, которого никто не видит, являющегося скрытым для всех, называется тайной наукой Каббала — как получать, меняя намерение. Важно, что я думаю при совершении какого-то своего действия, какие цели при этом преследую. А все 125 ступеней являются мерой постепенного **исправления намерения** души с получения **ради себя** на получение **ради Творца**.

Пять миров — это ступени желания получить, от самого слабого (кэтэр) до самого сильного (малхут), выстраивающиеся сверху, от Творца вниз, к творению. Свет Творца, проходя через миры, ослабляется и таким образом становится пригодным к восприятию все более слабыми (альтруистически) желаниями.

Беседа третья

Когда душа получает свыше свет исправления, она начинает менять намерение получить ради себя на намерение получить ради Творца = отдавать.

Линии махсома душа достигает, только если делает цимцум алеф на все свои ощущаемые в том состоянии желания, т.е. вообще отказывается работать с эгоизмом. Но получить что-либо ради Творца еще не может.

В мир Асия, находящийся выше махсома, душа попадает, когда исправляет свое намерение отдавать на уровне кэтэр, т.е. может противостоять самому слабому эгоизму, ничего не получать, аннулировать себя в свете высшего. Если душа может противостоять своему эгоизму в свете хохма, то она поднимается на уровень мира Ецира.

И так далее, повышая свою способность работать с большей силой эгоизма, поднимается каждый раз на следующую, более высокую духовную ступень, пока не достигает мира Эйн Соф. Душа как духовная субстанция обретает свою суть только после преодоления махсома и выше.

В духовном мире человек имеет дело с чистыми, оголенными желаниями, не облаченными в различные одеяния нашего мира. Каббалист, находясь в духовном, перестает исследовать наш мир, воспринимая его как естественный результат ветви духовного корня. Ему интереснее видеть причину, корень, начало, а не следствие, которое находится на несравненно низшей ступени, чем корень, из которого исходят все желания, причины.

Возвышающийся меняет все земные желания на желание к Творцу: сначала он эгоистически хочет заполучить Творца, как раньше хотел получить все в нашем мире, как сказано, вплоть до того, что эта страсть не позволяет ему уснуть!

Постепенно небольшое свечение ор макиф, которое все время находится вокруг, начинает светить ему, пока с помощью этого света человек не возжелает духовное сильнее всех остальных желаний. И наконец с помощью этого же свечения переходит махсом и получает намерение отдавать.

Только высший свет Творца может сделать с человеком такое, как дать ответ на все человеческие усилия к духовному, довести человека до такого состояния, когда желание к духовному становится настолько сильно в нем, что не дает возможности спать и подавляет все остальные.

Все души проходят одни и те же этапы пути, но назначение каждой души в этом мире различное, а также различна скорость прохождения этого пути.

Каждая мысль, каждое желание, каждое движение, которое совершает человек в нашем мире, независимо от того, кто этот человек, дается ему с одной единственной целью: подняться, приблизиться к духовному. Но у большинства это продвижение происходит природным, естественным путем на неосознанном человеческом, животном, растительном и неживом уровне.

Все предопределено и запрограммировано целью творения. Свободный выбор человека заключается в том, что он соглашается со всем происходящим с ним, начинает понимать, ради какой цели все направлено, и сам желает быть активным участником всех событий, происходящих с ним.

Через человека проходят все мысли и желания мира Эйн Соф. Но улавливаются лишь мысли, соответствующие его уровню. На сегодняшнем уровне человек еще может не думать о каких-то открытиях, а повысив уровень своих знаний и представлений, вдруг начинает мечтать о чем-то сложном. Значит, ему дано почувствовать и ощутить более сложную область постижения.

Отсюда строится область деятельности человека, картина восприятия мира, в котором он живет. При дальнейшем развитии к человеку могут прийти еще более глубокие мысли, иная связь между вещами — все зависит от уровня развития, который определяет порог восприятия, ту часть мира Бесконечности, которую человек ощутит...

Нет никакого другого пути возжелать духовное, возбудить на себя ор макиф, лично соучаствовать в исполнении цели творения и сократить естественный путь достижения этой цели, кроме занятий в группе и под руководством учителя. Только свет, который начнет светить, поможет изменить эгоистические свойства на альтруистические — единственную преграду на пути духовного.

Ор макиф меняет наше желание получать на желание отдавать и переводит нас через махсом. Мы говорим, что не хотим ничего из материального, а желаем только духовное. Если бы мы знали, что переход через махсом означает перемену в намерении того, о ком мы будем думать и беспокоиться, то сбежали бы куда-нибудь.

Далее мы входим на территорию над махсомом, где встречаем море света. Это свет Творца, который светит нам в той мере,

Беседа третья

насколько величие Творца выше нашего эгоистического желания. Благодаря этому у нас появляется возможность постепенно приобрести свойство самого света — отдавать.

Главное — это перейти махсом, а весь дальнейший путь знает уже сама душа, получившая свет. Он и будет нас учить. Для каждого последующего шага, каждого действия уже существует развернутая карта и инструкция, которую описали нам каббалисты в своих книгах.

Каждая плохая мысль противоположна хорошей мысли Творца, но как можно изменить плохую мысль на хорошую? Прежде всего необходимо понять, что она плохая, осознать ее зло, чтобы потом прийти к мысли об ее исправлении. Это зло можно увидеть только в свете Творца, в Его величии. Но если он не светит человеку, тот слеп, находится во тьме изначально, под махсомом, куда не доходит свет, находится в этом мире и все свои мысли считает хорошими.

Когда же человека освещает свечение внешнего, окружающего света — ор макиф, он начинает видеть свою суть, и это называется осознанием зла. Без свечения света человек старается оправдать себя, он всегда прав в своих глазах, а осознание своего зла в свете света толкает человека обратиться за помощью к Творцу, тем более что благодаря свечению человек уже видит источник этого свечения и точно знает, к кому нужно обращаться.

Если просьба человека истинна, Творец меняет его природу. Но желание получить не меняется, меняется только намерение с «получать ради себя» на «получать ради Творца», что соответствует отдаче. Отсюда и постепенное изменение свойств человека на свойства Творца на каждой из 125 ступеней.

Каждая ступень включает в себя несколько процессов:
— осознание зла — насколько я хуже Творца в своей левой линии;
— какую помощь я должен получить от Творца, от его правой линии;
— сопоставить правую линию с левой: сколько от правой линии я могу получить, т.е. перейти в среднюю линию.

В результате этих действий еще какая-то моя часть желания становится подобной Творцу, и я могу перейти на следующую ступень. И так на каждой ступени, пока все мои свойства не сравняются со свойством Творца.

Желания человека определяют его действия. Невозможно совершать действия без желаний! Например, я знаю, что мне завтра нужно рано встать, поэтому я иду сегодня спать рано. Вопреки своему желанию? Нет! Никто и ничто в этом мире не может совершать какие-либо действия без желания и без наполнения этого желания наслаждением, которое и является той энергией, той движущей силой, которая дает возможность что-либо делать.

Иногда нам кажется, что мы совершаем что-то против своего желания. Это не так. Просто мы делаем расчет, что выгодно сделать так, даже вопреки желанию. Если это дает выгоду, человек идет на различные неприятные и нежелательные, в общем-то, вещи.

Своим выбором человек может приблизить, создать другое желание и осуществить его. Никогда и ни за что никто из нас не способен пошевелить даже пальцем без того, чтобы не получить движущую силу к этому либо приблизить другое желание.

Человеку, делающему другому хорошее, кажется, что это действительно так, что он совершает это действие бескорыстно. Но если он войдет во всю глубину своих мыслей, то увидит, что все это делается лишь с одной целью: сделать хорошее себе и только себе, а все остальное — его собственный обман.

А если еще начать изучать Каббалу, то можно видеть, как это работает, что каждый является абсолютным эгоистом и, кроме себя, ни о ком не думает, включая детей. Просто на данном этапе вся система твоих мыслей обманчива, и тебе кажется, что можно что-то сделать ради другого.

Дать другому можно лишь в том случае, если при этом ты что-то получишь взамен, что-то выигрываешь. Этого не нужно стыдиться. Это наша природа. Мы либо получаем для самоудовлетворения, либо даем для того, чтобы на этом что-то выиграть. Никто в этом не виноват. Единственное, нужно стремиться к тому, чтобы изменить наши свойства на свойства Творца.

Каббала учит принимать человека таким, каким он создан. Нельзя ни ненавидеть за это, ни злиться, видя эти качества. Хотя трудна коммуникация с внешним миром, нет терпения наблюдать мелкий эгоизм того, с кем сталкиваешься. Но каждый создан таким, каким он должен был быть создан. Нужно только стараться помочь другому изменить данные ему качества на альтруистические.

Беседа третья

Что такое страдания? Все, что против нашего желания. Как сказано в Талмуде, если человек вложил руку в карман и вынул оттуда одну монету, желая вынуть другую, то он испытывает страдания. Все в жизни, что не соответствует нашему желанию, называется страданиями. Любое плохое настроение, болезнь, нежелание делать то или это — все воспринимается нами как страдания.

Но все, что ни делается, происходит для нашего блага, все так или иначе продвигает нас к достижению цели творения. Просто при наших искаженных восприятиях хорошее кажется нам плохим, сладкое — горьким.

По-настоящему хорошее можно почувствовать только после прохождения махсома. А сейчас все воспринимается как страдания. Происходит это из-за отсутствия наполнения светом: ведь он, пока желания не получили альтруистического намерения, остается снаружи.

Пока человек не приближается к духовному, для него желание получить является ангелом жизни, но, изучая Каббалу и притягивая на себя окружающий свет, он постепенно видит, насколько его желание получить для себя является препятствием к изменению природы эгоизма на альтруизм, истинным врагом продвижения вперед, и его желания из ангела жизни переходят в разряд ангела смерти.

У человека происходит осознание зла со стороны собственного эгоизма по сравнению со свойствами света, который он ощутил. Появляется огромное желание во что бы то ни стало снять с себя эти оковы. Но так как самостоятельно человек не может этого сделать, то в отчаянии взывает к Творцу о помощи. И получает эту помощь, если просьба его единственная и искренняя.

Желающий приблизиться к духовному должен быть как все: работать, как все, иметь семью, детей. Важно, что человек делает в два-три свободных от работы и домашних обязанностей часа: он проводит их у телевизора или в ресторане или вкладывает усилия к достижению духовной цели.

Различие между мужчиной и женщиной в нашем мире уже является следствием соотношения мужской и женской частей в душе. В нашем мире мы видим, что восприятие окружающего мира мужчиной и женщиной иное, у них разные обязанности и задачи. В духовном мире мужская и женская части парцуфа, души дополняют друг друга, женская часть дает свои желания, а мужская — свои экраны, в итоге возникает совместное раскрытие света-Творца, постижение, и вместе они составляют совершенство.

Исправления одного не идут за счет другого, как в наших эгоистических отношениях, где у каждого свой путь, потому как части, существующие в духовном в одном теле, парцуфе, существуют в нашем мире в разных телах. В духовном существование каждой части возможно, только если один дополняет другого для общего дела. Поэтому из Каббалы ясно, что истинные отношения между полами, истинная семья возникнет только с появлением исправленных душ, когда, соответственно своему исправлению, эгоистические отношения сменятся альтруистическими также и внутри семьи.

Женщина может продвинуться: в нашей истории были великие пророчицы, каббалистки-женщины, возвысившиеся до огромных духовных высот.

Хотя между собой муж и жена в таком случае имеют иной контакт, он развивается постепенно, ведь духовное — это внутреннее дело каждого. Нельзя об этом рассказывать другому, нужно тщательно скрывать то, что каждый чувствует по отношению к Творцу. Это делается для того, чтобы не испортить другому его личный путь. У каждого он иной. И только по достижению полного исправления раскроется всем все, потому что не будет места для помех эгоистической ревности...

БЕСЕДА ЧЕТВЕРТАЯ

Человеку, начавшему изучение Каббалы, кажется, что он движется назад или стоит на месте, — это служит большим признаком его продвижения вперед. Потому что он измеряет свои состояния в своих еще не исправленных ощущениях.

Каждое следующее исправление приближает ученика к приобретению намерения «ради отдачи». Но для этого нужно пройти десятки и десятки видов изменений. Необходимо узнать, кто я такой, чего именно хочу, что означает желание получить, что такое материал творения, что значит жизнь и смерть. Человек приходит к выводу, что жизнь — это значит, что я чувствую свет, смерть — это ощущение тьмы, отсутствия Творца в моих ощущениях. Пока человек приходит к истинному познанию, что такое плохо и что такое хорошо, он проходит много различных состояний.

Махсом — это тот занавес, который заслоняет свет от нашего мира. Чем махсом отличается от масаха (экрана)? Масах характеризуется совершенно иным, отличным от махсома свойством: перед масахом находится весь свет, его никто не скрывает, а сам человек, силой желания не принимать свет ради самонаслаждения, отталкивает его.

Если занавес-махсом находится вне меня и закрывает мне высший свет, то масах ставит в себе сам человек своим внутренним осознанием, желанием не пропустить в себя эгоистически свет, а только ради Творца. Когда есть масах, не нужен занавес, а сам человек может самостоятельно противостоять свету.

Как делится наш путь из 125 ступеней?

Как известно, от нас к миру Эйн Соф есть 125 ступеней постижения. Но для нашего исправления нужно пройти только до мира Ацилут, т.е. миры Асия, Ецира, Брия, каждый из которых исчисляется двумя тысячами лет, всего 6000 лет. А далее идет уже исправление выше Цимцум Бэт, исправление в ином измерении, в Цимцум Алеф.

Наша душа состоит из пяти частей: кэтэр, хохма, бина, зэир анпин (З"А), малхут. Они отличаются все большим желанием насладиться. Делятся на две части: гальгальта вэ эйнаим (кэтэр и хохма) и АХа"П (бина, З"А и малхут). Иными словами, кэтэр называется гульголет, хохма — эйнаим, бина — озен, З"А называется хотем и малхут — пэ. Первая часть души наслаждается от отдачи, вторая — от получения. Так устроена каждая душа.

Нам нужно исправить только гальгальту вэ эйнаим — келим дэ-ашпаа, отдающие желания. Наш духовный путь начинается с подъема из нашего мира. Подъем означает постепенное исправление Г"Э. Тем, что мы поднимаемся в мир Ацилут через миры БЕ"А, мы подтверждаем, что наши келим дэ-ашпаа исправлены. Келим дэ-кабала, АХа"П мы не в состоянии исправить.

Что же все-таки можно сделать? Постепенно поднять наши келим дэ-кабала, АХа"П, из миров БЕ"А в Ацилут. Раньше всего поднимаются наименее эгоистичные АХа"Пы из мира Брия, затем более эгоистичные — из мира Ецира, и заканчивается эта работа подъемом самых эгоистичных келим из мира Асия. Мы не исправляем сами келим-желания, а просто присоединяем к соответствующим им гальгальте вэ эйнаим, включаем их в отдающие желания.

При каждом таком подъеме мы получаем какое-то добавочное количество света. Отсюда действие это называется «подъем». Всего есть три подъема, вернее, подъем из трех мест: из мира Брия, Ецира и Асия. АХа"Пы, которые поднимаются в мир Ацилут, не являются истинными желаниями получать (келим дэ-кабала), это не «я» человека — «Лев аЭвэн». Эту часть человек сам исправить не может. Исправляется только небольшая часть, носящая название «АХа"П дэ-алия». Но от человека и не требуется большего исправления. Как только это исправление будет завершено, Творец сам исправит «Лев аЭвэн».

Чтобы человек знал, что ему надо исправлять, он должен видеть, что исправлять, чувствовать. Для этого существуют подъемы, не зависящие от человека, называемые «возбуждение свыше»: Субботы, праздники, новолуния. Это дается человеку только потому, что он исправил уже свои келим дэ-ашпаа, ничего не хочет для себя и находится в мире Ацилут.

Первым действием, первым подъемом будет присоединение АХа"П дэ-алия мира Брия, второй подъем произойдет за счет присоединения АХа"П мира Ецира, третий — при присоединении АХа"П мира Асия. Когда человек поднялся на три эти ступени, происходит исправление «Лев аЭвен» и наступает гмар тикун, конец исправления.

Желание насладиться бывает двух видов: от получения и от отдачи. Наслаждение от отдачи ощущается в келим дэ-ашпаа, а наслаждение от получения — в келим дэ-кабала. Но и те, и другие в нас неисправлены. Легче всего исправить келим дэ-ашпаа так, чтобы я отдавал не для своего наслаждения, а для наслаждения того, кому я отдаю. Исправить это легче потому, что действие (отдача) и целенаправленность (ради другого) имеют одно направление.

Келим дэ-кабала (АХа"П) дают возможность наслаждаться только при получении. Исправить их значительно труднее. Нужно сделать так, чтобы, получая, я наслаждал другого и только ради этого получал бы. При этом нужна более сильная связь с Творцом, потому что это исправление проходит через самую суть человеческого «я».

Поэтому АХа"П исправляется после Г"Э и постепенно. Иными словами, подняться в мир Ацилут с исправленными келим Г"Э не так сложно, как присоединять потом АХа"П. Потому что действие обратно намерению.

Все пять миров служат завесами света Творца: чем ниже мир, тем больше света он скрывает. Миры-завесы оканчиваются махсомом, который окончательно скрывает свет от нашего мира, куда проникает лишь небольшая искра, необходимая для поддержания жизни в нашем мире, называемая «нэр дакик». Творец сделал так для того, чтобы мы могли жить без масаха. В отсутствие света, только с нэр дакик, не нужен масах.

Этот слабый свет — «нэр дакик» — делится на огромное множество частей. Он «крутит» атомы, двигает молекулами, заставляя существовать всю материю, двигая ее к развитию, дает жизнь на всех уровнях: неживом, растительном, животном и нашем — человеческом.

Если все же с помощью занятий, учителя, группы человек приобретает экран на самый маленький эгоизм — авиют дэ-шореш, то это значит, что он уже может противостоять самому маленькому свету нэфеш, большему, чем нэр дакик, находиться в этом свете и не получать его ради себя. Масах-экран в данном случае делает то, что делал махсом (переход из этого мира в духовный мир), который теперь не нужен, — но на самый маленький свет нэфеш.

Это как в нашей жизни: человек получил воспитание «не воровать», и, если перед ним положить 100 шекелей, он их не украдет. Но если перед ним окажется сумма большая, чем та, против которой он получил воспитание «не воровать», он не сможет удержаться от соблазна, его воспитания будет недостаточно.

Так и в духовном: там, где находится ор нэфеш, человек спокойно действует ради Творца, чувствует Его, находится в соприкосновении со светом, получает удовольствие ради отдачи. Потому что на этот уровень у него есть масах, который охраняет его от получения ради себя. Такое состояние называется миром Асия.

Далее с помощью учебы и дополнительного усилия человек приобретает масах на более сильный эгоизм — авиют алеф — и может получить ради отдачи уже свет руах. Соответственно, в нашем примере у него появилась защита «не украсть», скажем, до 1000 шекелей. В этом случае можно перейти из мира Асия в мир Ецира. Аналогично при приобретении масаха на авиют бет человек перейдет в мир Брия.

Таким образом, при переходе из одного мира в другой с последнего срывается занавес. Это значит, что вместо него приобретается масах, соответствующий авиют этого мира. А занавес уходит внутрь человека, он ему уже не нужен: человек сам в состоянии исполнять закон данного мира, для него просто закон не нужен, он становится над ним, выше него, он его и сам своими убеждениями выполняет.

Поскольку наша душа состоит из пяти частей, мы должны приобретать пять разных по степени их силы масахов соответственно тяжести эгоизма:

— при приобретении масаха с авиют шореш человек пересекает махсом и попадает на духовный уровень мира Асия;
— масах дэ-авиют алеф дает возможность подняться на уровень мира Ецира;
— масах с авиют бет поднимает душу на уровень мира Брия;
— масах авиюта гимел поднимает уровень души с мира Брия в мир Ацилут;
— и, наконец, масах далет авиют поднимает человека (его душу, это считается человеком в Каббале) в мир Адам Кадмон.

И далее из мира Адам Кадмон душа поднимается в мир Эйн Соф.

Так как в каждом мире есть пять парцуфим, состоящих из пяти сфирот, то с каждой пятеркой сфирот человек приобретает новую ступень. Если, например, речь идет о мире Асия, то первые пять сфирот дают возможность достичь малхут мира Асия, вторые пять сфирот поднимают в З"А мира Асия, еще пять — подъем в бина мира Асия, а далее пять — в хохма мира Асия. И с последней пятеркой сфирот душа достигает кэтэр мира Асия.

На протяжении прошедшего пути душа постепенно приобретала масах от авиют дэ-шореш до авиют дэ-алеф мира Ецира. И так каждый раз, пока при прохождении всех миров душа пройдет все 125 ступеней.

Пока человек находится в мире Асия с авиют дэ-шореш, считается, что его душа проходит период зарождения (убар) в утробе матери (Бины), и этот период длится «девять месяцев» — душа проходит соответствующее количество ступенек развития, называемого «внутриутробным», что соответствует сроку беременности женщины в нашем мире.

Переход в авиют алеф и, соответственно, в мир Ецира, называется рождением души, соответствует рождению человека в нашем мире. Нахождение в мире Брия соответствует росту, кормлению в течение двух лет, душа должна получать свет, который постепенно взращивает в ней масах.

Душа там еще находится в состоянии катнут (келим Г"Э), а переход в мир Ацилут символизирует уже начало постепенного гадлута души (приобретение келим АХа"П), и так продолжается до тринадцати лет (совершеннолетие, бар мицва), пока душа в Ацилуте не становится самостоятельной, у нее уже есть масахим, с помощью которых начинает получать ради отдачи (присоединение келим дэ-кабала с помощью АХа"П дэ-алия).

В мире Ацилут есть захар (З"А) и никева (нуква), они находятся по отношению друг к другу в различных положениях в зависимости от состояния души (катнут — гадлут), между ними происходят всевозможные зивугим и т.д.

В духовном мире есть понятие «эрэц» — земля, то место, где ты находишься или куда идешь. Эрэц — от слова «рацон» — желание. Вся наша душа состоит из одного большого желания (эрэц), внутри которого есть различные маленькие желания (арцот — рецонот), есть желания «народов мира», которые называются заграницей.

Есть Эрэц, более близкая к Творцу, чем духовная заграница: Эвер аЯрден (Иордания), Мицраим (Египет), Сурия (Сирия). Это наши соседи, они хотят нашу землю, т.е. Эрэц Исраэль, потому что здесь находится Творец, он наиболее близок к этому желанию.

Все исправление должно начинаться с нас, с наиболее чистых желаний. С одной стороны, они наиболее близки к Эрэц Исраэль, с другой — наиболее далекие. Это потому, что существует обратная зависимость света и желаний.

Чтобы вернуться к Творцу, человек должен быть наиболее эгоистичным, должен почувствовать, что ему не хватает чего-то в жизни. С одной стороны, эгоист по своим келим, по своим эгоистическим желаниям находится далеко от Творца, с другой стороны, когда он меняет свои келим — намерения всей силой желания приблизиться к Творцу, он наиболее близок к Нему.

Когда человек начинает заниматься, он постепенно учится делить свои желания на различные составляющие по степени их авиюта и оценивать, с какими из них начинать работать и исправлять. А когда работает со своими желаниями, то понимает, где, согласно внутренней духовной карте, находится.

БЕСЕДА ПЯТАЯ

Мой Рав записывал за своим отцом все, что он слышал от него. Когда я пришел к нему заниматься, начал задавать ему свои тяжелые вопросы, которые меня мучили, он все время уходил от ответа, пока однажды не сказал, что даст мне прочесть свои записи, в которых я смогу найти интересующее меня и пойму то, что должен понять, читая каждый раз в разных своих состояниях. И этого мне хватит на всю жизнь, даже тогда, когда его не будет.

Наш разговор происходил в 1981 году. И он дал мне тетрадь. Я снял с нее копию и десять лет читал с копии, а в 1991 году, за день до смерти, он отдал мне оригинал. Он сказал: «Читай, это для тебя». И просил прийти назавтра пораньше, помочь наложить тфилин. Он все знал заранее, но я-то не знал. И опоздал: когда я пришел, он был почти без сознания и умер на моих глазах.

Статьи и записи, которые он передал мне, очень важны и глубоки. Каждый раз, читая их, человеку кажется, что он что-то понимает, но при следующем чтении он видит, насколько его восприятие было ошибочным, и открывает для себя все новые и новые глубины. От состояния, в котором находится читающий, зависит то, как он воспринимает прочитанное.

Эти статьи написаны с пика, с высоты постижения. Но их можно читать находящемуся на любом более низком уровне, даже на уровне нашего мира. Каждый в них может найти личное свое состояние, что в этом состоянии ему нужно делать, что автор в этот момент хочет сказать читателю.

Я советую всем читать эти статьи, достаточно даже нескольких строк в день. Мой Рав имел обыкновение перед сном открывать тетрадь на несколько секунд — этого хватает для распространения света в душу.

Сейчас мы прочтем с вами одну из самых глубоких и серьезных статей Рава, которая должна стать настольной для каждого, кто желает слиться с Творцом. Эта статья содержит всю Тору

Бааль Сулама, весь его подход к творению, все, что человек обязан постоянно держать в себе и ощущать всегда.

Это первая статья из выпущенной мною на иврите книги «Шамати» («Слышанное»). Называется она «Нет никого, кроме Творца»:

«Сказано, что нет никого, кроме Творца. Это означает, что не существует в мире никакой другой силы, которая способна была бы что-либо сделать против воли Создателя. И если человеку кажется, что есть еще и другие силы в мире, то причиной этого является само желание Творца, и это — метод исправления человека, называемый «левая сторона отталкивает, а правая приближает».

Иными словами, именно потому, что левая сторона отталкивает, это входит в рамки исправления. И это означает, что в мире изначально созданы вещи с целью сбить человека с правильного пути, оттолкнуть от Творца. А смысл такого сталкивания с пути, отдаления от Творца в том, что вследствие этих помех человек получает огромное желание и нужду в том, чтобы Создатель помог ему. Иначе человек видит себя пропащим.

Цель помех заключается в том, чтобы сам человек страстно возжелал, чтобы Творец помог ему. Человеку кажется, что он не продвигается в работе и даже движется назад. И настолько это подавляет его, что нет сил исполнять Тору и заповеди даже не ради Творца.

И только с помощью истинных усилий против всевозможных трудностей, т.е. верой выше знания, он может выполнять Тору и заповеди. Однако не всегда он может верой выше знания удержаться, чтобы не сойти с дороги Творца, даже с дороги тех, кто еще работает не ради Творца. И видно ему, что его падения намного превышают возвышения, и нет конца подобным состояниям.

И он всегда остается вне духовного и видит, что его усилия не принесут успеха, если не будут в вере выше знания. Но кто, как не он, знает, как часто он не способен приложить даже маленькие усилия! И каков же будет его конец?»

Видно, что несмотря на то, что Творец является единственным властелином творения и это он создал человека с определенными качествами и наделил его всеми необходимыми силами, а также вокруг человека создает обстановку, оптимально помогающую ему продвигаться к цели творения, однако сам Творец напрямую не только не помогает человеку, но еще бесконечно запутывает его всевозможными осложнениями: увольняет с работы и подбрасывает ему различные болезни, неудачи и страдания, создает проблемы в семье и еще многое и многое другое.

Период такого отношения Творца довольно долгий, но человеку ничего не остается, как пройти все эти состояния и на них приобрести опыт, который в дальнейшем даст ему возможность получить совершенство, вечность, бесконечность и единение с Творцом.

Этот период заканчивается, когда человек приходит к решению, что только Творец лично может помочь ему. Это решение способствует установлению в его сердце истинного требования, что Творец откроет ему глаза и сердце и действительно приблизит человека к вечному слиянию с Ним.

Творец хочет, чтобы человек приобрел все свойства миров, поднимаясь в них из нашего мира, и смог в каждом из них заменить Творца. Но без помощи Творца нет возможности сделать это. Человек ничего не способен сделать сам. Все страдания и беды происходят с нами из-за того, что наши желания-свойства противоположны свойствам Творца, противоположны свету.

Вследствие противоположности свойств все, что мы видим в нашем мире, не существует в действительности, а является проекцией наших свойств на свет. Мы видим свои собственные свойства. Когда сверху приходит свет, человек чувствует не его, а свои плохие свойства в свете, а для ощущения самого света нужно избавиться от зла эгоизма, своих помех.

А когда человек взывает к Творцу о помощи, выясняется вдруг, что *«все отталкивания, которые испытывал человек, исходили со стороны Творца. И вовсе не потому это происходило, что человек не был в порядке, что у него отсутствовала возможность приложить усилие, а потому, что тот человек, который действительно хочет приблизиться к Творцу, не должен довольствоваться малым, что значит оставаться на детском уровне ума, поэтому сверху дают ему помощь в том, что отбирают у него возможность сказать, что у него есть Тора и заповеди и хорошие дела. А что еще нужно человеку?*

И если действительно есть у человека настоящее желание, то сверху дают ему помощь в том, что посылают ощущение плохого в его настоящем состоянии, посылают ему мысли и идеи против работы. И все это для того, чтобы показать все несовершенство человека по сравнению с Творцом. И чем больше усилий прикладывает человек, тем больше ему кажется, что он все дальше и дальше от духовного по сравнению с другими, которые чувствуют себя в полном согласии с Творцом. А у него всегда есть только жалобы и требования к Творцу, он не может оправдать отношение Творца к себе. И то, что находится не в согласии с Творцом, приносит ему огромную боль и приводит к ощущению, что в нем нет и маленькой доли святости.

И даже если в какой-то момент и пробуждается в нем небольшое желание к духовному и оживляет его, то в следующий момент он тут же снова падает в бездуховность. И несмотря на все это, именно такое состояние приводит человека к осознанию того, что только Творец может помочь ему и приблизить к себе.

Человек всегда должен стараться идти по пути, объединяющем его с Творцом. Чтобы все его мысли были направлены на это даже несмотря на то, что он находится в самом плохом состоянии, что падение ниже этого уже не может быть. Никогда мысли человека не должны выходить за пределы мыслей о Творце.

Чтобы не мог думать о том, что есть другая власть, кроме Творца, которая не позволяет ему приблизиться к святости, и это она дает человеку то хорошее, то плохое. Чтобы человек не думал, что есть нечистые, противоположные Творцу силы, силы клипот, из-за которых он не может делать хорошие дела и идти дорогой Творца. Мысль человека должна все время работать в том направлении, что все исходит со стороны Творца».

Творец дает удары для того, чтобы вернуть человека к цели творения. Обычно, если человеку хорошо, он наслаждается, ему безразлично, есть Творец или нет. Но именно в хорошем состоянии важно, чтобы человек был един с Творцом. Поэтому Творец и посылает удары, чтобы люди вспомнили о Нем. Когда человеку плохо, он так или иначе начинает думать о Творце. Но именно вся работа и заключается в том, чтобы быть с Творцом, когда тебе хорошо.

Вы видите, что Каббала говорит о самых тонких ощущениях в душе. Люди не ожидают удара. Он приходит неожиданно, когда человек оторван от Творца. Над каждым из нас есть личное управление Творца. Оно проявляется и тогда, когда мы забываем о Нем. А чтобы напомнить о себе, Он подает нам особые сигналы в виде ударов судьбы, говоря этим, что нужно всегда направлять наши мысли в сторону Творца. Больше ничего не требуется.

Беседа пятая

«*Тот, кто считает, что есть другая сила в мире, т.е. клипот, тот поклоняется другим богам. Даже в мыслях о преступлении он совершает преступление. И даже если человек считает, что сам он решает что-то, например, что вчера он сам не хотел идти дорогой Творца, это тоже считается преступлением неверия. Значит, он не верит в то, что только Творец управляет миром».*

Нет ни одной мысли, которая посетила нас, чтобы она не исходила от Творца. Это было предусмотрено в цели творения, и мы ничего не можем изменить. А кто же «я»? «Я» тот, кто чувствует то, что приходит сверху. Все это воспринимается нами вначале как путаница, которая происходит потому, что духовное сверху входит в нас, в материальное.

Но постепенно в человеке это находит свое место, начинает работать, и мы поймем, что иного не может быть. Подъем — это согласие человека с тем, что делает Творец, при этом человек чувствует полноту, совершенство, вечность, он отделяется от своего тела и относится только к духовному.

Однако, когда человек совершает какое-то преступление и должен отказаться и сожалеть о совершенном, то и тут нужно отнести сожаление о содеянном к чему-то, что явилось причиной происшедшего, из-за чего он страдает сейчас.

И человек должен сожалеть только по причине того, что Творец отбросил его от святости в нечистоты, в место отходов, дал человеку желание дышать вонючим воздухом. (Или, как пишется в книгах, человек иногда возвращается к сути ничтожного, хотя однажды уже решил, что это низость, но сейчас ему вновь дают желание питаться от этих нечистот.)

«*А когда человек находится в состоянии подъема и немного чувствует желание к работе, он не должен говорить, что это он сам сейчас чувствует, что стоит быть работником Творца. В этом случае необходимо понять, что сейчас он нашел симпатию в глазах Творца, поэтому Он приблизил его, отсюда и ощущение вкуса и желания к работе Творца. И должен остерегаться, чтобы не выйти из святости, опасаться говорить, что есть еще кто-либо, кроме Творца.*

И подобно изложенному выше, когда человек сожалеет о том, что Творец отдалил его от себя, нужно, чтобы это не было ради себя, т.е. чтобы все сожаление не заключалось в том, что именно он отдален от Творца, так как это называется получением для себя, что разделяет человека и духовное.

Человек должен сожалеть об изгнании Шхины, что именно он является причиной этому. Ведь если у человека болит хотя бы один орган, то главная боль ощущается в мозгу и сердце, которые являются общностью всей сути человека. И невозможно измерить боль отдельного органа человека по сравнению с общей болью.

Отсюда — боль одного человека от отсутствия близости к Творцу и то, что он занимает лишь маленькую частицу во всей Шхине, общей душе Израиля, не может сравниться по ощущению с той огромной болью, которую испытывает общая душа. И это Шхина страдает от того, что ее части удалены от нее. И если человек сожалеет о том, что он отдаляет возможность всей Шхины приблизиться к Творцу, этим он спасен от падения в желание получить для себя, что отдаляет человека от Создателя».

Творец посылает человеку хорошее. Но оно, проходя через эгоизм, ощущается как плохое: болезни, стрессы, различные удары судьбы. Чувствуя плохое, человек не может при этом благодарить Творца. Если бы человек знал и сожалел о том, насколько плохо Творцу от ощущения той разницы между хорошим, которое посылает Он, и тем плохим, которое ощущает человек, то он бы поступал иначе, или если бы человек чувствовал радость Творца от того, что хорошо самому человеку.

Другими словами: все мысли, все действия, все происходящее необходимо направить в адрес Творца. Только так человек выходит из своего «я», своего тела, что означает выход в духовное.

БЕСЕДА ШЕСТАЯ

У человека нашего мира нет души. Но когда он начинает желать духовного, у него появляется «точка в сердце» — зародыш души, которая требует возвращения человека к своему духовному корню согласно природе. Душа тянется к Творцу и тянет за собой человека. Куда его тянет, человек не знает, потому что Творец пока скрыт от него. Но куда-то его несет эта точка души, хотя это еще не настоящая душа.

Когда человек начинает работать над собой, то его точка набухает постепенно, становится все больше и больше, но пока еще остается черной, так как человек все больше ощущает недостаток чего-то и тьму. Когда же наконец точка достигает определенного размера, достаточного для данного человека, он приобретает вокруг точки масах, целенаправленность отдавать, и тогда в эту точку может войти свет, который распределяет все желания согласно свойству света на пять частей: кэтэр, хохма, бина, З"А и малхут. И человек приобретает душу.

Желание получить изменяется от самого маленького (кэтэр) до наибольшего (малхут). В кэтэр и хохма свойство получать наименьшее, и они называются поэтому «отдающие желания». Такое состояние в человеке называется малым.

Если в человеке нашего мира имеются только животные желания, то он — двуногое животное. Следующее состояние — когда появляется «точка в сердце», т.е. проявляется какая-то тяга к духовному, которая не дает ему покоя, хотя он не знает, что это такое. Если далее человек усиленно занимается Каббалой, то попадает в третье состояние — переходит махсом, получает экран с авиют дэ-шореш, когда вместо черной «точки в сердце» появляется состояние, называемое гальгальтой со светом нэфеш.

Это состояние называется «зародыш» (убар), который, подобно земному, ничего не желает, находится в утробе матери, более высокого парцуфа, заботливо выращивающего его. Далее зародыш развивается девять месяцев, т.е. должен пройти девять частных сфирот, находящиеся в сфире малхут, от нэфеш дэ-нэфеш (кэтэр дэ-малхут) до ехида дэ-нэфеш (малхут дэ-малхут).

На этом он перестает быть убаром, рождается, приобретая кли хохма со светом руах (от нэфеш до ехида) с авиют алеф. Этот период называется вскармливание (еника) и длится два года, 24 месяца. На этом парцуф достигает состояния «катнут» (гальгальта вэ эйнаим), полного авиют алеф. Еника отличается от убара, который ничего не хотел, тем, что получает свет.

Как ребенок получает молоко для питания? Кровь матери, когда у нее прекращается менструация, идет на развитие плода. При рождении выходит родовая, нечистая кровь, которую невозможно исправить; она превращается в нечистые желания, без намерения на отдачу. А есть часть крови, которая после родов переходит в молоко, поднимается от сфиры есод, где находится матка, к груди (хазе), сфира тифэрэт парцуфа.

Все, что происходит в духовном мире, все духовные законы, затем, когда возник наш мир, естественно соблюдаются и в нем. Изучая весь процесс зарождения, развития, рождения, вскармливания, взросления духовных парцуфим, можно точно понять, что же происходит, а главное, почему так происходит в нашем мире.

После вскармливания следует парцуф взросления — парцуф получает свет хохма, гадлут (мохин) в келим бина АХа"П (озен, хотем, пэ), авиют бет, гимел, далет со светом нэшама, хая, ехида.

Каждый из нас ничего не должен делать, кроме как не мешать Творцу работать над нами, чтобы он ни совершал. Только нельзя выходить за пределы управления Творца. Если человек способен сделать такое усилие, то будет называться убаром в духовном. В состоянии «еника» (кормление) человек уже умеет просить что-то, он как бы вступает в диалог с Творцом. После двух лет еника человек нуждается в воспитании, ему уже можно дать немного ор хохма, который начинается со света нэшама.

Вся система духовных отношений между Творцом и творением в состоянии «катнут» построена абсолютно так же, как отношения между мамой и ребенком в нашем мире. И все проблемы, возникающие между ними, можно разрешить с точки зрения подобного состояния в духовном.

Создатель специально посылает человеку помехи, чтобы тот, приложив определенные усилия, начал желать сблизиться с Ним. Если бы в человеческой жизни не было препятствий и

Беседа шестая

помех, мы не испытывали бы никаких желаний и никогда не смогли бы продвинуться.

Если бы душа Адама не разбилась, то она осталась бы одной неисправленной душой, которой было бы очень трудно исправиться. Исправление заключается в соединении одной части души с другой. Только после этого они обе соединяются с Творцом.

Работа заключается в исправлении отношения человека к обстоятельствам, к тому, что он получает от Творца; результатом такой работы служит единство с Творцом, оправдание всех действий Творца.

В группе учеников можно добиться полного единства одного с другим. Начинают с самого начального состояния, строят рамки, которые удобны для эгоистов, т.е. подходят для всех приходящих для взаимного сближения и достижения единой цели.

Никто не должен страдать от этих рамок, они не должны стать клеткой, тюрьмой. С другой стороны, рамки каждый раз меняются в лучшую сторону согласно внутреннему состоянию входящих в них и постоянно способствуют поставленной цели. Чем теснее будет связь в группе, тем больше оснований появится в группе для связи с Творцом.

Когда человек начинает продвигаться в духовном, он теряет к нему желание, вернее, ему прибавляют эгоизм, желание получить, против которого он уже не может устоять. Ничего нельзя в этом случае предпринять, кроме того как вновь переводить животный эгоизм в духовный с помощью занятий и совместной работы в группе.

Каждую мысль, приходящую к человеку, он должен проанализировать, он должен вспомнить, что она приходит от Творца, отсортировать, проверить, не идет ли она вразрез с целью, к которой он стремится: пойду ли я вместе с этой мыслью или против нее. Зовет ли меня Творец в данном случае, притягивая к себе, или хочет пробудить, отталкивая? Есть разница, но в обоих случаях Он хочет меня приблизить к себе...

БЕСЕДА СЕДЬМАЯ

Когда мы в этом мире изучаем духовный мир, мы сначала учимся строить по нему наше внутреннее отношение, а затем постепенно и внешнее. Творец хочет, чтобы мы жили в этом мире согласно духовным законам. Чем больше человек сможет выйти из своего «я» наружу, тем больше есть у него возможность почувствовать духовное и избавиться от своего тела, от которого все наши проблемы.

Например, из изучения мира Ацилут мы можем взять образец построения общества нашего мира. А делая это, мы тут же попадаем под влияние духовных сил, которые оберегают нас, защищают и руководят нами, давая столько, сколько каждый может ощутить своими исправленными келим.

Два мира — наш и духовный — параллельны. Сверху к нам спускаются духовные силы и свет, но не могут одеться в наш мир в силу его противоположности духовному по своим желаниям получить ради себя. Если же организовать хотя бы маленькое общество, подобное законам духовного мира, то все положительные силы сверху смогут одеться в его членов и поднять их на соответствующий высокий духовный уровень.

От нас требуется серьезная подготовка и построение духовных рамок. Это самое лучшее, что может человек сделать для себя, своей семьи и окружающих, всего мира. Постепенно весь мир сможет почувствовать более возвышенное, если в мире будет создано даже маленькое общество, живущее по духовно-альтруистическим законам. Мы должны очень хотеть этого, и тогда сверху нам помогут.

Создатель сотворил душу с желанием насладиться. Количество этих желаний равно 600 тысячам. Если разделить душу на такое количество, то каждая из них будет называться душой человека. В чем разница между ними? В степени желания по качеству и количеству. Я создан так, что стремлюсь к определенному наслаждению, а другой — к иному; разные желания, разные наслаждения, а высший свет один, отличие только в наших, различных в каждом, желаниях.

И невозможно заменить одно желание на другое. Таким образом, в общей душе есть все созданные Творцом желания. Любое желание — это определенный вид света, который воспринимается как особое наслаждение каждым человеком в отдельности. И ощутить другое наслаждение он не может.

Изначально мы созданы непохожими друг на друга как по виду желания, так и по его количеству. И нам не на кого и не на что жаловаться — так хотел Творец. Поэтому у каждого свой путь, свои кругообороты в этом мире до тех пор, пока не приходим к конечной цели творения.

Однако есть и общее, что объединяет всех нас, — это общая цель творения: исправление созданного в нас желания получать ради себя на желание получать ради Творца, что позволит каждому из нас слиться воедино с Творцом и в Нем соединиться, тем самым приобрести вечную, бесконечную, большую общую душу, а в нее получить полное и совершенное наслаждение.

Эгоистическое кли, с которым мы созданы, очень маленькое и может наслаждаться ограниченно — и в количестве, и во времени, и в качестве наслаждения. Мы гоняемся за чем-нибудь, страдаем от его отсутствия, ищем, а как только достигаем — теряем к нему интерес. А потом новые страдания в погоне за новым наслаждением и т.д., пока, не наполнив и части наших желаний, оканчиваем жизнь в этом мире.

Если бы не было расхождения во времени между нашими желаниями и получением наслаждения! Захотел что-то, тут же и получаю. Это называется совершенством. И, конечно же, речь не идет о приобретении маленького животного наслаждения, а о желаниях, постижениях, ощущениях безграничного наслаждения, которым тут же наполняют любое духовное желание.

Каждый, имея свое маленькое эгоистическое желание, может с помощью изменения намерения «ради Творца» увеличить и увековечить как свои желания, так и получения в них огромного и бесконечного наслаждения, равного всей единой душе, а это значит — стать равной Творцу.

Каждая душа прежде всего должна включиться во все остальные души, тогда ее маленькое желание возрастет до размеров общей души и получит соответственно этому. Известный коммунистический лозунг «от каждого по возможности, каждому по потребностям» взят из духовного и только к духовному относится.

Получать по потребности — зависит от духовного уровня человека, его экрана. Чем больше человек хочет получить, тем больше желаний ему еще нужно исправить. Желание получить ради себя не дает ему возможности правильно получать по потребности, а еще больше ограничивает его. А если он еще не исправлен, то не сможет отдавать по возможности.

Только меняя свои намерения с получения на отдачу, т.е. переходя в духовное, человек начинает правильно понимать смысл призыва «отдавать по возможности и получать по потребности» — как единственное решение быть совершенно наполненным, вечным, совершенным.

Находясь в духовном, человек учится отдавать все больше и больше, а получать только минимум для существования. А когда он сливается с Творцом, то становится таким же, как Он: все отдает, ничего не получая для себя, но именно поэтому наполняясь всем, — в конечном итоге отдача служит вознаграждением, а потому такая жизнь вечна, свет не прерывается, он постоянно находится в кли, а ведь именно исход света из кли и есть смерть...

БЕСЕДА ВОСЬМАЯ

Мы начинаем с состояния, связанного с наслаждениями этого мира: деньги, почести, семья, — со всего того, что относится к животному и немного к человеческому уровню. В этом состоянии нельзя ни согрешить, ни совершить заповедь. Это не духовное. Если человек готов к сокращению (использования) этих желаний, вернее, к направлению их (использования) ради духовного, то он получает возможность войти в духовный мир на его первую ступень, на которой светит свет, многократно больший, чем в нашем мире.

Человек просит экран, чтобы противостоять животному наслаждению и получить его ради Творца, получает экран — так он исправляет первую ступень и переходит на вторую, где дают ему еще большее желание получить и еще больший свет. Приобретая масах с большей антиэгоистической силой, человек исправляет и эту ступень и поднимается еще выше.

Если взять за ноль линию, соответствующую нашему миру, то первое увеличенное желание получить на первой духовной ступени будет равно «−1», что равносильно падению, а масах и свет, полученный ради Творца, равен «+1» и соответствует подъему. Расстояние между «−1» и «+1» равно размеру, высоте парцуфа. Далее посылают человеку эгоизм «−2», для преодоления его нужен масах «+2» — так происходит подъем на вторую ступень. И так далее: чем выше поднимается человек, тем ниже он падает, чтобы подняться еще выше.

Малхут мира Бесконечности после получения света «ради Творца» в мире Некудим разбилась. Произошло разбиение келим. При этом перемешались между собой все эгоистические и альтруистические келим. В каждое эгоистическое желание попали искры альтруистических свойств Творца, что дает возможность этому желанию исправиться и присоединиться к духовному.

И чем большее предназначение у человека, более высокие келим души находятся в человеке, тем большие падения и подъемы предназначены ему. Поэтому никогда нельзя судить человека по его поступкам, потому что мы не можем знать, какие исправления он проходит в это время.

Лучше всего представить себе все в следующем виде, условно рисунком: земля — эгоистический уровень, на котором находится человек, и небо, из которого нисходит свет. Если свет не попадает на человека, то он не может оторваться от земли. Таковы его свойства. Если же свет светит человеку, то он как бы отрывается от земли навстречу свету. И какова сила света, такова и высота подъема, высота парения человека над землей, над его эгоистическим желанием получить. Как только свет прекращает светить, человек падает на землю, как будто и не поднимался. У нас нет никаких положительных сил для подъема. Поднять нас способен только свет Творца.

Чем выше расположен духовный мир, тем больше расстояние между падением и подъемом. Так, в мире Ацилут падение может достигать почти уровня нашего мира. Поэтому великий каббалист раби Шимон, будучи на предпоследней духовной ступени, вдруг почувствовал себя «простым Шимоном с рынка»: все знание и все исправленные свойства, все постижения — все исчезло, и стал подобен простому, примитивному неучу. Так описывается его состояние в книге «Зоар».

Это происходит с каждым, даже только начинающим свой духовный подъем. Как возвратиться из падения обратно? Либо включиться в группу даже без малейшего желания и автоматически что-то делать, ведь открыть книгу и читать подчас невозможно, а иногда остается только один выход: спать, отключиться от всего, дать времени сделать свое...

Самое опасное, когда человек, находясь на высшей точке духовности, начинает самонаслаждаться тем, как хорошо там, безопасно, устойчиво, ясно, приятно, вечно... Именно этот момент и является причиной падения. Очень важно в это время задерживать мысль на том, что такое состояние дано ему для того, чтобы удержался в мысли «ради Творца». Удержаться невозможно, ведь чтобы продвинуться дальше, необходимо упасть, ведь иначе, как в падении, негде приобрести дополнительное желание получить, с которым можно вновь подняться.

Парцуф — это внутреннее моральное состояние человека по отношению к другим, его ступень развития. Нельзя постичь свет без приобретения прежде желания к нему. Нельзя познать

Беседа восьмая

хорошее без плохого: поднялся духовно, например, на 15 единиц, а на 16-й упал, потому что увидел свои истинные свойства в наихудшем виде, потому что, поднявшись, «облучился» большим светом — увидел себя по сравнению с лучшими свойствами высшей ступени.

Все пройденные ступени живут в человеке. Видеть плохое можно только при высоком внутреннем уровне. Чем больший свет светит человеку, тем в худшем виде он видит себя по отношению к свету, и так до последней ступени — полного исправления.

Смотрите, как пишет раби Барух Ашлаг в письме к своим товарищам и ученикам («Шамати. Игрот», 2; *курсивом — текст перевода*):

«Согласно АР"И и комментариям в ТЭ"С, говорится, что во время швират келим (разбиения сосудов) в мире Некудим мелех даат, который находился на уровне кэтэр и являлся первым, упал ниже всех остальных малахим, так как каждый, наиболее грубый вначале и дошедший до самого высокого уровня исправления с приобретением масаха, при разбиении келим и потере масаха оценивается как самый плохой, поэтому падает ниже всех остальных малахим.

И это можно объяснить так: у людей, которые идут дорогой Творца, удвоенное желание получить: материальное и духовное. Поэтому те, которые были приближены к Бааль Суламу, пока находились рядом с ним, имели масах на авиут. Но сейчас, когда его рядом нет, умер, и не надо делать масах, вся их работа заключается в том, чтобы выглядеть «благими», «праведниками» - у них остался авиут без масаха, они потеряли все, что у них было». Чем больше человек входит в духовное, тем более он должен опасаться подобных людей и отходить от них. *«Я написал вкратце, так как не хочу, чтобы мои мысли были о них, ведь, как известно, человек находится там, где его мысли.*

Для большего понимания сказанного я приведу небольшой пример. Известно, что между двумя ступенями есть промежуточное состояние, включающее в себя общее от обоих ступеней. Например, между неживым и растительным состоянием среднее — кораллы. А между растительным и животным уровнем находятся так называемые «келев садэ» — это животные, которые связаны пупком с землей и питаются от нее. А между животным уровнем и человеческим находится обезьяна. Спрашивается, что является средним между правдой и ложью? Что это за состояние, которое состоит из двух понятий вместе?

Но прежде чем я объясню это, добавлю одно правило: легче увидеть большую вещь по сравнению с маленькой. Поэтому чем меньше лжи, тем труднее увидеть правду, увидеть, насколько человек ошибается, когда ему кажется, что он идет правильным путем. И в этом есть доля истины, потому что человек еще не видит всей лжи вместе, чтобы вопреки, против нее увидеть истину».

Если вы спросите человека с улицы, у которого нет никакой связи с Каббалой, он скажет вам, что ничего плохого не делает и ничем не отличается от остальных. Согласно тому минимуму осознания зла, который в нем, он думает, что идет по правильному пути. Но когда в человеке соберется много лжи, у него появится возможность, если он захочет, увидеть истинное состояние. И тогда, видя всю ложь, он поймет, что все это время шел неправильным путем, и тогда сможет подняться на путь правды. Когда мы осознаем, что наше настоящее состояние более невыносимо, нестерпимо, когда мы придем к конечной точке терпения этого зла, тогда мы просим Творца о помощи.

«И эта точка — точка истины, которая показывает человеку, что он идет по дороге лжи, — является средним, связующим звеном между правдой и ложью, положившим конец лжи, что начиная с этого момента и дальше он вступает на путь правды.

Отсюда нам станет понятным, что, как говорил Бааль Сулам, прежде чем прийти к «ли шма» (ради Творца), нужно, чтобы «ло ли шма» (ради себя) было наибольшим, и только потом переходить к «ли шма». И, согласно сказанному выше, можно считать, что «ло ли шма» — это ложь, а «ли шма» — это правда. И пока ложь еще маленькая, т.е. добрых дел еще немного, значит, и «ло ли шма» маленькое и не дает видеть правду. В этом состоянии человеку кажется, что он идет верным путем «ли шма».

Но когда человек занимается Торой и заповедями день и ночь, то уже может видеть правду в силу того, что вся его ложь собралась в одну большую ложь и помогает понять, насколько его путь обманчив. Тогда он начинает исправлять свои действия, зная, что все прежние были «ло ли шма». Эта точка и является средней, отправной в переходе к истине, т.е. к «ли шма». А ведь еще вчера он считал свой прежний путь направленным к «ли шма». Вот как меняется состояние человека и его путь, если возрастает его эгоизм и оценка его».

Беседа восьмая

В любом нашем положении Творец работает над нами, находимся ли мы в плохом или в хорошем состоянии. Сам человек ничего не решает и не может решить. Мы можем только ускорить путь развития, но не изменить его. Если мы посмотрим на этот путь глазами эгоиста, нам станет страшно. Если же на наш эгоизм посмотреть как на зло, которое нужно уничтожить, увидеть его как бы снаружи, то мы немедленно захотим изъять его и заменить альтруизмом.

БЕСЕДА ДЕВЯТАЯ

Получается так, что сейчас мы с вами сидим здесь в группе, а кто-то там за нас решает нашу судьбу. Но это не так. Мы действительно ничего не решаем. Если мы уже понимаем это и готовы выстрадать следующее продвижение, то чуть отошли от животного состояния и готовы к духовному. Тогда мы его и получим. Но если такой готовности еще нет, то сверху нам ничего не дадут.

Я очень надеюсь, что сверху будут нас хранить. Никогда нельзя знать, как сделать следующий шаг. Мы не знаем, что такое душа, что такое Творец, какова наша конечная цель и в каком направлении она находится. Так и в нашей жизни. Мы не знаем, как поступать, что будет завтра, как бы мы ни старались обезопасить свою жизнь.

Все помехи, которые ставят перед человеком, должны восприниматься как сигнал для следующего шага. Нужно знать, как поступать в каждом отдельном случае, как избавиться от настоящего тяжелого состояния. Если человек работает в этом направлении, то подготавливает себя к следующему состоянию. Все то плохое, что мы встречаем на нашем пути, все страдания и несчастья, с которыми мы справляемся и воспринимаем как неотъемлемую часть продвижения, подготавливают нас к хорошему.

Путь вперед состоит из двух составляющих: левая сторона и правая. Левая сторона — это желания (келим) следующей ступени, которые выражаются во всевозможных помехах, трудностях и т.д., с которыми необходимо справляться и выстоять перед ними. Это тоже шаг вперед, но с его обратной стороны. Творец посылает нам эти состояния, чтобы с их помощью можно было сделать шаг вперед.

Если человек абсолютно все происходящее будет воспринимать как хорошее, у него тут же появится связь с Творцом и не прекратится до тех пор, пока человек все приходящие трудности

Беседа девятая

будет воспринимать как возможность к продвижению, оправдывать все, как бы тяжело ни было.

Творец создал желание, благодаря которому мы воспринимаем все окружающее либо как хорошее, либо как плохое в зависимости от наполнения нашего желания: если я страдаю, значит, мое желание получить не наполнено, вернее, если мое желание не заполнено, я страдаю. Если я наслаждаюсь, это потому, что мое желание получить удовлетворено.

Как оторваться от зависимости наполнения желания получить? Как сделать так, что при любом состоянии, получает ли мое желание наслаждение или нет, я не буду ощущать пустоту, отсутствие наслаждения как страдание?

Это возможно только с помощью намерения, направления наслаждения. Желание нельзя изменить или исправить. Это животное свойство, это природа, созданная Творцом. Если человек не проверяет, направлено ли его желание к цели творения, а действует, как само желание ему говорит, он относится к еще животному уровню развития, а не к уровню «человек». Пока он будет наполнять все свои желания без проверки мотивации, цели наполнения, он остается животным, т.е. находится под махсомом, в нашем мире.

Когда же человек начнет проверять и сортировать желания: для чего он их исполняет, с какой целью наслаждается и почему, задавать себе всевозможные вопросы о причине наслаждения, он начинает быть человеком, понимая, что есть источник всех наслаждений, а если это так, то можно требовать от своей природы сделать что-либо в достижении исправления. Тогда он берет желания, созданные Творцом, и с помощью намерения «ради Творца» заполняет те же желания, превращая их в источник отдачи.

Зачем нужны телесные страдания? Исчезают ли они по мере ощущения духовных страданий, от отсутствия любви к Творцу, например? Бааль Сулам в конце жизни переносил сильные страдания. Его спрашивали, почему он не избавляется от них, на что он отвечал, что если бы человек знал, как много он выигрывает от этого, то, даже если бы он смог, не убегал бы от страданий. Все, что мы испытываем, необходимо нашей душе и затем переходит в келим для получения света...

Значит ли это, что мы должны просить побольше болезней и ударов на нашу голову, чтобы потом получить побольше света? Нет. Человек обязан воспринимать все как средство исправления для еще не исправленных келим его души.

Каждому страданию соответствует исправление определенной части души. Иногда исправление происходит от изучения Каббалы, иногда — от того, что ухаживают за стариками или детьми. А порой исправлением служат всевозможные болезни и страдания. И никто не знает, что ему дадут сверху. Но все получаемое необходимо оправдать как средство исправления. Вместе со страданиями дают нам всевозможные средства, ускоряющие исправление: прогресс, медицина, взаимопомощь.

В духовном намерение — это действие. Наши действия только изменяют наше отношение к действиям Творца, к Его управлению. Не зря называется духовная работа человека «Аводат аШем» — «работа Творца», потому что именно Творец делает всю работу, а мы только смотрим на Его работу и оправдываем ее в мере своего исправления. Если наше отношение неверно, мы ничего не видим. Если же человек способен смотреть на происходящее с ним якобы без всякой связи с собой, он переходит махсом. Сама направленность действия называется в духовном «действием».

Если человеку дают вместе со страданиями видеть и источник этих страданий, то такой человек начинает налаживать связь с Источником. Такие люди потом становятся религиозными, начинают верить в Творца, молиться Ему, благодарить Его. Как же так? Человеку делают плохо, а он благословляет Источник?

Это происходит потому, что при открытии Творца человек получает возможность оправдывать Его. Если мы согласны с тем, что Творец существует, мы сможем Его оправдать. И уровни оправдания Творца, насколько человек видит действия Творца как праведные, называются ступенями миров. Я могу приблизиться к Творцу настолько, насколько оправдаю Его: Творец добавляет отрицательное ощущение в левой, эгоистической стороне, но человек может взять силы из правой стороны, чтобы оправдать левую сторону. И в итоге поднимается на более высокую ступень.

От природы наше тело естественно работает по принципу «максимум наслаждения при минимуме усилий». И этот принцип сохраняется на всех уровнях. Мы постоянно неосознанно выполняем наше желание получить и насладиться. И наше намерение, естественно, соответствует нашему желанию. Мы не контролируем, хорошо это или плохо, не задаем себе вопрос, почему и зачем мы выполняем все наши желания: выполнять желаемое — основа эгоизма.

Беседа девятая

Где граница присоединения намерений к моим действиям? Границы нет. Если я поднимусь в мир Эйн Соф, я одену мое намерение «ради Творца» на самое маленькое действие этого мира. И так я приду к раскрытию всех действий Творца, от самых больших до самых маленьких. Человеку постепенно открываются все более низкие желания, о которых он даже не подозревал.

Эти желания раскрываются ему потому, что он и на них может сделать правильное намерение, исправить свое отношение к ним. Если нет нужного намерения, человек остается животным. Намерения на какую-то часть желаний превращают эту часть «животного в человеке» в «человека в человеке». И чем больше намерений отдачи он обретет, тем большая часть его желаний становится «человеком».

Все ступени от нашего мира до Творца — это ступени увеличения намерения «ради Творца». Желание не увеличивается и не уменьшается само по себе. Просто не все желания сразу открываются человеку, а раскрываются только по мере возможности сделать на них правильное намерение.

Творец знает, что сейчас должен исправить человек, решимот (записи прошлых, когда душа еще не была облачена в тело, состояний) постепенно, одно за другим, проявляются в человеке, и он должен последовательно прилагать усилия, чтобы создать на них намерение «ради Творца». Сам человек не должен думать, что ему сейчас что-то нужно исправить. То, что ему дают сверху, на то и необходимо обращать внимание.

Вы просите меня прокомментировать первую часть «Предисловия к книге «Зоар». Это есть в книге «Зоар», но постараемся добавить объяснения (текст перевода — *курсивом*):

«Моим желанием здесь является выяснить несколько вещей, простых на первый взгляд, которых уже не раз касались и много чернил было истрачено для выяснения их. И вместе с тем до сих пор не пришли к какому-то достаточно ясному ответу. Что же это за вопросы?

Вопрос 1: Какова наша суть? Вопрос 2: Какова наша роль в длинной цепочке действительности, маленькими звеньями которой мы являемся? Вопрос 3: Когда мы смотрим на себя, то ощущаем себя самыми испорченными и низкими, настолько, что ниже нас нет. Но когда мы смотрим на Создателя, который нас создал, то вынуждены видеть себя на самом высоком уровне от осознания того, что нет выше и ценнее Творца, ведь совершенный Создатель творит совершенные действия».

Если мы творения, а Он Творец и Он так хорош и совершенен, то как мог Он создать таких плохих, как мы? Если Творец абсолютно совершенен, как могла у него появиться такая плохая мысль? Ведь какова мысль, таково и действие. И наоборот. Значит, Он сам таков? А что мы каждый раз получаем от Него? Невозможно никак сопоставить добро и проявление результатов творения в нашем мире.

«Вопрос 4: Насколько наш разум подсказывает нам, Творец лучший из лучших и нет выше Него. Как же могло случиться, что изначально создал так много творений, которые вынуждены страдать и мучиться всю свою жизнь вместо обещанного им наслаждения?»

Согласно Каббале, сначала должно быть кли, желание, а это означает страдание, а потом его наполнение, наслаждение. Но почему сначала должно быть страдание, удары, а потом наслаждение? Разве таким должно быть совершенство?

«Вопрос 5: Как из Вечного, у которого нет ни начала, ни конца, вышли творения такие низменные, ничтожные, смертные, во всем противоположные Творцу?

И чтобы все это полностью выяснить, мы должны провести некоторое исследование, но не в запретном месте, т.е. не затрагивая сути Творца, это не может быть даже в наших мыслях, а в месте, где исследование будет заповедью, т.е. желательным действием, исследованием действий Творца, как заповедано нам Торой: «Познай Творца по Его действиям и работай ради Него».

Суть Творца запрещено исследовать. Вернее, наш мозг не в состоянии этого постичь, поэтому запрещено. Запрещено в Каббале означает непостижимо. Потому что все, что постижимо, — желательно постичь! Все действия Творца, которые Он производит на нас, мы не только можем, но обязаны исследовать и исправить, соответственно, наше отношение к ним.

«Исследование 1: Как рисуется нам, творение создано вновь, т.е. что-то совсем новое, что ранее не было включено в Творца».

Как понять, что чего-то не было ранее? Мы говорим, что сначала был Творец, который затем одной только мыслью создал творение. Что такое творение? Это желание получить. В Творце, который весь только «отдающий», нет желания получить. Он

Беседа девятая

создал это желание получать из ничего. Как можно сотворить что-то из ничего, чего не было ранее ни в каком виде? Например, раньше был газ, которого мы не видели. Под давлением газ превратился в твердое тело, которое при нагревании снова можно обратить в газ. Но творения вообще раньше не было ни в каком виде, даже в мысли, мысль появилась позже. Как же это возможно?

«Понятно каждому, что нет ничего, чего бы не было в Творце...»

А если чего-то не было раньше в Творце, то какой же Он совершенный? Обязан был создать что-то, что бы дополнило Его мысль? Самый примитивный разум может сказать, что нет ничего такого, чего бы не было в Творце.

«Исследование 2: Если мы говорим, что в возможностях Творца создать что-то новое из ничего, в чем нет никакой сути Творца, спрашивается, что же это за суть, которая создана вновь?»

Что же это такое, настолько необходимое Творцу, что сотворил из ничего?

«Исследование 3: Каббалисты говорят, что душа человека — это часть Творца, которая отличается от Творца лишь тем, что Он — все, а она — только часть Его. Они определили душу как камень, отколотый от скалы. Нет между ними никакой разницы, только скала — это целое, а камень — часть от целого. Но камень откалывается от скалы с помощью топора, отделяется, как часть от целого.

Как можно себе представить, что Творец отделит часть от своей сути, которая выйдет из Него, станет самостоятельной и в то же время будет существовать как часть Творца и называться душой человека.

Исследование 4: Как могло произойти, что система клипот, которая полярно удалена от Творца настолько, что это не поддается никакому представлению, вышла и получила свое существование от святости Творца и, более того, что Творец сам осуществил это и оживляет их?»

Есть силы, которые полностью противоположны Творцу по своей сути, они ненавидят святость Творца, воюют с ней. Как же Творец мог создать такого страшного врага и, что самое непонятное, еще все время заботится о нем, о его существовании, постоянно давая ему свет жизни. Этого нельзя постичь никаким умом. Такой вечный, совершенный Творец создает что-то низменное и испорченное, абсолютно противоположное совершенству. Значит, это ему нужно?

«Исследование 5: Рассмотрим вопрос воскрешения мертвых. Известно, что тело (гуф) — настолько низменное, что со дня рождения уже обречено на смерть и захоронение. И еще, как говорится в книге «Зоар», прежде чем тело после смерти полностью не сгниет в земле, не оставив от себя даже маленькой частицы, не сможет душа подняться на свое место в Ган Эден (райский сад). И что это за обязательство перед телом возвратиться потом вновь и воскреснуть из мертвых? Творец не сможет насладить души без тел? И, что еще более удивительно, написано у мудрецов, что мертвые воскреснут во всех своих прежних недостатках, увечьях и пороках, чтобы никто не мог сказать, что это другие тела. А затем будут полностью излечены от всех своих недостатков. Почему Творцу так важно, чтобы не сказали, что возродилось другое тело из мертвых, что ради этого Он воскресит тела со всеми имеющимися в них ранее пороками, а затем полностью излечит их?

Исследование 6: Как говорили праведники, человек — центр всей действительности, все высшие миры и наш материальный, а также все, что их наполняет, созданы ради человека. Но они и обязали человека верить в то, что весь мир создан для него. На первый взгляд трудно поверить в то, что для такого маленького человечка, значение которого не равно и стоимости волоска в общей ценности действительности нашего мира, а тем более по отношению к высшим мирам, величие которых невозможно измерить, что всю эту неизмеримую ценность Творец старался создать для человека. И для чего все это нужно человеку?»

Когда и для чего человек вообще сможет использовать все это непостижимое величие? Мы ничего не знаем ни о нас самих, ни о нашей жизни, ни что вокруг нас, ни о поколениях, которые были до нас и придут после нас. Все это сокрыто от нас, а мы продолжаем жить, как прежде. А тут мы еще обязаны познать, и уготовлено для нас знание обо всем мироздании...

«Чтобы понять все эти вопросы и исследования, необходимо заглянуть в конец всех действий, т.е. в окончательную картину замысла творения. Мы знаем, что невозможно что-либо понять в работе, которая еще не окончена, а только тогда, когда она завершена полностью. Не существует нормального человека, который не

знал бы, с какой целью он делает что-либо и каков будет конечный результат. Известно, что есть такие умники, которые говорят, что Творец создал творения и оставил их потому, что не подходит Творцу в силу Его величия вкладывать усилия в управление такими низменными созданиями, какими являются созданные Творцом души».

Мы действительно в нашей жизни не чувствуем руку Творца. Он скрыт от нас, создал нас и как бы бросил на произвол судьбы. Вся наша проблема в том, что мы не способны видеть конечный результат замысла творения, пока не исправим наши келим, не заменим намерение получать на ему противоположное — отдавать.

БЕСЕДА ДЕСЯТАЯ

Недостаточно того, что ты любишь Творца и желаешь удостоиться слияния с Ним. Необходимо еще и ненавидеть зло в себе, ненавидеть свою природу — желание самонасладиться, от которого сам человек не может избавиться. Человек видит свое состояние, видит все зло в себе, бесконечно страдает от этого, понимает, сколько теряет, и знает, что самостоятельно не может избавиться от этого.

И вместе с этим человек не может смириться со своим положением, он ощущает все потери, которые зло приносит ему, а также видит истину, что самостоятельно не сможет найти в себе силы избавиться от него, так как это свойство было внесено силой природы со стороны Творца.

Чтобы выйти из нашего мира в мир духовный, нужно соблюсти несколько условий в ощущении человека. Прежде всего почувствовать, что состояние, в котором находится человек, невыносимо, нестерпимо. А сделать это можно тогда, когда хоть немного почувствуешь, что такое духовное, что оно противоположно природе человека, что там все хорошо, сплошное наслаждение, покой, совершенство и вечность. И это — сила, которая притягивает тебя к себе.

А с другой стороны, здесь, в этом мире, существует вторая сила, отталкивающая тебя от состояния, которое становится тебе все более невыносимым и ненавистным. И когда притягательная сила духовного и отталкивающая сила состояния, в котором находится человек, достигают своего максимума, и при этом человек понимает свою полную безысходность и невозможность самостоятельно избавиться от всего зла, когда выполняются все три этих условия, тогда в человеке происходит внутренний взрыв, и Творец спасает его.

В силах человека возненавидеть свое зло — тогда Творец избавит его от зла. Творец охраняет души, и Его охрана заключается в том, что он спасает их от рук зла. А если у человека есть даже самая хрупкая связь с Творцом, он уже удачен.

Все состояния в духовном, которые человек проходит, не исчезают, а остаются существовать сами по себе. Всегда можно к ним возвратиться, исправить, насколько это возможно, и использовать для дальнейшего продвижения.

Так как Творец является отдающим, должны и творения постараться желать того же. И наоборот, потому что Творец ненавидит быть получающим, будучи совершенным изначально и ни в чем не нуждается, то творения также должны ненавидеть получение ради себя, ненавидеть зло целенаправленной ненавистью, потому что от него идет все отрицательное. И только с помощью ненависти можно исправить зло и попасть под управление святости Творца.

Если к человеку приходит состояние неудовлетворенности, безразличия, ощущение чего-то плохого, это значит, что он уже относится к следующей ступени, но еще не исправил это. Любое состояние начинается с тьмы. Сутки начинаются с вечера. Начинают с келим, желания получить, исправляют их и получают в них свет. Поэтому при каждом новом ощущении «плохого» человек должен радоваться тому, что следующим этапом будет получение света. Без этого не бывает продвижения. Только нахождение в двух противоположных состояниях позволяет прийти к средней линии.

В книге «При хахам» Бааль Сулам определяет такое движение как нэшама (дыхание). Ведь как происходит дыхание? Сначала легкие подготавливаются, опустошаются, а затем в них вдыхается порция воздуха. Везде и во всем раньше надо почувствовать недостаток в чем-то, а потом заполнить его.

Нет ни одного творения в мире, чтобы в нем не было искорки Б-жьей. Неживое состояние, растительное, животное не переживают изменения настроений. Любой человек должен прийти к слиянию с Творцом. Этот длинный путь начался много тысяч лет назад и продолжается всеми душами в их многократных кругооборотах по определенному замыслу творения. В этом гигантском компьютере творения ничего не выходит без предварительной причины. Все связано между собой невидимыми нитями. Все это огромный живой организм, и малейшее изменение в какой-либо его части влечет изменение во всем.

Все должны прийти к конечной цели творения — окончательному исправлению. А вместе с человеком к этому состоянию придут также уровни животные, растительные и неживые. Для каждого существует его время, его условие, его место, где он должен быть. И именно находясь в этом месте, не понимая, почему он здесь, делая различные шаги и совершая различные действия, каждый своим естественным путем приближается к цели творения. А почему некоторые приходят к Каббале? Очень просто: потому что уже достаточно пережили и настрадались, чтобы понять, спросить: кто я, для чего живу?

От нормальной жизни такие вопросы не задают. Никто не спрашивает, почему ему хорошо, думая, что это ему положено; но страдая, человек не понимает, почему ему это досталось, и постоянно спрашивает об этом. Требуется, вместо того чтобы страдания подталкивали нас сзади, постараться притянуться вперед к Творцу.

Нет никакой разницы между страданиями нашего мира и духовными. Все это методы управления нами Творцом. Если человек может перевести телесные страдания в духовные, то исправляет часть своих келим и на эту часть становится подобным Творцу, ускоряя свой путь. Если же он не может этого сделать, то продвигается в исправлении естественным путем и темпом.

Болезнь, постигающая какого-то каббалиста, приносит ему телесные страдания, но так как тело не может войти в духовное, то обращается в духовное и проходит исправление только внутреннее ощущение, которое пробуждает человека. А тело продолжает страдать. В то время как человек своей душой постоянно поднимается, его тело становится все ниже и ниже.

Где же соответствие? Его не существует. Тело вообще не может быть духовным. Духовное — это внутреннее возвышение души и не относится к внешней части — биологическому телу. Оно должно умереть и быть погребено в земле. В этом его исправление. А человек получает новое тело так же, как меняет новую рубашку.

Душа, такая, как раби Шимона, Ари, Ашлага, уже исправилась и спускается в этот мир, чтобы исправить его, и страдает, потому что впитывает страдания всего мира. Но для себя самой она уже не должна спускаться. Но существует слияние душ, включение одной души в другую, чтобы помочь остальным.

Телесные страдания мы должны принимать как призыв к духовному и связь с Творцом. Если человек внимает этому призыву, его страдания проходят исправление и уменьшаются. Человек, входящий в духовное, видит все, что Творец дает ему видеть. Но сам каббалист хочет видеть то, что ему помогает в продвижении, остальное ему не важно. Иначе это не духовность. Каждое новое состояние он воспринимает как трамплин для дальнейшего возвышения, поэтому берет от ступени, где он сейчас находится, то самое положительное, что необходимо для перехода на следующую ступень.

В «Предисловии к ТЭ"С» говорится о четырех ступенях: малхут, З"А, бина, хохма. Это ступени постижения Творца (кэтэр). Когда человек достигает Творца, Он показывает человеку все, что сделано над ним за всю «историю» спуска его души в этот мир. Человек видит, как Творец относился к нему на каждом этапе, как исчезал свет, какие страдания человек переносил, получает ответ, почему это происходило.

И только теперь видно человеку, что Творец всегда относился к нему хорошо, без всякого расчета, а то, что человек воспринимал это как плохое, происходило из-за неисправленных органов ощущений, которые доброе отношение Творца воспринимали как отрицательное. Все увиденное вызывает в человеке чувство любви к Творцу, поэтому он обязан познать все происшедшее с ним уже исправленными келим.

А следующим и завершающим этапом Творец показывает человеку свое отношение ко всем душам на протяжении всех поколений и спусков в наш мир — тут человек видит, как хорошо Творец поступал и поступает со всеми творениями. Результат такого познания — вечная и бесконечная любовь к Творцу. Единственное, чего не может видеть человек, — каким путем придет каждый к Творцу, собственным (естественным) или с помощью Творца, и когда.

Желание изначально уже находится в человеке в необходимом количестве и качестве. Нужно только уметь использовать его с правильными намерениями. Либо я использую все свои желания, чтобы наполнить себя и максимально наслаждаться при минимуме усилий, либо я хочу насладить только Творца максимумом наслаждения, которое получаю.

Сам человек не может изменить свое намерение. Это может сделать только Творец. Если при использовании всех моих желаний мое намерение «ради себя» вызывает во мне ненависть к эгоизму, это означает, что я уже пришел к осознанию зла в себе.

На такое состояние Творец отвечает мне изменением намерения на «ради Творца».

Этот переход от «ло ли шма» к «ли шма» означает пересечение границы (махсома) между нашим миром и духовным. Такое состояние называется рождением, приобретением экрана, переходом через Ям Суф, отделяющее Египет от Эрэц Исраэль. Источник обретения духовного один — Творец.

Выход в духовное меняет только намерение. А желание получить не только не уменьшается, но еще и увеличивается на каждой духовной ступени. Но мы говорили, что уже все создано и нет ничего нового? Это так! Просто до выхода в духовное мне показали какую-то незначительную долю моих желаний. А теперь, на каждой духовной ступени, они раскрываются передо мной в большей и большей мере. Каждый раз новые и более эгоистические желания встают передо мной в той степени, в которой я могу исправить на них намерение.

Если человек чувствует зло в себе, он должен гордиться этим, ведь это означает, что он уже достоин того, чтобы раскрыть перед ним зло.

Находясь в хорошем состоянии, человек должен подготовить себя к следующему, к плохому состоянию. Во время плохого состояния важно намерение, внутреннее ощущение человека, связанное с конечной целью происходящего, конечным результатом, с тем, кто дал человеку это состояние, для чего. Мы должны знать, что эгоизм равен по размеру Творцу и противоположен Ему. И на каждой ступени эгоизм становится все более агрессивным.

Нельзя говорить с другими о состоянии в сердце, это запрещено, потому что твой собеседник тоже находится в аналогичном состоянии и не может помочь, а ты внесешь в него свое испорченное состояние. Можно говорить с равом — учителем, а лучше с Творцом.

Для того чтобы войти в духовное, нужно провести контроль над всеми своими мыслями в этом мире, осознать их зло и невозможность из-за этого войти в духовное, выстрадать противоположность своей сущности сути Творца, возненавидеть это во всем объеме ненависти, и тогда открывается духовное.

Осознание зла — это не просто плохое настроение из-за отсутствия чего-то в данный момент. Осознать зло — значит ощутить Творца и рядом с ним всю противоположность своей природы, своего стопроцентного эгоизма по сравнению со стопроцентной отдачей Творца, ощутить всю невыносимость подобного состояния и желание исправить его.

Начиная от махсома и дальше при подъеме по духовным ступеням человек уже ощущает Творца. И каждый раз должен исправить свое отношение к Нему, намерение. Там идет работа по осознанию зла, клипот по сравнению со светом и исправлению «келим дэ-кабала» на «келим дэ-ашпаа».

БЕСЕДА ОДИННАДЦАТАЯ

В Каббале человека называют по желанию получить. Например, если у человека есть желание прийти к Творцу, почувствовать Его, слиться с Ним, то он называется Исраэль, хотя находится еще в начале пути, не видит Творца, не знает, куда идет и куда придет. Но главное — желание. Когда же человек выполняет желание Творца, то называется каббалистом. Каббалист, постигающий какую-то духовную ступень, так и называется — «Постигающий» («Бааль асага»).

Постепенно человек начинает понимать, что, кроме него и Творца, нет никого. Жена, дети, родные, работа, друзья — все это Творец, который стоит за различными образами. Открытие Творца по отношению к человеку и называется «постижение» (асага).

Чем больше это становится понятным человеку, тем более высокую ступень постижения он имеет, пока не открывается ему, что все абсолютно вокруг — это Творец. А еще более важное открытие он делает, что все его внутренние желания, мысли, ощущения, стремления — это тоже Творец. Ну а где же человек? Человек — тот, кто все это ощущает внутри себя и приходит к окончательному заключению, что нет никого, кроме Творца. Именно само это **ощущение** и есть человек. Открытие этого ощущения называется «слияние с Творцом».

Какая разница между пониманием и ощущением? Человек создан как существо ощущающее. Мы чувствуем, а не думаем. Наш мозг развивается так, чтобы достичь, понять, что мы чувствуем. Возьмем ребенка. Его желания невелики, соответственно этому разовьет мозг. Или человеку из джунглей нужен мозг настолько, насколько он может достичь желаемого.

Чем больше человек желает, тем умнее он становится, потому что мозг обязан решать, как достичь желаемого. Мозг — это плод развития нашего желания. Для достижения желаемого мы придумываем всякие уловки и хитрости. Сильное желание — ключ к развитию ума. Не нужно заботиться о развитии ума, а

Беседа одиннадцатая

только о развитии желания. Изучающий Каббалу не должен быть умным. Достаточно только желать и чувствовать желаемое. Мир духовный нельзя видеть умом, а можно ощутить душой.

Человек должен включиться в страдания всего мира, ощутить их, прочувствовать, а затем в свои исправленные келим получить свет, относящийся ко всему миру. И всегда, узнавая о чьих-то страданиях, человек должен сожалеть не о том, чтобы это страдание, не дай Б-г, не пришло к нему, а о том, что люди не воспринимают страдания как открытие Творца, потому что их келим еще не исправлены. Люди не понимают правильно управление Творца творениями.

Обязаны ли мы оправдать Творца, когда чувствуем себя плохо? Каббала называется наукой истины. Это значит, что человек, изучающий ее, постепенно все более остро чувствует истину. Он не может обмануть себя перед Творцом. Он открывает для себя, что его ощущение в сердце и есть истина.

Само плохое ощущение человека уже говорит о том, что он обвиняет в этом Творца. Хорошее ощущение уже само по себе есть благодарность Творцу. С Творцом мы говорим сердцем, слова не нужны. Поэтому, чтобы оправдать Творца, я должен всегда испытывать хорошие ощущения.

Когда мы слышим, что в мире происходят убийства, войны, насилие, террор, мы должны работать над собой так, чтобы почувствовать, что это лучшее, что может быть в нашем мире, а плохим оно воспринимается только неисправленными душами. Поэтому нет иного выхода, кроме как подняться духовно, исправить наши келим настолько, чтобы все плохое, услышанное и увиденное нами, воспринималось как хорошее. Мы должны заботиться только о том, чтобы, исправив келим и поднявшись на уровень, из которого исходит наслаждение, увидеть, насколько оно хорошо для нас и для всего мира в целом.

Человек, поднимающийся по ступеням первого духовного мира — Асия, который называется «полностью плохой», еще воспринимает происходящее как плохое. И поэтому называется грешником. Затем, входя в мир Ецира, который называется «наполовину плохой и наполовину хороший», он видит все происходящее то плохим, то хорошим и как бы находится между ними, не зная точно, какую оценку дать.

Мир Брия называется «почти хорошим»: когда человек, исправляя свои келим, поднимается в мир Брия, то все более и более чувствует, что Творец желает добра. Находящийся в мире Брия называется «неоконченный праведник». А когда человек поднимается в мир Ацилут, который называется «полностью хороший», то там видит только хорошее без малейшего намека на плохое. Поэтому человек в мире Ацилут называется «праведник». Все это сделано по такой системе, чтобы страдания заставляли человека подниматься все выше и выше.

В любом состоянии, ощущение человека — это его отношение к Творцу. Пока человек не поднимается на самые высокие ступени, его отношение к Творцу не может быть окончательно хорошим, и оправдать Творца полностью он не может. Это происходит только в мире Ацилут.

С одной стороны, человек не должен оставаться в плохом состоянии, а стараться выйти из него. С другой стороны, он должен анализировать свое состояние, а затем стараться перейти в хорошее состояние. Но дело в том, что человек никогда не может оценить свое состояние, находясь уже в нем. Только перейдя на новую ступень, будучи уверенным, что он действительно находится в другом состоянии, только тогда он может контролировать и анализировать предыдущее состояние.

Например, десятилетний ребенок, который разозлился на своих родителей из-за того, что они не хотели купить ему велосипед, не может правильно оценить свое состояние. Разве можно что-либо понять, кроме своей обиды? Сейчас, будучи взрослым, более разумным, он может правильно оценить все произошедшее с ним несколько лет назад. Главное — стараться выйти из состояния обвинения Творца в другое, более хорошее.

Уже говорилось о том, что Творец создал мир для того, чтобы насладить творения. Это не значит, что сейчас Творец хочет нас насладить, потому что раньше мы настрадались. Творец делает это без какого-либо расчета и вне зависимости от того, сколько человек раньше страдал. Нахождение в страданиях никогда не приближало к хорошему. Только исправление себя приводит к хорошему. Человечество может страдать еще много тысяч лет, уровень страданий лишь пробуждает в человеке желание исправиться, но просто так само страдание никогда не приводит к исправлению.

Как сказано в «Предисловии к книге «Зоар»: «...*тут мы должны напрячь все наши мысли, потому что это — конец намерения и действия по созданию мира. И нужно понять, что замысел*

Беседа одиннадцатая

творения в том, чтобы насладить творения. Поэтому в душах было создано огромное желание получить наслаждение. И мера наслаждения измеряется мерой желания получить это наслаждение: чем выше желание получить, тем выше мера наслаждения, а чем меньше желание получить, тем меньше мера наслаждения. Замысел творения сам обязывает создать в творениях такое огромное желание получить, чтобы оно полностью соответствовало тому наслаждению, которым задумано насладить творения. Это было задумано одной мыслью Творца и не может существовать одно без другого».

Если я немного хочу есть, я наслаждаюсь едой в такой же степени. Но если я очень голоден, то еда доставляет мне огромное наслаждение. Поэтому, желая нас насладить в наивысшей степени, Творец создал в нас, соответственно наслаждению, такое же огромное желание получить это наслаждение. А с другой стороны, мы очень страдаем, страстно желая и не имея возможности удовлетворить наши потребности.

Как увеличить свое желание к духовному? Это очень сложный вопрос. До того как мы перейдем махсом, мы не можем ощущать духовное. Нас посещают только земные желания для собственного наслаждения. Поэтому, когда я начинаю ощущать все это, я понимаю, что это зло, я чувствую себя очень плохо. И я не только не приближаюсь к Творцу, а, наоборот, отдаляюсь от Него. Прежде думал, что я не так уж плох, значит ли это, что я был ближе к Творцу? А сейчас чувствую себя плохо — это Творец отталкивает меня? Совсем наоборот! Это Творец притягивает меня!

Наше развитие — в отрицательных ощущениях. Пока мы эгоисты и не исправили наши келим, вещи нелицеприятные скорее направляют нас на правильный путь, чем что-то приятное и хорошее, делающее нас обычно еще более испорченными.

Страдать от эгоизма — значит ненавидеть его, зная, что он внутри тебя. Ненависть отталкивает от объекта страданий — это создает в человеке хорошее настроение и стремление приблизиться к Творцу.

Человек осознает, что не может устоять перед прегрешением: даже зная о нем заранее, он все равно стремится навстречу или, видя, что оно приближается, ничего не делает, чтобы уйти от него, а стоит и ждет. Все это относится к области исправления. Мы сами ничего не способны сделать, а должны лишь учиться на каждом промахе, каждой ошибке на всех этапах нашего пути. Даже если иногда человеку кажется, что он справляется с какой-либо ситуацией, в следующий момент выясняется, что он не может пошевелить и пальцем.

Прегрешение, грех — они не существуют. Все эти состояния человек должен пройти для осознания своей природы, созданной Творцом, для ощущения необходимости своего исправления — если человек так относится ко всему происходящему, то совершает действие навстречу исправлению.

Возьмем для примера грех Адама. Творец создал душу с противоэгоистическим экраном, а затем дал ей наслаждение, которое превышало силу экрана. Естественно, что душа не смогла устоять перед наслаждением, приняла его ради себя, согрешила. Грех — это получение ради себя.

Душа состоит из десяти сфирот, которые делятся на внутренние и внешние. Исправленная часть называется внутренней, а еще не исправленная — внешней. Свет, наполняющий внутреннюю часть души, дает нам ощущение себя. А часть наружная, которая еще не исправлена, дает ощущение окружающего нас этого мира. Отсюда иллюзорная видимость чего-то вокруг нас. На самом деле все, что вокруг меня, находится во мне. Это неисправленные келим создают вокруг нас такую кажущуюся действительность. Но кто входит в духовное, моментально начинает это ощущать.

Когда мы начинаем нуждаться в Творце? Когда Он же и посылает нам всевозможные страдания и одновременно дает понять, что Он стоит за всем этим. Вот тогда мы и взываем к Творцу о помощи. В нашем состоянии все страдание сосредоточено в «точке в сердце», в которой и ощущается тьма. Именно в этой черной точке и начинается контакт с Творцом.

Вопросы останутся до тех пор, пока человек не пройдет махсом. Правда, вопросы каждый раз будет задавать тот же человек, но с новыми келим и новым пониманием. Ничего не возвращается назад, а только движется вперед. И человек обязан пройти и прочувствовать все эти состояния.

БЕСЕДА ДВЕНАДЦАТАЯ

То, что происходит с нами, — это как учеба и тренировка. Иногда человеку кажется, что это конец света и нельзя из этого выйти, настолько мир вокруг него мрачен. Но далее, тренируясь и обучаясь, мы видим, что это не так, что это только упражнения, дающиеся нам свыше, но упражнения очень точные и верные. Понять же их можно только спустя некоторое время, и только впоследствии можно оценить, насколько они необходимы на этапе, предшествующем исправлению.

Поэтому мы, насколько это возможно, должны устоять на нашем пути, все время удерживая цель нашего продвижения, не теряя головы. Но если дают такие состояния, когда человек, видя, что входит в огонь, ничего не может сделать с собой, то это для того, чтобы лишний раз показать человеку, что он не хозяин ни в чем.

Эти состояния нельзя обойти или избежать, но можно сократить, чтобы они проходили безболезненее и быстрее. Для этого нужно тут же включиться в группу, в товарищей, в общую работу, больше заниматься, читать, как сказано, делать все возможное.

Человек занимается внутренней работой. Как он реагирует на окружающее? Понимают ли его? Иногда происходящее на работе, в семье вызывает в нас неприязнь к источнику ссор и неприятностей. Мы обвиняем начальника, коллег по работе, супругу, детей и т.д. Мы нервничаем, злимся, думаем, что все кончено. Затем ощущается, что все происходящее дано свыше, чтобы провести через нас серию ощущений.

Это мы в своих ощущениях настолько сгустили все краски и воспринимали происходящее как самое ужасное в жизни. Все прошло. Но через некоторое время происходит вновь и вновь. И чем раньше мы убежим от этих состояний в книгу, в группу, тем лучше для нас. Самое страшное — находиться в этом состоянии, вариться в нем, каждый раз вновь и вновь ощущать его.

Когда человеку хорошо, он должен вспомнить, что были плохие моменты в его жизни, отнестись к этому как к причине и следствию: хорошее — плохое или плохое — хорошее и т.д. И это приближает человека к совершенству, к вечности. Начинаешь смотреть на происходящее как на две стороны медали, понимая, что одно не может происходить без другого. И нужно принять его так, как оно есть. Тогда плохое тоже будет восприниматься как хорошее. Тогда у плохого будет не меньше основания считаться хорошим, потому что только в наших неисправленных ощущениях (келим) это воспринимается как тьма. В исправленные (намерением «ради Творца») ощущения мы и хорошее (свет), и плохое (тьма) восприняли бы как свет.

Пока человек не начинает страдать от своих природных качеств (гордости, страсти к деньгам, власти, животных наслаждений), не испытывает чувство стыда за них и не видит в них преграду в продвижении к духовному, они не могут восприниматься как хорошее. Нужно выстрадать все и понять, что, пока не появятся сверху силы стать хозяином своих желаний, до тех пор не будет хорошо. Желания нельзя убивать, но нужно правильно ими пользоваться. Без них нельзя достичь связи с Творцом, главное — направить их в нужное русло. Нет ни одного отрицательного качества в человеке, отрицательным может быть только пользование этими свойствами.

Как только мы сталкиваемся с какой-нибудь жизненной ситуацией, происходящей с нами, прежде всего нужно сказать: «Смотри, что Творец делает со мной», чтобы не потерять связь с Тем, Кто это делает.

И если человек держит эту мысль, такая связь не дает падения и не снижает ступень. Если же Творец совсем исчезает из ощущения, то это падение. Тогда человек должен приобщиться к книге, работе, группе, и через некоторое время он увидит изменение состояния в лучшую сторону. Но любое состояние должно восприниматься как подъем на следующую ступень.

Если приходит время душе исправиться, от этого нельзя убежать. Каждая попытка побега увеличивает время страданий. Пока человек не переходит махсом, ему открываются только животные желания. Непосредственно перед махсомом, на махсоме и при переходе его человеку открываются желания Творца. Ни в одном желании нет самого человека. Единственное

Беседа двенадцатая

желание, где человек имеет право выбора, — это согласиться с управлением Творца.

Душа Адама разбилась на 600 тысяч частей, которые связаны между собой, но отличаются по авиют: от шореш до далет. От нас до Творца — 6000 ступеней-лет. В первое тысячелетие исправляются души авиют дэ-шореш. Они должны только жить в этом мире, немного страдать (звери, враги, голод и пр.). Человек убегает от страданий, и этого достаточно, чтобы исправить авиют дэ-шореш. Во второе тысячелетие исправляет авиют алеф в душах, далее — бет, далее — гимель. И наконец в шестое тысячелетие исправляется авиют дэ-далет. Это все сказано очень условно!

В настоящее время, когда мы находимся в конце четвертого изгнания, происходит возвращение в Эрэц Исраэль, наступает период прихода духовного избавления — приход Машиаха.

БЕСЕДА ТРИНАДЦАТАЯ

«Введение в книгу «Зоар»: *«Мы находим, что в духовном действует закон различия свойств, по которому души, имеющие различные с Творцом свойства, отделяются от Него так же, как в материальном можно отделить одно тело от другого с помощью топора. И степень отдаленности пропорциональна степени противоположности свойств».*

Если бы я смог сопоставить все желания, все внутренние свойства и качества своей души со свойствами и желаниями другой души, я бы точно знал то расстояние, которое отделяет их при различии свойств или объединяет при их соответствии. Поэтому, чтобы построить в группе одно большое общее кли, в котором смог бы открыться Творец, необходимо объединить воедино все мысли, все желания и стремления каждого члена группы, подчинить их одной цели: открытию Творца и слиянию с Ним. Только тогда, удаленные друг от друга разностью свойств, души смогут соединиться в одну единую, равную по свойствам душу.

«И отсюда пойми, что то желание получить наслаждение, которое было вложено Творцом в души, о чем мы говорили раньше, в самом Творце совершенно отсутствует, иначе от кого бы получил? И та разница в свойствах, которую приобрели души, работает на отделение их от сути Творца (по образу топора, откалывающего камень от горы) таким образом, что они выходят из общности Творца, как отдельные творения. Однако то, что постигают души из света Творца, вышло из Него, как нечто из существовавшего ранее».

И действительно, душа — это тот же свет Творца. А отличается она только свойством, которое приобрела от Творца, как вновь созданное Им желание получить. И если желание получить перестанет быть отделяющим душу от Творца, то она снова сольется с Творцом в том же совершенстве и вечности.

Беседа тринадцатая

«Если смотреть на души относительно света Творца, который они получают, то нет никакой разницы между ними и сутью Творца, потому что получают этот свет, как существующее из существовавшего, прямо из сути Творца. А вся разница между ними в том, что кли — желание получить, куда вошел свет Творца, именно оно в силу отличия свойств отделяет душу от Творца, как часть от целого по типу камня, отсеченного от горы. И нельзя более ни расширить, ни углубить что-либо, когда речь идет о таком возвышенном».

Говорится о тонких вещах. Если человек понимает, чувствует это и переводит во внутреннее ощущение, то оно может служить средством продвижения в духовном на протяжении всего пути. Только на одном понимании того, что желание получить для себя (эгоизм) — единственное зло, которое отделяет человека от Творца, можно прийти к Концу Исправления. Мы не можем аннулировать желание получить, но возможно не пользоваться им, привести его к исправлению, как будто его нет. Это происходит, когда малхут поднимается в бину, то есть уподобляется бине, становится как «хефец хэсэд», ничего не желает. Но это только часть исправления. С помощью желания получить можно сделать еще больше: изменить намерение из «получать» на «отдавать». Тогда, получая свет Творца, мы отдаем Ему наше наслаждение, становясь при этом как Творец, как кэтэр. Если бы Творец хотел, чтобы мы оставались на уровне бины, то не создавал бы нас. Его целью было создать творение, которое дошло бы до уровня Творца.

ТЭ"С, ч. 1, «Внутреннее созерцание»: *«Прежде всего нужно знать, что там, где речь идет о вещах духовных, независимых от понятий времени, места и движения, мы не в состоянии выразить эти понятия из-за отсутствия слов в нашем лексиконе. Ведь весь запас наших слов взят из ощущений мнимых пяти органов чувств, на которые нельзя опираться там, где чувства и фантазии не властвуют. Если, например, взять более тонкое понятие — «свет», то оно тоже относительное и исходит из определения света солнца или света свечи и т.д. И тем более — как выразить понятия, связанные со святостью Творца? Естественно, что невозможно с помощью наших слов описать истину, как это делается при описании и исследовании других наук. Ведь, если ошибиться только в одном слове, произойдет такая путаница, что нельзя будет найти ни начала, ни конца во всем этом.*

Поэтому для выражения духовных понятий выбрали мудрецы Каббалы особый язык и назвали его «языком ветвей». Они основывались на том, что нет ничего в нашем мире, что бы не снизошло по цепочке из мира духовного. Все происходящее в нашем мире прежде всего берет свое начало свыше, а затем распространяется у нас. Это и послужило мудрецам основой для нахождения без какого-либо труда особого языка, с помощью которого стало возможным передавать друг другу свои духовные постижения — устно и письменно, из поколения в поколение. Просто они взяли наименования ветвей нашего мира и этим языком описали соответствующие им духовные корни высших миров, из которых выходит и нисходит в наш мир каждая отдельная ветвь».

Все, что я думаю, все, что со мной происходит снаружи и внутри, все, что я хочу, — все это приходит ко мне свыше. Нет ничего такого, от самого маленького до самого большого, что бы вдруг родилось здесь без связи с духовным. А где же сам человек? А его нет. Мудрецы взяли наименования ветвей нашего мира и присвоили их наименования духовным корням в соответствии с цепочкой, связывающей ветви с их корнями. И так написаны все каббалистические книги. В них нет ни одного слова, относящегося к нашему миру, хотя речь идет о каких-то людях, животных, пустыне, жилищах, войнах и т.д. — обо всем, что якобы происходило в нашем мире. Под всем написанным и сказанным подразумеваются лишь их духовные корни в высших мирах и происходящее с ними. Поэтому вся литература подобного рода называется «святые книги». Если мы с вами узнаем, что собой представляют духовные корни, то, читая эти книги, с удивлением поймем, что речь идет о совершенно других понятиях. И каждая строчка будет для нас путеводителем по ступеням духовных миров до конца исправления. Любой духовный корень должен хоть однажды проявиться в нашем мире в материальном виде.

Мы говорили о том, что Творец создал желание насладиться и внедрил его в души. Это как черный туман, который скрывает от нас истинную картину мироздания, заполняя собой все наше тело, сердце и мозг. Мы не чувствуем Творца, не знаем, что Он вообще существует. Если мы сможем сбросить с наших глаз и всего тела этот черный туман, то вновь станем ощущать Творца и превратимся из части в целое. А как достичь этого? Наши мудрецы дали нам уникальную возможность с помощью занятий, притягивая на себя ор макиф — окружающий свет, постепенно исправлять

Беседа тринадцатая

свои желания — келим. А по мере их исправления постигать Творца, т.е. сливаться с Ним исправленными свойствами.

Человек постепенно начинает входить в духовный мир. Каждая ступень, которую он постигает, включает в себя две стороны: правую сторону — свойства Творца — и противоположную ей левую — свойства творения. И насколько человек сможет противостоять левой линии, обратив ее в правую, настолько успешно он будет преодолевать одну духовную ступень и подниматься на следующую.

Если бы мы уже сегодня смогли увидеть, как низко мы находимся и насколько наши свойства противоположны свойствам Творца, то вошли бы в такое жуткое состояние, что не смогли бы пошевелить и пальцем. Мы иногда впадаем в депрессию, но это ни в коей мере не может сравниться с тем, что бы мы ощутили в данном состоянии. Поэтому человеку нельзя открывать сразу многое, а приоткрывать каждый раз, постепенно. Невозможно всегда находиться в радости. Есть много случаев, когда мы падаем. Нужно идти вперед, пока сверху не сжалятся над нами либо группа и занятия не помогут нам. Но на протяжении всего пути человек чувствует, насколько он противоположен Творцу. И только при достижении последней ступени все плохое оборачивается хорошим.

Все души произошли от одной души — Адама. Есть души более эгоистичные и менее. После конца исправления это не будет иметь никакого значения. Все получат одинаково. Но пока они разделены и проходят свои кругообороты в нашем мире, между ними существует разница. Более чистые души приходят к концу исправления раньше других, более эгоистичных. Они также раньше других начинают изучать Каббалу и раньше становятся каббалистами. И так было со всеми каббалистами во все поколения до времени АР"И, который, как он сам писал, пришел в этот мир, чтобы дать возможность людям изучать Каббалу независимо от пола, возраста и других признаков. От АР"И и далее начался для человечества новый период, когда к концу исправления будут приходить не единицы, а массы. Отсюда и большая заинтересованность Каббалой. К Каббале приходят люди, которые ощущают внутреннюю опустошенность и сверху получают толчок, призыв к Творцу — к духовному восхождению.

В «Предисловии к ТЭ"С» Бааль Сулам говорит о том, что хочет взорвать стену, возникшую между нами и наукой Каббала более чем 2000 лет назад и сделавшую нашу жизнь такой тяжелой. Если это будет продолжаться, то можно будет забыть об Эрэц Исраэль вообще. Но если Рав взывал по этому поводу к чьему-либо сердцу, то получал ответ: «Зачем мне знать, сколько ангелов есть на небе». И вообще считалось раньше, что прежде нужно окончить изучение гмары, а затем браться за Каббалу. А те, кто считает, что можно изучать Каббалу, говорят, что заниматься этим должен далеко не каждый. Бааль Сулам советует не обращать внимания на все доводы и причины, не позволяющие изучать науку истины. Те, кто не хочет, пусть остаются на своем животном уровне. А остальные пусть спросят себя только об одном: «В чем смысл моей жизни?» Люди проживают свои 70 лет и уходят, не получив ответа на свой вопрос. А если они действительно хотят найти ответ, если этот вопрос не дает им покоя, то пусть изучают Каббалу.

Почему я говорю об этом. Нельзя объяснить начинающему ученику, что такое духовное, у него для этого нет исправленных желаний. Но если ему плохо и он не может наполнить себя никакими наслаждениями, то он созрел для изучения Каббалы.

Все мы находимся в состоянии, которое называется «двойным сокрытием» или «сокрытием внутри сокрытия». Характеризуется оно тем, что мы не видим Творца даже со спины, от нас скрыто, что это Создатель делает нам плохо. Мы говорим, что Творец оставил нас и ничего не делает. А все страдания, которые мы испытываем, предназначены нам судьбой от природы. И нужно жить, как живется. Чем больше хороших вещей делает человек, тем хуже ему становится. А когда совершает что-либо плохое, то преуспевает. Все хорошие люди вокруг кажутся ему больными, бедными и озабоченными, а грешники — здоровыми и счастливыми.

«Одинарное сокрытие» — когда человек видит Творца со спины и понимает, что все страдания идут от Него: то ли из-за прегрешений, которые человек совершает, то ли для того, чтобы потом отплатить хорошим за перенесенное страдание. Он не имеет достаточного заработка, у него есть долги, он испытывает бесконечные волнения, страдает от болезней. Все, что он планирует, не исполняется. Нет у него радости в жизни.

И мы видим, насколько даже небольшое сокрытие света Творца меняет всю нашу жизнь в худшую сторону. Состояние не меняется, но мы его видим то очень плохим, то менее плохим. Все эти ощущения на самом деле только кажущиеся, как во сне.

И вдруг одна минута может поменять это состояние на совершенно противоположное. А ведь ничего не изменилось ни в зарплате, ни на работе, ни в здоровье. А внутренне все меняется на хорошее. Это нельзя объяснить. Просто человек укрепляется в вере в то, что Творец управляет творениями.

Следующее состояние называется «открытием лица Творца». В нем человек видит, что получает от Творца в большинстве своем хорошее, он находится в душевном согласии и удовлетворении, хорошо зарабатывает, не знает болезней, уважаем окружающими. А если чего-то не хватает ему, он молится, и тут же получает ответ. Ни одна молитва не посылается впустую, не остается безответной. Так человек чувствует. Изменилось только внутреннее ощущение. Настолько мы зависимы даже от небольшого количества света, который представляет нашу действительность в совершенно другом ощущении. Все знакомые кажутся нам обеспеченными, здоровыми, веселыми, беззаботными. Они умны, владеют ситуацией. И мы счастливы, что дружны с ними и находимся рядом, хотя раньше не переносили их близость.

Ну а все, кто не идет путем Торы, кажутся человеку озабоченными жизнью, долгами, недостаточным заработком, болезнями. У них нет счастливой минуты, они озлоблены, ненавидят все вокруг.

Что можно показать на этих примерах? Наши чувства и ощущения на все 100% зависят от того, получим ли мы сверху немного больший или немного меньший свет. Если посчастливится получить больше света, то все вокруг нас покажется нам хорошим, если нет — все черно вокруг. Отсюда понятно, что мы должны стремиться к открытию лица Творца и страстно желать этого, потому что с постижением Творца связаны все наши наилучшие ощущения. Все страдания — от отсутствия света. Нельзя страдать при открытии лица Творца. Это счастье, совершенство, радость. В состоянии «лицом к лицу с Творцом» человек тут же получает то, что хочет. Иначе это не может называться «лицом к лицу». И наоборот. Когда человек находится по отношению к Творцу «спиной к спине», ни одно его желание не исполняется и перед ним как бы специально возникают только нежелательные ситуации.

Творец не меняет своего отношения к нам. Только мы сами можем ощущать Его и себя в различных положениях в зависимости от нашего состояния. Но со стороны Творца мы постоянно купаемся в море света. Все то плохое, что открывается передо мной, говорит о том, что я должен это исправить, несмотря на то что пришло ко мне свыше.

Как Каббала обязывает женщину относиться к мужу? Этому можно учиться из тех многочисленных состояний, в которых находятся между собой духовные объекты. Необходимость прийти к концу исправления ложится на мужчину. Его душа более эгоистична, в ней больше зла, которое потом может обернуться и большим добром, душа более развитая и должна пройти больше исправления. Женщина может окончить свою жизнь без исправления, главное — не наносить себе порчу. Мужчина обязан жениться, обязан соблюдать все заповеди. Женщина только не должна нарушать, совершать прегрешений, что для нее и является заповедью. И этим она выполняет свою роль в жизни.

Но все это не говорит о том, что женщина не может продвигаться и брать на себя какие-то дополнительные обязательства. Если, несмотря на то что у нее есть благополучная семья и дети и она довольна работой и друзьями, все же не чувствует удовлетворения в жизни, тогда она может изучать Каббалу и способна прийти к большим постижениям в зависимости от величины потребности в этом. В нашей истории есть примеры великих пророчиц, которые были в прямой связи с Творцом. Все зависит от желания женщины. В мужчине это желание проявляется сильнее.

Женщина, далекая от Каббалы, должна только помогать своему мужу, изучающему Каббалу, в том, чтобы всегда было свежее белье, сварен обед, дети ухожены и создана ему возможность заниматься. Если она понимает это, то во многом выигрывает. Женщина, мешающая мужу заниматься, относится к нечистым силам — клипот, сама не сознавая этого, и наносит себе вред. Мужчина даже в этом случае выигрывает, потому что мешающая сила в результате вызывает противоположное действие у того, кому она мешает.

БЕСЕДА ЧЕТЫРНАДЦАТАЯ

«Введение в книгу «Зоар»: «*И сейчас мы откроем для себя возможность понять исследование четвертое. Если система нечистых сил полярно удалена от святости Творца настолько, что невозможно и вообразить себе это, как возможно то, что они появляются и нисходят из самой святости Творца. И, более того, Творец сам осуществляет это и поддерживает. Для выяснения этого вопроса нужно понять, в чем суть системы нечистых сил. И знай, что это огромное желание получить является сутью существования душ с точки зрения цели их создания, потому что готовы получить весь свет, которым Творец задумал насладить творения. Этот свет не остался в творениях, так как, если бы такое произошло, они навсегда были бы отделенными от сути Творца. А исправление причины, приведшей к отличию свойств творения от Творца, Он возложил на сами творения, создав в помощь им все миры и разделив их на две противоположные системы: четыре мира АБЕ"А святости и четыре мира АБЕ"А нечистых сил. Затем в миры святости он внедрил желание отдавать и аннулировал желание получать ради себя, передав его четырем мирам нечистоты, отделив их этим от себя и от всей системы святости. И поэтому эгоистические желания называются мертвыми. А все грешники, идущие за ними, называются мертвыми при жизни, потому что желание получить, заложенное в них, противоположное свойствам Творца, отделяет их от Жизни Жизней и они полярно далеки от сути Творца, у которого нет ничего от получения, а только отдача. У эгоизма нет ничего от отдачи, а только желание самонасладиться. И большей противоположности не может быть. Мы знаем, что духовное отдаление начинается от самого незначительного различия и заканчивается их полной, полярной противоположностью*».

Если между Творцом и творением существует полный разрыв, как Творец может поддерживать и питать творение? Творец создал творения с такими противоположными себе свойствами, чтобы возложить на них миссию исправления этих свойств. А для помощи в исправлении построил систему двух противоположных миров, которые должны обслуживать творения. Тот, кто идет по правой стороне (святость — желание отдавать), называется живым и праведником, а идущий по левой стороне (неисправленные желания — эгоизм) — соответственно мертвым и грешником. Все эти состояния только относительно духовного, когда свет либо внутри кли — уровень неживой, растительный, животный, либо исторгнут из него — только неживой уровень.

Когда мы говорим — грешник, то имеем в виду людей, которые уже пришли к открытию Творца, вошли в миры БЕ"А и находятся на пути 6000 ступеней к Творцу и при этом работают ради отдачи. Но иногда случается так, что получают ради получения, падают в эгоизм. И те, и другие состояния они обязаны проходить на каждой ступени. Состояние «грешник» заставляет человека двигаться навстречу святости и исправлять там свойства левой линии. Но чем больше эгоизма исправляет человек на одной ступени, тем большую порцию ему дают на следующей. И опять он совершает те же действия, поднимаясь по духовным ступеням и исправляя очередную порцию эгоизма. Состояния в духовном намного более острые и глубокие, но и сила противостоять им большая.

Каждый раз мы выбираем из всех желаний то, которое дает нам большее наслаждение. Эта система внедрена в нас сверху и неизменна. Но можно изменить намерение, т.е. направление нашего наслаждения в сторону Источника, из которого это наслаждение приходит к нам. Главное — ощутить этот Источник!

Желание получить — это еще не эгоизм. Если я желаю получить потому, что это дает мне Творец, и своим получением доставляю Ему наслаждение, то это расценивается как отдача. А если мне безразлично, кто дает наслаждение, и я даже знаю, что оно исходит от Творца, но все принимаю только для того, чтобы получить максимальное наслаждение, то это желания неисправленные. Мы с вами находимся намного ниже состояния нечистых сил, т.е. неисправленных желаний.

Миры нечистых и чистых сил как бы дополняют друг друга. Ни без одного, ни без другого невозможно продвижение в духовном. А человек находится между ними в средней части — тифэрэт. И только это место нейтрально. Выше него находится святость, а ниже — нечистые силы. В святости нечего исправлять, нечистые силы невозможно исправить. И только в средней части — тифэрэт — можно связать верхнюю и нижнюю часть и исправить ее.

БЕСЕДА ПЯТНАДЦАТАЯ

Желание получить по сути своей является желанием творения насладиться согласно изобилию и удовольствию, исходящему от Творца. Мы чувствуем это желание насладиться, и Творец желает нашего наслаждения. Если человек просто чувствует желание насладиться — это не называется творением, это природа, Элоким. Если он действует согласно природе, которая им управляет, то он как животное, нет у него даже искры души, которая является частью Творца свыше.

Когда человек может сказать, что он творение, специально созданное Творцом, а не камень, животное, птица? В случае, если над желанием насладиться есть у него намерение, как использовать желание получить. И это зависит от самого человека.

Наше желание пить, есть, спать, иметь жену, мужа и детей — это природно, создано Творцом. От этого нельзя убежать, с этим ничего нельзя поделать. Если я строю над своим желанием получить намерение, как использовать его, то мера этого намерения, его глубина зависит только от меня и называется творением. Я должен искать правильный метод использования своей природы, своих желаний. Природа — от Творца, а от меня зависит, как ее использовать. «Точка в сердце» — это отношение человека к его природе, к тому, что дал ему Творец, и использование этого в качестве исправленного желания. Само сердце — это желания человека, стремление только к наслаждениям.

Все, кроме Творца, называется творением, которое ограничено рамками природы и по желанию насладиться делится на четыре ступени: неживой, растительный, животный и человек. Из них только человек может пользоваться природой с помощью специального намерения, которое он сам создал. И это называется «точкой в сердце».

Вопрос «Кто я?» существует в каждом человеке. Но когда этот вопрос уже невозможно сдержать, он относится к Творцу: «Кто Он?» — потому что Творец находится внутри человека и является источником человеческого «я». Поэтому, сколько бы человек ни спрашивал себя: «Кто я?» — это вопрос к Творцу. «Я» человека — это результат. Все его желания, движения, все то, что он делает, создано Творцом. Мы не в состоянии этого уловить. То, что человек говорит сейчас, что думает, даже то, что он говорит о Творце или о себе, — все это действия Творца. А где же «я»? Нет никакого «я». Это все результат природы, созданной Творцом. Он одевается в человека, и все действия производит, в сущности, Он. Вопрос «Кто я?» может существовать только вне Творца. Чем человек отличен от Творца? Тем, что хочет быть подобен Ему, дойти до уровня Творца.

Первая стадия — зародыш, авиют дэ-шореш — когда человек полностью аннулирует себя и растворяется в Творце. А далее творение должно само постепенно поднять себя до стадии Создателя, самостоятельно преодолеть то различие, которое существует между ним и Творцом.

С помощью намерения человек как бы строит внутри себя Творца, одновременно чувствуя при этом свое «я», потому что его «я» и есть Творец. Постигая Творца, сравниваясь с Ним, мы познаем свое собственное «я».

Творец хочет создать творение в такой форме, чтобы оно оставалось действительно самостоятельным, достигая уровня как бы «дважды Творец»: один раз Он, а один — творение, действующее, как Он.

Желание получить творения абсолютно равно альтруизму Творца: отдача ради отдачи. Желание получить не аннулируется, не теряется, творение остается самостоятельным, используя все свои желания, которые хочет вернуть Творцу. В этом они подобны. Цель в том, чтобы творение, оставаясь самим собой, достигло истинного совершенства. Творец не мог создать несовершенное творение, Он обязан был создать творение, подобное Ему. Как достичь этого? Создать творение и предоставить ему возможность достичь уровня Создателя.

Это называется совершенством. И тогда появляется ясное ощущение, что, кроме Творца и творения, нет ничего. Творение открывает для себя, что оно не существует без Творца, так и Творец не называется Творцом, если нет творения, как в нашем мире мама называется мамой, если есть ребенок.

Войти в духовное можно при условии желания к духовному. Но откуда получить его, не зная, что это такое? Допустим, нас немного подталкивают, чтобы заинтересовать и вызвать в нас это желание, но, по правде говоря, мы ничего не знаем. Если бы знали и как-то хотели этого, было бы легче. Почему это все скрыто от нас? Специально. Если бы мы вошли в духовное со своим желанием получить, мы никогда не смогли бы изменить наше желание. Чтобы войти в духовное, надо захотеть. Но захотеть значит знать, попробовать, почувствовать: ах, как это хорошо! Но когда у тебя заберут духовное, начнешь желать его. Существует правило: распространение света и дальнейшее его исчезновение делает сосуд пригодным к использованию. Но как этого достичь? Нужно обратиться к Творцу с особой просьбой-молитвой раскрыть духовное, но только для желания отдавать, а не для самонаслаждения. Затем это желание нужно правильно использовать с помощью рава и группы. Значит, прежде всего нужно страстно пожелать духовности.

Человеку не дано выбирать духовное. Это нисходит от Творца. Приходит время, что все больше и больше душ готовы к духовному. Человек действует соответственно своему желанию. До занятия Каббалой человека вели сверху, а когда он открывает книгу, Творец как бы начинает удаляться от него. Как это происходит с малышом, которого мама учит ходить. Она сначала держит его, а затем потихоньку отходит назад, когда он движется ей навстречу. Таким же образом человек продвигается к духовному, получая все больше и больше самостоятельности.

Есть вещи, с которыми мы можем работать, а есть такие, с которыми работать невозможно. Если мне больно, я не могу сказать, что не болит. Я исхожу из своих ощущений. И никакая философия здесь не поможет. Это граница моего «я». Невозможно выполнять свои желания согласно философии без какой-либо основы. Поступки человека должны соответствовать месту его нахождения. А когда он достигнет духовного, это будет другое ощущение. Человек открывает для себя, что его внутренние ощущения — это результат действий Творца. И в сущности он и Творец — это одно и то же, между ними нет противоречия, оба желают одного и того же, нет даже причины и следствия. Они оба открывают одно и то же. И это называется единством ступени.

Но мы должны действовать в нашей жизни согласно тому, кто мы есть. С одной стороны, мы читаем прекрасные статьи, где Творец и Его имя — едины. Но в нашей духовой жизни мы должны руководствоваться тем уровнем, на котором находимся.

Невозможно, например, установить жизнь нашей группы на уровень ступени «конец исправления», потому что мы не в состоянии существовать по ее законам. Поэтому рамки должны точно соответствовать тому, где мы находимся. Нельзя смешивать желаемое с действительным. Мы хотим, чтобы жизнь в группе способствовала продвижению в духовном. Иначе разрушим и себя, и группу. Нет у нас выбора, и жизнь заставляет каждого сделать личное исправление, чтобы не допустить спада во всей группе.

Это случается во многих коллективах, если не менять рамок. Есть группы здесь и там, можно пойти и проверить. Мы никого не держим. Каждый должен владеть информацией для выбора. Пусть останется всего пятеро учеников, но они будут знать, что здесь их место. Человек не чувствует, насколько спад влияет на него и на всю группу. Если каждый пойдет путем страданий, то его ожидает еще несколько кругооборотов. Мы должны ввести себя в нужду, что приведет к необходимости внутреннего улучшения. Бааль Сулам, например, если было немного денег вечером, раздавал их, чтобы встать утром совершенно бедным. Даже на его огромнейшем уровне дополнительный недостаток помогал ему продвигаться. Мы не понимаем, как это действует на высоких ступенях.

А на нашем уровне нужно хотя бы установить рамки, которые давили бы на нас и обязывали к духовному продвижению. Я не первый раз разрушаю прежнюю жизнь и вновь и вновь строю заново. Каждая новая ступень — это разрушение старой и построение новой. И так до последнего дня жизни. Человек сам судья своему состоянию. Нет никакой возможности посмотреть со стороны.

В духовном ничего не исчезает. Допустим, в нашем мире, если я спускаюсь по лестнице, она остается? Если да, то, значит, не пропадает, если нет, то исчезает. А в духовном? Когда в действительности это уходит от меня, но в то же время оно остается, хотя не в сиюминутном ощущении, то это называется, что в духовном ничего не исчезает. Каждое прошедшее состояние остается и накапливается до конца исправления. Но в действительности я нахожусь или на самом высоком уровне, или на самом низком, остальные же состояния не ощущаются, и я не могу их даже представить. Животное начало человека должно знать, что его спасение сверху, тогда человек продвигается.

Беседа пятнадцатая

Существует очень характерный пример у АР"И. В один из дней он сказал своим ученикам, что, если они сегодня «поднимутся» в Ерушалаим, то это приведет к приходу Машиаха. Одного из учеников не пустила жена, у кого-то заболел ребенок, у кого-то порвалась обувь. И так из этого ничего не получилось: Машиах не пришел. Такое может произойти и с нами, и тогда другая группа должна будет выполнить это.

«Введение в книгу «Зоар», п. 11: *«И снизошли миры до действительности этого мира, т.е. до места, где существует в нашем мире тело и душа, а также время порчи и исправления, ведь тело — это желание самонасладиться, исходит из своего корня в замысле творения и, проходя путь системы нечистых миров, остается под властью этой системы до 13 лет, и это время порчи. После 13 лет и далее с помощью выполнения Торы и заповедей ради Творца оно постепенно начинает очищать внедренный в него эгоизм и менять его на желание отдавать, чем способствует получению света первой духовной ступени. Душа проходит через систему чистых миров и, спускаясь, облачается в тело. И это время исправления. И так переходит от одной духовной ступени к другой по замыслу творения в мире Бесконечности до тех пор, пока они полностью не помогают ему обратить его желание получить на желание отдавать. И этим человек приобретает равенство свойств с Творцом, потому что получение ради отдачи расценивается как чистая отдача. Как говорится, для человека получение ради того, чтобы дать удовольствие другому, считается законченной отдачей. И тогда человек полностью сливается с Творцом, потому что слияние в духовном означает равенство свойств. При этом человек получает полное и совершенное наслаждение, предназначенное ему замыслом творения».*

У нас есть желание получить, которое спускается сверху постепенно, все больше и больше увеличивая свое желание получить, отдаляется от Творца, проходя через систему нечистых миров, и получает окончательное свойство «желание получить». И это состояние называется «наш мир». Человек, который начинает продвижение из системы нечистых сил, приобретает намерение ради отдачи и с ее помощью начинает исправлять свое желание получить и достигает возраста бар мицвы.

Свет приходит к нему сверху и в меру исправления желаний наполняет его. Это означает, что душа, свет исправления, облачается в тело — желание получить. Душа-свет проходит систему чистых миров. И это время исправления. Если, получая, человек доставляет удовольствие Творцу, то это называется отдачей. Гмара говорит о том, что если уважаемый человек женится, то не должен вручать невесте кольцо. Если согласен получить от нее, то как будто дает ей, потому что уважаем ею.

Такое получение равносильно чистой отдаче. Если же человек делает это относительно Творца — получает от Него с намерением на отдачу ради Его наслаждения, — это называется соответствием свойств. Сначала человек делает сокращение, говоря, что ничего не хочет получать ради себя, но если Творец хочет и это доставит ему удовольствие, то он готов получить наслаждение. Недостаток, который создал Творец, и наслаждение, которое Он дает, служат только условием, на котором строится система взаимоотношений человека с Творцом. Человек готов получить от Творца только в том случае, когда уверен, что, получая, доставит Ему удовольствие. Человек должен узнать Творца, ощутить его, чтобы потом установить с Ним связь. Есть огромная разница в том, получает ли человек ради себя или ради Творца, которому он доставляет удовольствие. Такая связь — это подарок Творца.

«Введение в книгу «Зоар», п. 12: *«Таким образом выясняется принцип исправления желания получить, данный душам, исходя из замысла творения, тем, что приготовил Творец им две вышеописанные противостоящие системы, по которым проходят и делятся на два объекта — тело и душу, одевающиеся друг в друга, и с помощью Торы и заповедей в итоге обращают свойство получать в свойство отдавать и тогда могут получить все предназначенное им в замысле творения, а также достичь слияния с Творцом посредством выполнения Торы и заповедей. И это определяется как конец исправления. И тогда, поскольку нет более надобности в системе нечистых сил, она исчезает, и навсегда уходит смерть. А вся работа в Торе и заповедях, данная всему миру в течение 6000 лет существования, а также каждому лично в течение семидесяти лет его жизни, необходима только для того, чтобы довести их до конца исправления — совпадения свойств с Создателем. Также выясняется необходимость создания и выхода системы нечистых сил из святости Творца для того, чтобы с их помощью создать тела и исправить их посредством Торы и заповедей. И если бы наши тела не приобрели испорченное желание получить от системы нечистых сил, то никогда не могли бы быть исправленными».*

Беседа пятнадцатая

Из Творца исходят две вещи: тело и душа, или сосуд и свет. И свет помогает телу получить душу, стать отдающим — исправить желание получить на отдачу, пока исправленное желание получить не наполнится светом. И состояния, которые проходит человек в течение 6000 ступеней, каждым своим мгновением исправляют его и приближают к концу исправления. Этим человек достигает полного и вечного наслаждения и слияния с Творцом. Без совпадения свойств с Творцом человек может получать удовольствие только на неживом уровне, но не растительном, животном и человеческом. Система нечистых сил необходима для увеличения желания получить, чтобы в дальнейшем с помощью намерения на эту величину желания наполниться светом.

БЕСЕДА ШЕСТНАДЦАТАЯ

Мы можем рассматривать желание получить как желание отдавать. Если я буду знать, что ты получишь удовольствие от того, что я возьму твой подарок, то я его возьму. Я превращаюсь из берущего в дающего тебе удовольствие от получения твоего подарка. Таким образом, я использую свое же желание получить, но в другом направлении. Это называется исправлением. Я становлюсь свободным от своего желания, стою как бы в стороне от него и не подвержен ему. Я могу ничего не брать, но не быть рабом своего желания.

Принимая твой подарок, я должен проявлять большую радость, чтобы потом отдать ее тебе. Таким образом, само мое желание не меняется, а меняется его использование.

Желания всегда делятся на более легкие и более тяжелые относительно их использования, открывающегося при этом наслаждения и возможности перевести получение на отдачу. Важно отделить желание от того одеяния, которое есть на нем, увидеть его в чистом виде. Тогда открывается возможность использовать его от самой легкой части к самой тяжелой. Но на каждую приоткрывающуюся часть нужно прежде всего сделать сокращение, говоря при этом: «Да, это удовольствие, но я могу его не использовать и противостоять ему». Так я провожу параллель между собой, удовольствием и хозяином.

А дальше только дело игры. Пришло ко мне какое-то желание. После того как я совсем отказываюсь от него, я получаю столько, сколько смогу взять ради хозяина. Поэтому наша работа называется «ударное соединение», когда с помощью экрана мы останавливаем наше наслаждение, отталкиваем его, а затем принимаем столько, сколько сможем отдать хозяину. Все средства, которые есть в моем распоряжении, нужно использовать правильно. Но прежде всего нужно на минуту отмежеваться от того, что приходит к мне.

Беседа шестнадцатая

Затем, рассуждая о цели творения, о связи с Творцом, я каждое свое действие направляю в сторону Творца. И так я должен поступать со всеми своими желаниями. Тогда наслаждение, получаемое от них, многократно увеличится. А это значит, что я увеличиваю свой сосуд получения наслаждения. Нужно только правильно использовать желания, все время анализируя, что происходит в каждый отдельный момент. Очень большую помощь оказывают в этом статьи и письма Бааль Сулама и рава Баруха Ашлага.

Продвижение заключается в понимании того, что происходит. Над своими желаниями и наслаждениями я не хозяин. Только постоянный анализ происходящего приводит к правильному использованию всех наших желаний. Нужно направить мысль на то, почему нам дается такое желание, для чего и как реагировать, почему это стоит сделать. И смотреть на все надо как бы со стороны. Человек учится на этих примерах, почему Творец производит все это над ним. Порой ему дают такие желания, перед которыми нет сил устоять, а порой такие, которые невозможно выполнить. А иногда человек ощущает безразличие, зависть, ненависть.

Необходимо только все держать под контролем и наблюдением. А порой не столь важна реакция человека, сколько опыт, который приобретается при этом. Но правильную оценку происходящему мы не можем дать. Не важно, что это выглядит как прегрешение или нарушение в наших глазах. На самом деле такое действие может быть самым полезным и нужным нам. Все подобные ощущения даются нам Творцом для прохождения определенного опыта и приобретения нужных знаний.

В результате человек поймет, что каждый раз он наслаждается вне всякой связи с Творцом. Это введет его в жуткое состояние осознания зла от собственного эгоизма настолько, что он пожелает пожертвовать личным наслаждением раз и навсегда, отказаться от него.

Но Творец хочет, чтобы мы наслаждались, это предусмотрено целью творения, а наслаждение должно быть истинным — с намерением отдать его Творцу, а не на животном эгоистическом уровне. Принципиально изменится само отношение к наслаждению.

Все творение представляет собой желание получить, т.е. женское начало по отношению к Творцу — желанию отдать, мужскому началу. Творение же в свою очередь тоже делится на мужскую и женскую стороны. Если творение уподобляет себя свету и становится таким, как он, то оно называется мужской частью. А если оно остается вне света, получающим, как животное, то называется женской частью. Это со стороны исправления творения. Кроме исправления, существует природное разделение, где мужская часть — это первые девять сфирот, а женская — малхут.

В нашем мире все происходит как результат разделения души Адама на 600 тысяч душ в духовном. Эти части находятся в разной степени исправления и должны каждый раз играть то мужскую, то женскую роль, т.е. иногда идти по правой линии (дающей, мужской), а иногда — по левой (получающей, женской). Все Имена Торы — это духовные постижения по лестнице восхождения. Но для достижения каждого Имени необходимо попеременно играть то мужскую роль, то женскую, символизирующие собой правую и левую линии. Так, например, на ступенях Паро, Моше, Исраэль, Народы мира есть и мужская и женская стороны, но определенное Имя достигается только один раз и на определенной ступени.

Мужчина и женщина — это зивуг между З"А и малхут дэ-Ацилут, суть и степень связи которых каждый раз дает определенное название более высокой ступени. Состояния мужские и женские — это постоянные состояния на всех 125 духовных ступенях.

Так как же я, который сейчас родился как мужчина и моя жена, которая родилась женщиной, должны вести себя? Каждый в зависимости от тех возможностей, которые получены ими в данном состоянии.

Несмотря на то что мы эгоисты и во всем видим только личную выгоду, мы должны прежде всего сказать спасибо Творцу за то, что Он дал нам возможность видеть себя в истинном виде, хотя это и не очень приятно.

Женщине легче, чем мужчине, найти в себе силы воспринимать происходящее в семье и на работе умом, а не чувствами, хотя порой бывают вещи, действующие на сердце и могущие привести к бурной реакции. Нужно учиться на все спокойно реагировать, смотреть со стороны.

В этом вся наша работа. Быть хозяином положения, контролировать свои чувства. Конечно, можно и взорваться, но тогда надо проанализировать, почему так произошло, что нужно дальше делать. Таким образом постепенно отделяют мозг от сердца, рассудок от чувств.

Беседа шестнадцатая

«Введение в книгу «Зоар»: «*И снизошли миры до действительности нашего материального мира, т.е. до места, где желание насладиться приобрело форму тела, а то, что его наполняло, стало душой. И это время порчи и исправления.*

Телом называется желание получить для себя, оно распространялось от корня замысла творения через всю систему нечистых миров, становясь все грубее и грубее, и находилось под их влиянием тринадцать лет. Это время называется временем порчи.

А далее с помощью заповедей, направленных на отдачу Творцу, тело начинает очищаться от желания получать для себя, внедренного в него изначально, и постепенно приобретает желание отдавать. Это дает ему возможность получить свет Творца, душу, исходящую из корня замысла творения. Душа тоже проходит через всю систему чистых миров и одевается в тело. Это время называется временем исправления.

Затем перед человеком предстает лестница духовных ступеней, спускающаяся по замыслу творения из мира Бесконечности для помощи дальнейшего приобретения намерения «ради Творца», пока все его действия полностью не станут альтруистическими (получение ради отдачи Творцу, и ничего ради себя). Этим человек достигает единства своих свойств со свойствами Творца, слияния с Ним, потому что получение ради отдачи равноценно чистой отдаче, и удостаивается получить все то огромное и бесконечное наслаждение, которое предназначалось ему Творцом в замысле творения».

Желание получить нельзя обратить в желание отдать, это то, что составляет «я» человека и остается с ним. Нужно только к этому желанию присоединить намерение «ради отдачи», т.е. изменить направление его дальнейшего наслаждения. Тогда тело человека, т.е. его желания, начнут исправляться, например, на 10 граммов, очищаться и смогут заполниться светом Творца, который тоже, спускаясь сверху вниз, уменьшает себя до размеров 10 граммов исправленного тела чтобы была возможность войти в него. Две системы миров, святости и нечистоты, одновременно работают и помогают друг другу в исправлении человека. Каждая духовная ступень, которую приобрел человек, помогает ему подняться на следующую и так дойти до последней ступени, приобретая вечность, совершенство, возможность по-новому смотреть на рождение и смерть.

БЕСЕДА СЕМНАДЦАТАЯ

Остается ли наше тело после конца исправления намерения? О нашем биологическом теле вообще нигде не говорится. Оно не относится к области исправления. В нем ничего не меняется, кроме процесса старения. Исправление необходимо только желанию получить и насладиться. Наше тело — это мясо, которое нуждается в сне, животных наслаждениях, еде, отдыхе и т.д. Ничего общего с внутренними духовными исправлениями у него нет. Поэтому никаких изменений в нем не происходит в то время, как меняется душа. Характер тоже не меняется. Мой Рав в восьмидесятилетнем возрасте все время бежал, он просто не умел медленно ходить. Это характер, который не менялся. Мы сегодня не можем себе представить, как мы будем воспринимать мир, когда душа исправится. Наше тело потеряет всю свою ценность. Останется ли вселенная и все вокруг нас? Будем ли мы и тогда рожать детей? Будем ли мы жить, умирать? Это сегодня наша жизнь полна страданий и несчастий. Мы не можем себе представить, насколько наша сегодняшняя животная жизнь после конца исправления может быть заполнена духовным.

Болезни — это результат внутренних исправлений и как бы должны исчезнуть потом. Мы говорим об исправлении только до 6000 лет. Седьмое, восьмое, девятое и десятое тысячелетия мы не можем объяснить, так же как нельзя сегодня объяснить, что значит быть без биологического тела после окончания жизни в нашем мире. Так же нельзя объяснить, как после конца исправления тело остается. Потому что все наши состояния соответствуют, как ветвь своему корню, а в упомянутых вещах нет такой связи.

Мы исправляем только ту часть эгоистических желаний, которые при разбиении сосудов соединились, включились в альтруистические желания, а не сам эгоизм. Поэтому мы не можем представить себе полную картину соответствия и подобия конца исправления. Если бы мы прочувствовали его по-настоящему, то в

Шаббат были бы полностью здоровыми, никто бы не умирал в Шаббат. У нас нет никакой возможности представить состояние, которое называется совершенством.

Человек сверху получает ответ на свой вопрос совсем не в то время, когда посылает просьбу-молитву. Это может быть и через несколько месяцев. В духовном пространстве состояния праздников или Шаббата каббалист может ощущать в любые другие дни.

Если, к примеру, моя душа присоединилась к чьей-то другой, то вопрос, который был у меня, почувствует тот другой. А я уже имею другой вопрос. Каждый раз они меняются. Это называется кругооборот душ. Как происходят такие скачки и почему, нам не понять. Но существует такое постижение в духовном, начиная с которого и дальше человек видит, как происходит соединение и разъединение душ. Вернее, этот процесс можно выразить как поток, течение, перетекание из одной в другую. Но точного определения этому нет. В человеке есть что-то общее и что-то частное. Общее не меняется, а частное может измениться.

Как только человек что-то желает получить от Творца и находится в состоянии открытия лица Создателя, то его душа уже готова к получению света Творца и, естественно, тут же его получает. В моментальном наполнении любого желания духовный мир отличается от материального.

В «При хахам» написано, что свойство малхут, одетое в миры, называется «ани» — «я». Это свойство распространяется до мира Асия, где каждый человек ощущает его как самостоятельную суть. «Ани» всегда остается в человеке, но только в исправленном виде. Как только человек исправляет «ани», он начинает чувствовать Творца.

Разбиение сосудов сыграло огромную положительную роль в дальнейшем исправлении желаний. Без этого мы остались бы навсегда в неживом, растительном и животном состояниях, никогда не смогли бы найти даже самую тонкую связь с Творцом.

В нашем теле находятся всевозможные ощущения. В духовном теле вместо этого есть сфирот. И между ними нет никакой связи. Нельзя сказать, что мое зрение — это результат духовного зрения, которое называется хохмой и отражает ощущение определенного света в соответствующем духовном сосуде. Например, ощущение света хая в кли дэ-авиут алеф с помощью масаха.

Вокруг нас есть поле волн. Каждый из наших органов чувств может воспринять волны особой частоты. В духовном происходит то же самое. Только там есть определенный вид света, который входит в предназначенный для него сосуд. Однако нет никакой связи между системой животных чувств и духовным ощущением света.

Находясь в левой линии, человек исправляет ее затем с помощью правой, чтобы построить из них обеих среднюю линию. Средняя линия дает возможность в меру исправления стать подобной Творцу. На этом данная ступень считается пройденной. Но затем я снова попадаю на левую линию и снова должен исправить ее правой линией, построив далее из них среднюю, чем опять получаю внутрь определенную долю света Творца, которая делает меня еще более подобной Ему. И вот уже пройдена следующая ступень. И так далее, и так далее. Может быть, это со стороны кажется немного надоедающим, но таков духовный подъем: постоянное попеременное получение недостатка и наполнения. Это жизнь и волшебное ощущение! Сильное чувство голода и прекрасное насыщение, которые идут рядом.

Максимум правильного использования нашего желания получить на каждой ступени является залогом перехода на следующую ступень.

Может ли женщина изучать Каббалу? Может, но по-женски, чтобы это не способствовало порче вместо исправления. Если мы должны выбрать, изучать ли женщине Каббалу и быть одинокой либо не изучать Каббалу и иметь семью, то выбор склоняется в пользу второго. Семья для женщины, связь с мужем и детьми — это уже возможность продвижения

Женщина, которая продвигается в духовном, в отличие от мужа, продвигающегося мало или стоящего на месте, может внести в семью проблемы. Поэтому относительно женщин у меня нет точного решения, как поступать. Жена Бааль Сулама не понимала ни одного слова в Каббале и не желала этого. Жена моего Рава была далека от Каббалы. И здесь идет речь о женщинах, получивших религиозное воспитание, которое стало их второй природой и удовлетворяло настолько, что они больше ничего не искали. Они чувствовали себя совершенными, им нечего было исправлять.

Другое дело — обратившийся к религии в зрелом возрасте по выбору - он также может вновь изменить свое решение, потому что в нем нет воспитания, ставшей его второй природой. Он может вновь свободным решением выбрать свой путь и поэтому с

Беседа семнадцатая

ним можно работать. Человечество, в общем, еще находится на животном уровне, хотя этот период считается переходным к развитию духовности. Каждая душа может слышать только в меру своего духовного развития. И на нее не надо давить и пытаться силой привести ее в Каббалу. Значит, ее время еще не пришло.

Самым главным действием в каббалистической группе должно быть аннулирование себя относительно другого, относительно духа группы и относительно того, что происходит в группе. Сломать себя и соучаствовать во всем.

БЕСЕДА ВОСЕМНАДЦАТАЯ

Может ли человек сказать, когда ему положено вознаграждение, а когда — наказание? Например, отвалился кусок балкона и убил проходящего человека. Произошло какое-то стихийное бедствие и т.п. Кого ругать, кого наказывать? Или ребенок что-то разбил. Мы можем его наказать, побить, но делать это мы будем согласно нашему животному пониманию наказания и награждения. Это значит передать ему мое понимание и отношение. Так было в России. Если я не признавал коммунистов, меня могли даже убить. Они установили свой закон и свою справедливость, свое понимание хорошего и плохого. На самом деле должна существовать объективная прямая система вознаграждения и наказания, и не в пользу авторов этой системы, а в пользу исполняющих.

Невозможно дать точное и исчерпывающее объяснение понятиям награждения и наказания. Если эта система правильна, она должна чему-то учить человека, а не просто существовать. Но человек все равно не может быть объективен и не знает, что на самом деле скрывается за всеми его действиями, которые в силу неисправности наших келим идут вразрез с целью творения. Со стороны Творца нет наказания и вознаграждения. В Нем не существует такого желания, которое человек сделал бы именно так, а не иначе. У Творца есть задача привести человека к особенному внутреннему состоянию, чтобы смог получить от Творца все то хорошее и то наслаждение, которые предназначаются человеку в результате достижения цели творения. Творец не имеет целью наказывать или поощрять человека за прошлые деяния, а ведет человека постоянно к цели творения.

К кому относится наказание и вознаграждение? К ребенку, ко взрослому? Начиная с какой ступени, с какого сознания? Человек, растущий в этом мире, приобретает свойства и качества этого мира, подчиняется его законам. Если бы мы знали человека, как его знает Творец, то могли бы сказать заранее, как он

Беседа восемнадцатая

себя поведет в каждой ситуации. И где свободный выбор человека и свободный от чего? От природного свойства, которое внес в него Творец, или от влияния окружающей его среды? Где та часть, в которой он будет свободен как от природы, так и от среды? Если бы мы знали это, то именно за те или иные проявления свободного выбора можно было назначить человеку либо вознаграждение, либо наказание, потому что все шаги, которые бы он совершал, были бы его личными шагами, предпринятыми его свободным — как от природы, так и от постороннего влияния — выбором.

Человек должен понять, что при каждом его шаге, при каждом действии Творец учит его, обостряет его восприятие и направляет по пути к цели творения. Если человек начнет видеть это, то вознаграждение и наказание приобретут особое направление и смысл согласно поставленной цели. Тогда все происходящее и приходящее к человеку, как хорошее, так и плохое, определится им как вознаграждение. И плохое воспримется не как страдание и боль, а как обозначение учения. Все восприятия будут только положительными. Значит, такой классификации, как вознаграждение и наказание, просто не существует, во всем усматривается только положительное и доброжелательное отношение Творца к творениям.

Но к такому пониманию и ощущению Творца человек приходит не сразу, а через различные сокрытия Творца, сначала через двойное сокрытие, затем через одинарное, затем наступает открытие Творца и наконец постижение вечности, совершенства и бесконечной любви к Тому, кто всегда относился как к человеку, так и ко всему человечеству с постоянной любовью и желанием дать наивысшее наслаждение.

Поговорим о Йом Кипур. Это день, когда заканчивается построение духовного сосуда. Мы знаем, что вся действительность — это свет и сосуд. Свет — это Творец, наслаждение, сосуд — творение, душа, малхут. Свет находится в абсолютном покое и не меняется. Единственным намерением света является дать наслаждение, т.е. привести человека к ощущению вечного и бесконечного наслаждения.

Весь процесс построения духовного сосуда от самого низменного состояния, в котором мы сейчас находимся, и до самого возвышенного, вечного и совершенного, обозначается десятью днями раскаяния. Душа, в которой нет ничего, кроме желания насладиться, начиная с первого дня Рош аШана и до Йом Кипур в течение этих десяти дней постепенно начинает приобретать свойства света. Желание насладиться получает десять изменений, десять сфирот, которые являются основой исправления души.

На протяжении этих десяти дней душа полностью исправляется и готова к получению света. В десятый день раскаяния, Йом Кипур, нельзя проявлять какое-либо желание получить и наслаждаться, это выражается в запрете еды, питья и прочих ограничений в день поста. В этот день происходит последнее исправление.

После Йом Кипур начинается подготовка к получению света полностью исправленным сосудом. А получение света соответствует семи дням Суккот с исполнением заповеди над лулавом, этрогом и др., необходимыми для привлечения света в сосуд. И, наконец, венчает весь этот процесс прекрасный праздник Симхат Тора, когда свет Творца полностью заполняет подготовленный для этого сосуд. Тора символизирует здесь свет Торы, а Симха означает получение света ради Творца.

В духовном такое исправление может произойти не обязательно в этот период, а в любой другой, когда наступит необходимость. В нашем же мире мы придерживаемся календарных дат.

Развитие души

ОГЛАВЛЕНИЕ

Независимость творения 105
Четыре ступени развития желания 114
Условие слияния 124
Ускорение исправления 137
Преодоление помех верой выше знания 141
Несколько мыслей 150

НЕЗАВИСИМОСТЬ ТВОРЕНИЯ
Конспект лекции 15.10.01

Для чего нужна Каббала, что является ее темой, что она дает человеку, вообще нужна ли она?

Объектом нашего изучения в Каббале является вопрос о творении.

Творец создал творение, т.е. создал желание насладиться — насладиться Им Самим. Другими словами, Он создал недостаток Себя. Суть этого желания в получении наслаждения от ощущения в себе Творца. Но созданное Творцом желание создано Им Самим, и поэтому творение ощущает только минимальную долю наслаждения, которая позволяет ему ощущать свое существование. Потому что настоящее ощущение наслаждения может быть испытано только тогда, когда желание появляется от себя, если оно испытывается как свое, а «не чужое», возникает как свое ощущение нехватки. А поскольку до начала творения Творец — единственно существующий, то естественно, что начальные ощущения в творении как желания, так и наслаждения исходят от Него.

Для того чтобы дать возможность творению действительно насладиться, Творец должен создать ему для этого соответствующие условия. То есть, чтобы желание в творении было огромным, таким же, как Он, необходимо, чтобы это желание в творении появилось от самого творения.

Вот это парадокс! Как может быть желание от самого творения? Творение ведь не Творец — оно не может что-то сотворить. Поэтому все творение представляет собой два пути (в смысле перемещения, изменения свойств): первоначально созданное желание вначале удаляется от Творца, а затем снова приближается к Нему.

То есть первоначально созданное Творцом желание постепенно удаляется от Творца. Творец удаляет его от себя или, можно сказать, постепенно скрывает Себя от этого желания. Постепенные сокрытия Творца от созданного им творения, желания называются нисходящими ступенями миров, «оламот» (от слова «алама» — сокрытие), вплоть до такого состояния, когда творение на самой последней ступеньке, за пятью мирами Адам Кадмон, Ацилут, Брия, Ецира, Асия, уже после мира Асия, совсем не ощущает Творца, т.е. выходит за пределы чувствительности к Нему.

Всего от Творца до этой последней ступени имеется 125 ступеней: пять миров, Адам Кадмон, Ацилут, Брия, Ецира, Асия, по пять парцуфим в каждом мире, по пять сфирот в каждом парцуфе — итого 125 ступеней. На этих ступенях творение еще ощущает Творца, ощущает удаление от Него, все меньше и меньше ощущает Его. Другими словами, Творец все больше скрывает Себя. Когда же творение переходит самую последнюю ступеньку самого последнего мира, малхут мира Асия, оно перестает вообще ощущать Творца, ощущает только самое себя.

Что этим достигнуто? То, что творение находится вне зависимости от Творца. Именно сейчас есть возможность создать в нем самостоятельное желание к Творцу. Если творение поднимется самостоятельно по тем же ступеням, по которым оно нисходило от полного контакта и наполнения Творцом до полного сокрытия, то, поднявшись обратно, оно обретет собственное стремление, собственное желание к Творцу, следовательно, ощутит Творца в 125 раз больше, чем при своем рождении. Говорится, что вместо света «нэфеш», который творение ощущало вначале, оно ощутит Творца как свет НаРаНХа"Й. Этого и желает Творец — чтобы творение достигло такого состояния, когда оно полностью наслаждается Им.

А также Творец желает, чтобы творение было таким, как Он, т.е. творение должно подняться от уровня творения до уровня Творца. Но каким образом творение, низошедшее до уровня «наш мир», сможет развить в себе желание приблизиться к Творцу, а тем более желание стать таким, как Он, подниматься к Нему, к самой наилучшей, наивысшей, вечной, совершенной ступени? Причем это развитие желаний в творении должно происходить свободно, должно быть избрано им самим, творение должно само в себе создавать это желание.

Откуда человек в нашем мире может что-то вообще создавать? Ведь мы говорим о желании как о единственном творении, которое из ничего создал Творец. Но человек ведь не Творец! Как он может в себе самом сотворять желания, создавать их из ничего?

Независимость творения

Каббалисты объясняют, что вначале человек обнаруживает себя существующим в нашем мире под всеми мирами, он является абсолютным животным, все свои впечатления он получает через свои пять телесных органов чувств: зрение, слух, обоняние, вкус, осязание (тактильное ощущение).

Все, что мы ощущаем этими органами чувств, в совокупности ощущается нами как якобы окружающее нас, наш мир. Если органы чувств изменить или изменить хотя бы диапазон их восприятия, то ощущаемая картина якобы окружающего нас мира изменится. Следовательно, картина окружающего мира есть не что иное, как совокупность реакций наших органов на нечто внешнее.

Каббалисты говорят нам, что вне нас существует только однородный высший свет, но поскольку внутри нас постоянно меняются наши желания (решимот), то наши внутренние изменения и рисуют в нашем сознании картину якобы окружающего нас мира.

Но как бы то ни было, мы созданы как желающие наслаждения. Причем наши желания насладиться постоянно обновляются. Они заложены в нас еще до нашего рождения в этом мире, как генная запись. Каббалисты так и называют эту информацию, заложенную в нас, — «решимо», что означает «запись».

Эти решимот свернуты в нас спиралью, и она постоянно неотвратимо раскручивается и выводит на свет все новые желания. Их мы ощущаем как свои, новые желания, и они обязывают нас реализовать их, т.е. достичь наполнения этих желаний наслаждением.

Итак, вследствие проявления в нас все новых решимот мы постоянно желаем чего-то. Когда решимот медленно сменяют друг друга, человек начинает испытывать депрессивные состояния, а если новые решимот не проявляются, то человек умирает.

В таком состоянии у человека нет никакой свободы воли, он, как животное, находится в нашем мире, «пасется» на своем лугу, убегает от страданий, тянется к наслаждениям, наполняет свою жизнь погоней за выполнением требования решимо. Так проходят круговороты жизней в этом мире, пока в каком-то из круговоротов в него вдруг не вселяется качественно новое желание — желание того, чего он и сам не знает, чего-то, чего нет в нашем мире, что находится за пределами пяти органов чувств. Человека вдруг начинает куда-то тянуть, он не знает, куда. Это начало желания к Творцу. Творец вызывает в человеке стремление к Себе. Это называется зарождением души человека.

Если зародыша души в человеке нет, если Творец еще не побуждает человека сблизиться с Ним, то с таким человеком еще бесполезно разговаривать о Каббале, поскольку он ощущает только наш мир и желает себя наполнить только тем, что видит в нашем мире:

1) животными наслаждениями (они так называются не потому, что являются низкими, а потому, что присутствуют и у животных):
   — дом, семья, секс, дети, пища, покой, безопасность;
2) человеческими наслаждениями, которые присущи человеку, а не животному:
   — стремление к богатству;
   — стремление к власти (почету, известности);
   — стремление к знаниям.

Обычный человек наполняет себя этими наслаждениями, насколько возможно. Но если в нем появляется «точка в сердце», тогда в нем возникает совсем новое желание, которое не относится к нашему миру; в нашем мире он его ничем заполнить не может, ему для этого нужен Высший Источник, Творец.

Когда человек впервые получает это желание, он в растерянности, он не знает, к кому обратиться, где найти то, что он ищет, как начать это желание наполнять. Это желание относится к духовному, т.е. высшему миру, и хотя это всего лишь точка, т.е. очень маленькое желание, но оно — духовное, выше нашего мира, и поэтому весь наш мир начинает казаться человеку совершенно темным, безвкусным, бесцветным. Он впадает в депрессию, не знает, что с самим собой делать. Пропадает вкус к жизни. Таким образом, давая человеку ощущение опустошенности в этом мире, Творец привлекает человека к себе.

Возникшая «в душе» пустота вызывает вопрос о смысле жизни. Ответ на вопрос «В чем смысл жизни?» очень простой: попробуй Творца, вкуси Его, наполни себя Им, и тогда ты почувствуешь, в чем смысл жизни. Другого наполнения, другого ответа на вопрос о смысле жизни нет!

Но еще долгий путь необходимо пройти человеку в его поисках наполнить себя различными наслаждениями, прежде чем он убедится в бессмысленности и бесполезности этих поисков. Человек этого не понимает, он только получил стремление к чему-то

Независимость творения

более высокому, чем наш мир, и поэтому не может успокоиться, мечется, но не знает, куда идти в поиске наполнения желания.

Начиная с этого момента все дальнейшее развитие этого нового желания наравне с развитием свыше предоставлено также и человеку. Единственная свобода воли — развивать это желание к Творцу или оставить его развитие природе.

Для того чтобы помочь развить это желание добрым путем, в наш мир нисходят каббалисты, пишут книги, рассказывают нам о том, что с нами происходит. А мы, ощутив «точку в сердце», инстинктивно, подсознательно находим их, книги — находим то, посредством чего мы можем наполнить эту точку.

Как рыба инстинктивно идет на нерест в определенное место, так и человек, у которого начинает ощущаться «точка в сердце», идет к тому месту, где он может наполнить эту точку, зародыш будущей души. И здесь мы должны ему помочь: открывать курсы, печатать книги, распространять аудиокассеты, любые средства информации, с помощью которых каждый человек быстрее найдет свой путь к истинной цели.

Мы обязаны предоставить человеку эту возможность. Ведь тоска в случае незаполненного желания приводит человека к алкоголю, наркотикам, самоубийству. Практически ни в чем наше поколение уже не может найти отдохновения. Забыться люди в состоянии сегодня только от наркотиков, и их распространение будет лишь усугубляться.

Поэтому мы и собираем вас, хотим открыть новые группы — много тысяч новых групп, больших и маленьких. Мы желаем подготовить вас, чтобы вы могли писать статьи, печататься в газетах, говорить по радио, выступать перед большой аудиторией. Это необходимо всему человечеству. Наша задача — указать людям хороший путь к цели, которую задал Творец. Эта цель состоит в том, чтобы все живущие в нашем мире поднялись до Его уровня и наполнились Им.

Эта цель задана наперед, ее избежать нельзя, а если мы будем к ней двигаться добровольно, сами, создавая в себе стремление к этой цели, то мы будем себя чувствовать всегда комфортно, наполненно на каждом этапе этого продвижения, и к этому мы должны стремиться привести все человечество. В этом задача преподавателей Каббалы.

Каббалисты нам рассказывают о том, что это желание — зародыш будущей души, «точку в сердце» — мы можем развивать добровольно, самостоятельно, свободно: Творец дал это нам. Он Сам никогда не будет это желание развивать, потому что тогда это желание не будет истинным и мы в этом желании не ощутим всего наслаждения, которое должны ощутить. Если не испытываем голод сами, то не сможем ощутить и наслаждения. В таком случае испытуемое наполнение ощущается, как «кто-то считает, что это приятно...»

Так же как я могу пить воду потому, что врач сказал, что надо много пить, или потому, что я сутки не пил, — вы можете представить, какая разница в ощущении наслаждения от того же стакана воды.

Поэтому Творец не может явно вмешиваться в создание желания, помочь в создании стремления к Нему, желания к Нему. Это мы должны сделать сами. Единственное, чем Он нам помогает, — это тем, что вызывает в нас страдания, стремления самим каким-то образом решить эту проблему.

Все страдания человечества, все, что происходит в мире, происходит только для того, чтобы вынудить всех нас добровольно, свободно продвигаться к цели творения. От самых маленьких страданий младенца до страданий народов, на любых уровнях неживой, растительной, животной, человеческой природы — все создано только для того, чтобы заставить человека самого начать развивать желание к Творцу.

Как же я все таки могу начать развивать это желание в себе? Для этого у нас есть три средства развития желания: учитель, книга, группа. Учитель — это тот, кто руководит процессом продвижения, показывает, как продвигаться, потому что никогда человек не может представить свое следующее состояние. Ведь каждое последующее состояние скрыто от человека, а учитель видит все будущие состояния ученика, поскольку сам прошел их и видит их свыше. Задача же ученика в том, чтобы верить указаниям учителя, каким образом идти и как на каждой ступени действовать. Учитель в Каббале — руководитель духовного продвижения. Это — первое средство.

Второе средство — это книга, написанная каббалистом, достигшим высших духовных ступеней и оттуда, с того уровня описал методику продвижения по пути к цели творения. И хотя я не знаю этого пути и не ощущаю его, потому что этот путь находится в еще скрытых от меня мирах, но, читая о моем пути в этих книгах и стремясь к цели, я возбуждаю на себя окружающий свет, свет с тех ступеней, о которых повествуется в книге. Я, конечно же, не сознательно привожу в действие всю систему воздействия на себя, но это происходит, потому что моя душа является частью общей системы. Поэтому, устремляя себя в чтении книги к цели, я возбуждаю на себя с высоты этой цели окружающий свет. Это второе средство продвижения.

А откуда у меня появится желание читать, слушать учителя, желание увеличить желание к цели больше, чем мне дано свыше, возбуждено во мне Творцом, откуда у меня появится желание развиваться дальше?

Если Творец поместил в меня только один грамм желания к цели, соответственно которому я ощущаю страдание, ненаполненность, то как я могу этот один грамм сам увеличить еще на два, на три, на пять граммов, на тонну, на миллион тонн желания? Ведь чтобы достичь цели, необходимо огромное желание.

Каббалисты указывают на единственное решение этой проблемы: если человек входит в среду, в общество, в группу, которая живет целью, он получает от группы желание. То есть необходимо войти в какую-то группу, в которой постоянно говорится о величии творения, о величии Творца, о величии цели слияния с Творцом, о наполнении Творцом.

Человек должен применить все свои земные качества, такие, как зависть, ревность, жадность, чтобы проникнуться величием цели творения от группы. Именно эгоизм помогает человеку проникаться желаниями других людей и таким образом избирательно самому развивать в себе нужное желание.

Но развитие это зависит от того, насколько человек проникается тем, что говорится в группе, тем, что говорит учитель, и тем, о чем говорится в книгах. Что имеется в виду? Насколько он принижает себя, свое мнение относительно их, поскольку только меньший может получить от большего.

Поэтому человек должен работать над собой, с тем чтобы определить и осознать приоритет, превосходство группы, книг, учителя над собственной значимостью. Только тогда он может проникнуться их идеей, их важностью, и это даст ему силы продвигаться дальше. То есть наша свобода воли — только в решении, продвигаться ли самостоятельно к Творцу, и она реализуется только увеличением желания цели посредством трех источников: учитель, книга, группа.

Если человек правильно использует свободу выбора, работая над собой в группе с преподавателем и с книгой, он достигает такого эгоистически большого желания к Творцу, называемого «ло ли шма», которое «не дает ему спать». При его наличии Творец переводит его через махсом в высший мир.

И хотя человек всходит на самую низшую ступеньку духовного мира «малхут мира Асия», но, вступив на этот уровень, он начинает ощущать в «точке в сердце» высший мир, Творца. Таким образом у человека появляется представление о том, что он находится вне нашего мира, и далее он уже может продвигаться не вслепую, а опираясь на эти ощущения. Ему уже не надо верить кому-то, ему уже не надо надеяться на что-то, он уже видит, явно ощущает высший мир, исследует его.

Подобно тому, как для ощущения нашего мира есть у нас пять органов чувств: зрение, слух, обоняние, вкус, тактильное ощущение, — так же мы ощущаем высший мир в пяти духовных органах чувств, называемых соответственно:

— «кэтэр»,
— «хохма»,
— «бина»,
— «зэир анпин»,
— «малхут».

А информация, в них получаемая, называется «высший свет», который разделяется на пять частей:

— «нэфеш»,
— «руах»,
— «нешама»,
— «хая»,
— «ехида».

Массовое постижение высшего мира началось с 1995 года. Именно в последнее время в людях возникает желание к высшему. До нашего времени желание к Творцу получали лишь десятки в каждом поколении. Сегодня это уже тысячи. Через два-три года счет будет идти на сотни тысяч, а к 2008 году это будет уже желанием миллионов.

Конечно, среди этих миллионов будут люди с различной подготовкой, с разными стремлениями — но это будет все-таки желание к высшему, ощущение необходимости духовного возвышения. Мы видим быстрое проникновение этого процесса в

Независимость творения

массы, потому как работаем с широкой публикой на всех континентах. Сегодня нет в мире страны, где бы не было хотя бы нескольких человек, изучающих нас через Интернет, а в России, Литве, Германии, Америке число изучающих Каббалу исчисляется в сотнях. По всему миру насчитывается около четверти миллиона интересующихся.

Преподавание Каббалы станет в будущем самой важной, самой нужной, самой требуемой профессией, и ничего человеку в жизни больше не нужно будет, кроме этого. Человечество ведь умирает не от голода, как в прошлые века, оно будет умирать от отсутствия духовного наполнения, которое будет подавлять наркотиками, чтобы не было ни одной секунды ощущения ужасной душевной боли от пустоты жизни. Людям не надо будет ничего, никаких профессий, кроме хлеба и Каббалы. Поэтому то, что вы начинаете сейчас осваивать, — это является самым важным.

ЧЕТЫРЕ СТУПЕНИ РАЗВИТИЯ ЖЕЛАНИЯ
Предисловие к книге «Паним меирот у масбирот»

Творец сотворил желание, желание насладиться. Кроме желания получать наслаждения, Творец не сотворил ничего. В Каббале оно называется «желание получить», и имеется в виду «получить наслаждение».

Итак, есть Творец и созданное им желание насладиться. Чем? Творцом! Ощущение Творца в творении ощущается как наслаждение. Называется это наслаждение в Каббале «свет», на иврите «ор». Желание получить называется «сосуд», на иврите «кли». Итак, есть Творец и творение, наслаждение и желание, свет и сосуд, ор и кли.

Желание получить в нашем мире можно разделить на четыре группы, четыре уровня: неживой, растительный, животный, говорящий. В каждой из них желание получить различно, отличается по уровню, по силе.

Наименьшее желание получить на неживом уровне, оно настолько маленькое, что не вызывает у его представителей никакого движения. Творение на этом уровне также что-то ощущает, ведь если оно сотворено, то оно — желание, желание насладиться, но не проявляет это никак, так как его желание получить очень-очень маленькое.

Положительное и отрицательное следствия желания насладиться, эгоизма пропорциональны величине желания. Поэтому неживой не может никому навредить и никому не может принести пользу, находясь в неподвижности.

У растения желание получить больше, у него большие стремления, чем у неживого, поэтому оно развивает в себе возможность роста, потому и называется «растение» — от слова «растущий». Растение относительно неживого уровня уже может впитывать полезное и выделять вредное, а потому — расти.

У растений есть определенного рода движение. Растение растет и умирает, оно зависимо от окружающей среды намного больше, чем неживое, ощущает день и ночь. Это совершенно другой вид жизни относительно неживого. И все эти изменения и отличия существуют только благодаря увеличению желания получить, которое в растительном намного больше, чем в неживом.

Еще большее желание получить у животных. Что дополнительно мы видим у животных относительно растений? То, что каждый индивидуально ощущает окружающую среду и приближается к полезному, отдаляясь от вредного. Общая сила ощущения вреда и пользы всех существующих в мире растений, а также польза и вред, которые они могут принести, соответствуют одному объекту, находящемуся на ступени «животное».

Животное перемещается с места на место, у него существуют личные ощущения, у него есть свой характер. У каждого есть своя индивидуальность. Поскольку в животном существует большее желание получить, чем в растении, то у него существуют личные характеристики, свой календарь: он в свое время рождается и умирает, не как растения — все в один сезон.

Он живет своей личной жизнью, хотя еще зачастую в стаде или в стае, существует резкое половое разделение, ему необходима связь с особями того же вида. Но все-таки у животного существует временное ограничение: оно ощущает только себя и не может ощутить других, не ощущает прошлое, его не интересует будущее.

Следующая ступень — «говорящий» (имеется в виду человек) — содержит две составляющие: силу ощущений и силу разума. Составляющие, помогающие одна другой и развивающие друг друга. Поэтому сила человека не ограничена местом и временем.

То, что невозможно ухватить одной составляющей (например, я не могу ощутить произошедшее 1000 лет назад), можно дополнить другой: я могу понять это своим разумом и восполнить вплоть до уровня ощущения. Разум помогает чувствам.

Возможна обратная ситуация: я ощущаю нечто. Как ощущаемое может повлиять на меня — плохо или хорошо? Я присоединяю к своему ощущению разум и анализирую ситуацию. Разум и ощущения совместно расширяют мои понятия места и времени, я уже не ограничен, я могу понять другого, ощутить через другого то, что сам реально не ощущал, не находясь в том месте и в то время. Благодаря этому человек поднимается над пространством и временем.

Один человек соответствует всем более низким уровням: неживому, растительному и животному миру вместе взятым. Но тот, в ком существует «точка в сердце» и кто развивает ее до десяти сфирот, до состояния, когда она становится сосудом души, в который он получает раскрытие Божественного, ощущение Творца, — такой человек, каббалист («получающий» на иврите), включает в себя всех «говорящих» всех времен и народов, от первого поколения до последнего.

Эта пирамида отражает отношение между пятью видами творения, существующими в мироздании: неживой, растительный, животный, говорящий в нашем мире, где каждый единичный представитель высшей ступени больше всех творений нижней ступени.

Особенным образом это проявляется в желаниях:

— одно желание растительного уровня, польза и вред, которые оно может принести, соответствует всем желаниям неживого уровня во всем мироздании;

— одно желание животного уровня, польза и вред, которые оно может принести, соответствует всем желаниям растительного уровня во всем мироздании;

— одно желание уровня «говорящий», польза и вред, которые оно может принести, соответствует всем желаниям животного уровня во всем мироздании;

— одно желание духовного уровня, польза и вред, которые оно может принести, соответствует всем желаниям уровня «говорящий» во всем мироздании.

Потому что если в одном из «говорящих» зарождается «точка в сердце», корень души, и он развивает ее до размера духовного сосуда, то его сила соответствует силе всех людей во все времена и во всех поколениях. Такая пирамида! Но чем выше, чем особеннее объект, тем в меньшем количестве он находится в мироздании.

В созданном Творцом желании мы различаем пять ступеней, которые условно обозначаем как:

— начало буквы «юд»; קוצו של יוד

— буква «юд»; י

— буква «хей»; ה

— буква «вав»; ו

— буква «хей». ה

קוצו של יוד - י - ה - ו - ה

Это обозначение сотворенного Творцом желания, обозначение творения. Желание состоит из пяти частей, обозначаемых пятью символами, буквами. Называются они не «имя творения», а «имя Творца», потому что эти желания заполняет свет, ощущение Творца. Именно Творца ощущает творение и более ничего.

И поэтому состояние творения называется «имя Творца». То есть мир, который творение ощущает, то, как оно себя ощущает, — все его совокупные ощущения и есть проявление Творца ему, в нем. Поэтому кли называется «имя Творца». Произносятся только четыре буквы, кроме «начало буквы «юд». Читаются они как АВА"Я.

Итак, АВА"Я — это строение желания:
— «начало буквы «юд» — не ощущаемое еще желание;
— י соответствует уровню «неживой»;
— ה соответствует «растительному» уровню;
— ו соответствует уровню «животный»;
— ה соответствует уровню «говорящий».

Каждое из желаний уровней «неживой», «растительный», «животный», «говорящий» в свою очередь делится на подуровни: неживой, растительный, животный, говорящий. Это означает, что даже на уровне «неживой» существует разделение на части: неживой, растительный, животный, говорящий.

Наша задача понять, что из себя представляет человек. Ведь одно растение соответствует всей неживой природе, единственное животное выше всего растительного мира, один человек выше всех животных всего мира. Что означает «выше»? Что если он исправляет себя, то его исправление перекрывает все низшие творения.

Поэтому сказано: все включено в человека, и человек, который поднимается, поднимает все миры, и тогда все миры созданы ради такого человека. Поэтому если человек делает исправление, то все творение соответственно этому приближается к Творцу. Поэтому только человек должен исправлять себя.

Что означает «исправление»? Это исправление нашего отношения к Творцу. Если Творец дал желание к этому. Тот, кому Он дает такое желание, называется «человек», под этой ступенью находятся говорящий, животный, растительный, неживой уровни желания в человеке нашего мира.

Сами духовные миры — это:
— неживой уровень, называемый «эйхалот» — залы, чертоги;
— растительный уровень, называемый «левушим» — одеяния;
— животный уровень, называемый «малахим» — ангелы;
— говорящий уровень, называемый «нэшамот» — душа человека.

Обязанность исправления всей природы возложена на человека. Потому что человек обладает душой — самым большим, наиболее развитым желанием. Человек, получающий в этом мире «точку в сердце», являющуюся зародышем его души, начинающий развивать ее, становится самым важным как в материальном, так и в духовном мирах. Он включает в себя силы, дающие ему возможность соединиться, слиться с Творцом, стать подобным Ему. В самом человеке находятся все четыре ступени всего творения.

Естественно, все исходит из ступени «неживое» — прах, пепел. Его существование оправдано благодаря наличию в нем трех чудесных свойств: из него берут начало растения, животные, человек. С одной стороны, сам по себе прах ничего не представляет, но без него невозможен никакой вид жизни.

То же самое можно сказать про массы, представляющие собой уровень, называемый «неживой»: они включают в себя три возможности развития. В массах возможно возникновение трех более развитых желаний, называемых в Каббале «богачи», «властители», «мудрецы» благодаря соответствующим желаниям к богатству, власти, знаниям, которые развиваются из желания «неживого» уровня.

В итоге развития в человеке из прошлого желания развивается более зрелое под воздействием трех стремлений: «таава» — вожделение, страсть; «кина» — зависть; «кавод» — стремление к почестям.

Если наряду с этими желаниями Творец даст человеку душу — часть Божественного свыше, стремление к высшему, то человек устремится к Божественному.

Благодаря этим желаниям человек развивается, поднимаясь со ступени на ступень, пока не достигнет последней ступени — совершенства. Итак, благодаря желанию первой ступени, страсти, которую дают человеку, из массы выделяются «богачи» — более высокая ступень, отличающаяся желанием намного большим, чем у масс. Эта ступень соответствует уровню «растительный» в мироздании.

Далее, если дать человеку желание к почестям, выделяются из масс «властители» — правители, это вторая ступень, соответствующая ступени «животное» в природе.

Это желание «стремление к почету» существует только у человека. Богачи жаждут только денег, они стремятся к неживому материалу. Даже если не будет в мире больше людей, это желание будет существовать: главное, чтобы у него было все, что он желает.

Желающий же почестей нуждается в других, чтобы они дали ему эти почести. Это уже другой вид существования. Он нуждается в людях. Его желание уже развито настолько, что недостаточно ему владеть чем-то неживым. Он должен властвовать также над другими, чтобы окружающие поставляли ему наполнение, наслаждение. Он желает находиться в сердце твоем — это называется «уважением».

Посредством «зависти» выделяются из народа «мудрецы». Как сказали мудрецы: «Зависть мудрецов умножает мудрость». Обладающие большим желанием и склонные к зависти приобретают знание и мудрость. Эта ступень соответствует уровню «говорящий» в устройстве мироздания.

Их действия не ограничены местом и временем. Человек завидует подчас кому-то, кто жил давно и умер, завидует так, будто тот живет сейчас. Время на это чувство не влияет. Человек завидует другому не только потому, что есть у того и нет у него, а даже если у него тоже есть, т.е. он желает не только то, что есть у другого (иметь чужое желание и наполнение), но уничтожить чужое желание, чтобы у другого ничего не было.

Если я, например, отношусь к ступени «говорящий» в человеке, то мое желание настолько сильное, что я желаю все, что есть у других, и не только это, но чтобы у других не было, таким образом я могу увеличить бесконечно свое желание — хотеть все, что есть у других, т.е. я один могу сравняться со всем человечеством. И так — каждый.

Это свойство существует только у человека. Те люди, которые не находятся на уровне «говорящий», не могут увеличить свое желание, они желают только того, чтобы другие люди дали им почести, или ищут богатства, т.е. уверенность в удовлетворении своих потребностей, опять же своих. Здесь благодаря зависти ты бесконечно увеличиваешь свое желание получить.

Однако остаются эти люди без помощи (сгулы), потому что нет у них сильного желания. Поэтому все три упомянутых направления используются ими все вперемешку, и, поскольку их желания устремляются то в одном, то в другом направлении, само желание разбивается на мелкие осколки — нет единого стремления только в одном направлении, чтобы можно было достичь чего-нибудь полностью, каждый раз он бросается в другом направлении искать чего-то.

Такие люди подобны малышам, которые хотят все, что видят. Даже если есть у человека сильное желание, но каждый раз меняются в нем стремления — к богатству, почестям, власти, деньгам, знаниям, он в итоге не достигнет ничего. Люди, находящиеся на уровне «духовно неживой», — массы — знают, что нуждаются в семье, сексе, пище, футболе, телевизоре. Вся жизнь — как один день.

Когда появляется у человека стремление к богатству, он готов работать день и ночь. Только деньги, деньги, деньги, другие предметы его не интересуют. То же самое происходит, когда говорим о стремлении к почестям. Желает быть членом правительства, главой правительства, все остальное для него не важно: ни отдых, ни удовольствия, ни семья, ничего. Все его устремление — к власти.

Проблема тех, кто достигает ступени «зависть к постигающим умножает мудрость», в том, что они смотрят на других, на то, что есть у них во всех смыслах, они хотят все вещи сразу, поэтому ничего не могут достичь, но вместе с тем они настолько впитывают в себя чужие желания, что могут иметь их в себе, как весь мир вместе взятый. Хотя это желание совершенно не имеет направленности, но желание огромно.

Известно, что положительная и отрицательная силы существуют в той мере, о которой сказано: «Насколько может принести пользу, настолько и навредить». Поэтому, поскольку сила одного определенного человека больше силы всех животных и живых существ всех времен и поколений, постольку вред, который он может нанести, больше, чем тот ущерб, который могут нанести все живые существа вместе взятые. То же самое касается и пользы.

Поэтому, пока человек не достоин возвышения, т.е. не способен использовать свои огромные силы только для добра, он нуждается в ограничении.

Это означает, что, пока он не может завидовать уровню «человека», определяемому знанием и мудростью, нельзя давать ему знания, посредством которых он может уничтожить другого, чтобы забрать у того все, что есть, т.е. нельзя давать ему силы и возможности более тех, что у него имеются, так как его желания не уравновешены разумом, уровнем морали.

Поэтому скрыли первые мудрецы эти знания от масс из страха, что придут недостойные ученики, которые используют силу мудрости во вред и в ущерб, используют огромную силу для удовлетворения животных страстей и разрушат весь мир.

Если дать человеку силу, не соответствующую его моральному уровню, то он использует эту силу так же, как и все другие силы, имеющиеся в его распоряжении, соответственно своим склонностям — с опасностью для других. Мы видим, что происходит в Африке: дали им знания, оружие, они тут же начали друг друга уничтожать.

Мудрость должна быть дана человеку как сила, дополнительная к существующему в природе, только в соответствии с его моральным уровнем, иначе она приносит вред. Первые мудрецы установили для себя и своих учеников очень жесткие жизненные правила. Несмотря на свои неограниченные возможности, они жили в бедности, скромности, отказываясь от любых удовольствий материального мира только ради постижения мудрости.

Но измельчали поколения, мудрецы захотели быть богатыми и знатными, поэтому сравнялись моралью с массами. Рухнула ограждающая мудрость стена, и стали использовать ее для удовлетворения всевозможных животных потребностей человека вплоть до сегодняшнего дня.

Если бы не было развития науки в мире, как бы он выглядел? Можно представить, что действительно развитие было бы в сторону морали и духовности, хотя это только предположение, что можно было бы развиваться соответственно росту морального уровня.

Однако если бы развитие прогресса соответствовало моральному уровню, то мы находились бы сейчас в таком положении, в каком жили люди 2000 лет назад, соответственно мере исправления. Из этого мы должны понять, что все, что происходит сверх этого, в сущности порча, порча ради исправления.

Мы не должны сейчас все выбросить и жить, как жили наши предки 2000 лет назад, но необходимо понять, что все развитие —

развитие неуравновешенное, что положительная и отрицательная силы в человеке (и во всем обществе) не уравновешены. Насколько бы мы ни желали сделать свою жизнь легче и приятней — это происходит за счет духовного.

Поэтому человек, желающий духовного продвижения, в конце концов приходит к тому, что желает жить самой простой, скромной жизнью и ничего не ждет от материального мира, на все вокруг себя смотрит как на лишнее.

Развитие человечества по пути прогресса — это развитие путем страданий. Оно развивается до того состояния, пока не увидит, что эта дорога полностью отрицательна, надо бежать от всех этих 2000 лет прогресса и искать другую дорогу. Выходит, что после 2000 лет человечество открывает, что все эти годы развивалось в другом направлении, и, если бы все страдания и усилия были бы направлены в духовное, насколько бы было лучше!

Все мироздание сотворено ради того, чтобы человек посредством Каббалы достиг своего исправления. До сегодняшнего дня мудрость Каббалы была ограждена непроницаемой стеной от масс. В последнем поколении перед приходом Машиаха мудрость Каббалы должна открыться всем, даже совсем молодым.

Если Каббала должна открыться всему народу, значит, его моральный уровень достаточно высок? Но в трактате «Сота» написано, что, наоборот, люди будут наглыми и грубыми, что уже не может быть еще хуже, не желающими знать мудрость Каббалы. Как же это возможно? Почему можно открывать науку Каббала всем?

Написано, что «лицо поколения будет как морда собаки», его не интересует мудрость Каббалы, оно желает только получать для себя. Поэтому нет опасения, что придет недостойный ученик, поскольку никто не пожелает приобрести эти знания, ведь Каббала говорит о Божественном, что, прежде чем приобрести его, ты должен поменять свою природу с намерения получать на намерение отдавать, и только после этого ты можешь постичь эту мудрость. Поэтому нет нужды ни в каких проверках, и даже совсем молодые могут изучать ее.

У всех людей желания стали настолько большими, что ничего их больше не интересует, и только те, кто стремится к внутреннему познанию, те захотят постичь Каббалу, а остальные будут только суетиться вокруг нее, стараясь ее повыгоднее продать.

Возможность войти в науку будет дана каждому, но войти в нее возможно только в соответствии с уровнем готовности и в меру духовного очищения. Тому, кто понял, что эта наука не принесет ему никакой материальной выгоды, а только может дать возможность насладить Творца.

Если есть в человеке только одно это острое желание (остальные желания хотя и существуют в нем, но в совершенно другой пропорции) — тот будет изучать науку Каббала, а остальные не почувствуют в ней нужды. Проходят через меня сотни людей, а остаются единицы — это тоже много, но из этого видно, насколько все зависит от желаний человека, к чему действительно он стремится.

Раскрывают перед человеком книгу, он начинает учиться и через некоторое время видит — это для него или нет. Желание человека определяет, где ему быть. Только его внутренняя точка подскажет ему, где он должен находиться, так как постепенно он понимает, что, кроме соединения с Творцом, он ничего здесь не сможет приобрести, никаких удовольствий этого мира: ни богатства, ни почета, ни власти, ни удачи в лото или работе, поэтому приходят только те, кто стремится к внутренней части вещей.

По мере продвижения остается все меньше и меньше людей. Чем больше группа приближается к цели, тем сильнее отбор, и остаются только достойные. Сама учеба дает силы и фильтрует учеников...

УСЛОВИЕ СЛИЯНИЯ
Комментарии к письму Бааль Сулама

«Сказано: «Познай Б-га отца своего и служи Ему». «Познай» означает знание, ибо плохо душе человека без знания Творца, потому что стремится и тоскует по работе ради Творца, потому как обладает душой, но пока не ощутил Творца — плохо ему».

Цель — познать. «Познать» означает присоединиться, объединиться с высшей силой. Согласно закону «ветви и корня», душа вышла из своего корня, подобно ветви, и посредством наших усилий должна вернуться в корень, и тогда она постигает в 620 раз больше того, что было у нее раньше, когда отделилась от корня.

«Познай Б-га своего...» — т.е. снова соединись с Ним. Но когда человек действительно готов к этому? Когда дадут ему некое побуждение свыше. И хотя существует в человеке внутренняя готовность, накопившаяся в течение прошлых кругооборотов, и достаточное развитие общего желания (от неживого к растительному, животному, человеческому, т.е. от животных наслаждений к богатству, почестям, власти), дающее ему возможность начать сознательно сближаться с Творцом, но не может человек самостоятельно пробудиться, пока не получит побуждение свыше.

Получить это побуждение свыше или нет, когда получить и при каких обстоятельствах — не зависит от человека, а только от воли и желания Самого Творца. Но если уже получает человек свыше побуждение к Творцу, тогда обязан полностью сосредоточиться на этом, уделить этому все свое внимание, чтобы уже самому продолжать развивать его. Можно сказать, что после того, как человек получает пробуждение свыше, уже только на нем обязанность устремиться к Творцу.

«Но несмотря на то что человек обладает душой, он не в состоянии сам устремиться к раскрытию Творца до тех пор, пока

Условие слияния

не низойдет на него дух свыше, — только тогда сможет возблагодарить и поверить полной верой в сказанное мудрецами, что только милосердие и доброта Творца сопровождают человека всю жизнь».

Это означает, что каждое мгновение человек получает побуждение, каждое мгновение Творец зовет и притягивает его к себе. Только не хватает человеку внимания увидеть и услышать этот призыв, постоянно исходящий к нему от Творца. Человек попросту не обращает внимания на постоянные зовы Творца, получаемые им в различных облачениях. Если бы человек присмотрелся, он бы увидел, как Творец все время тянет его к Себе, но человек не замечает этого...

«Великий Бааль Шем Тов объясняет это на примере: как тень человека следует за движениями человека, повторяя их, так человек является тенью движений Творца. Поэтому при пробуждении любви к Творцу человек должен осознать, что это в Творце пробудилась огромнейшая тоска по нему и поэтому, как следствие этого, и в нем ощущается соответствующее ответное чувство к Творцу, как сказал раби Акива: «Счастлив Исраэль, перед Кем очищаетесь и Кто очищает его».

Это означает, что пока человек не получил пробуждение свыше, он находится в «бессознательном» состоянии, т.е. не ощущает духовного и стремления к нему. Но в то мгновение, как он ощутил в себе какое-то побуждение к Творцу, к цели творения, возникла в нем мысль о существовании цели творения и Творца, он обязан из этого осознать, что это Творец заинтересован в нем и привлекает его к Себе».

Исходя из этой мысли, поняв происходящее с ним, человек обязан увидеть в этом призыв и сам сделать встречное душевное движение к Творцу. Ведь если бы Творец не нуждался в нем, то Он бы не возбудил его, и человек так бы и продолжал свое существование в этом мире, не имея никакого понятия ни о причине своего рождения, ни о смысле своих страданий, ни о цели своей жизни.

Поэтому любая мысль о чем-то вне этого мира, любое желание к более высшему, не к окружающему нас в этом мире возникает в человеке именно потому, что Творец желает и ждет его. Именно так должен человек понять свое пробуждение к высшему — независимо от того, в каком виде это возбуждение в нем проявилось. А важно, что вследствие появления желания и мысли о

Творце, у человека возникает связь с Творцом, как бы конец нити, второй конец которой находится у Творца.

Весь путь развития души человека через множество кругооборотов, возвращений в этот мир в облачении в различных телах существует только ради этого состояния — когда человек получит свыше, от Творца мысль о Творце, желание к Нему.

Начиная с этого мгновения путь человека к Творцу становится сознательным, возникающие отношения становятся обоюдными, подобными отношениям любящего отца с сыном. Тогда как до этого мгновения Творец также развивал душу человека, но неощутимо для человека, подобно внутриутробному развитию.

Можно сказать, что призыв свыше к человеку существует постоянно и постоянно свыше развивают человека, растят его, пока он начинает это осознавать, как младенец растет и начинает понимать, что с ним играют. Его воспитывают во всех его состояниях. Но есть воспитание неосознанное, а есть сознательное, когда человек сам тянется к хорошему, к Отцу. То есть и раньше человек развивался и сближался с Творцом, но неосознанно со стороны человека, без ощущения связи между ним и Творцом.

«Поэтому в начале приближения человека создают в нем «ситра дэ-офаним» — меняющееся состояние души».

«Ситра дэ-офаним» означает изменения состояний человека, когда, подобно вращающемуся колесу, попеременно происходят и чередуются в человеке состояния духовного подъема и падения, пробуждения к духовному и разочарования, когда Творец то приоткрывается человеку с «обратной стороны» (эстер рагиль), то полностью скрывается от него «двойным сокрытием» (эстер кафуль). Такие упражнения над человеком необходимы для того, чтобы создать в нем нужные желания и дать человеку возможность в состоянии полного сокрытия Творца самому сделать шаг навстречу Творцу.

Эти упражнения Творца с человеком подобны методам обучения младенца ходьбе: его держат в ощущении духовного неким раскрытием Творца «эстер рагиль», а затем отпускают, отдаляются немного от него сокрытием Творца «эстер кафуль» — чтобы самостоятельно, без поддержки ощущением Творца, в темноте сделал шаг навстречу Творцу. А если он еще не в состоянии это сделать, но пытается, то его подхватывают, помогают принять устойчивое положение новым раскрытием Творца «эстер рагиль» и снова отпускают, оставляют одного в «эстер кафуль».

Творец раскрывает себя: «Это Я, ты можешь связаться со Мной таким образом». Человек приобретает уверенность, затем Творец исчезает — человек теряется, как сказано царем Давидом: «Скрыл Ты лицо Твое, испугался я», — чтобы человек искал Его, чтобы начал действовать самостоятельно, сам навстречу Творцу, чтобы стремился к той картине, к тому состоянию связи с Творцом, которое было ему показано в раскрытии Творца.

Вследствие греха Адама его келим разбились и упали в клипот, т.е. его намерение поступать «ради Творца» сменилось намерением «ради себя», т.е. желания лишились экрана. В таком случае упавшие желания Адама стремятся только к наслаждениям тела, богатства, власти, знания.

Чувство зависти заставляет человека развиваться в своих желаниях от наслаждений тела к богатству, власти, знаниям — пока человек достигает полного разочарования в наслаждениях от своих стремлений и, более того, обнаруживает, что эти стремления приносят ему только страдания.

В таком состоянии человек считается готовым к началу духовного восхождения. Сейчас можно ему показать, в противоположность земным наслаждениям и разочарованиям в них, другое наслаждение, которое среди них не находится, — наслаждение духовное. Это наслаждение человек не может ощутить через свои пять органов чувств, а только в новом, дополнительном шестом органе ощущения, который начинает зарождаться в нем с «точки», — в так называемой «точке в сердце», зародыше души.

Желание души человек поначалу не ощущает. Он пытается и это новое в себе желание, некий голод наполнить удовольствиями нашего мира и обнаруживает, что это невозможно. Ощущение голода, пустоты остается и возрастает.

Начиная с этого момента «призыва свыше» возложена на человека обязанность самому продолжить то побуждение, которое он получил свыше. Теперь ему необходимо самому устремиться навстречу этому призыву, самому искать связи с Творцом, искать силы идти навстречу Творцу. До сего мгновения связь человека с Творцом была только в руках Творца, но с этого момента человек находится в «сознании» и обязан самостоятельно поддерживать эту связь.

«...То есть Всевышний пробуждается к нему при каждой возможности, когда она есть со стороны человека. Вспоминая о Творце, человек должен осознать, что это Творец тоскует и

стремится слиться с человеком, как сказано царем Давидом: «Только добро и милосердие сопровождают меня все дни моей жизни». И это истина относительно каждого, потому что царь Давид является совокупностью всех душ Исраэля, и поэтому этот духовный образ «царь Давид» постоянно желает и стремится к истинному совершенному единению с Творцом».

Царь Давид, совокупность всех душ, знающий и ощущающий Творца в полном слиянии с Ним, в своих Псалмах пишет обо всех возможных духовных состояниях человека — как в сокрытии Творца, так и в раскрытии — и показывает пример, как находить в себе силы стремиться к Творцу вне зависимости от состояния, в котором находишься.

Но каким образом Творец дает человеку возможность пробудиться навстречу к Нему? Человек вместе с ощущением своего состояния получает еще дополнительную информацию, вдруг осознает, понимает, что все, что он ощущает, что случается с ним, — все это исходит от Творца. Отсюда он начинает искать Творца в своих ощущениях, а затем явно требует раскрытия Творца.

«Но необходимо осознать и ни в коем случае не забывать, что Творец стремится к человеку точно в той же мере, в которой человек стремится к Творцу. Поэтому, если тоска по связи с Творцом одолевает человека, он должен немедленно представить себе, что так же сильно Творец тоскует и желает слияния с ним. Углубляясь в ощущение взаимного устремления себя и Творца друг к другу, человек входит в процесс постоянного движения к Творцу во все более усиливающейся страсти, тоске и желании к слиянию, которые приводят его к сближению в любви».

Если человек устремляет все свое внимание к тому, чтобы не потерять связь с Творцом, он обнаруживает, что призыв Творца к сближению постоянно увеличивается. Все зависит от концентрации внимания только на точке связи с Творцом, чтобы не упустить Его из поля зрения. Напрячься и постараться Его увидеть. Не упуская из вида, начать все больше ощущать, пока Творец не раскрывается полностью. Творец может раскрыться только в той мере, в которой человек раскрывает Его.

Если в нисхождении мироздания сверху вниз свет строит кли, то при подъеме мироздания снизу вверх свет зависит от кли, кли определяет свет. Мы находимся в состоянии, когда келим построены, но разбиты, готовы к развитию, но отсутствуют решимот для определения пути исправления.

Условие слияния

В нас при движении снизу вверх происходит пробуждение келим. Человек, который действительно все время пытается ощутить Творца, видит, что Творец на самом деле побуждает его к этому. Этим он достигает полного единения. Когда происходит единение? Когда мы вначале видим, что происходящее не имеет причины, а потом ощущается Творец как причина происходящего, вплоть до ощущения того, что человек и Творец находятся в одной точке. В той мере, в которой человек уподобился Творцу, исправил частичку своей души, в эту часть «тох парцуф», там, где он получает ради отдачи и абсолютно подобен Творцу, — в этой части нет различия между ними, здесь даже отсутствует причина и следствие, они ощущаются как одно. Время исчезает.

«Но пока не удостоился возвращения к Творцу и слияния с Ним, его душа находится в состоянии «без знания Творца». И не зря сказано в Торе: «Познай своего Господина», потому что душа, когда возрастает ее тоска по связи с Творцом, без знания Творца находится в глубоком падении».

На самом деле нет такого, чтобы я получил пробуждение от Творца, Он еще не совсем открылся мне, но я постоянно стремлюсь к Нему, и раскрываю Его все больше, и все больше Он раскрывается мне, и все сильнее я ищу Его, и такое движение непрерывно...

Движение вперед происходит только попеременно с падениями. Потому что для подъема вверх необходимо предварительное падение во все новые неисправленные желания. Поэтому подъем происходит не непрерывно от нуля и выше, а поступенчато: насколько происходит падение, настолько происходит подъем.

«В падении кажется человеку, будто Творец пренебрегает им».

Творец пробудил человека к связи с Собой, и тот начинает искать Творца. В итоге поисков, когда Творец то показывается, то пропадает, человек отчаивается укрепиться в связи с Творцом.

Получив пробуждение, человек ищет Творца, но постепенно возникает усталость, нет сил продолжать поиск, Творец не раскрывается, возникает отчаяние и разочарование, человек оставляет поиск Творца, падает со ступени «поиск цели» в обыденность своих привычных занятий: дом, работа, изучение Каббалы.

«Но не только не увеличивает стремление к Творцу, чтобы достичь связи с Ним, а кажется ему, что только он стремится к

Творцу, и не верит сказанному мудрецами, что именно в той же степени Творец стремится и тоскует по человеку».

«Не верить мудрецам» означает, что нет в человеке внутренней уверенности, что все исходит от Творца именно для того, чтобы подтолкнуть его вперед, заставить дать еще большее усилие — и раскрыть Творца. «Верой в мудрецов» называется сила, дающая возможность приложить дополнительные усилия для раскрытия Творца.

Изменение состояний и ощущений не зависят от человека, а посылаются ему свыше. Человек должен, несмотря на смену этих состояний, удерживать себя в связи с Творцом, в оправдании управления свыше, в любви к Творцу, посылающему эти помехи, именно для усиления связи человека с Творцом.

От человека зависит только одно — прилагать усилия, чтобы помехи не заслонили Творца. Порядок приходящих состояний определяется Творцом. Да и разве может знать человек, какое состояние лучше, эффективней для его духовного возвышения. Возможно, падения в самые неприятные ситуации и есть самое лучшее для его продвижения, хотя он сам никогда бы не выбрал их, потому что не может человек добровольно избрать страдания (неоправданные вознаграждением за них).

«Но что делать человеку, если у него отсутствует вера в слова мудрецов, что все исходит от Творца и все — для продвижения человека?»

Пока человек не достиг «веры в мудрецов», не в состоянии подняться выше влияния на него помех, не получил еще исправление биной «хафэц хэсэд» и возможность думать только о Творце, он обязательно будет срываться и терять связь с Творцом.

«Различные ощущения на себе высшего управления — это «буквы», которые человек обязан «скопировать» с нашего мира и поднять в высший мир. Потому что в высшем мире нет букв. При разбиении келим упали все «буквы» духовных ощущений в наш мир, и человек, исправляясь и поднимаясь к своему корню, собирает все «буквы» — ощущения в нашем мире — и поднимает их к Источнику».

То есть человек обязан пройти все состояния и из каждого из них прийти к слиянию с Творцом. Поэтому обязан человек ощутить каждое состояние как помеху, отыскать сквозь нее Творца и таким образом оправдать посланную Творцом помеху как посланную возможность связи с Творцом.

Условие слияния

«Стадии единения Творца и человека подобны наполнению тоской и страстью желающего земной любви, как при зачатии земного тела, когда происходит возбуждение органа любви, которое выражает степень страсти и тоски, называемое «возбуждением» на земном языке. Но именно этим возбуждением и благословляется на зарождение потомство, поскольку сливается в связи «в то время», и «в то место», и «в ту женщину».

Это подобно происходящему в духовном, когда стремящийся к связи с Творцом достигает такого накала желания, что сливается в связи в трех определяющих духовное слияние параметрах: «в ту душу», «в тот год», «в тот мир».

Человеку, стремящемуся к единению с Творцом и отчаявшемуся, у которого нет «веры в мудрецов», который не знает, как продолжать дальше, — ему Он говорит: «Давайте будем изучать это исходя из знакомых нам состояний». Как сказано: «Телом своим (из желаний своих) я почувствую Творца». Какие вещи мы должны соединить вместе, чтобы достичь единения?

Наша связь с Творцом, как бы это ни казалось нам грубым и низменным, подобна физическому соитию, подобна тому, как мы по-животному примитивно стремимся к животной близости, подобно мужчине, страстно желающему женщину.

Бааль Сулам берет связь «ветвь — корень» и объясняет, что причина того, что человек не находит Творца в своих поисках, — в отсутствии трех условий: «душа», «год», «мир». Как только человек выполняет эти три условия, Творец немедленно раскрывается.

«Необходима полная мера страсти, дабы раскрылось человеку состояние зивуга, слияния с Творцом».

Проблема в том, что человек отступает прежде, чем достигнет наивысшей точки этой страсти. Как мы можем не отчаяться и не оставить свои усилия, а наоборот, продолжать и достичь их полной меры?

Человек готов работать, посвящать этому свои мысли, свою энергию, но почему только на 90%, а не на 100%? Вернее говорить не о процентах, а о глубине поисков. Что значит находиться в слиянии? С Кем он желает соединиться? Какова суть единения? Действительно ли он желает соединиться с Ним, со свойством отдачи, с силой, которая не желает ничего для себя?

Человек подсознательно отталкивается от поиска. Недостает человеку, находящемуся на своей нынешней ступени, силы ощутить ступень высшую — Творца. Что значит более высокая ступень? Творец — свойство отдачи, сюда я должен приложить свои силы, этому я должен стремиться уподобиться, и тогда единение осуществится.

Я желаю видеть Творца дающим мне только хорошее, милосердным, делающим все только ради меня. На самом деле мы желаем наполнения, наслаждений без уподобления их свойствам. Это называется «верой в мудрецов». Силой бины раскрыть, что я должен уподобиться Его свойствам отдачи, — это означает начать выяснение, что единение с Ним осуществляется посредством условий «душа», «год», «мир» и достижения максимального желания этого, иначе я не смогу соединиться с Ним.

Силой бины ты можешь увидеть высшие свойства. Это то, чего тебе недостает, что разделяет между нижней и верхней ступенью — «вера в мудрецов» — дополнительное исправление, называемое «хафэц хэсэд» (ничего не желающий ради себя).

Откуда это взять? Ты ведь не желаешь этого свойства! Как же ты преодолеешь разрыв между двумя ступенями? Те усилия, которые ты приложил, искал, старался и отчаялся, — все это ты сделал за счет энергии Творца, сам по себе ты ничего не сделал, чтобы перейти на следующую ступень, для этого Он не дал тебе сил, именно этот разрыв ты должен увидеть! Сначала в отрицательном виде — что нет у тебя, а потом в положительном, когда получаешь силу.

Не хватает тебе выяснения, что это за «женщина», к которой ты стремишься, какое «место» и что это за «время». Само выяснение даст тебе сильное желание, и, когда сила этой страсти достигнет наивысшей точки, ты сможешь соединиться с «той женщиной», «в то время» и «в том месте», т.е. поднимешься на следующую ступень.

Вопрос: *Что значит «собрать буквы»?*

«Буквами» называются понятия, наслаждения, имеющиеся у нас в материальном мире. Давайте посмотрим, как наше кли, работающее в материальном мире, достигает материальных наслаждений, но достигает их самым наилучшим образом, — из этого мы поймем, как достичь духовных наслаждений.

«Душа» — это тайна меры тоски и страсти. *«Год»* означает периоды неполного слияния, свидания, которые только разжигают страсть до истинной меры, при которой и происходит слияние с

Условие слияния

Творцом «в том месте», где находились в слиянии до нисхождения души в тело нашего мира.

Но не сразу обретает человек готовность к высшему слиянию, а постепенно, как сказано: «Ибо только хорошее и милосердное преследует меня». Человек стремится к слиянию, к началу акта, но обнаруживает, что будто Творец не желает слияния с ним, и поэтому не вкушает в тоске и муках присутствие любви, необходимой для этого акта слияния и для того «места» слияния. И поэтому находится в состоянии страдания, «праведник, которому плохо».

Всего у нас есть три параметра: «мир», «год», «душа». Если мы соединим их вместе относительно более высокой ступени, мы сольемся с ней. «Душа» — это желание, которое должно быть очень сильным. Однако недостаточно, чтобы это было просто желание, — оно должно быть соединено с понятием «год».

«Годом» называется количество сближений и разочарований. Меня приближают — отталкивают. Из всех этих действий воистину возникает огромное желание, которое состоит из множества отталкиваний и состояний отчаяния, не зря оно называется «нега» — бедствие. Но есть в нем нечто, превращающее его в «онег» — наслаждение. Так как, кроме отталкиваний, есть в нем сближение — прикосновение к Божественному и затем его исчезновение.

Каждая ступень включает в себя десять сфирот, тебе необходимо прикоснуться ко всем параметрам высшей ступени, увидеть, что это такое и оставить... Не ты сам оставляешь, а тебя отталкивают те качества, которые ты открываешь. Выразим это языком любви и ненависти.

Я желаю приблизиться. Что меня притягивает и что отталкивает? Раскрытие, которое находится там, и условия этого раскрытия (ради отдачи). Те побуждения, которые находятся во мне, к наслаждению или к свойству «ради отдачи», от которого я получаю удовольствие? Все эти понятия человек проходит в ощущениях, и постепенно они строят в нем чувство страдания, называемое «нега» — бедствие, проказа.

С одной стороны, есть «душа», т.е. страстное желание, с другой стороны, есть «нега» — желание имеется, но вкус его горек. Здесь есть место вопросу: действительно ли я желаю этого? Насколько я должен отказаться от своих желаний, чтобы находиться в слиянии со следующей ступенью? «Нега» — это результат изменения состояний.

Все эти состояния, о которых он рассказывает нам, приходят в обязательном виде, как результат действий человека. Человек не может выбирать вид раскрытия этих состояний, это результат его усилий.

«Но эта горечь в конце концов оборачивается сладостным нектаром любви, ибо «то, что не совершит разум, сделает время». Потому что Творец собирает все его «возбуждения» в меру, достаточную для слияния. И в назначенный час раздается трубление в рог, означающее акт духовного соития.

А во все предыдущие этому слиянию состояния душа облачалась в кругообороты этого мира, в периоды подготовки человека к возвращению в его корень. Потому что только переменными возбуждениями свыше («ситра дэ-офаним») Творец постепенно создает в человеке правильное и совершенное стремление к слиянию — до такой степени, пока человек не находит себя постоянно и неотступно сконцентрированным только на круге этой оси все дни и ночи.

Но пока он наращивает в себе необходимую страсть, пока его душа подъемами и падениями («офаним») развивается на уровне «нэфеш», постоянно усиливается его тоска, ибо огромное влечение, которое не удовлетворяется, создает горькую муку в объеме его влечения. И «праведность праведника не удержит его в час греха».

Здесь Бааль Сулам продолжает раскрывать нам понятие «год», называемое «ситра дэ-офаним». Каждый «вход» и «выход» — начало и конец соития — должны привести нас к законченному числу усилий, пробуждения и оставления, пока человек не достигнет абсолютного желания. При условии, что не скрывает от себя истинную цель, а постоянно прикладывает усилия, чтобы понять ее.

Каждый раз в этих «офаним» раскрывается условия большого зивуга, пока ты не почувствуешь «нега» — боль от того, что, несмотря на огромное желание, ты находишься в разлуке...

Я не советую «двекут» сравнивать с физическим актом. Мы пока еще не можем понять духовное из материального. Мы не сможем понять духовных проблем, которых нет в материальном мире, — это нас запутает. В духовном раскрывается одновременно отрицательное и положительное.

Например, первый раз тебе открылся Творец, теперь ты должен сделать тысячу проверок, называемых «сближением». При каждой проверке ты начинаешь раскрывать, что в действительности ты видишь, какие условия есть у Него, какие свойства.

Условие слияния

Что значит находиться с Ним в «объятии»? «Объятием» называется твое приближение к Нему.

Ты все более и более приближаешься к состоянию «нега», отрицательному. Тебе все больше раскрывают различие между тобой и высшей ступенью, называемой «Творец». Ты не улучшаешь свои свойства, ты приобретаешь более сильное желание. Ты все более раскрываешь свои отрицательные свойства и вместе с тем получаешь более сильное желание, не дающее тебе убежать.

Ты находишься в смятении, и только потом «нега» — страдание превращается в «онег» — наслаждение. До последней минуты перед зивугом ты находишься в состоянии отчаяния, безнадежности по двум причинам: я страстно желаю этого и знаю, что совершенно не достоин. Убежать я не могу, и давать мне не за что. Исправление состоит в осознании своего истинного состояния. Благодаря этому приходит страстное желание, такое, «что не дает мне уснуть».

После того как ты достиг максимальной силы своего желания, «слышится трубление». Каждый раз, когда человек старается приблизиться, этим он способствует возникновению «большого трубления».

«Но Зрящему все сущее раскрыта мера стремления к слиянию в сердце человека, к близости к Нему. И если есть еще возможность в человеке успокоиться от слияния с Творцом, Творец увеличивает свои «соприкосновения», начала духовного соития. И если человек прислушивается к голосу Творца, не забывая принцип «Творец — тень моя», то не падает вследствие усиления мук и тоски от «соприкосновений», ибо понимает, что и Творец также страдает, как сказано в «Песнь песней»: «Я — к моему любимому, и ко мне Его страсть».

И постепенными «соприкосновениями» достигается желание, когда становится возможным истинное слияние. И видит тогда, что возбуждение, которое постепенно рождалось в буре времен, необходимо для «знания», чтобы устоял навечно в свой праведности:

«В то место» — там, где и был ранее, в своем корне.

«В ту женщину» — ибо ценимые ранее обаяние и красота видны сейчас как «ложь в обаянии и ничтожность в красоте», а «женщина, трепещущая пред Творцом, — она воспоется». То есть в период подготовления к слиянию обаяние и красота ощущаются как главные в совершенстве, им желаемые, к себе влекущие, но это — в период «исправления».

А когда «переполнится земля знанием Творца», тогда «обратный мир увидел», ибо лишь трепет и тоска ощущаются как главное в совершенстве. И понимает, что в период подготовления обманывал сам себя. И в этом смысл сказанного: «праведник, и хорошо ему», потому что достигший акта слияния в «великом трублении» становится совершенным праведником».

Что это за «праведник, которому плохо»? «Праведник, которому плохо» — это состояние, предшествующее «трублению». «Праведник, которому хорошо» — это состояние после раскрытия. Но что раскрывается после «великого трубления»? Что сможет безгранично отдавать, соответственно этой ступени, Творцу. Когда действительно достигает такого желания — есть кли, есть возможность слияния с Творцом!

УСКОРЕНИЕ ИСПРАВЛЕНИЯ

Просить раскрытия Творца ради исправления келим

Малхут мира Бесконечности — максимальное желание получить — делает сокращение. Чему это может нас научить? Если мы ощущаем Творца, ощущаем Дающего — это дает нам так много сил, что мы в состоянии управлять своей природой!

Из раскрытия Творца рождается в человеке понимание, где находится Он и где находимся мы. Раскрытие Творца подобно ощущению, что мы находимся напротив Дающего. Вследствие этого мы тут же готовы сделать сокращение и перейти к намерению «ради отдачи». Это и является смыслом сказанного: «Приходящий свет возвращает к Источнику».

Что значит: «Барати ецер аРа, барати Тора тавлин» (Я создал злое начало и Тору для его исправления)? В чем сила Торы, Высшей Силы? В том, что мы одновременно с получением начинаем ощущать величие Высшего. Если мы будем просить Творца, чтобы раскрыл себя, но не потому, что мы хотим насладиться Им (а это наивысшее наслаждение), но чтобы мы благодаря этому раскрытию могли исправить наше кли, то мы удостаиваемся раскрытия Божественного.

Существует свет исправления творения и свет цели творения, наполнения. Мы получаем свет, чтобы он дал нам возможность исправить себя. Он раскроется нам не как сильнейшее наслаждение, а раскроется нам как «величайшая Сущность», чтобы нам захотелось отдавать Творцу. Благодаря этому у нас рождаются отдающие келим, правильное намерение, все то, что необходимо, чтобы получить затем раскрытие Творца внутри себя.

В книге «Шамати», в статье «Почему человек ощущает тяжесть в аннулировании себя перед Творцом?» Раба"ш спрашивает: «Почему человеку тяжело самоаннулироваться? По одной единственной причине — отсутствию веры, то есть человек не видит, перед Кем он самоаннулируется, человек не ощущает Его существования. Но в тот момент, когда он начинает ощущать Творца, — немедленно душа его стремится воссоединиться с Корнем. Все решение проблемы в том, чтобы Творец раскрыл себя, но раскрыл себя не как источник наслаждения, а как Великий, Всесильный, — тогда мы немедленно самоаннулируемся, и появляются у нас силы отдавать».

Я желаю получать от Него не наслаждение, а только силу исправиться. Очень медленно, но человек приходит к решению, что вместо всей его жизни, вместо тревог и наслаждений (он перестает переживать за себя и планировать свое будущее) он желает только одного: чтобы Творец исправил его, желает быть хоть в чем-то подобным Ему. Это желание начинает подниматься в нем, постепенно создается внутри человека.

Оно также является наслаждением, но наслаждением от исправления. Мы не должны страдать. Цель творения — насладить создания. Но наслаждаться — от подобия Творцу, потому что это наслаждение нескончаемое.

Сейчас я сытый. В начале трапезы я был голоден, но в тот момент, когда я начал есть, наслаждение пошло на убыль, пока я вообще не перестал ощущать желание к пище. Почему я больше не хочу кушать? Потому что я больше не испытываю наслаждения от еды.

Поскольку наше кли ограниченное, т.е. при получении удовольствия оно немедленно начинает уменьшаться, существует единственная возможность получения неограниченного, бесконечного наслаждения — «получать ради отдачи». Ведь тогда я получаю не ради своего наслаждения, а ради наслаждения Творца. А желания Творца бесконечны. Если человек стремится к такому виду наслаждения, оно полностью дозволено ему.

Намерение во время учебы сокращает время исправления

Если человек видит в себе недостаток, но пока еще не может ненавидеть это свое свойство, значит, еще не полностью ощутил его зло, и поэтому его ощущение еще не называется «осознанием зла». Но уже есть начало: он сосредоточивается над преодолением этого недостатка и видит, что это свыше сейчас работают над ним.

Например, показывают ему свыше, что он пренебрегает кем-то. Этим хотят научить его осознанию своего зла. В той мере, в какой человек ощущает зло, в этой мере он инстинктивно отдаляется от него. Если человек прилагает усилия, сам обращает внимание на осознание своего зла, этим он сокращает время и уменьшает удары судьбы, страдания, а если упрямится, то его бьют свыше до тех пор, пока не сломается и закричит: «Хватит!»

Если человека поймали во время кражи, в этот момент он проклинает всю свою жизнь. Но в следующую минуту он видит, что напрасно испугался, это ему только показалось, что его поймали. Как только проходит страх, он вновь готов воровать.

Как можно избавиться от этого свойства? Ведь если наслаждение больше, чем страдание, я готов мириться с мыслью, что удовольствие не совсем полное, несовершенное, «неприличное». Что надо делать, если человек желает избавиться от своего плохого свойства, исправить одно из своих свойств, но не обнаруживает в себе сил для этого?

Молитва об исправлении принимается Творцом только при условии, если она исходит «ми умка дэ-либа» (из глубины сердца), потому что только на истинную просьбу, окончательную и вечную, отвечает Творец. На просьбу о том, что я желаю избавиться от своего недостатка и не в состоянии этого сделать сам.

Отвечают наши учителя, что есть у нас единственное средство исправления — намерение к этому (молитва об этом) во время изучения истинных каббалистических книг. Во время учебы человек не должен забывать о своей проблеме и постоянно просить на это сил, думать о ней. И этого достаточно.

Поскольку каббалисты дали нам Книги, которые они писали, находясь на высшей относительно нас ступени, на которой им раскрывался высший свет, мы, изучая их книги, если желаем использовать его для исправления, притягиваем этот свет на себя.

Иными словами, если я в процессе учебы думаю о своей проблеме, от которой стараюсь избавиться, я как бы подставляю ее под нисходящий свыше свет, исправляющий, лечащий, возвращающий меня к Творцу.

Во время урока (чтения ТЭ"С, Птихи, статей) или занимаясь самостоятельно, прослушивая кассеты, постоянно думай о том, что ты желаешь в себе исправить. Даже о здоровье и прочих проблемах, но главное — молитва о духовном исправлении, потому что она дает человеку намного больше, чем молитва обо всем остальном.

Ты не можешь просить: «Исправь такое-то мое свойство», но ты можешь думать об этом параллельно с учебой, с прослушиванием кассет. Даже не обязательно в это время чувствовать себя плохо: если ты учишь Тору, тебе уже хорошо, — достаточно просто подумать об этой проблеме во время учебы.

Например, я слушаю кассету. При этом не важно, насколько глубоко я ее понимаю, достаточно, что я слушаю и вместе с тем думаю о том, что я желаю стать лучше. Если я вполуха слушаю кассету и одновременно думаю о том, что я желаю исправиться посредством света, возвращающего к Создателю, — это самое лучше использование сил учебных каббалистических материалов, это единсвенная сила, способная изменить человека.

Я советую выполнять Тору одновременно с молитвой: ты слушаешь кассету, мудрость, которая в ней содержится, ощущение Творца, Его отношение к тебе — с одной стороны. А с другой стороны, ты думаешь о том, что ты желаешь исправления. Тогда тот свет, который нисходит во время учебы, также светит на твою проблему, которую ты желаешь исправить. Именно во время учебы, работы по распространению совершайте работу в молитве. То же самое относится к молитве за других.

Человек, просто слушающий урок, обрабатывающий материал, привлекает много света напрасно. Этот свет изливается сверху вниз, не соприкасаясь с эгоизмом, проходит сквозь нас и уходит. Он должен упасть на эгоизм, который ты под него подставляешь, иначе человек не исправляется, а только приобретает знание. Даже если моя молитва искусственная, все равно я прохожу исправление, этим я ускоряю процесс осознания зла и последующего исправления.

ПРЕОДОЛЕНИЕ ПОМЕХ ВЕРОЙ ВЫШЕ ЗНАНИЯ

Как следует относиться к помехам

Мы говорим, как обычно, только о человеке, в котором начинают проявляться решимот к духовному миру, который начинает ощущать «точку в сердце» — стремление к чему-то еще не понятному, но не из этого мира, а чуть выше него. Такой человек стремится к цели творения, к раскрытию Творца в этой жизни, в этом мире.

Так вот, мы желаем, чтобы весь мир, т.е. и скрытый от нас высший мир, раскрылся нам. Тогда мы увидим наше вечное состояние, сольемся с ним, чтобы не было различия между жизнью и смертью, между плохим и хорошим состояниями. Все сольется вместе в полном совершенстве и добре. Это цель, к которой должно прийти все человечество в соответствии со сказанным: «Он и Имя Его едины».

Он — это Творец. Имя Его — это творение. Потому что имя дает творение по тому, как оно ощущает Творца. Поэтому если творение полностью исправлено, то оно полностью заполнено Творцом, и это единение и есть цель, конечное состояние мироздания. У нас уже есть возможность достичь этой цели.

Каждое явление, мешающее мне достичь цели, называется «помеха», «препятствие». Поскольку мы верим, что нет никого, кроме Творца, который бы действовал в мире, по плану которого мы движемся к цели, — естественно, и к помехе, посылаемой мне свыше, из того же Источника, Творца, толкающего меня таким образом к цели, я должен относиться творчески.

Я должен понять, что в действительности любая «помеха» — это не препятствие на пути моего продвижения к цели. То, что я вижу нисходящим от Творца как мешающее, ощущается мною так, потому что есть во мне еще свойства, не совпадающие со свойствами Творца. То есть ощущение помехи свыше указывает на мои внутренние помехи, проблемы, неисправности.

Ведь Творец относится ко всем творениям только с чувством абсолютного добра. Если я не могу принять Его доброе воздействие как добро, в его правильном виде, а ощущаю внутреннее сопротивление — это указывает мне на истинное препятствие, на то, что помеха находится во мне, а не снаружи.

Ведь кроме моих неисправленных свойств, нет иных помех. Потому что ничто не мешает мне, ведь вне меня находится только Творец, привлекающий меня к Себе, к наилучшему из существующих состояний. Следовательно, я должен относиться к каждой ощущаемой «помехе» как к знаку, сигналу свыше о том, какое свойство, качество во мне требует исправления. И если я исправлю его — это будет мой шаг навстречу цели.

Свобода воли заключается в том, чтобы видеть в этой ситуации возможность выбора: преодолеть это состояние, т.е. отнести эту ситуацию к Творцу, пославшему мне ее как помощь, указание, где и что я должен исправить, на какие мешающие мысли я должен создать мысль, что они исходят от Творца.

Помехи кажутся мне исходящими от окружающих. Такое ощущение их называется «сокрытие Творца». Я же должен соединить эти помехи с наличием Творца. И в этих помехах я обнаруживаю, что это Творец пришел мне на помощь, желая показать, где именно я должен приложить усилия к раскрытию Его.

Выходит, что Творец, посылая помеху, указывает, где именно я должен приложить усилия в Его раскрытии, в укреплении мысли, что помеха — не помеха и исходит от Него. Поэтому естественно, что в тот момент, когда мы ощущаем помеху, мы не можем сразу принять эту ситуацию должным образом, мы видим только помеху, а не ее Источник, не видим ее как помощь в том, чтобы, именно напрягаясь, пристально вглядываясь в помеху, сквозь нее увидеть Творца.

Успешная работа с помехой (оставим таким ее название, хотя уже понятно, что это не помеха, а помощь) зависит от предварительной подготовки человека. Если человек заранее думает о том, что все помехи, посылаемые ему, приходят ради того, чтобы исправить его духовное положение, чтобы еще на один шаг сблизиться с Творцом, что необходимо положительно относиться к ним, то, когда приходит помеха, в каком бы ни было виде, он принимает это правильным образом.

Возьмем пример из жизни группы. Скажем, я получаю какое-то неприятное известие, что кто-то что-то сказал нехорошее про меня. Я, естественно, прихожу в отчаяние, злюсь на этого человека, действую против него, начинаю оправдываться и защищаться.

То есть вместо того, чтобы правильно принять эту помеху и работать с ней, я желаю уничтожить ее и человека, от которого она исходит.

Вопрос: Даже если это верно, что говорят плохое обо мне...
Не имеет значения, сказали про меня хорошее или плохое, правду или нет. Мы разбираемся не в смысле сказанного, а как относиться к нему — как к посланному Творцом через кого-то для раскрытия того, что это послано Творцом, чтобы увидеть в этом Его.

Выходит, что Творец дал мне эту помеху как средство продвижения. Причем это может быть вещь пренеприятнейшая или такая, что я действительно ощущаю себя полностью виноватым, или очень приятное известие, которое кружит голову, — в любом случае дело не в нем, а от Кого оно исходит — от Творца.

А уже затем, после того как я правильно сориентировал себя на Творца, я могу продумать, а почему именно в таком виде, в такой обертке Он послал мне помеху.

Если бы я был заранее готов принять все приходящее ко мне как исходящее от Творца, то принял бы любую критику с любовью, потому что она пришла от моего Высшего Учителя, который этим желает приблизить меня к Себе...

Но каждый раз, слыша неприятное известие, я нахожусь во внутренней борьбе: отнести это к Творцу или к человеку, от которого это исходит. Постепенно я заставляю себя отнестись к помехе таким образом, чтобы полностью использовать ее для создания во мне нового, еще большего ощущения близости с Творцом.

Нет ничего лучше, когда, преодолев помеху, мне раскрывается ощущение взаимопонимания, слияния с Творцом. «Преодолеть помеху» означает, поработав с ней, принять ее как самое полезное и как самое лучшее сообщение.

Единственный правильный выход — независимо от вида сообщения, приятного мне или нет, правильного обо мне или нет, принять его без рассмотрения сути, принять сразу же, как пришедшее от Творца. Поэтому я воспринимаю его как призыв к сближению, как указание Творца на то во мне, что именно мешает нам быть ближе.

«Принять» означает жить с этим, согласиться с тем, что это для моей пользы и оно правильно, потому что товарищ сказал мне об этом и я принимаю его мнение выше своего.

Вопрос: *Если меня критикует товарищ, должен ли он делать расчет на то, как я отнесусь к его критике? Почему я не могу отнестись к его критике так же по-товарищески, с критикой, разборкой? Почему я должен принять его мнение, как «глас Всевышнего с неба»? Ведь в таком случае он уже мне не товарищ, а представитель Творца?*

Мы занимаемся Каббалой — методикой постижения Творца, методикой выхода в высший мир. Для облегчения и ускорения пути мы объединились в группу. Все, что происходит в нашей группе, мы обязаны видеть как знаки Творца. Мы не имеем права воспринимать происходящее как житейские перипетии.

Не то чтобы мы делали расчет, стоит ли нам выяснять отношения или идти к высокой цели. Дело в том, что если намерение и причина создания группы в достижении Творца, то все, что мы получаем, мы обязаны теперь уже принимать как посылаемое нам Творцом средство для сближения с Ним.

Практически это означает, что есть у меня товарищи по моему духовному пути, и, если они плохо ко мне относятся, я должен не обращать на это внимания и строить мои отношения с ними самым наилучшим образом, исправляя себя под стать этим помехам. Таким образом я иду «выше знания» и этим достигаю цели.

Исходя из цели группы, получается, что все помехи, возникающие в группе, являются не помехами, а призывом к общему продвижению всей группы навстречу Творцу, сигналом Творца показать, где мы должны приложить усилия.

Именно в такой группе должно быть наибольшее количество помех, проблем, сплетен, расчетов. Но именно благодаря правильной реакции, с взаимной помощью и пониманием, группа может в тысячи раз быстрее и безболезненнее, чем индивидуум, духовно расти.

Причем чем больше группа продвигается, тем больше должно возникать распрей, разочарований, которые необходимо преодолевать не расчетом, что «цель превыше всего», а потому, что все исходит от Творца. И хотя каждый раз необходимо прилагать все больше усилий для укрепления веры в то, что это исходит от Творца, верить, что Творец посылает трудностей столько, сколько группа и каждый в состоянии правильно принять.

И наоборот, не следует радоваться отсутствию помех — возможно, это знак, что группа недостаточно продвигается и не в состоянии их вынести. То есть радоваться или огорчаться надо не от наличия или отсутствия помех или покоя, не от ощущения в желании, в сердце, а от движения к цели, от оценки намерения, в разуме.

И вообще человек должен радоваться помехам, потому что помехи — это еще не исправленные его свойства, они находятся внутри его эгоизма и указывают человеку, что именно ему необходимо исправлять. Это подобно лучу света, который высвечивает в душе человека неисправленное место. И если человек исправит это место (желание), в нем он сможет ощутить Творца.

Что же может быть лучшей помощью, чем посылка помех?! Это практическая работа. Причем, когда мы находимся еще до входа в высший мир, в ощущение Творца, помехи являются нашим путеводителем все время, пока Творец скрыт от нас. Он ведет нас с помощью помех в этой духовной темноте.

У каждого в жизни есть помехи, и постоянно. Все отличие в отношении к ним: приписываем ли мы их Творцу, как верующие, или окружающим, как неверующие, с целью получения вознаграждения в этом или в том мире, как верующие, или с целью сблизиться с Ним, т.е. уподобиться в намерении Ему, как каббалисты.

Но, получив помеху, ты не должен сразу же отбросить свое мнение и принять мнение товарища. Необходимо проверить это состояние, увидеть, что же действительно произошло. Причем это, возможно, и очень неприятно, но анализ обстоятельств необходим. Главное — постоянно держать себя в осознании духовной работы, а не опускаться на уровень сведения счетов с товарищем.

Что значит принять верой выше знания

Необходимо, чтобы Творец был все время на фоне ощущаемой мной картины мира. И пытаться постоянно удерживать Его в подсознании. Тогда движение мысли, например, такое: поскольку это мой товарищ, он находится в поисках той же цели, поэтому то, что я получаю от него сегодня, это, по-видимому, помеха, которую я должен преодолеть верой выше знания и принять то, что он мне говорит, оправдать его. Тем, что ты оправдываешь его, ты поднимаешься на следующую ступень.

«Идти верой выше знания» означает, что я согласен всем сердцем и душой с тем, что происходит со мной, что кто-то из моих товарищей по группе критикует меня. И то, что приходит ко мне от него, я принимаю как добро и правду верой выше знания, потому что в своих эгоистических желаниях я не могу видеть истину.

Если в этих, казалось бы, простых упражнениях человек продвигается на несколько шагов вперед, т.е. пытается удержаться в одобрении происходящего, он начинает ощущать отношение Творца. Это еще не раскрытие, но начало понимания связи с Творцом. Таким образом человек входит в диалог с Творцом.

Человек понимает, что Творец, находясь в сокрытии, посылает ему таким образом сообщение через окружающих, и он начинает ощущать в этом руку Творца. Это истинное ощущение. Этот диалог становится ярким и постоянным в его жизни. Здесь находится вход в духовный мир. Это обретение духовной ступени.

В чем заключается наша работа

Если я получаю духовное наслаждение, оно полностью заполняет меня и превращает в своего раба: я перестаю владеть собой. В таком случае мои свойства называются нечистыми, ведь я все готов сделать ради наполнения наслаждением.

Если же я получаю нехорошее ощущение мира, я должен понять, что этим Творец показывает мне небольшой фрагмент мрачного ощущения специально, чтобы я компенсировал неудовлетворение в эгоистических желаниях стремлением к Нему. Я должен отнестись к этой помехе, которая бьет по моему желанию получить, как будто это не помеха, а самое лучшее состояние. Принять ее так, будто я согласен с Его мнением.

Тогда желание, в котором ощущается неудовлетворенность, наполнится верой в то, что это посылается Творцом. С товарищем по группе, который тебя обидел, — стань на его место, будь вместо него, впусти в себя его желание, его мысль, согласись с ним — из желания стать подобным ему и Творцу.

Не важно, кто твой товарищ, на какой он ступени, но если ты желаешь выйти из своих желаний и ощутить его желания, то ты уже в состоянии выйти из своих желаний и ощутить Творца.

Как пройти все эти периоды

Если я ощущаю что-то неугодное мне, вначале я закипаю от злости, я хочу кричать, уничтожить это состояние. Затем, успокоившись, я пытаюсь представить себе, что это пришло ко мне от Творца. Если я заранее готовлю себя к тому, что все происходящее нисходит от Творца по принципу «Нет никого, кроме Творца», что это Творец посылает помеху вместе с ощущением, что она приходит от Него, то это называется «сокрытие лица».

Тогда от помехи человек пробуждается. Ведь он не просто получил удар, а считает, что таким образом пришло к нему особое отношение свыше. Теперь начинается его работа. Кто не получает вместе с ударом осознание, что удар пришел от Творца, тот подобен животному. Если же вместе с ударом, помехой он получает осознание, что это пришло от Творца, то относится к происшедшему изнутри «точки в сердце».

Стараться ни в каких обстоятельствах не забывать, что есть только двое в мире: Он и я. Даже после того, как ощутил, что помеха пришла от Творца, есть еще много работы. Первое: ни в коем случае не списать просто помеху на Творца и успокоиться этим. Тогда человек как бы стирает послание Творца ему, пренебрегает возможностью продвинуться на помехе вперед.

Средство связи с Творцом

Желание насладиться, эгоизм стоит между мной и Творцом. Это не мое «я». Факт, что затем я сменяю его на альтруизм, а мое «я» остается. Для чего тогда Творец создал эгоизм? Он бы мог создать мое «я» подобным Себе, без желания насладиться. Но посредством чего тогда будет связь? Мы должны видеть в своем желании насладиться помощь, работающую против нас. Это желание насладиться — не я, а ангел, находящийся во мне. Когда человек проходит махсом и входит в высший мир, ему немедленно становится ясен этот факт, и он делает сокращение на желание насладиться.

Ради чего я соглашаюсь с товарищем

Если я вижу, что товарищ прав, то не должен оправдывать его, а принимаю его мнение вместо своего, соглашаюсь. Таким образом я приобретаю знание. Это может быть также в случае, когда любовь обязывает меня. В обоих случаях во мне не происходит никакого исправления.

Если не посторонняя причина (начальник, страдания, потери, любовь) заставляет меня принять его мнение вместо своего, а потому, что мы оба идем вместе к цели, иначе не достигнем цели, то я ради объединения с ним делаю тысячу проверок, кто из нас прав, но затем, несмотря на результат, я принимаю его мнение. Это решение называется «выше знания», потому что оно принято в противовес знанию.

Зачем я так поступаю? Потому что цель обязывает меня. Факты за меня, против разума, но ради цели, Творца я принимаю мнение товарища против своего.

Как приобрести высшую ступень

Как подняться со ступени «х» на ступень «х+1»? В нашем мире человек поднимает свое тело. В духовном мире человек поднимает со ступени на ступень свое духовное тело — желания. Для этого человек должен изменить свои желания, свойства в соответствии с новой ступенью.

Если все свойства человека меняются, то как может он сам себя изменить? На каждой духовной ступени человек рождается заново, меняется весь его внутренний мир: находясь на одной ступени, я называюсь Михаэль, на другой — Гавриэль, на следующей — Рафаэль.

С помощью какого средства можно перейти с одной ступени на другую? Это средство — вера выше знания: находясь на своем уровне, я поступаю против всех своих понятий, свойств, основ, которые есть у меня на ступени «х», и принимаю как истину все свойства ступени «х+1», хотя они все противоположны, нереальны и все во мне протестует против этого.

Свойства более высокой ступени — большая отдача, больший отказ от себя. Я не способен на это, мне это кажется ненормальным, кажется, что только сумасшедший способен на такое. Но я должен принять эти свойства верой выше знания, как свои. И если я принимаю их, Высший поднимает меня к себе, и я включаюсь в него как «убар» (зародыш).

«Убар» означает, что я «с закрытыми глазами» согласен включиться в Него, уподобившись зародышу в теле матери. Нет никакого другого средства перейти с одной ступени на другую. Теперь понятно, что без помощи свыше это невозможно, но человек должен захотеть идти верой выше знания вместо того, чтобы идти в знании, даже если бы у него была такая возможность.

Преодоление помех верой выше знания

В группе постоянно существует возможность принять мнение товарища. Группа должна стать тем котлом, в котором мы все должны дойти до готовности идти верой выше знания. Мы должны тренироваться друг на друге, чтобы понять, что значит «вера выше знания»: принять мнение другого несмотря на то, что я не согласен.

Я смотрю на отношение ко мне товарища: в любом случае я начинаю свой анализ с помощью разума в своем желании насладиться. Нельзя гасить ситуацию, не надо прощать, но необходимо прийти к состоянию, когда, несмотря на то что мое мнение противоположно его мнению, я принимаю его мнение, потому что желаю достичь цели.

Нельзя идти на компромисс. Надо полностью раскрыть зло. Если я не пойму мое знание, выше чего я смогу идти? Если я не пойму знание товарища, как я могу принять его? Я обязан все проанализировать и принять его знание несмотря на то, что я против, страдаю и ненавижу.

Верно, что мой товарищ такой же эгоист, как я, а может быть, и еще больший, но мне это не важно, а важно мне упражнение: принять его мнение выше своего знания. Мне дают возможность сделать нечто верой выше моего разума. Но после решения принять его мнение вместо своего я соглашаюсь с ним всем сердцем и душой. Это новое знание высшей ступени (или товарища) становится полностью моим.

Раби Барух Ашлаг пишет в статьях о группе, что после того, как создана группа, мы получаем возможность оттачивать свои отношения внутри группы, делать расчет в отношениях между собой и идти выше своего мнения. Потому что это поднимает меня на следующую ступень.

НЕСКОЛЬКО МЫСЛЕЙ

Несомненно, что наиболее правильной формой человеческого общества до сих пор являлась община, все члены которой объединялись в порыве подчиниться своему предводителю — мудрецу (хахаму), ребе. Этот порыв исходил из признания праведности, а не силы предводителя, его особой связи с Всевышним, а не власти надсмотрщиков над массами или стражи самого предводителя.

Вся история человечества показывает, что невозможно выполнять или требовать выполнения десяти заповедей, даже в земном, моральном трактовании, без знания того, от Кого они получены. Только постижение Творца дает силы их выполнять, и только в той мере, в которой человек постигает величие и единственность Творца.

Градации возможности выполнения десяти заповедей и есть ступени открытия Творца, познания Творца, духовного подъема, ступени духовной лестницы, Сулам Яаков.

Иначе если общество черпает основы выполнения заповедей не из постижения Творца, не в мере его раскрытия творениям, то оно обязано черпать доводы к выполнению этих десяти заповедей из своей жизни, т.е. выполнение заповедей должно быть оправдано жизнью.

Искажение основы выполнения заповедей и послужило созданию кодексов и законов человеческого общежития, как гражданского, так и уголовного. Поэтому только в последнем поколении человечество вернется к истинному соблюдению законов природы, которые идеально подходят для каждого и приводят во всей своей мощи к исправлению.

Никакое принуждение никогда не заставит человека выполнять десять заповедей в их истинном виде, и только раскрытие Творца обяжет именно этим каждого к добровольному личному соблюдению.

В «Предисловие к ТЭ"С"» Бааль Сулам называет это условие добровольного соблюдения человеком заповедей Творца «эйдут», что означает в переводе «свидетельство». То есть Творец раскрытием себя человеку свидетельствует своим проявлением, как свидетель в суде, что человек уже не ошибется, потому что раскрытие Творцом Своей силы и величия вынуждает человека к добровольному и естественному выполнению всех заповедей Творца.

И возможно, близость слов «вынуждение» и «добровольность», «естественность» покажется тебе противоречивой, но не стоит удивляться этому, потому что во всех своих действиях мы, созданные из эгоистического материала — желания наслаждаться, способны выполнять только то, что видится нам приносящим благо.

Поэтому проявление величия Творца создает в нас вынужденное решение выполнять Его желание как несущее нам абсолютную выгоду. Но если человек проходит этапы осознания зла своей природы и видит, что без такого принуждения свыше он постоянно в страданиях из поколения в поколение, он убеждается, что решение с неба, пусть самое тяжелое, но истинно ведущее к добру, лучше всех его поисков и мнимых свобод.

Вот тогда-то и возникает в нем требование к Творцу, чтобы тот открылся ему как свидетель, а точнее, залог — залог того, что человек будет поступать только верно и не будет столь горько ошибаться и страдать от своих ошибок.

Выходит, свобода воли, как мы ее понимаем в нашей жизни, в нашем земном понимании, дана для того, чтобы мы, вкусив все горькие прелести этой свободы, осознали, что, пользуясь ею, мы абсолютно несвободны, потому что выполняем только желания нашего зла — эгоизма, от которого не можем быть свободны.

Если бы мы шли в рабство к альтруизму, чтобы он владел нами, как сегодня эгоизм, т.е. несознательно, мы бы меняли одно рабство на другое. И Творец заменял бы нам одну природу на другую. Но хотя мы и желаем именно такого перехода от одного хозяина к другому, мы получаем от Творца нечто качественно иное: Он создает в нас механизм трех линий, когда мы сами применяет наш эгоизм в ином направлении, на отдачу, предварительно сделав на себя Ц"А, т.е. полное отрешение от каких бы то ни было выгод.

Человек не в состоянии изменить свои желания наслаждаться, получать, насыщать себя морально, чувственно, материально.

Но наполнение ради себя или ради Творца и составляет все отличие эгоизма от альтруизма. Пока человек не оторвался от «ради себя», он не понимает, что это намерение в нем дано свыше. Оно не его природное, а как бы произвольно приданное ему, к его желанию наслаждаться.

А если Творец придаст его желанию наслаждаться намерение «ради Творца», то он также будет использовать свое желание насладиться с новым намерением.

Именно это промежуточное состояние «хафэц хэсэд», когда человек получает свыше силу не делать расчет в себе, ради себя, и делает его свободным. А затем он выбирает иное применение своему желанию наслаждаться — ради Творца. Если бы не было этой новой основы, состояния «хафэц хэсэд», то человек не был бы свободен и в своем намерении «ради Творца».

Но именно то, что он приходит к этому состоянию через промежуточное состояние «хафэц хэсэд», позволяет ему на этом основании выбирать только свободные поступки. И если он уже предпочитает альтруизм, то это решение добровольное, а не ради отдаления от страданий. Человек не продает свою свободу и свободу воли за жизнь без страданий, а именно свободно выбирает свободу.

Каждое поколение передает следующему, кроме своих достижений в развитии культуры и науки, накопленный им общечеловеческий опыт. Эта память поколений переходит из поколения в поколение, как энергия, передаваемая от сгнившего зерна к появившемуся новому ростку. Есть только передача памяти, энергии, решимо. Вся же материя — сгнивает, подобно тому, как сгнивает человеческое тело, а вся информация переходит в возносящуюся душу, которая затем — при вселении в новые тела — реализует эту память, решимо.

В чем отличие передачи информации через семя при рождении у молодой пары потомства и передачи информации, когда душа умершего вселяется в новое тело? Ведь родители еще живы в нашем мире, и их дети с ними! Какие же души вселяются в их потомство?

Во все века и у всех народов заложено внутри огромное желание передать свои знания в наследие своим потомкам. Передать все самое лучшее, самое ценное. Самая лучшая реализация этого может быть не в воспитании, не в обучении — это все применяется «домом дэ-клуша», обычным обществом.

Передача производится именно через духовный «пакет», а потому самое правильное, что должен делать человек, чтобы передать потомству наилучшее, — исправлять самого себя, улучшая этим свое семя, свою душу, заботиться, чтобы в самом исправленном виде она покинула его тело.

Таким образом, мы видим, что человек передает потомку душу и то, что в ней, и не передает ему ничего через системы воспитания, общины или чего-либо существующего на земле. Передача — только через духовную ступень, а не через материальные одеяния.

Как часто приходится сталкиваться с неправильным пониманием гуманизма, альтруизма! Вернее, с неправильным пониманием его в отношении к истинно библейскому! Разве не полна Тора проклятий на весь народ? Разве не указаны там четыре вида смерти по решению суда, места изгнания, законы раба, хозяина, войны? Разве не приведены указания Творца об уничтожении целых народов? Разве не видим мы во всех действиях Творца в Торе и с нами, что не идет речь о милосердии, альтруизме, гуманизме, как его понимает страдающее от Него человечество?

Все законы Творца целенаправленные. Их необходимо изучать и понимать только в их связи с целью творения. Иначе они понимаются неправильно и вызывают противоречия.

Поэтому все наши поступки и их оправдание или осуждение возможны, только если сопоставлять их с целью творения, т.е. с целью Творца, который только так и поступает. Иначе мы никогда не посмотрим правильно ни на одно явление в мире.

Если мы сможем научить наших детей именно так смотреть на мир, на их поступки — не по религиозной морали, а творчески, не из страха наказаний, они осознанно отнесутся к природе, Творцу и быстрее разовьются до уровня осознания необходимости влиять на управление.

В прошлом веке произошло разделение на народ и религиозную общину. Это разделение начнет вскоре нивелироваться под воздействием осознания в обеих группах необходимости истинного пути. Этот третий путь не религиозный и не светский, он как средняя, золотая линия — путь к Творцу. На ней и возникнет тот библейский народ, о котором говорит Тора.

Необходимость во внешних атрибутах в нашем мире останется, но она будет минимальной и, главное, с пониманием, почему это необходимо нам и каждому в разной степени в зависимости от его состояний (духовных падений или подъемов) и вида души.

Абсолютный эгоизм реализуется в каждом народе в самопоклонении, самовосхвалении, доведения себя до абсолюта и полного почтения. Возможно, что эти мнения о себе в разные периоды истории утрачивают свою максимальную величину, но затем отсутствие основы самопоклонения приводит к реваншизму и агрессии. Вся причина агрессии — в отсутствии поклонения.

Как часто люди жалуются на депрессию, страдания — а в общем-то на отсутствие наслаждений. Могу посоветовать, как тот мудрец, который, выслушав жалобы на тесноту в доме, посоветовал поместить в дом еще и козу со двора, а спустя некоторое время вывести ее обратно во двор.

Так вот, мой совет ощущающим депрессию: завяжите глаза и заткните уши. Побудьте так какое-то время, пока вам очень захочется открыть глаза и уши, потерпите еще немного... и еще немного... и вот затем, сбросив повязки, обнаружите, насколько мир хорош и как много в нем чудесного!

Можно сказать, что идеи Маркса, Фрейда и Эйнштейна — это в общем-то тот же поиск Творца, но не напрямую, а через противоречия общества, человека, науки. Все они искали абсолютного и совершенного, т.е. Творца, но под махсомом, в нашем мире, внутренне понимая, что решения в этом мире нет.

Принятие Творца означает не только принятие того, что «Он — одна причина всего происходящего» и «Нет никого, кроме Него», но и притяжение к высшему, слияние с Ним, если Он — Единственный. Потому что принятие того, что Творец — Единственный, обязывает человека в действительности и в себе восстановить это единство тем, что человек включается в Творца сравнением свойств.

Отличие практических занятий йогой и иными методиками от Каббалы в том, что во всех методиках и религиях предполагается и указывается техника внешнего выполнения, т.е. практические занятия — они именно практические физически, в действиях, диетах, упражнениях, обрядах. И только в Каббале нет ничего внешнего, а вся практика исполнения от начала и до конца сосредоточена внутри человека, над его желаниями и мыслями, то есть практика внутренняя.

Если человек поступает, как велит ему его природа, и одновременно желает представить себе Творца, то всегда представляется ему противоречие между ним, эгоистом, и Творцом, альтруистом. Из такого соотношения создаются религии, в которых человек противоположен Творцу: не свойству — желанию получать, наслаждаться, которое, конечно же, противоположно Творцу, — а весь его путь к Творцу состоит в подавлении своей природы.

И только тот, кто представляет себе все существующее, состоящее не из творения и Творца, а только из Творца, тот не увидит противоречия «я и Он». Вследствие этого его подход, путь к Творцу будет построен не на отречении от своих свойств, а на уживании с ними и с Творцом в равной степени.

И никогда он не будет строить воспитание на принуждении, угрозах, ограничениях. Хотя таким путем можно зрительно достичь мгновенных поразительных результатов, но никогда это не будут исправления, и как только изменятся условия, все вернется в искаженном жутком виде.

И только добровольное, постепенное изменение человека изнутри вследствие влияния на него узкого круга каббалистов или желающих ими стать, круга, который он выбирает добровольно, — это влияние действует на человека в той мере, в которой он осознает, что необходимо измениться, а потому принять группу как высшее, — в этой мере он сможет принять от группы ее идею духовного восхождения, и в этой мере он сможет устремиться к Творцу и ускорит в этой мере свое восхождение с пути масс на путь избранных. Такому человеку не нужны никакие ограниченияя, а только внутренние изменения.

Духовный поиск

ОГЛАВЛЕНИЕ

Беседы в Дублине 159
Советы обучающим 222
О товариществе 238
Свобода воли 241
О природе творения 258

БЕСЕДЫ В ДУБЛИНЕ
Июль 2001 г.

Если внезапно раскрывается зло

— *Если человеку внезапно раскроется зло, как он будет действовать, что с ним произойдет тогда?*

Он начнет так же эгоистически пытаться убежать от него. Человек должен накопить опыт, чтобы каждый раз это зло как-то переварить и адаптировать в себе. Когда впервые приходит осознание зла, человека встряхивает так, что он не знает, куда деваться. Можно сказать, что настоящий путь к махсому начинается с того, что человек начинает ощущать приближение падения.

Он знает, что на некоторое время упадет, но в этом нет ничего страшного. Нужно только переждать каким-то образом, а когда это пройдет, то он сможет после этого больше понимать, больше знать, быть ближе к духовному, легче принимать его и соглашаться с ним.

Но это еще предчувствие того, что сейчас будет происходить. Он видит, что на него что-то опускается, и это что-то его просто ошеломляет. Но он тут же адаптируется и начинает понимать, что именно с ним происходит, на него начинает нисходить или входить в него темный АХа"П высшего парцуфа, который захватывает его чувства.

Он понимает, что скоро это состояние овладеет им полностью, настолько, что он не сможет даже соображать и что-либо осознавать. Он понимает, что находится в одном звене целой цепи состояний и что к нему придет другое, потом третье состояние, когда он окажется полностью под властью своего ощущения падения.

Оно приходит и полностью овладевает им, и черная туча спускается на него сверху, и ему становится очень плохо, и он не в состоянии ни что-либо сделать, ни что-либо понять, ни осознать, что это ему ниспослано от Творца. И потихоньку он адаптируется, пытаясь пережить это падение, в зависимости от того, на какой стадии продвижения он находится.

И по мере своего дальнейшего продвижения вперед он понимает все более отчетливо, что конкретно он должен делать во всех состояниях падения, каким образом должен действовать и как должен использовать это падение для правильного подъема. Вот так наступает и проходит это падение, а затем начинается подъем. И так ты начинаешь больше понимать, больше видеть, ощущать.

Падения и управление ими

— *Вы сказали, что группа только начала проходить период ощущения десяти «макот» (тяжелых испытаний). Эти «макот» будет переживать вся группа или каждый в отдельности?*

В общем, это должна ощущать как вся группа, так и каждый в отдельности. Группа — это как семья. В семье ведь есть и старшие дети, а есть и маленькие дети, есть родители, тетки, дядьки, но суть в том, что каждый из них переносит какой-то семейный удар по-своему, индивидуально, но все переносят его вместе, потому что они одна семья. Так и здесь: каждый будет его ощущать в зависимости от уровня своего развития в группе. И нужно поскорей включить людей в это состояние.

— *То есть эти «макот» есть всегда, только их надо ощутить? «Макот» — это те состояния, которые в соответствии с решимот приготовлены заранее?*

Да, но что значит «приготовлены заранее»? Ребе приводил пример со стариком, который ищет заранее то, что еще не потерял. Почему он не ждет, когда потеряет, а уже заранее ищет? А может быть, он как раз и ищет для того, чтобы не потерять? То же самое должны сделать и мы: то есть заранее искать «макот». Поэтому и «макот», найденные нами заранее, — это способ не только предотвратить несознательные, неуправляемые нами падения, но и сделать их управляемыми, чтобы ускорить их прохождение.

Проблема не в том, что мы боимся падения. Если я говорю себе: лучше я сделаю так, чтобы его не было, то в итоге я увижу, что это игра в одни ворота, то есть ради себя. А если мы говорим о том, что хотим приблизиться к цели, тогда это желание к продвижению вызывает в нас стремление притянуть новые состояния, даже если они не очень приятные.

Итак, что нам нужно сделать? Нам надо просто искать эти новые состояния. Они не должны быть обязательно плохими, — вообще, почему мы должны искать что-то плохое? В этом вопросе важна интенсивность наших состояний. Важно при этом брать на себя новые обязательства, обгоняя план творения. Когда мы добровольно выбираем путь Торы вместо пути страданий, то происходит изменение плана «бито» на план «ахишена». Поэтому не надо специально вызывать на себя «макот», ведь мы в принципе проходим их естественным образом, находясь в группе. Избежать этих «макот» невозможно. Но вот осознание их важности для твоего духовного продвижения и сама подготовка к ним должны быть у тебя на высоком уровне.

Допустим, что ты спортсмен. Твой тренер говорит так: «Тебе надо годик потренироваться, а после этого ты будешь выступать на соревнованиях». Ты же вместо годика «вдарил» так, что тебя через два месяца уже можно выставлять на эти соревнования. Соревнования все равно должны быть, все равно ты должен пройти этот удар, потому что это даже не удар, это как бы смешивание в тебе нескольких правых и левых линий. Так ты получаешь в себя новые «авханот» — выявления духовных свойств, и поэтому-то и невозможно этого избежать. Но поскольку ты интенсивно их принимаешь и желаешь, чтобы они в тебе адаптировались быстро и активно, то ты всегда готов к новым подобным соревнованиям, к новым ударам, к новым получениям «авханот».

— *Если артист выйдет на сцену для выступления без предварительной подготовки, то ему будет стыдно, то есть он получит свой «удар».*

Да, но ему просто не разрешат выступать. Это подобно тому, что твой руководитель (твой тренер) говорит: «Я могу разрешить тебе выступать на соревнованиях только через год, но не раньше. Вот выполнишь определенную программу тренировок, тогда и пойдешь на эти соревнования. А если выполнишь раньше положенного времени — пожалуйста».

Поэтому нашей задачей является не вызывать эти удары каким-то искусственным образом на себя, а интенсивно приближать их к себе. Обойти эти удары невозможно, но своей подготовкой ты их приближаешь. И в той мере, в какой готовишься к ним, ты уже заранее настраиваешься принять их положительно, в качестве дополнительного стимула для продвижения к

Творцу, и тогда эти удары поворачиваются к тебе уже не ударами. Лишь в самом начале они для тебя удары, когда их получаешь неожиданно. Но практически тотчас же ты меняешь их и приспосабливаешь к себе совершенно по-другому.

— *Это мне напоминает экзамен в школе: чем больше я подготовлен к нему, тем меньше я волнуюсь.*

Да. Ты уже его ждешь, ты хочешь, чтобы пришло поскорее его время. И когда удар наконец приходит, то он, конечно же, в самом начале не очень приятен для тебя, но после процесса адаптации ты уже готов к нему.

— *А что такое удар?*

Когда ты ощущаешь удар, свет еще больше от тебя скрывается. Все мы живем под излучением на нас высшего света некоторой интенсивности. Вон коровы пасутся на лугу — и на них тоже распространяется определенное излучение высшего света, которое, собственно, и поддерживает в них жизнь; оно вообще держит всю материю. Даже микроскопической дозы внутреннего и внешнего света достаточно для того, чтобы поддерживать жизнь в материи.

Ударом называется такое состояние, при котором свет немножечко отходит от человека, а человек, соответственно, падает вниз. Это происходит потому, что человек не в состоянии устремиться за светом. Для этого у него должны быть такие же свойства, как и у света. А если они отсутствуют, то человек падает, и вот это падение относительно света, то есть отдаление от света или, говоря иначе, когда свет ушел немножко вверх, а человек упал немножко вниз, — это и есть удар.

Что при этом получается? При этом оживают в человеке и вокруг него все те силы, которые противоположны свету. Удар приходит в различных облачениях: или это какой-то очень сильный стыд, или это денежный проигрыш, или еще какие-то проблемы с кем-то или с чем-то. Но вот что интересно: ты потом видишь, что все это сделано специально. И даже внутри этого ты начинаешь чувствовать, что это сделано специально, причем настолько, что ты удивительным образом согласен на то, чтобы это произошло.

— *В такой ситуации нужно держать Творца внутри картины?*

Обязательно. Вообще всегда нужно держать Творца внутри картины, а в такой ситуации особенно.

Устав группы

Устав — это правило, над выработкой которого нужно работать все время. То есть все время думать и стремиться к тому, какими мы хотим быть. Если человек вообще не хочет этого — нет такому месту в группе. Но для того, кто хочет, но не может соблюдать, — тут есть место для анализа. Возможно, что он не может сейчас, а через минуту уже сможет. Мы же все называемся каббалистами, несмотря на то что еще не дошли до раскрытия Творца, — Каббала называется раскрытием Творца творениям в этом мире.

Мы еще не дошли до Его раскрытия нам в этом мире, но согласно нашей цели, как объяснял рав Барух, уже называемся каббалистами. И потому не должны стесняться называть себя этим именем — это не является обманом.

То же и с уставом: когда мы получаем устав, то говорим о том, какими мы хотим быть, а не о том, что мы уже таковыми являемся. Но для того, у кого нет этой цели, — нет тому места в группе. Вопрос заключается в том, насколько мы можем соблюдать устав. Все измеряется очень просто: важно не то, как мы соблюдаем, а важно то, насколько мы стараемся соблюсти, насколько прилагаем для этого наши усилия.

Итак, мы говорим только о желании, а не о возможностях. Если у кого-то есть желание соблюдать и он это делает с полной отдачей, как маленький ребенок, который очень сильно хочет, но у него, возможно, даже получается все наоборот, все равно мы относимся к нему с симпатией, с любовью, потому что он хочет соблюдать. Точно так же мы должны относиться и к новому товарищу, приходящему в группу.

У него нет опыта, и он действительно не может большего, но если он выкладывается, тогда он уже с нами, и ему нужно терпеливо помогать. И так должно быть по отношению к каждому.

А желание во мне может быть больше и меньше в зависимости от подъемов и падений. Но насколько я в состоянии получить силу от группы или сделать так, чтобы группа на меня «давила», настолько и будет считаться, что я в порядке.

Ко всему нужно относиться с поправкой на человеческие возможности. Если человек может что-то делать и делает это в соответствии со своими возможностями, то совершенно не важно, какое количество работы он сделает. Важно при этом только одно: он имеет право быть с нами. И если он добавит к этому еще чуть-чуть на своем маленьком уровне — он уже с нами.

Помощь на расстоянии

— Как помочь товарищам из группы в их продвижении, если они в это время находятся в другой стране по какому-либо поручению?

Прежде всего нужно быть с ними в постоянной связи. Мы обязаны знать в этом случае следующее: насколько они чувствуют себя частью нас, равняются ли на группу, как проявляют себя по отношению к друзьям, не стали ли они отдельной организацией. Ведь они являются неотъемлемой частью группы. В этом состоянии никакие пространственные или временные границы вообще не имеют никакого значения. Причем настолько, что даже не ощущается разница в том, где ты находишься: здесь или там.

Если наш товарищ преподает Каббалу за границей, то группа не должна превозносить своего преподавателя как великого учителя, иначе он может потеряться оттого, что стал равом. Нужно прежде всего пригласить такую группу к нам, переписываться или разговаривать с участниками группы, то есть быть в связи не меньше, чем сам преподаватель. При этом не важно, с ним или без него и будет ли он знать об этой связи между нами или нет. Нельзя ограничивать группу общением только с их преподавателем.

Он, находясь там, учит их, проводит нужные уроки, но мы должны быть с ними в прямой связи тоже. Мы должны заниматься его группой точно так же, как он занимается ею. Мы должны соединиться с внешними группами и держать их постоянно в поле зрения, ощущая на себе личную ответственность за них. Мы должны быть все связаны в единую группу, так чтобы каждый из нас и каждая из наших групп чувствовали себя внутри «Бней Баруха».

Различие между терпением и ленью

Терпение — это когда я продолжаю делать через силу, я заставляю самого себя и страстно хочу продвинуться, я прикладываю все свои силы и с терпением жду результатов. Терпение — это по отношению к результатам, т.е. когда нет результатов, я терпеливо жду.

Лень — это во вкладе сил. В своей работе я ленюсь, а в получении результатов от нее — терпеливо жду. Так сижу и жду — и что же из этого выйдет?

Я должен прилагать усилия в работе насколько возможно большие и как можно терпеливее ждать результатов. Результаты появляются уже после окончательного завершения всей работы. И я не знаю заранее, когда это произойдет (ведь это совершенно не в моей власти!), и потому говорят: «Все, что в твоих силах сделать, — делай максимально». Не от тебя зависит завершить эту работу — достичь результата. Делай все то, что ты можешь, максимально, а того, что получишь назад, не жди вообще. Так как если ждешь отдачи, то это уже действуют твои желания получить и эгоизм.

Преподаватель и группа

— Каким должен быть преподаватель в глазах учеников?

В начале занятий учитель должен показать группе, что он обладатель знания, что он специалист. Он должен показать, что понимает процесс построения группы, что он разбирается в материале преподавания. Он не должен быть каббалистом, не обязан проучиться десять или хотя бы пять лет, он не должен владеть особенным материалом и т.п. Даже если он еще не прошел махсом — это не важно. Важно, чтобы он был в процессе духовного пути, и еще важно, чтобы он был жизнерадостен.

Иногда преподаватель передает своей группе свои переживания, впечатления от своего пути. И поэтому группа как будто живет тем, что он ее раздувает, наполняет, преподнося свои чувства, как артист. И в результате без него группа не может продвигаться. Он замкнул ее на себе — и группа живет им, то есть тем, что он дает ей своими переживаниями и впечатлениями, рассказами. Поэтому группа пока не может быть без него, не может существовать самостоятельно. Мы должны поломать эту систему. Цель ведущего в группе — чтобы была группа, а он ею руководил. Цель группы — идти навстречу Творцу. Ни в коем случае руководитель не должен ставить себя вместо Творца!

— Ученикам нужно показывать свою слабость?

Ученикам нужно показывать слабость и все те проблемы, которые есть у человека. Более того, нужно даже принижать себя перед учениками — так, чтобы они видели в этом пример. Значимость должна быть только по отношению к Творцу, а не к раву. Рав должен следить за тем, чтобы было именно так. Должность рава должна быть в такой форме, чтобы ученик был свободен для

Творца. Рав должен являться только путеводителем, то есть тем, кто подталкивает его, показывает ему путь, но ни в коем случае рав не должен быть слишком большим в глазах ученика.

Если рав очень большой, то ученик становится зависимым от него: никогда не станет самостоятельным, не сможет сам продвигаться, не достигнет настоящей молитвы. Рав должен дать ученику все пути и все возможности продвижения по нашей системе, дороге.

Я прошел очень много ударов. Рав присутствовал при этом и не сделал ничего, потому что он знал: нельзя ничего сделать. Он знал, что я должен был все это пройти. Иногда он мог сказать слово или два, не больше, давал какую-то идею, которую я схватывал или нет. Обычно он ни во что не вмешивался — только умеренность и общее направление в учебе. И совсем мало говорил о том, о чем мы говорим, — о самой сути.

Величие рава ученик постигает из величия Творца и величия цели. Из постижения этих вещей он чувствует направление, которое указывает ему рав. Говоря иначе, только из познания пути и цели должно быть признание величия рава учеником, но ни в коем случае не из того, что рав рассказывает ему о высоких вещах.

Главное — чтобы то, что открывается нам в пути, способствовало бы нашему исправлению. А то, что они открываются нам, — так ведь это нормально. И нет никакой разницы в том, через кого именно они нам открываются.

Такие проблемы открываются как каждому, так и группе в целом. Поэтому нам нечего стесняться, мы должны говорить как о приятном для нас, так и о проблемах открыто, как на приеме у врача. Ведь с врачом необходимо говорить даже о самых неприятных вещах, о которых не станешь говорить в общественных местах в присутствии других людей. У врача мы открыты и говорим обо всем, точно так же должно быть и в группе: мы всего лишь исцеляем себя. А ведь для того, чтобы начать лечить проблему, нужно о ней узнать.

— *Есть люди, которых вы обижаете, и многие спрашивают: это просто черты вашего характера, как у каждого человека, или это целенаправленное воздействие? Они не понимают, как к этому относиться.*

Отношение к этому — их проблема. Могут быть разные примеры взаимодействия: учитель и ученик, отец и ребенок и т.д. Как можно к этому относиться? В любом случае это я, мое отношение, мое поведение, мои нервы, — и пусть каждый справляется, как хочет. Ему удобно со мной — пусть остается, а если нет — это его проблема, он сам должен ее решить.

— Если бы они понимали, что это целенаправленное воздействие, то знали бы, что и резкость — оправданная, знали бы, как к этому относиться.

А если это просто нервы — тогда что? Нужно просто понять, что обычно нет разделения на целенаправленное воздействие и нецеленаправленное. Человек всегда тот, кем он является. Он не может на протяжении всего пути или в течение долгого периода делать из себя кого-то другого. Каждый ведет себя относительно своего уровня, состояния, в котором находится, и нет тут никакой возможности что-либо сделать. Поэтому не столь важно, делаю я это целенаправленно или нет. Главное, что то, что я делаю, я делаю исходя из того, кем я являюсь.

Ты спрашиваешь, можно ли ученикам показывать свои слабости и ошибки. Я думаю, это лучшее, что может быть.

Ты должен научить человека пути, по которому он пойдет. Значит, тогда ты покажешь ему все то, чем этот путь наполнен: сомнения, бесчисленные вопросы, разочарования, горечь ошибок и стыда, предупреждения, всякие спады, состояния хуже животного, — учитель все это должен и может показывать. Это правильно, и так должно быть. Но не показывать ему разницу между нами: дескать, где ты, а где я. А показать, что те же вещи, с которыми ты не можешь справиться, и я тоже не могу. Я тоже такая же тряпка, как и ты, — и что делать?

Постепенно ты проходишь все тяжелые состояния, поэтому нужно немного терпения. Как получится, так и получится. Возможно, случится и горькая ошибка. Тогда нужно показать ему такие же свои состояния, которые у него сейчас на пути. Пример: скажем, пришло состояние стыда или какое-то разочарование, — как справиться с этим состоянием? Если ученик видит, как я справляюсь с этим, то он учится на этом примере. Он видит, что его учитель — личность, за которой действительно можно смело идти вперед как в хорошем состоянии, так и в плохом.

А если учитель сделает из себя железную стену, то это не будет по-человечески, потому что ученик не сможет ничему научиться. Это самое неправильное, ибо получится, что учитель выбирает себе артистическую форму поведения. Он играет эту роль, это неискренне. Поэтому учитель прежде всего должен сказать своим ученикам так: друзья, я в нескольких шагах впереди вас, но эти шаги — ничто. Да они и сами постепенно это поймут, ничего с этим не поделаешь. Поэтому желательно быть искренним.

— *Это то, что отличает Каббалу от любого другого учения?*

Да, перед Творцом все равны. Более того, сам рав должен заботиться о том, чтобы так и было. Но ученик обязан относиться к раву так, как говорили об этом в Коцке: «Арон кодеш нифтах вэ ребе яца» (открывается святое вместилище Торы, и из него выходит ребе). Из этого примера видно, каким должно быть представление о величии рава в глазах ученика.

Наш Рав был очень открытым, все его проблемы были нам известны, и он не потерял в наших глазах своего величия. Но даже если и терял, это тоже важно, чтобы ученик мог заниматься и продвигаться. То, что я помню, и меня это поддерживает сегодня, так это те моменты, когда он проявлял свою слабость и ошибался и делал вещи, может, не самым правильным образом, — и все равно он продолжал свой путь. Именно такое его отношение и убедило меня следовать за ним.

Правильная критика

— *Где граница в возможной критике товарища и указывании ему на его ошибки, которую нельзя переступать (особенно это важно понимать тем, кто ответственен за что-то)?*

Граница критики — это большая проблема, и она должна решаться естественным образом. Если человек решил высказать критическое замечание, он должен начать с правильного намерения. Существует цель творения — желание дать творению все добро и благо мира. Мы дойдем до этой цели только при условии, если у нас есть друзья, группа, рав, книги, если мы работаем в группе, развиваемся и расширяемся, распространяем Каббалу и так далее.

Если мне кажется важной в данный момент критика кого-то из моих друзей (всех вместе или кого-то конкретно), то вначале нужно решить вопрос о правильном намерении: насколько моя критика будет соответствовать нашей общей цели.

В решении любого вопроса всегда нужно исходить из правильного намерения: если я сделаю кому-то замечание по его работе, то насколько это поможет ему или наоборот? А может быть, мне вообще не стоит этого говорить или делать? Все расчеты должны производиться в точном соответствии с общей конечной целью: находятся ли, соответствуют ли действия товарища нашему общему движению?

Если это соответствует нашему движению, то как бы неприятно мне ни было, я должен оправдать его. Если же это противоречит нашему пути, то не важно, насколько это приятно или неприятно мне, — нужно посоветоваться с еще несколькими товарищами. Есть товарищеские комиссии, на которых нужно совместно прийти к решению конкретного вопроса. После того как вопрос разъяснился, необходимо решить, обнародовать ли его перед всеми. Если это что-то между товарищами, тогда стоит, чтобы об этом все знали и учились. Какая мне разница, как кто-то проводит сейчас урок, хорошо или плохо? Мы должны делать соответствующие выводы для нашей общей группы и для наших внешних групп — и поэтому стоит обсудить это среди всех.

То же самое и с товарищем, у которого я замечаю какие-то неправильные вещи. Нужно вначале разобраться с самим случаем: может, это я неправильно его понял, или я правильно его понял, а это он поступил неверно, или он поступил неверно, но у него были оправдания. И затем переговорить об этом со всеми. После того как разобрались — все, умыли руки и закончили дело, все должно быть так, как будто никогда ничего и не было. Получили урок, и на этом точка! Каждый взял из этого решимот, и забыли об этом случае. Никакого личного отношения к этим конкретным людям.

Ощущения перед махсомом

— *Состояние «ад ше ло маниах ли лишон» (страсть к Творцу не дает мне уснуть) перед махсомом — оно постоянное?*

Бааль Сулам пишет в «Предисловии к ТЭ"С»: «Тому, кто прикладывает большие усилия для достижения состояния раскрытия Творца, раскрывается на некоторое время управление поощрением и наказанием». Вначале он ощущает это, а потом теряет. Может быть, ему больше не дадут этого состояния, а может, и дадут. Может, он достигнет перехода через махсом, а может, и нет, то, что каждый может перейти махсом, — теоретически правда. Эти ощущения не постоянны и могут стать таковыми только после того, как достиг состояния, «приложил усилие и нашел». Однако и прежде могут быть такие моменты, когда чувствуешь что-то.

— Если у меня есть тетрадь, в которой я каждый день пишу о своих состояниях, то может ли это мне помочь увидеть изменения во мне?

Это стоит делать. Мне мой Рав сказал это делать. Я постоянно это пробовал и постепенно перешел к другому виду записей, потому что был занят своими проблемами и мыслями. Мой стиль был более учебный: изучение Каббалы вместе с ее языком и чертежами, внутренняя работа человека, связь между этими вещами. Меня больше интересовало то, как облечь внутреннею работу в различные предельно ясные формулы. В такие формулы, чтобы была возможность передать это от одного другому, даже если говорится о внутренней работе человека.

Я получил толчок записывать это в такой форме. Есть люди, которые, наверно, захотят записывать это в другой форме: только чувства, впечатления, что-то личное. Но, как бы там ни было, советую записывать все в любом случае.

Удовольствие думать о Творце

Несмотря ни на что, мы должны радоваться, когда у нас есть мысли о Творце, — они должны приносить нам радость. В эти минуты я рад, и не важно, что происходит. Важно то, что есть мысли о Нем, и не важно, из чего они следуют: из плохого или хорошего. Главное, что у меня есть мысль, а это связь с Ним. Уже этому я рад. И так я должен все время относиться к мыслям о Нем.

Почему это так важно? Привычка становится второй натурой, а мое тело любит удовольствия. То есть, если я привыкну наслаждаться от мыслей о Творце, то, если и упаду с этого состояния, буду искать наслаждения, а наслаждение возвратит меня обратно к мыслям о Нем. И так будет каждый раз. Таким образом, я буду возвращаться к Нему каждый раз, и удовольствия будут меня обязывать думать о Нем и возвращаться к Нему — и это прекрасно.

Разумеется, в этом примере движущей силой является желание насладиться, но уже то, что я возвращаюсь к Нему в мыслях, — это уже работа. А в дальнейшем то, что «не ради Творца», изменится на «ради Творца». Таким образом, удовольствия мне нужны для того, чтобы вернуться к Творцу. Поэтому я вынужден пользоваться этими удовольствиями, чтобы вернутся к Нему. Это называется «цель облагораживает средства».

— *Связь с Творцом ощущается только в тех случаях, когда есть или удары, или наслаждения, но большую часть времени мы находимся в нейтральном состоянии, ничего не чувствуя.*

Поэтому я и говорю, что человек ищет удовольствия, и пусть приучает себя, что эти удовольствия он может прочувствовать только в связи с Творцом, и тогда он будет искать большей связи с Ним. Подобно тому, как мы счастливы от связи с Творцом, когда нам хорошо, так же мы можем быть счастливы и тогда, когда у нас возникают неприятности, — оттого, что мы понимаем, что их нам посылает Творец. Ощущение связи с Творцом позволяет мне радоваться всем этим состояниям, побуждающим меня к обращению к Нему. Не надо думать, что остальное время, которое проходит в подсознании, когда я не помню ничего или вдруг я забыл на несколько часов или дней о Творце, что оно прошло просто так. Это все Творец делает специально, чтобы обучить меня, а я, соответственно, должен быть бодрствующим и понимающим, что так он напоминает мне о моем истинном положении.

Сейчас, когда мы гуляем вместе и я вижу этот пейзаж, я люблю все окружающее и не люблю города. Я выезжаю отдохнуть на природу специально для того, чтобы запастись здесь «горючим» и обновить мысли. И домой я вернусь уже другим человеком. Обновится все: мысли, сердце, отношение к группе и к товарищам, к людям. Все обновится и будет другим. И это как заново родиться, войти в новый период. Я смотрю на это все и, даже если я не хочу отключиться от группы, чувствую себя обязанным это сделать. Иначе, когда я возвращусь, у меня не будет внутренних обновлений, а обновления могут прийти только от отдаления и от отключения.

В отношении распространения Каббалы многие вещи, которые мы выполняем, никогда не совершали каббалисты на протяжении всей истории. Поэтому то, что мы делаем, — это впервые. У нас нет опыта, и это к лучшему, потому что учит нас истине: все, что в твоих силах и в твоих руках, — делай. Что значит: «в твоих силах и в твоих руках — делай»? Это значит: делай в соответствии с твоим пониманием и внутренним раскрытием (не о руках, конечно же, идет речь). Ведь мы постоянно развиваемся и поэтому каждый раз видим какие-то новые вещи, в соответствии с которыми будем что-то делать.

О распространении же мне, как и вам, нечего сказать. Сказать, что хорошо сейчас и что будет хорошо потом, — этого я не могу. Что лучше: клеить объявления или давать лекции? Это вещи, находящиеся внутри все того же правила: то, что в твоих силах, — делай.

— *Как это может напоминать нам о Творце?*

Каждый раз, когда мы участвуем в распространении Каббалы, необходимо помнить о конечной цели этого, да и вообще любого нашего действия. Конечная наша цель — это раскрытие Творца всему человечеству, т.е. этим мы должны способствовать личному и общему раскрытию Творца. Это то, что мы делаем. Есть ли в этом расположение Творца? Естественно. Как пишет Бааль Сулам: «Нет большего удовольствия Творцу, чем если творения знают Его и принимают Его благодеяния».

Почему нельзя заглянуть в будущее

— *Что случится с человечеством, если огромное количество людей войдет в духовное?*

Если честно, я не знаю. Вы спрашиваете вне правила: пока не достигнем, не будем знать по имени. Может, вам это не очень ясно, но каждая минута, которую человек еще не прочувствовал, для него находится в будущем, то есть еще не вышла из бесконечности, и поэтому ее нельзя ощутить. Я могу просто говорить об этом без всякой основы для этого.

Поэтому я не могу сказать, какие именно изменения могут наступить, если большое количество людей начнут учить Каббалу. Просто так, не входя в духовное. В какой форме при этом могут быть изменения и в каком темпе это продвинет мир даже в сторону осознании зла, не говоря уже о самом раскрытии, — сказать очень сложно.

— *Постижение должно быть самостоятельным?*

Доказательства, примеры человек может увидеть только из того, что он постигает. При этом он видит, насколько то, что он читает в книге, совпадает с тем, что с ним происходит, — это первое. Второе: можно взять человека и поднять его немного за счет Рава, показав ему при этом какие-то вещи, но они никогда не будут для него доказательствами. Почему?

Скажем, прочувствовал я какое-то духовное явление, и что дальше? Что с этим делать? Если это ощущение не мое, то я при этом чувствую себя «голодным» и «пустым». Скажем, я «съел» что-то очень изумительное духовное вчера (духовные ощущения существуют только в особенных, духовных сосудах). Что мне с того, что я ел вчера и был полностью сытым, а сегодня, наоборот, голодный. Ничто в этом случае моему насыщению не помогает. Поэтому если я дам ученику не его духовное ощущение на свой экран, то этим я не то чтобы порчу его, этим я останавливаю его. Невозможно дать другому человеку ощущение в моем кли так, чтобы он прочувствовал это так же, как и я. Почему?

Потому что это мой экран и мой «хисарон» (недостаток), я не могу передать его другому. Творец строит «хисарон» каждого индивидуально. Есть мой «хисарон» и «хисарон» моего ученика. То, что я могу сделать, — это «подключить» ученика к своему ощущению, но не более чем в качестве неодушевленного. Нельзя обойти этот закон. А иначе он включается в мои ощущения, но воспринимает их неодушевленно — это не живое чувство в ощущениях.

Скажем, в момент входа и выхода светов можно сделать так, чтобы ученик почувствовал, что в него вошел какой-то дух и вышел, но какой это дух — ты не знаешь. Какой вкус он дает — ты не чувствуешь. Таким присоединением ученика к Раву никогда не пользуются. Можно этим воспользоваться только в том случае, если ученик находился в разных предыдущих состояниях, — тогда, может, стоит показать ему что-то определенное. Но обычно, чтобы не испортить ученика, каббалист никогда не делает таких вещей.

Ученик обязан самостоятельно дойти до состояния присоединения к Раву и включиться в него, подобно зародышу. Тогда Рав поднимает его, как высшая ступень поднимает низшую.

В работе с группой ты должен использовать этот материал для своего обучения, чтобы в дальнейшем использовать в своем духовном сосуде. Но, конечно же, этого недостаточно: группа — это не высший. Группа является высшим в том, что она больше тебя.

— Может ли группа подняться немного до уровня экрана рава? И что случится с равом и с группой?

Группа — это как ученик. И чем это поможет? Нельзя делать такие вещи: тем самым мы пропустим ступени, которые группа должна пройти самостоятельно и сама развить свой сосуд. Я не могу этого сделать, иначе из группы выйдет что-то неодушевленное. И что это даст тогда группе?

Различие между желаниями и чувствами

Какая разница между желаниями и чувствами? Разница в том, что ты чувствуешь в соответствии с желаниями. Желания — это когда ты только хочешь, но еще ничего не чувствуешь. При этом желания могут быть пустыми, не наполненными никакими чувствами. Пример: «я хочу кушать» и «я уже кушаю».

— Иногда духовный мир называют миром ощущений, а иногда — миром желаний, а иногда — миром сил. Есть ли разница в этих определениях, или все они существуют только относительно того, кто их так называет?

Духовность — это ощущения. Кроме ощущений человека, нет ничего, но ощущения, которые мы испытываем сейчас, совершенно отличны от духовных ощущений. Ощущения, которые мы получаем посредством наших пяти органов чувств, происходят от маленького свечения в духовном. Когда приходят настоящие ощущения, то они захватывают человека с головы до ног, и это уже совсем другое ощущение, для определения которого нет слов.

Человек после махсома все время находится в ощущении присутствия Творца, это не исчезает, и он все время находится в движениях и чувствует эти движения, он включается в работу. Эта внутренняя работа настолько захватывает его, что большего ему и не нужно — только включиться в эту работу, которая уже и есть связь с Творцом. Тот, кто перешел через махсом, находится в другой реальности.

Говорят, что «камень» больше чувствует Творца, чем «растение», а «растение» — больше, чем «животное», а «животное», соответственно, больше, чем «говорящее». В «говорящем», «животном» и «растительном» уровнях больше своих собственных желаний. Человек живет огромным количеством своих желаний: еда, питье, животные потребности, стремление к власти, деньгам, наукам. Имея такое количество собственных желаний, ему, конечно же, намного тяжелее почувствовать желание Творца.

Каким же образом он может почувствовать, что соединен с Творцом? Когда все свои желания он начинает нейтрализовывать только для того, чтобы они были соединены с Творцом, а иначе он не хочет пользоваться ими. И только когда проделает всю эту работу, только тогда он и дойдет до ощущения Творца.

«Неживому» же уровню или «растительному» не от чего отказываться, он и так «камень» — ничего не хочет, и, поскольку ничего не желает, а только уподобиться Творцу, работа его намного меньше, чем у развитого человека.

То же самое и с обычным человеком: живет какой-то фермер, ничего он не хочет, так же, как его корова, — что ему нейтрализовывать? Есть ли у него такие вещи, из-за которых ему тяжело почувствовать Творца? Его дорога легче.

Для чего нужен этот мир? Я тебе скажу по-простому. У нас есть два периода: «двойное сокрытие» и «простое сокрытие»; оба они в этом мире. Это состояния полного или частичного сокрытия от нас света Творца. А затем — периоды поощрения и наказания и вечной любви, но они уже в духовном. Если бы мы не проходили периоды «двойного сокрытия» и «простого сокрытия», мы бы вообще не чувствовали, что все происходит по чьей-то программе, что есть Творец вообще, что Он хочет чего-то от нас, что у нас есть какие-либо обязательства по отношению к Нему.

Если мы ничего не чувствуем, то это вовсе не означает, что ничего не происходит. Все равно происходит, только мы этого не осознаем. Этапы сокрытия при этом мы тоже проходим, только на очень низком уровне: я хочу кушать, пить, мучаюсь от болезней или когда, не дай Б-г, умираю. На этом уровне нет ничего, кроме мучений.

До махсома у человека нет сильных ощущений, поскольку период «сокрытия» все скрывает. Когда же мы входим в духовное, мы получаем раскрытие тех же самых желаний-сосудов, которыми пользовались и раньше. Те этапы, которые мы пройдем в духовном до нашего окончательного исправления, все их можно пройти буквально в течение нескольких лет, пять, десять, не важно.

Ари, Бааль Сулам в течение нескольких лет прошли весь духовный путь, пока пришли к вершине. Почему же нам нужны 6000 лет? По закону подобия корня и ветви мир будет продвигаться к окончательному исправлению 6000 лет. Так что — осталось около 240 лет? 5762 года мы мучаемся, и только какие-то 240 последних лет мы начинаем работать? А пока еще весь мир начнет работать — это возьмет еще пару десятков лет.

Так почему же это так происходит? Потому что мы представляем собой материальные, маленькие сосуды, закрытые для света Творца. Мы находимся в состоянии «сокрытия». То, что случается в «сокрытии», — это как в пирамиде: на неживом уровне, где находится самый нижний, самый широкий и самый многочисленный слой, — на этом уровне большое количество людей в течение поколений обрекаются на длительные и тяжелые страдания. В результате пружина страданий рано или поздно срабатывает в обратную сторону с силой, обратно пропорциональной силе сжатия. И это самый благоприятный момент для выхода в духовное.

Тысячи лет, из поколения в поколение мы были в состоянии «сокрытия». И в результате сегодня мы имеем возможность в течение одного кругооборота войти в духовное. Это стало возможным именно благодаря «двойному сокрытию», с одной стороны, и мощному «раскрытию», с другой стороны.

Совет Учителя начинающему

У начинающих есть такое мнение: если ты чувствуешь что-то близкое к разочарованию или бессилию, ты находишься перед истинной молитвой к Творцу. Обычно человек думает, что он в состоянии «запрограммировать» свои мысли и ощущения: если я подумаю или почувствую каким-то определенным образом, то это будет правильнее. Как будто он может самостоятельно управлять своим отношением к духовному уже на уровне желаний.

Все, что может делать человек, — это его действия. Свои желания, ощущения и мысли он получает сверху в виде реакций на свои же действия, на то, насколько он вкладывает себя в работу. Насколько он работает по распространению Каббалы, в учебе и т.д., настолько и меняются его мысли, ощущения и желания. А это значит, что человек должен совершать больше действий. Ну что он может сделать с мыслями: «Я сейчас думаю, что я думаю о Творце» или «Я сейчас буду думать "ради отдачи"», — это же ерунда.

Это подобно ребенку, который играет во что-то нереальное, в несуществующих персонажей. Но как я могу обязать себя, чтобы пришла сейчас ко мне мысль о том, что я сейчас буду представлять или думать. Или чтобы пришла сейчас ко мне мысль или желание, которое бы родило мысли о том, как это совершить, и т.д. Только исходя из настоящих своих действий я определяю то, чего я буду хотеть и о чем я буду думать.

Я вижу по людям, что они сожалеют, когда думают о плохих вещах: ой, ну зачем я опять вернулся к этому? Об этом не надо сожалеть: то, что ты находишься в какой-то мысли и в каком то желании, — это не твое. Это то, что тебе послали, и ты должен это пройти. Это только последствия твоей предыдущей работы и пути, который ты должен пройти для исправления. В результате твоей работы ты их продвигаешь, а что уж приходит, то и приходит. Сейчас, исходя из этого, начни вновь работать ради цели.

— А что значит — вновь для цели? Я сейчас закрываю глаза и больше не думаю об этом?

Ну что значит — ты не будешь думать об этом? Ты начни сейчас совершать какие-то действия, не важно, какие, — то, что в твоих возможностях. Даже, если хочешь, думай, что ты не хочешь об этом думать. Но пойми раз и навсегда: мысли и ощущения которые приходят к тебе, — они вообще не твои, ты сопротивляешься им, но не над этим ты должен работать. Бессмысленно сопротивляться тому, что тебе сейчас послали. Послали тебе мысль — ну так что? Все это только для того, чтобы продвинуть тебя дальше.

Как правильно организовать учебу

Во главу занятий поставь себе простую цель. Духовную ты подразумеваешь. Дело в том, что все определяется желанием. А если желания нет, то никакие практические действия не помогут. С помощью группы человек может вызвать в себе и увеличить желание к Творцу. Это достигается такими действиями, как подготовка материалов для книги, перевод статьи Рабаша и т.д. Или же стоит записывать уроки. Я в свое время принял на себя такое обязательство. Я понял, что сижу и занимаюсь у самого великого каббалиста последних поколений.

Он был последним великим каббалистом наших поколений: подобного ему больше нет! Это я почему-то точно знал, хотя я еще ничего не понимал в духовном. Может быть, потому, что я встречал много так называемых «учителей» с большими регалиями и видел, что это все совершенно пустое.

Уже потом я осознал каббалистическую цепь: Моше Рабейну, раби Шимон, Ари, Бааль Шем Тов, Бааль Сулам, рав Барух — мой ребе. Я много ездил и искал. В то время вокруг Каббалы было тихо. Вдруг объявился какой-то каббалист в Холоне. Я сразу же поехал к нему узнать, кто такой. Он преподавал, например, что омовение рук — это очищение рук и т.д.

Подобные «системы» убедили меня в том, что мой Ребе, в отличие от других, последний из числа каббалистов на Земле, который имеет знания свыше. Больше некого будет спросить, остальные будут вытаскивать знания из своей головы. Поэтому я сидел и писал. Урок для меня заключался в том, что я слушал и записывал. И когда материал был совершенно непонятен, я записывал для будущих поколений.

И это очень помогало. Из тех двенадцати лет, что я провел с ребе, было примерно месяца три-четыре, когда я иногда засыпал на уроках. Я считаю, что это очень хорошо. Изучал я тогда такой материал, который не мог осилить, т.е. не воспринимал совершенно: не мог связать в себе воедино начало и конец — ни чисто научно (математически, физически), ни каким-либо другим образом. При этом очень важно взять на себя какую-то дополнительную цель, не зависящую от твоего настроения. Нужна конкретная цель, которая обязывала бы тебя к развитию.

Когда Ребе не стало, я опять поставил себе задачу: все, что я накопил, должен издать. Самой первой по важности была книга «Шамати» — просто нет цены. И это действительно так.

Вся духовная работа по методикам Бааль Шем Това, Ари и раби Шимона была обобщена и собрана вместе Бааль Суламом. Такую методику не смогли сформулировать каббалисты, которые были до него, т.к. еще не было тех, для кого она предназначалась. Поэтому им не давали выразить и сконцентрировать соответствующую мысль. Бааль Сулам смог ее выразить, ребе передал ее мне, а я уже должен передать ее миру.

Он не сказал мне, чтобы я это издавал или не издавал. Он сказал так: «Возьми и пользуйся. Это — тебе». Но он знал, что я всегда веду дела вперед и вширь. Поэтому он наверняка знал, что я захочу эти знания передать миру. Я издал сначала «Шамати», затем «Даргот аСулам». Вскоре — на русском языке четвертую книжку. И думал, что теперь мне уже ничего не надо делать. Но опять-таки начали собираться ученики, и начала рождаться группа: сначала из старых учеников, потом из новых.

Поэтому возникла потребность в изложении материала. С другой стороны, я тебе скажу чисто утилитарно: надо чем-то заниматься. Когда ты просто сидишь дома и учишься, то у тебя нет осязаемой цели: она чисто духовная — это очень слабенькая опора.

И поэтому я снова взялся за свою систему и решил, что буду писать книгу на русском языке. Почему на русском? Можно было бы брать кассеты Ребе и переносить их на бумагу, обрабатывать и издавать книжки. И не важно, покупали бы их или нет: в любом случае я бы их издал. Обстоятельства не дали мне выучить литературный иврит, поэтому я и стал это делать на русском языке.

Что я хочу этим сказать? Надо обязательно ставить себе во главе занятий какую-то простую цель — не духовную. Духовную ты подразумеваешь. Но если духовная цель все время будет перед тобой, то, возможно, ты ничего не сможешь делать несколько дней в неделю или в месяц, — это зависит, конечно, от обстоятельств, от человека. Но если стоит перед тобой четкая нормальная цель типа: «Я сегодня должен проработать столько-то часов, страниц», то этим ты можешь держать себя в рамках.

Эти рамки, как группа или занятия, — самые надежные рамки. Поэтому каждый должен поступать так же. Например, обрабатывать ТЭ"С. Нужно составлять максимально понятные графики, таблицы, диалоги в виде вопросов и ответов. Из многотомника ТЭ"С должна получиться книга в 300 страниц, которая бы объясняла все проще.

Не важен способ: резюме ли делать, чертежи с таблицами или диалоги в виде вопросов и ответов. Самое главное — человек должен этим жить, ибо в этом цель всех 2000 страниц ТЭ"С.

Если цель творения такая сладкая...

— Если цель творения такая сладкая и хорошая, то почему все к ней не торопятся? А у тех, кто стремится к ней, нет сил до нее добраться?

Я скажу тебе. Прибыл я однажды на урок к Ребе в 3.30 утра. Был сильный дождь. Приехал я с трудом к 3.30, а может быть, даже позже. Пока добирался, машина сломалась по дороге из Реховота. Пришлось оставить ее между Нес-Ционой и Реховотом. Кто-то сделал мне одолжение и довез меня ночью попутно. И вот наконец приехал я к Ребе весь вымокший и злой после часа такой поездки.

Когда я приехал, Ребе сидел в комнате один. Он, понятно, волнуется: почему люди не приезжают, что случилось? Через некоторое время начали приходить. Он думал, что я приехал на машине и поеду сейчас собирать людей. Поэтому и говорит: пойди позвони одному, позвони другому. Нет никого, кто бы поехал собирать их. Тогда я был единственный, у кого была машина. Я пошел звонить. Возвращаюсь к Ребе, и он спрашивает:

— Скажи мне, почему такой-то не пришел?

Я ему отвечаю:

— Он сказал, что в такой дождь не имеет сил выйти из дома. Что же он может сделать?

— А теперь спроси себя: почему ты все-таки пришел в такой сильный дождь?

— Что же я могу сделать? — снова говорю я.

В этой истории есть два варианта заданного вопроса:
1) Что делать, если идет такой ливень?
2) Что делать, если есть цель, которая заставляет?

Это все. Нет выбора у человека, который продвигается. Цель не оставит его в покое. Нет выбора и у человека, который оставляет эту цель, хотя она выглядит большой и важной. Оставляет из-за страха перед неудачей, перед возможностью потратить жизнь впустую, потерять другие цели, на которых основывается общество. Деньги, власть — общество очень уважает эти приобретения. Скажи кому-то, что ты достиг их, — и будут тебя уважать и возвышать за это. Тогда человек начинает гордиться своими материальными достижениями. И ему очень тяжело оставить все это.

Все эти материальные категории должны стать никчемными, мелкими для тебя. Взамен их вместо привычного для тебя общества, которое составляет для тебя почти весь мир, необходимо построить другое общество, которое будет усиливать духовные категории, к которым ты стремишься. Теперь ты видишь, какая группа должна быть у нас, о чем надо говорить на заседании группы?

Возвышение нашей духовной цели должно стать важнее почета, денег, власти и знаний. Теперь подумай о том, какую систему мы должны построить, чтобы усилить эту духовную цель. И посмотри, как много работы. А если не выполнишь ее, то не выдержишь! Потому что человек должен пройти эти этапы еще до того, как полностью разуверится в важности всего материального относительно духовности и цели. Только благодаря группе человек получает возможность удерживать правильное намерение.

Однако я уверен, что каждый еще не один раз упадет и пустится в погоню за почетом, деньгами, уважением...

Отношения с учениками

Каким образом учитель, который еще не достиг духовного уровня, может развиваться так, чтобы его группа не послужила ему препятствием в духовном продвижении и не начала подавать повод ему считать себя большим и почитаемым равом? Каким образом сделать так, чтобы не начать почивать на лаврах и на этом не закончить свое духовное продвижение? Каким образом можно себя стабилизировать, правильно направить и продвигаться так, чтобы продвигалась группа и продвигался учитель? Ведь если учитель меняет направление, то и группа из учеников-каббалистов превращается в хасидскую.

Единственное, на что мы можем рассчитывать, — это не на духовные знания, а на обычные земные «подпорки». Самая большая и страшная ошибка начинающих, которые, когда остаются одни, без рава, не понимая, каким образом продвигаться, состоит в том, что они сразу начинают выдумывать для себя какие-то духовные теории. А духовные теории выдумывать не надо, и не надо с ними ничего делать. Единственное, что надо делать, — это создать себе простые земные рамки. И в этих земных рамках существовать.

Совершают ошибку те, кто жонглирует разными теориями, напоминает, что говорил такой-то рав, спорит с другими о том, кто из них духовно выше. А ведь это совершенно неправильно: не надо доказывать друг другу свою правоту. А если уж и доказывать, то чисто земными вещами, но ни в коем случае не в духовных понятиях. Нехорошо, когда начинают доказывать свою правоту, свои знания на основании вещей, которых еще сами не достигли.

В случае, если ученик остался один, без рава и не знает, что делать, как идти, он обязательно должен создать чисто технические «подпорки» в нашем мире. Что бы я посоветовал? Если группа смешанная (состоящая из мужчин и женщин), то хорошо, когда на уроке сидит твоя жена. Это самый лучший вариант. Почему? Потому что в таком случае ты не будешь зазнаваться:

рядом с тобой будет человек, который тебя контролирует и перед которым ты не можешь врать. Поэтому и материал ты будешь излагать правильно — как группе, так и самому себе, — что крайне важно.

Если же группа раздельная, то обязателен контроль товарищей, который бы сдерживал тебя, чтобы внутри себя ты не начал сам себе лгать: какой ты умный, какой ты большой и т.д. Лучше, если поделишь урок пополам: первую часть урока ведешь ты, а вторую — твой товарищ. И чтобы он был не хуже тебя. Чтобы он объяснял другую часть материала. И тогда вы оба преуспеете. Но если ты останешься один, лицом к лицу с группой, то никто не сможет гарантировать тебе, что ты действительно пойдешь прямой и правильной дорогой.

Правильная расстановка ценностей

Необходимо заботиться как об общем, так и о частном. Если группа не в состоянии правильно расставить акценты, то как один человек сможет сделать это? Обязательно должна быть двусторонняя работа. Ученики должны сами понять и правильно расставить в соответствии с духовным путем и его целью такие составляющие жизни, как почет, знания, деньги, власть. Каждый должен это делать. Об этом надо говорить в группе и друг с другом. Тогда будет правильная оценка состояний во всей группе. Тогда каждый сможет черпать силы в группе. В этом состоит работа каждого и всей группы. По-другому ничего не получится.

Перед тем как сделать что-то, человек должен себе сказать: «Нет никого, кроме Него!» И этим привести себя к соответствию с целью, к тому, что он сейчас делает. Только так и продвигаться. Поэтому работа по расстановке ценностей — самая важная. Для этого очень полезно собирать статьи, цитаты, беседы, высказывания Бааль Сулама и рава Баруха, которые говорят о важности духовного по сравнению с материальным.

Почему? Когда ты собираешь материал, работаешь над ним, говоришь о нем и вкладываешь в него силы, то это становится очень важным для тебя — ты начинаешь ценить это. Эта тема становится дорога тебе, и это тебя поднимает. Если мы хотим достичь духовного продвижения, то нужно идти к этому через материальный мир и с его помощью. А иначе человек теряется: он не знает, где находится.

Например, один товарищ видит в другом недостатки: видит, как тот калечит себя и группу, в которой преподает. Все тот делает неправильно: какой он зазнайка, гордец, как он делает из себя такого большого, чтобы все обращали внимание только на него, а не на Творца, чтобы все ученики были только на нем сосредоточены.

А сегодня он же видит совсем другое: вместо плохого видит уже хорошего преподавателя, который замечательно ведет группу, схватывает людей и сразу же соединяет их воедино. Причем так, что они готовы на все. Тогда кто же более прав — наш товарищ вчера или он же сегодня? Откуда это можно знать, если он видит, что ни сегодня, ни вчера он не может понять четко, кто же он?

Дело в том, что оба наших товарища постоянно меняются, поэтому и нет правды ни в том, ни в другом состоянии. Просто все эти состояния даются для того, чтобы их пройти. Что это значит — пройти определенное состояние? Проживая его, анализируя, сделать определенные выводы. Как же справиться с этими состояниями? Это действительно проблема!

В каждом из нас есть желание обладать такими внутренними свойствами, чтобы сразу схватить массы, любую группу, привлечь их, заставить их быть под собой, каждое слово говорить так, чтобы они его ждали, чтобы они в нем жили. Каждый из нас внутри хотел бы этого. Как сделать так, чтобы это не принесло вред, а принесло бы пользу, если это в любом случае уже есть во мне?

Нет ни одного свойства в человеке, которое нельзя было бы использовать для духовного продвижения. Например, умение преподавать — очень завидная черта. И правильно, что этому завидуют. Кто не завидует, тот просто не понимает, что ему этого не хватает. Нужно правильно использовать это. Как я говорил, важно в случае смешанной группы брать с собой жену, а в случае мужской — работать вместе с товарищем, который будет преподавать вместе с тобой, а не просто сидеть в зале.

Самое лучшее — это менять преподавателей, чтобы люди видели, что есть много других. И тогда они будут направлены к Творцу. Они будут видеть, что все остальные просто преподаватели, а вовсе не полубоги.

Как относиться к Раву

Об этом говорится в статье «К окончанию книги «Зоар». Ученик должен верить в то, что, настраиваясь на волну рава, он настраивается на Творца. Настроиться на Творца напрямую очень тяжело. Все могут сказать, что они любят Творца. А проверить это можно либо на группе, либо на раве. И не так важно то, что ученик делает раву, товарищу или группе, как важно его устремление, внутреннее и сердечное желание. Важно, чтобы все время вставал вопрос: а для чего ты это делаешь? Ведь именно это в основном и толкает ученика дальше. И этим пусть он и занимается. Только после этого можно четко проверять свое отношение к Творцу.

Речь идет о духовном продвижении снизу вверх. Но когда человек начинает получать помощь свыше, то его начинают обучать и создавать в нем новые духовные ощущения. Он начинает ощущать сначала Творца, а затем через это ощущать и рава. Далее он ощущает группу и затем каждого своего товарища.

То есть в своей работе пусть сначала попробует себя на товарище, на группе, на раве и потом на Творце. Но когда он получит, то он получит вначале от Творца. А затем он увидит, что и его рав подобен Творцу, и группа его подобна Творцу, и товарищи его подобны Творцу.

Ученик должен служить раву. Служить раву — это значит исполнять то, что рав считает нужным, важным. Если рав считает, что нужно мыть полы у него дома, то ученик должен прийти к нему домой и мыть пол. Если же рав считает, что нужно сделать хорошую рекламу, помочь товарищам в женитьбе или в поиске работы, тогда тот, кто этим занимается, — он и служит раву.

Непосредственная служба раву происходит в соответствии с потребностью. У меня было по-другому, возможно, потому, что не было около Ребе кого-то другого. Возможно, если бы вокруг него находились другие ученики, он выбрал бы их. Было там несколько человек, которые делали бы это с большим усердием. Они были хасидами по своему складу. Но тот, кто продвигается духовно, получает свыше разные вопросы относительно Рава. Это все очень непросто.

Почему же нужно служить Раву? Когда продвигаешься к цели, тебе дают такие сомнения и такие мысли, что, преодолевая их, ты растешь. Точно так было у меня с Ребе. Рядом с ним были люди, которые, я уверен, прислуживали бы ему намного лучше меня. Это потому, что они были не эгоистичны, они ни разу не подумали о Ребе плохо и всегда любили его.

А у меня всегда было много сомнений. Я всегда спрашивал его, правда ли, что он большой рав, или, может быть, стоит поискать кого-то другого. Может быть, именно поэтому он и выбрал меня, так как видел — такая работа даст мне продвижение, а им нет. А другие ученики в соответствии с типом их душ не требовали ответов на эти вопросы. Они были просто преданы ему, поэтому продолжали учебу с желанием служить ребе.

Я хочу этим сказать, что надо не стесняться прислуживать Раву, группе. И служить во всех целях, которые Рав считает важными. Но в то же время не бояться мыслей и критики, которые приходят против Рава.

Сколько раз я видел Ребе в неприятных ситуациях! Это просто сверху его пристыживали. Было у меня много мыслей по этому поводу. Но с помощью Творца как-то прошел, пересилил все это. Именно это и давало мне подъем за подъемом. Подобные состояния, с одной стороны, нельзя сбрасывать со счетов, а с другой стороны, их надо принимать и понимать, что их должны пройти и Рав, и ученик. Благодаря этому они оба поднимаются. Рав поднимается с помощью ученика, а ученик поднимается только с помощью Рава.

Мудрый — это тот, кто дошел до конца и видит зарождающееся, а не тот, кто думает уже в самом начале, что он много понимает, и поэтому обо всем судит в соответствии со своим животным уровнем.

Пример организации группы

Все наша деятельность делиться на:
1) Просветительская работа (распространение Учения),
2) Духовная работа (в группе товарищей).

1) Просветительская деятельность должна выполняться нами как необходимая и постоянная работа, как на предприятии. Так и назовем ее - «предприятие». Предприятие должно быть построено по форме и по принципам, как любое коммерческое предприятие. Подчинение младшего по должности старшему. Ни в коем случае не следует примешивать к производственным отношениям отношения товарищеские. Руководители подбираются по их профессиональным качествам, а не по духовным. Руководители предприятия обязаны вести свои дела ни в коем случае не смешивая товарищеские отношения с производственными.

2) Духовная деятельность или деятельность в группе - самое важное для нашего духовного продвижения. Она состоит из нескольких частей:

— «Комитет развития товарищеских отношений» - состоит из нескольких избранных по их духовным качествам участия, любви и заботы о духовном уровне группы, товарищей, заботится о возвышении величия Творца и цели в группе, чтобы эта идея овладевала членами группы все больше и вела их в жизни постоянно. Комитет заботиться о создании аттмосферы любви между товарищами, о сплочении группы. Комитет - это ведущая духовная частью группы. Решения комитета должны выноситьсяс на общее собрание группы и после обсуждения приниматься к выполнению. Комитет имеет право настоять на исключении человека из группы. В таком случае его работа на «предприятии» автоматически прекращается.

— «Комитет контроля товарищеских отношений» - состоит из нескольких избранных по их духовным качествам критики и видения недостатков в отдаче каждого члены группы. Дополняет «комитет развития товарищеских отношений». Обязан постоянно выдавать данные, необходимые для работы «комитета развития товарищеских отношений». Никоим образом не имеет никакого права на самостоятельные действия, а только на заявления в «комитет развития товарищеских отношений».

Как достичь цели

Не зря написано: «Все, что в твоих силах сделать, — делай!» В каждый момент времени нужно делать все, что от тебя зависит. Иногда легче стремиться к цели посредствам чего-то одного, другой раз — посредствам чего-то другого. Это зависит от характера человека, от времени, от настроения и т.д.

Я, например, пишу одновременно несколько книг. Застопорилась одна тема — я перехожу к другой. Так же учимся и мы: в начале урока идет одна тема, затем другая, третья. Нужно учиться и учить, читать статьи и письма. Ты должен работать для группы, работать на кухне, служить товарищам по группе, служить Раву. Постоянно ищи и делай то, что ты можешь сделать ради цели в данный момент.

Чтобы приблизиться к цели, я должен использовать ради этого весь мир, все, что создал Творец. Каждый участник группы должен иметь определенную должность. И эти должности должны меняться, иначе мы не сможем понять своих товарищей. Скажем, если я ни разу не работал на кухне, не делал перевод статей, то как я смогу понять тяжесть этой работы? Как я смогу понять тех товарищей, которые ею занимаются? Нужно меняться должностями в зависимости от состояния человека в данный момент.

Возможно, что в какой-то день я просто не в состоянии давать урок в своей группе. Возможно, у меня плохое настроение, а я не хочу, чтобы в группе это почувствовали. Тогда я прошу своего товарища, чтобы он провел сегодня занятия в моей группе, а я вместо него поработаю на кухне.

Если группа продвигается хорошо, привержена цели — с помощью Рава или даже без него, то она начинает постепенно ощущать проявление ступеней продвижения, т.е. Творца.

Что такое «открытие лица Творца»

Это когда группа начинает ощущать, осознавать управление Творцом. Как Творец действует по отношению к каждому в отдельности, ко всей группе в целом? С помощью возбуждения, с одной стороны, и с помощью помех, с другой стороны. Творец соединяет это вместе так, что человек находится между возбуждением к духовному снизу вверх и помехами, спускаемыми Творцом сверху вниз. По этой причине человек испытывает страх, неудовлетворенность, стыд, потерю направления пути. И тогда человек начинает видеть в этом работу Творца, который проводит все эти противоречивые чувства через его сердце.

И чем дальше, тем чувства будут все более противоречивыми. Человек просто должен пройти их, прочувствовать их. Мы как бы идем по определенной тропинке. И мы знаем, что каждый шаг неприятен, поскольку открывается обратная сторона ступени продвижения. И только потом открывается лицевая часть ступени. Это и есть приоткрытие лица Творца. И так на каждой ступени. Вначале мы всегда видим обратную сторону. Время ее прохождения мы можем укоротить и пройти ее быстрее.

Здесь имеется в виду продвижение верой выше знания, продвижение с помощью группы и учебы. И так все время: сокрытие — открытие. Подобно тому, как раби Шимон вдруг чувствует себя «Шимоном с рынка». А ведь это говорится об очень высокой ступени! Но он чувствует себя просто Шимоном с рынка и никем другим. А уж после этого он вдруг ощущает, что упал: я Шимон с рынка, и я раби Шимон, который упал в состояние «Шимон с рынка». Это уже раскрытие того, что придет после, — открытие лица Творца. Того, что человек достигнет стать раби Шимоном во всем его величии.

Почему мы поддаемся чувству?

Чувство властвует над всем: человек полностью живет чувствами. Только так он ощущает. Случается, что ты полностью забываешь о духовной работе? Так происходит, например, когда ты испытываешь какое-то наслаждение и оно полностью овладевает тобой. Тогда ты ничего, кроме него, не чувствуешь. Даже не хочешь, чтобы Творец открылся тебе сейчас, т.к. от этого ты потеряешь наслаждение. Раскройся, но только не сейчас, после, но не сейчас. Это называется чувством сокрытия Творца.

Чувство сокрытия Творца может быть и намного сильнее: до такой степени, что человек полностью забывает о существовании Творца. Например, на меня нападают вдруг несколько человек. В этот момент я забываю о Творце. Должен ли я вести себя так же, как и они? Как я должен себя вести, если вместе с ними ко мне приходит чувство страха? В этот момент чувство страха властвует — это и есть обратная сторона более высокой ступени.

Творец сделал так, чтобы внутри меня властвовал страх. Причем в такой форме, что он отталкивает, вытесняет, притупляет чувство существования, управления Творца, даже вообще мысль о Нем. И тогда человек находится только в страхе, в противостоянии. Точно так же, как весь мир получает только небольшой фрагмент действительности. Если я нахожусь в состоянии двойного сокрытия, тут ничего не поделаешь — это мое состояние на данный момент.

Затем, когда Творец дает мне возможность увидеть, что за всем этим стоит Он, что именно Он устроил все в моей жизни, тогда я начинаю себя вести в соответствие с этим открытием. Каждый человек ведет себя в соответствии с той ступенью, на которой он находится: он не хозяин в выборе вида поведения.

И он начинает видеть ту же картину совсем по-другому. Я вижу уже людей, не внушающих мне страх, а приносящих понимание того, что это Творец так поступает со мной. Он хочет, чтобы я устоял, чтобы повел себя определенным образом в данной ситуации. Главное, что я должен сделать, — это поймать ощущение существования Творца.

А внутри этого ощущения нужно противостоять сложившейся ситуации. Тогда то, что я делаю, несмотря на помехи, не прерывает мою связь с Творцом. Я не теряю понимания того, что это Он делает мне. В соответствии с этим я увеличиваю связь с Творцом. Этот процесс может происходить только в «простом сокрытии».

После этого есть еще работа. После того как понял, что все от Творца, нужно спросить себя: для чего мне нужна связь с Ним? Для того, чтобы не испытывать чувство страха? Использовать Его, чтобы спрятаться от проблем? Могут быть самые разные состояния. Творец играет с этим. Тебе только кажется это настоящим. Потом ты видишь, что это была игра.

И тут я должен определиться. В принципе я уже определился: здесь — Творец, а там — помеха. Но я властвую над ней и держу связь с Творцом. А сейчас что мне делать дальше? Я должен определить свое отношение к Творцу. Зачем мне нужна связь с Ним? Чтобы я чувствовал себя хорошо, или я хочу, чтобы Творец помог мне, или у меня совершенно другой расчет?

Помехи мне нужны не для того, чтобы было хорошо, а для того, чтобы радовать Творца. Но в какой форме? Если я нахожусь в отрыве от Него, в отдалении от Него, то я сожалею об этом. При этом Он сожалеет намного больше, чем я, — как любящая мать о своем младенце.

Теперь, когда я определил свое отношение к помехе, я начинаю даже любить ее. Почему? Потому что благодаря ей я ощутил связь с Творцом! Сейчас я начинаю оправдывать отношение Творца ко мне, потому что, преодолевая помеху с правильным намерением, могу дать наслаждение Творцу. Тяжело мне словами передать это! Это уже опыт, который дается человеку перед прохождением махсома (граница между материальным и духовным). Это уже очень хорошая учеба перед махсомом.

До махсома этот опыт находится в желании «ради себя», но человек получает уже определенного типа оттенки состояний, существующих после махсома. После махсома нет ни «двойного», ни «простого сокрытия»: подъемы и падения имеют уже совершенно иной характер. После махсома контроль развития идет в соответствии с категориями «вознаграждение — наказание» и «полное управление».

— *Что делать, если у меня возникает необходимость высказать критику в адрес кого-либо из товарищей?*

Записать! Записать в тетрадь то, что ты намерен критиковать. А потом записать проверку своей критики. А потом — результаты проверки.

Если я делаю так, то моя критика будет действенной, а не просто результатом моего раздражения. Критика должна быть всегда с определенной целью. Я должен связать ее прежде всего с линией: Творец — цель — группа — рав — товарищи и т.д. А затем определить, чего конкретно я хочу достичь посредством критики, что выиграть? Не стоит просто так, бесцельно кричать о проблеме и нервничать.

— *Что можно сделать, если работа забирает все силы?*

Трудно сказать. Может быть, просто найти другую работу, чтобы было полегче. Или распределить свой день по-другому. Или хотя бы час в день уделять учебе. Допустим, из трех часов, которые находишься здесь утром, берешь на себя обязанность какой-то период активно заниматься, а потом засыпаешь. Сказать себе, поставить условие: «Вот сейчас в течение одного часа я занимаюсь!»

То же самое и вечером: «Сейчас я полчаса отдаю кухне, а потом иду домой, т.к. если я не высплюсь, то не смогу работать». Человек должен поставить себе хоть маленькие, но границы — и держаться этого. Пусть это будет один час утром и полчаса вечером. Это время он отдает Творцу душой и сердцем.

— *Как проверить, что действие — целенаправленное?*

Если в начале действия присутствовали Творец, рав и группа и в конце действия тоже присутствуют Творец, рав и группа, тогда все это соединяется вместе несмотря ни на какие трудности, разные мысли и путаницу. Если мы можем связать с причинами и следствиями себя, Творца и своих товарищей, тогда это действие выполняется правильно.

— *Какое желания легче всего сократить?*

Нет такого желания. Каждое из них может стать настолько большим, что человек не сможет противостоять ему. Сверху могут бросить человека в любое желание, и он не сможет отделаться от него и будет полностью зависим от него.

Вопрос в другом: как сделать сокращение на желание? Прежде всего нужно сделать сокращение на все свои желания: я сейчас отключаюсь от всего, убегаю в мысль, что Творец управляет всем и я должен быть связан с Ним. А уж затем необходимо выяснить, какие из желаний я могу поднять к этому состоянию, какие из них соединить с ним.

Таким образом, с самого начала надо сократить все желания. А потом проверять одно желание за другим: с каким из них я смогу справиться в соответствии с целью, а с каким — нет.

— *Как делать добро группе без того, чтобы получать вознаграждение за это?*

Человек не должен просить плату у группы, но должен просить плату у Творца, чтобы помог ему увидеть правду, увидеть самую великую вещь. Что же это за правда, которой нужно достичь? Что значит вообще достичь правды? Этого я не знаю.

Но я действую по такому принципу: я вкладываю силы во что-то одно, а получаю плату от кого то другого, от Творца. Эта плата состоит в том, что Он показывает мне, как Он связан со мной, что получает радость от меня, Он показывает мне, как хорошо для меня быть в связи с Ним.

Не важно, как ты строишь связь с Творцом: с намерением «ради себя» или с намерением «ради Творца». Самое главное — это связь с Ним. И это должно быть моей платой, моим вознаграждением. А место приложения усилий — это группа, рав и т.д.

— *Почему перед махсомом нет ощущения, что не хватает рава?*

Перед махсомом человек вообще не чувствует, откуда к нему приходит Высшая Сила: раскрывается она — человек верит в Творца, не раскрывается — пропадает вера. То есть совершенно нет у него четкого и постоянного ощущения Творца — это во-первых.

Во-вторых, все желания человека, как маленькие, так и большие, существуют лишь для собственного удовольствия и насыщения. В таком случае естественно, что он не чувствует ни в ком высшем никакой потребности. Поэтому его отношения к Творцу и к раву такие, что они ему не нужны, что они только средство для достижения цели.

Он еще не понимает, не соединяет воедино то, что его учеба, его рав, его путь и его Творец — это одно и тоже. Для него это совершенно разные вещи. Поэтому, естественно, никаких желаний и положительных эмоций ни к раву, ни к Творцу он не ощущает. А начинает ощущать это только тогда, когда понимает, что они что-то делают для него и ради него.

Как Творец управляет нами

Мы не можем понять, как Он управляет нами. Мы можем только верить в то, что все Его воздействия, которые мы получаем, — все они абсолютно добрые и посылаются нам лишь с тем, чтобы еще чуть-чуть приблизить нас к цели. Поэтому даже самое страшное событие, какое только может быть в жизни человека, нужно воспринимать как происходящее только для пользы и приближения человека к цели.

И все миллиарды людей управляются только одной мыслью Творца: привести всех, как единое целое, к самому лучшему состоянию. Все эти миллиарды находятся в Творце и определяются как одно целое кли — желание, сосуд. Тогда не совсем понятно, что же означают эти миллиарды. Один из них «спускается», другой «поднимается», один умирает, другой рождается и т.д. Все это нам непонятно.

У Творца же все включено в одно кли, причем в полном взаимодействии его частей между собой. Когда мы видим отдельного человека, то не понимаем, почему с ним происходят те или иные события. Но если бы мы посмотрели на всю систему в целом, то увидели бы, что она вся движется только в правильном и нужном направлении. Вся система развивается самым оптимальным образом и в каждом состоянии.

Если бы человек мог вмешаться в эту систему и добавить свое усилие, тогда, возможно, и было бы по-другому. А пока этого не происходит, Творец двигает всю систему или с участием человека, или без него, но самым оптимальным образом. Поэтому в любом случае нам нечего жаловаться, да и не на что. Только выбирать каждый раз, оправдывать ли систему управления Творца мирозданием или нет.

Все ли обладают «частицей Творца свыше»?

— *Душа Адама аРишон разбилась на 600 000 частей. Значит ли это, что в каждом биологическом теле есть какая-то его частичка? А может быть, пока эта частичка в течение нескольких тысяч лет не разовьется, человек просто не чувствует, что она есть? А может, у кого-то ее вообще нет?*

В каждом биологическом теле человека существует эта частичка, которая называется «частью Творца свыше», но она может быть полностью скрыта от человека в течение многих тысяч лет, а потом проявится. У одних она развивается раньше, а у других позже. Вначале она развивается у евреев, а затем будет развиваться у остальных народов, у гоев.

У некоторых неевреев эта частичка вдруг становится активной, потому что у них есть определенная роль в этом мире, которую им надлежит выполнить. В их числе был, например, раби Акива. Были и другие великие люди, не евреи по своему происхождению, в которых развилась «духовная точка свыше» совершенно непредсказуемым образом.

У каждого человека есть возможность зарождения такой «точки». Говорит раби Эльазар бен раби Шимон (Бааль Сулам приводит это в статье «Аравут» в книге «Матан Тора») о том, что все люди должны подняться до такого состояния, когда они достигнут слияния с Творцом. Сознательное слияние с Творцом — это определенный уровень ощущения Творца: неживой, растительный, животный, человеческий. А этот уровень уже зависит от того, какая «точка» в сердце человека, какова ее внутренняя сила.

Она может быть очень большой, когда человек поднимается буквально к самому высшему уровню. Она может быть самой маленькой, тогда она как неживое, наподобие зародыша. Но в любом случае она присутствует в каждом человеке.

— *Что значит уровень «животное»? Что такое животная душа?*

Это значит, что находящийся на этом уровне вообще не двигается по пути к Творцу. Животная душа — это оживляющая сила: и у еврея, и у гоя она одинаковая. С животной душой не происходит никаких изменений: с кончиной тела она отрывается от человека, возвращаясь в свое исконное состояние. Животная душа — это оживляющая сила: и у человека, и у животных она одинаковая. Как у животных есть желание жить, так и у человека есть желание жить.

Ничего не пропадает, животная часть просто облачается в свое тело. Она не должна при этом ничего больше делать, потому что выполнила свою функцию уже тем, что человек прожил в этом мире, а все его страдания записались в виде «решимот» (информационные гены).

— *А где это все записалось?*

В животной части, но эта сила больше не возвращается. Когда человек рождается в следующий раз, то эта «отработанная» сила остается на животном уровне: это происходит точно так же, как у животных, растений или камней. Внутри каждой частички мироздания есть частичка Творца, которая собой все оживляет. В этом отношении животные и люди одинаковы.

— *Человек тысячи лет страдает. Где это все записано?*

Накапливаемый опыт тысячелетних страданий записывается на решимо животной души, которая является оболочкой Божественной души. Когда животная душа приводит человека к Божественной душе, то этим она себя оправдывает. Если же человек уже пришел к Божественной душе, то животная душа себя уже как бы оправдала, и потому она ни в чем больше не нуждается.

— *Можно ли просить денег, когда я в падении?*

Когда ты в падении — это нечто другое. Тогда сердце просто не работает. Ты подобен мертвому.

Есть несколько уровней молитвы. Первый уровень — это когда человек ничего не просит, а живет в соответствии с природой. Таких большинство, их мало что интересует. Они знают: сколько заработают, столько и получат. Их связь с Творцом подобна связи с Творцом животных, поскольку Создатель чувствует потребности каждого живого существа.

Второй уровень — это направленная молитва. Ребе однажды спросил Бааль Сулама:

— Я слышал, что начинают возводить кибуц в Негеве. Как они будут жить там?

Тот отвечает:

— Они будут молиться, и у них будет дождь.

— Но они же неверующие.

— Если каждый из них испытывает страдания в своем сердце оттого, что нет пропитания, то Творец чувствует эту скорбь и дает им необходимое. Они будут работать в Негеве и молить о дожде — и у них будет дождь.

И действительно, в Негеве начали идти дожди.

Это пример так называемой «животной молитвы».

Третий уровень — это иной вид молитвы, когда человек начинает молиться и обращаться к Творцу от всего сердца. Он верит, что есть Творец. Он верит, что Творец может сделать для него все. Он молится с особой силой — и не важно, понимает ли он молитву или нет. Он уже верит, что есть Высшая Сила, которой он молится. Это может быть еврей или гой, не важно, кто. Главное, что теперь у него есть направленность к Высшей Силе. Он не знает, какую дать этому оценку, но он молится. Такая молитва уже более направленная.

Есть миллионы и миллиарды людей, которые просят, а Творец не дает им желаемое. Есть такие, которым Он дает даже без их просьбы. А есть такие, которым Он не дает даже после тысяч просьб. Почему? Потому что во всем у Него есть намерение. Можно задать вопрос и по-другому: почему они просят? Потому что Он вызывает в них молитву тем, что скрывается от них. Тогда они чувствуют, скажем, нехватку здоровья от Его сокрытия. Игра идет односторонняя. Человек тут не делает ничего. С одной стороны, Творец пробуждает в человеке просьбы, вопросы и страдания, а с другой стороны, принимая их, создает новые потребности, страдания и т.д.

— *А где же тут человек?*

Человек находится посередине — он ничего не решает. Творец знает все: потребности человека и саму потребность в молитве, крик человека о помощи. Именно Творец создает все это в сердце человека. Он же делает так, чтобы молитва была с намерением или без, из глубины сердца или нет.

Для чего Он это делает? Для того, чтобы связать воедино в человеке все его решимот (записи). Когда накапливается в человеке достаточное количество этих решимот в виде опыта, тогда человек постепенно выходит на уровень, где он становится самостоятельным. Но это уже после махсома.

А до махсома еще не о чем говорить: где человек присутствует, где его нет — непонятно. Есть просто создание, которое чувствует, что Творец что-то пропускает через него, тренируя его таким образом. После того как Творец упражняется с человеком на протяжении тысяч лет и проводит его через разные испытания и просьбы, Он дает человеку уже другие желания. При этом не важно, религиозный человек или нет.

Важен только источник его души. Если после всех просьб, желаний и страданий, которые прошел человек, пришло время духовного раскрытия, то он начинает чувствовать другой вид страданий. Суть этих страданий — нехватка связи с Творцом. Человек не знает, кто такой Творец, но чувствует, что ему чего-то не хватает в жизни, что чего-то главного он не может найти в этом мире.

И тогда начинаются поиски, которые в случае истинного желания приводят человека к Каббале, к методу раскрытия Творца. Тогда с помощью Каббалы человек начинает духовно развиваться, и его продвижение после занятий Каббалой становится «ло ли шма». Что значит на самом деле «ло ли шма»? Это значит, что человек знает, что находится в состоянии «ло ли шма». Когда он чувствует, что все его просьбы к Творцу в действительности для самого себя и своих благ.

А если бы он просил не для себя, то не просил бы вовсе. Тогда он вообще не нуждался бы в Творце. С одной стороны, он понимает, что стремится к Творцу, а с другой стороны, все его стремления только ради себя. Это и называется «ло ли шма»: человек открывает для себя, что он находится в состоянии «ло ли шма». Когда же он до конца осознает, что все его желания и мысли только для собственных благ, — это называется «Акарат аРа» (полное осознание своего зла).

Тогда ему положено — как говорится, «трудился и нашел». После всех постижений, поисков и осознания того, что все, что он делал, — это «ло ли шма», ему раскрываются и даются силы «сверху», и он входит в состояние «ли шма» (ради Творца). Это называется «нэс ециат Мицраим» (чудо выхода из Египта). Как только он выходит из желаний «ради себя», он начинает учиться и работать «ли шма». И тогда он в состоянии выполнять заповеди.

Что такое заповеди? С каждым из своих желаний он начинает работать, исправляя их, чтобы использовать с намерением «ради отдачи», — это и называется «соблюдение заповеди». В духовном теле человека имеются 620 желаний. Работая с ними, человек приобретает для каждого желания экран с намерением «ради отдачи». Тогда он может пользоваться ими ради Творца, а не для собственных благ — это называется «исправление желаний». Каждое исправленное желание притягивает «свыше» Божественное раскрытие.

Свет, который раскрывается при этом, называется Тора, как сказано: «ки нэр — мицва, вэ Тора — ор» (заповедь — свеча, а Тора — это свет).

И если таким образом он исправил все свои 620 желаний, то считается, что он исполнил всю Тору. Потому что вся Тора написана им, а сам он дошел до уровня «Исраэль». Сосуд, который, получая, уподобился Творцу в намерении «ради отдачи», удостаивается того, что Творец и Его Тора облачаются в него. Такой сосуд с наполняющим его светом Творца называется «Исраэль», а его состояние называется «гмар тикун» (окончательное исправление).

Все, что Творец приготовил творению, входит в человека в виде света, доводя его до ступени Творца и уподобляя Ему. Он становится похожим на Творца во всем. Он приобретает духовность, вечность, совершенство — все то, что нам трудно себе даже представить. Мы даже не понимаем, что означает это состояние.

— *Бесконечные наслаждения?*

Да. Еще раз: потому что приобрел сосуд не для себя. И этого мы понять не можем — как можно получать удовольствия и не для себя. Это совсем другое качество сосуда. Когда они находятся вне меня, они неограниченны.

Мы распространяем Каббалу, а человек уже сам решает, когда к нам прийти. Когда я спросил своего Рава, что мне делать с сыном, то он ответил: «Отдай его в религиозную школу, чтоб он правильно воспитывался. А испортиться он всегда успеет. Если у него будет потребность и желание, он сам испортится». Так я и сделал. А потом я спросил: «Что делать? Послать ли его в Канаду?» Он ответил: «Хочет — пускай едет».

Я не знаю, правильно я сделал или нет. У меня был ответ Рава — и это то, что я сделал. Я доволен и недоволен: в любом случае я сделал то, что он сказал. Было бы лучше, если бы он остался? Я не знаю. Пришел бы он к изучению Каббалы или нет, я не знаю. Хотя, когда он был у Ребе, тот проверил его и сказал, что есть у него «точка в сердце». Это значит, что есть у него почва для занятий Каббалой.

— *По протекции?*

Нет, не по протекции. Если нет «точки в сердце», тогда вообще не о чем разговаривать. Если же она есть, тогда она может пробудиться. Это еще зависит от общества, но «точка» у него есть. У кого нет «точки в сердце», тот не может добиться ничего.

Пока не проснулась Божественная искра от Адама аРишон, мы находимся в нашем корне, только после нескольких его фильтраций. Фильтры — это всевозможные желания, но только не желания этой «точки» — быть в Творце.

Ари пишет, что с помощью молитв можно пробудить «точку в сердце». Но Ребе говорит, что он не понимает, как такое возможно, ведь этот процесс «выше природы». Тем не менее это действительно имеет место. Бааль Сулам сказал то же самое.

— *И что должен делать человек?*

Что значит — что он должен делать? Не требует ничего у Творца только тот, у кого «точка в сердце» не раскрывается, а вместо нее есть всякие другие желания: желания денег, почестей, власти и т.д. Возможно, что после всех этих вещей у него и прояснится что-то в течение нескольких лет. Возможно, и всплывет в нем желание к духовности, а сам он поймет, что все другие желания по сравнению с этим намного ниже. Возможно, и захочет он тогда только духовного.

— *Вы когда-то объясняли, что в ширину есть 620 желаний, а в высоту 125 ступеней. Прежде всего — это 365 желаний, если я могу их выполнять «ради отдачи». Затем я перехожу на следующую ступень.*

Нет, это не так. Наше тело состоит из 620 частей. Существуя вначале на уровне сперматозоида, затем — зародыша, далее — младенца и наконец — взрослого организма, все части тела заложены и находятся заранее в первой капле. Разница только в массе. Поэтому все 620 заповедей, то есть духовных желаний, человек может соблюдать. Разница только в уровне.

Если человек соблюдает заповеди на самом низком уровне, тогда он еще не различает их: они как маленькая капля. Если он чуть подрос, то начинает соблюдать их в общем: что разрешено в общем, а что запрещено в общем. Речь здесь идет об общеразрешающих и об общезапрещающих заповедях.

Постепенно, по мере того как человек поднимается от одной ступени к другой, заповеди становятся для него все более подробными. Это значит, что с каждым разом он должен соблюдать их более точно, все глубже и глубже. Но это те же заповеди, что и прежде, — только они становятся ему более ясными и понятными как в ширину, так и в высоту. Высоту мы определяем так: 125 ступеней или 6 000 лет — это уже не столь важно.

Скажи мне, где ты живешь...

Мы сейчас едем по Ирландии между озерами и селами. Какие люди здесь живут? Точно в соответствии с силой земли: по людям ты можешь сказать, какая сила есть у здешней земли. А по природе земли, которую ты тут видишь, можно сказать, какой тип людей здесь живет. Такие медлительные, ничего их особо не интересует, и даже почестей или денег им не хочется — живут совсем по-простому.

Им и так хорошо: дай пива вечером по пять литров каждому и в течение дня еще чего-нибудь поесть — и больше ничего не надо. Это говорит об уровне желания развиваться. Постепенно им добавится большее желание получать, и тогда они будут требовать больше в соответствие с новым желанием. И тогда они начнут развиваться, и страна их тоже. Возьми для примера те страны, в которых нет ни войн, ни больших изменений, и сравни их темп развития с темпом развития Израиля. Все связано с уровнем и силой желания.

Посмотри, как во всем мире развиваются новые технологии: все новое и нужное входит в жизнь уже с сегодня на завтра. Почему? Потому что желание получить требует свое и не дает ни минуты покоя. Ты видишь, с какой интенсивностью люди работают и действуют? Потому что они не могут отдыхать. Здесь же человеку дай немного пива — и он уже готов не работать. У нас это не проходит: нами управляет желание получать. Поэтому мы во главе мира. Поэтому мы обязаны выполнить свое предназначение — привести мир к раскрытию Творца.

Можно ли ускорить время?

— *Творец хочет, чтоб я осознал свою природу и все то зло, что есть во мне. Но почему Он не дает мне пройти эти состояния быстро? Почему Он их так растягивает? Пусть даст мне — и я увижу, что это зло. Тогда я попрошу Его, и все будет хорошо. И это будет с моей стороны и по моему желанию.*

Творец дает желание, в соответствии с которым человек познает и проверяет, насколько он плох тем, что хочет только получать. Но он еще не видит, насколько он плохой, потому что ему еще нельзя этого видеть: он не готов окончательно к этому. Все эти ступени человек проходит или под давлением общего света, который давит на весь мир, на все души, развивая тем самым все части как единое целое, или же человек делает самостоятельные усилия, благодаря которым убыстряет время относительно себя.

Он как бы обгоняет других, двигаясь в общем ряду машин. Он получает более сильный мотор (большее желание). И тогда он обгоняет одного, другого, третьего — и все это в соответствии с его усилиями. Насколько он хочет прибавить скорость и «надавить» на себя, настолько он и продвигается вперед. Когда он снижает скорость, то начинает двигаться со всеми. А когда «жмет на газ», то выходит из ряда и продвигается быстрее.

Нельзя сказать, насколько человек «жмет» сильнее или слабее. Невозможно точно определить, продвигается ли он в правильном ритме или, может, забывает вдруг о скорости, а потом «жмет» еще сильнее. Он проходит тысячи проверок, о которых почти ничего не знает.

Может казаться, что начиная с этой минуты и далее в течение пяти минут, которые я проживу, ничего со мной не случится. Но это не так. Произойдут во мне различные изменения, которые я, возможно, даже и не почувствую. Они не будут обдуманы или осознаны мной, желательны или чувствительны: они происходят, как множество колесиков крутятся в счетчике, пока цифра не перескочит на другую. И так это должно быть.

Мы не чувствуем каждый свой внутренний прыжок, потому что не дошли до такой чувствительности. Как только дойдем до такой чувствительности, тогда каждую секунду мы будем ощущать изменения состояний. И даже сейчас, если ты обратишь внимание на то, что здесь меняется на протяжении дня, — на самом деле ничего не меняется ни на протяжении дня, ни в течение года.

Так же и в то время, когда мы находимся в нашем обществе. Какие вещи меняются вообще с утра до вечера, с сегодня до завтра? Невозможно себе даже представить, сколько и какие внутренние состояния каждый из нас проходит. Это знак того, что мы убыстряем время. И даже если нам кажется, что время не идет, мы все равно должны верить в то, что внутренние колесики продолжают крутиться.

Человека определяют не по уму, а по желанию

Ум должен обслуживать желания. Поскольку мозг развивается только в таком виде, чтобы способствовать выполнению и наполнению желания, то естественно, что человека можно определить только по его желаниям. Только желания говорят нам о том, что за человек перед нами, то есть какого он уровня.

Имея такую патологию, как недоразвитие мозга, человек тем не менее может быть хорошим. И наоборот, человек может быть и плохим, не имея никаких отклонений в развитии мозга. То есть от уровня развития желания совершенно не зависит то, какой это человек, хороший или плохой.

Представим себе человека с маленьким уровнем желания. Допустим, он хотел быть только каким-то фермером или сельскохозяйственным рабочим, иметь дом, обрабатывать свою землю и жить спокойно на каком-нибудь хуторе. Почему в таком случае он не может прорваться в духовное? Почему он должен обязательно достигать очень больших желаний к деньгам, славе и еще неизвестно к чему? Дело в том, что развитие должно происходить по четырем стадиям имени Творца — «АВА"Я». Если же этого не происходит, нет у него полного сосуда для получения. Поэтому он обязан иметь все четыре вида желания.

— *Но по группе не скажешь, чтобы люди были особо умными.*

Не важно: ты увидишь еще, как появятся всевозможного вида желания и к деньгам, и к власти, и к почету, и к знаниям. Я всю жизнь чувствовал сильнейшее желание к знаниям. Да и к почету и славе, наверное, тоже, потому что они включены в знания непрерывной цепью: очень трудно их определить отдельно.

— *Нет четких границ?*

Нет. И вдруг дали желание к деньгам ровно на год. И должен был исполнить эти желания, то есть отработать. От этого не уйти. Когда-то в какой-то период к чему-то дадут эти желания вдруг. И обязан будет человек этим заниматься. И будет вроде бы сопротивляться. И не сопротивляться не сможет. Поменяют желание — и все кончено: ты уже не сможешь ничего возразить. Ты вдруг захочешь есть то, что раньше бы посчитал непригодным для еды «сеном». А все остальное, кроме этого, тебе снова будет казаться, как и раньше, «сеном». Они невероятно странные, эти желания: вдруг приходят, и к этому надо быть готовым.

Помеха — это предложение взойти на следующую ступень

— *В чем проблемы человека, который продвигается духовно? Если бы он обращал на них внимание, то смог бы он продвинуться быстрее в духовном?*

Если бы духовно продвигающийся человек был осторожнее и внимательнее к проблемам, то обошел бы их. А проблемы эти такие. Во-первых, все время напоминать себе о том, что существуют три вещи: Творец, творение и цель творения, к которой я должен в конце концов прийти.

Бааль Сулам так и говорит нам в своем письме (страница 63): «Исраэль, Творец и путь, по которому ты идешь, должны постоянно совмещаться». Это говорит о том, что работающий для Творца должен «держать» себя одновременно в этих трех точках, чтобы они были в нем все время соединены. Творец, я и путь, которым я иду к Творцу, все мои мысли и стремления должны быть захвачены Творцом.

Если у нас есть эта основная точка, то всегда надо начинать с самого конца. Окончательное действие — в начальной мысли. Результатом того, что мы будем постоянно держать в себе эти три точки, несмотря на помехи, которые нам посылают, будет наше продвижение. Как продвигаться? И продвигаться в чем?

Я держусь за эти три точки, а через секунду мне посылается помеха. Тогда я снова цепляюсь за эти три точки. Преодоление каждый раз этой помехи и удерживание себя в этих трех точках или в трех параметрах в одной точке — это и называется «овладением каждый раз новой ступенью». Человек поэтому должен понимать, что каждая помеха — это не помеха. Но это предложение взойти на следующую ступень. А если он отворачивается, забывает, начинает ругать себя или Творца — кончено дело, пропала возможность.

Значит, что делать? Необходимо создать какие только возможно условия, чтобы они нам не мешали, а наоборот, позволяли бы удерживать мысль в трех этих параметрах. Параметры: Творец, я и мой путь к Нему — все это должно быть в одной точке соединено. Каким образом я это удерживаю? Для этого у меня есть поддержка, которая должна меня все время удерживать в этом, подталкивать и напоминать. Если я сейчас вдруг занят другой мыслью, то она должна меня скорей снова привести к началу, чтобы время зря не шло. Для этого все возможно: хоть ты кукушку себе поставь, чтобы она напоминала.

Только в этом твоя работа — удерживать себя в этих трех параметрах, и поэтому нужна группа, рав, книги, напоминающие о цели, еще какие-нибудь условия, которые ты себе ставишь, интенсивные занятия, которые ты проводишь, — все это вместе только ради этого.

— *Как возжелать связи с Творцом?*

Если человеку кажется, что он еще не может развить связь с Творцом, то только потому, что ему не хватает впечатлений, ощущений. А приходит это очень постепенно. В соответствии с тем, что ты все время об этом думаешь и к этому стремишься. Есть люди, которые находятся как бы ближе к этому и ощущают немножко больше. Есть такие, которые чуть дальше и практически ничего не ощущают, а только слышат. А есть те, кто только слышит. А есть и такие, которые вообще ничего не слышат. Они, конечно же, слышат слова, но не понимают того, что за ними могут быть какие-то чувства.

Теперь представь себе, что я однажды видел в России. Тогда нас, студентов, посылали в колхоз помогать убирать картошку. И вот стоявшим там голодным коровам привезли скошенную траву, кукурузу и тому подобное и высыпали им в кормушки. Я видел, с какой жадностью и с какой страстью эти коровы ели сено. Они все дрожали и тряслись — такое получали наслаждение от этой травы. Я тогда подумал: насколько это чисто животный инстинкт — питание.

Что я хочу этим сказать? Для нас, например, в этом сене нет никакого вкуса, совершенно ничего в ощущениях оно нам не дает. То же и в отношении, скажем, к «сену» духовному: я слышу слова о любви к Творцу, но никакого вкуса при этом не чувствую. «Сено» у меня во рту, а я не чувствую в нем никакого вкуса, оно меня не наполняет, никак не отзывается в моем сердце, — ну что при этом я могу сделать?

Но постепенно, образно говоря, «человек превращается в корову»: он начинает все больше чувствовать вкус «сена», «травы» и т.д. Параллельно с этим он все меньше ощущает вкус во всяких своих сладостях земных, во всяких тысячах вкусов наших земных наслаждений. Но когда духовно поднимаемся, то все же не перестаем ощущать наши земные вкусы, потому что наши пять органов чувств при нас же и остаются. Мы только ощущаем дополнительный вкус в том, что казалось нам раньше сеном.

Благодаря этому у нас появляется дополнительный орган чувств к «сену», как у коровы. У нее это развито, поэтому она чувствует в обычном сене тысячи оттенков, она чувствует, что в сене — ее жизнь. И уж конечно, в случае отсутствия сена она не станет кушать за неимением лучшего какой-нибудь торт или отбивную. Она предпочтет сено. Когда человек входит в духовный мир, все его животные желания с ним остаются, ни одно из них не пропадает.

Наоборот, к ним добавляются все большие желания, несмотря на которые мы поднимаемся все выше. Мы можем включать их в нашу работу, поэтому ни одно из этих желаний не пропадает и не заменяется. Человек начинает подниматься как бы снизу, с самой низшей точки, когда он своими желаниями подобен камню. Он собирает их в себе, вбирает в себя все желания с самого низа и поднимает их кверху, как бы возносясь к Творцу. Тем самым человек свидетельствует, что все его желания существуют в нем уже «ради отдачи», то есть ради Творца.

Поэтому в духовном ничего не пропадает. Никакие вкусы не пропадают, а наоборот, они становятся более яркими, более четкими, более ощутимыми. Человек начинает различать и находить в них все большую глубину ощущений. Помню, я разговаривал с одним человеком на эту тему. Так вот, этот человек питался только кашами, причем не вареными, а замоченными. Используемый им способ замачивания различных круп занимал строго определенное количество времени. Рис разрешалось при этом подержать немного на пару. В прошлом этот человек был простым инженером, а затем настолько изменился... И не от хорошей жизни поначалу, я думаю, он стал этим заниматься.

Позже он убедился, что это вообще просто ему «сверху» послали такое дело. Он покупал себе на день, допустим, полкило или килограмм крупы какой-нибудь. Отмачивал ее, немножечко варил или на пару держал. Так вот, он мне сказал однажды: «Ты не представляешь, какой букет вкусовых ощущений есть в каждом зерне без соли, перца, без никаких добавок. Только берешь в рот — и сразу же начинаешь чувствовать естественный продукт».

Таким способом он обнаруживал в простом продукте огромную гамму вкусов. То же самое происходит и у нас. Все предыдущие вкусы и ощущения, которые мы раньше испытывали, теперь, дойдя до использования их в нужном направлении, становятся в тысячи раз более острыми, более четкими, более выразительными. Ты из них можешь вытащить сколько угодно наслаждений: от каждого кусочка, или от каждого вздоха, или от какого-то самого маленького чувства.

Потому они у тебя получаются взаимосвязанными со всем остальным. Ты начинаешь их осознавать, ощущать всю их общность с остальным мирозданием. Получается просто потрясающая картина: человеку становится не только не скучно, но и очень интересно жить в этом мире, потому что мир становится для него очень ярким и сквозным. Через любое маленькое явление он видит все мироздание: все связи любого маленького явления, чувства, вкуса, что бы ни возникало в его ощущениях.

Именно благодаря его связи с Творцом, даже если он явно ее и не ощущает, все равно есть у него ощущение того, каким образом это взаимосвязано с остальным мирозданием. Одно какое-нибудь ощущение вызывает в нем еще миллионы всяких сочетаний и связей. Потому-то и жить ему становится очень интересно. Мы говорим о том, что желания не пропадают. А это значит, что желание вкусно покушать, например, все равно остается. Равно как и другие желания тоже.

— *Остается ли потребность в людях?*

Люди вокруг нужны. В принципе нужно все человечество. Нет такого, чтобы люди не были нужны. С одной стороны, ты живешь внутри себя, а с другой стороны, тебе нужен весь мир. Ты ощущаешь с ними общность и потребность в них. И причина не в том, что ты можешь подтолкнуть их к Творцу, а в том, что в них нуждается Творец. Поэтому нужны люди и общение с ними: ты начинаешь их искать и видеть, что к этому тебя толкают свыше. Ты не можешь замкнуто жить.

Человек, который видит, что именно надо для Творца, не сможет просто так сидеть и спокойно сам заниматься. В противном случае это чистый, мелкий, маленький эгоизм, очень недалекий. Того же, кто хотя бы немножко начинает чувствовать цель творения, подталкивают заниматься с другими людьми — он не может без этого. И по этому признаку можно определить человека.

Я видел это на сотнях примеров даже тех людей, которые вроде бы еще не находились на высоких уровнях. Ты можешь спросить, для чего я заставляю своих учеников заниматься распространением Каббалы. Ведь многие из них, казалось бы, находятся на уровне, на котором они еще совершенно не осознают, что им надо достичь Творца. Это делается только для того, чтобы подтолкнуть их поскорее, все просто.

Сами они подошли бы к этому еще через года два или три, но благодаря преподаванию просто ускоряют себе этот путь. Поэтому у того, кто не занимается ни преподаванием, ни чем-то подобным, возникает жуткий пробел.

Что такое «я»?

Человек всегда занят самым большим своим желанием. Разве я не хочу спать, есть, пить, отдыхать? Я все это хочу в потенциале, но главное — это то, что во мне сейчас говорит, что меня сейчас гложет. Именно самое главное мое желание — это и есть мое «я». Что значит «я»? Это то желание, которое приводит в движение все мои мысли и все мое тело. Это то желание, которое должно сейчас реализоваться: оно меня толкает, а я являюсь как бы его рабом.

Вот оно во мне, это желание: я сейчас начинаю согласно этому желанию что-то делать, искать, как мне достичь или сделать то, что я желаю. Это и называется — «я желаю». Человек всегда является рабом самого главного своего желания, а остальные маленькие его желания находятся внутри него. Я бы даже так сказал: они относятся не к желанию, а к способам его проявления. Так сказать, они — его характер.

Например, я люблю одни вещи, а другой человек любит другие вещи из того же набора. Это уже не желания, а определенные качества характера человека, которые получают свое выражение в виде привязанности к каким-либо вещам. Значит, находящиеся в нас более мелкие желания подавляются самым большим в настоящее время желанием.

В любом случае после того, как мы реализуем наше самое большое желание, маленькие желания мы как бы собираем вместе и подминаем под самое большое. То есть они никуда не исчезают, они тоже постепенно сами собой становятся приобщающимися к этому большому желанию, которое мы направили к Творцу. Они приобщаются, напоминая маленьких детей вокруг мамы. Всегда много маленьких рыбок около большого кита: они увлекаются вслед за ним в том же самом направлении. Они становятся не настолько важными, подчиняясь большему желанию.

Жизнь приобретает абсолютно другой оттенок

— *Желание по-настоящему насладиться Творцом появляется только после махсома?*

Да. После махсома — это совсем другая жизнь. Человек живет уже совершенно ради другого, и нет у него вообще тех мыслей, что у нас. У него все уже определяется совершенно другим направлением, поэтому его жизнь совершенно другая. Внутри него уже живет совсем другой дух. Он уже получает такую связь с Творцом, которая определяет все его чаяния. Внутри него происходит такое перераспределение ценностей и такое направление мыслей, что все происходящее вокруг он видит уже в соответствии с другим планом. Его жизнь имеет другой план. Его движения имеют внутри другую цель.

Изнутри меняется самое главное — намерение, ради чего он все делает. Жизнь при этом приобретает абсолютно другой оттенок. В нашей группе, я надеюсь, уже начинается этот период, я его пытаюсь некоторыми искусственными методами ускорить, насколько это возможно. Если делать это искусственно, то люди не будут чувствовать, для чего и почему: они будут чувствовать в этом давление внешнее, но сами не будут понимать, для чего это все надо.

Но если не делать этого, то тогда тоже плохо — не ускоряется продвижение. А каким же еще методом приходят к продвижению? Только осознанием. А если осознания нет? Значит, нужно давать какие-то искусственные внешние факторы. Все зависит от того, насколько группа примет указы рава и начнет продвигаться. Времени немного — оно ограничено. На все воля Творца. Но мы должны понимать, что, с одной стороны, «Нет никого, кроме Него», потому что только Он все делает, а с другой стороны — «Если не я для себя, то кто же?».

Поэтому мы должны обязательно естественным путем стремиться к тому, чтобы самостоятельно достичь Творца. Поэтому я и понукаю и делаю все возможное, чтобы группа брала на себя дополнительные обязательства, к пониманию которых она придет в будущем, но которые на сегодняшний день ей совершено необходимы. Это касается и распространения Каббалы. В противном же случае никто бы этого не стал делать.

В принципе я бы тогда тоже не делал этого: сидел бы дома и писал книги, давал бы объявления или лекции, продавал бы на них свои книжки, имел бы там пять-семь тысяч долларов в месяц спокойно, — и что? Это был бы просто бизнес.

— *Чем еще можно ускорить наше развитие?*

Преподаванием. И чтобы каждый что-то писал немножко. Нам не хватает в учебе направленности: чтобы люди писали, чертили и делали методические пособия.

— *Как можно довести это до самого высочайшего уровня?*

Человек должен сам себя постоянно снабжать выписками, вырезками, особенными изречениями, а также четко знать, где и что находится. Стоит составить себе список того, где и о чем говорится. Опять же чертежи обязательны, графики какие-то. Короче говоря, необходимо создать у себя банк данных, из которого можно было бы что-то черпать, показывать другим или дать послушать какие-то десять аудиокассет.

Такой информационный банк должен быть у каждого. Соединив его со знанием метода и поняв, каким образом это все делать, накопив постепенно опыт, можно смело быть готовым ко всему. Я понимаю, что это все занимает много времени. Я также понимаю, что в Каббале никакой системы никогда не было. Я, например, преподаю так же, как это делал мой Рав (кроме чертежей).

А чертежи он вовсе не изображал на доске, а делал их для себя. Мы даже книгу «Илан» не изучали. А для себя он много чертил: у меня есть оригиналы его рукописей — там полно чертежей. Но когда я его просил, чтобы он объяснил мне какой-нибудь чертеж, то он не мог. Я в его рукописях и при его жизни копался все время. У него совсем не было инженерного подхода: он чертил для себя, делая при этом такие обозначения, которых не то что в технике — их вообще нигде не было. И это трудно было понять.

— *Когда я осознаю никчемность своей природы, я должен просить Творца о помощи. Но если я не вижу, что я плохой? Как я могу тогда Его просить, да и о чем просить?*

Никчемность природы ты не видишь, потому что, хотя сейчас твоя природа тоже никчемна, она дает тебе жизнь и возможность наслаждаться. И ты не можешь от нее оторваться. Иначе чем же ты будешь жить? Нет другой природы. Чтобы жить, ты не можешь одну природу заменить на другую. Если я сейчас вдруг перестану использовать те желания, которые во мне есть, я просто перестану существовать. Ведь я сам по себе — желания. Разве я могу перестать ими пользоваться? Разве у меня есть что-то другое?

— *Вы имеете в виду не желания, а намерения?*

И намерения тоже. Как я могу перестать жить с намерениями «ради себя»? Это то, что во мне. Это выше меня, ведь желания и намерения — это не разум, который я могу усадить за книжки и развивать. Я сейчас хочу, допустим, построить себе крышу. Я сажусь за книжки или спрашиваю людей, учусь тому, как построить крышу. Научился и сделал — претворил в жизнь свое желание. Намерение и желание у меня были первичными.

Затем они во мне развили разум. От этого никуда не уйти: намерение и желание — это я, оно создано раньше меня, то есть прежде, чем я осознал, что я — это я. А что значит — «я»? «Я» — это то, чего я хочу. «Я» — это то, что я существую; то желание и намерение, над которыми я не хозяин. Как же я могу изменить это?

Просто стремиться вперед...

Каждый участник группы обязан прилагать максимум сил для достижения мысленаправленности к Творцу. Если приходит к нам человек, не готовый к этому, — ну не дали ему «сверху» способности к целенаправленности желаний, — тогда он не совсем вместе с нами. Ходит лишь на занятия один-два раза в неделю, и все. Возникает вопрос: подходит ли нам такой человек? Мы должны каждому дать место у себя, т.к. каждый находится в процессе своего развития и в своем ритме. Если мы не будем этого делать, то потеряем людей. И наша группа будет всегда маленькой.

— *Есть ли польза от маленькой группы?*

Маленькая группа все свои силы сосредоточивает на достижении цели творения. В большой же группе есть место каждому. Я советую думать обо всех. Мы все время говорим о распространении, хотим, чтобы все были вместе. Каждый должен найти свое место в группе. Даже тот, кто ходит один раз в неделю. Он должен чувствовать, что он с нами, что его не притесняют, не отодвигают на второй план. От этого группа только выиграет.

По-другому мы никогда не станем настоящим движением. Мы останемся закрытой группкой людей-гордецов, которые думают, что они большие каббалисты. Мы обязаны быть открытыми для всех и приветствовать всех. Я вообще не хочу делить группу и думаю, что собрание группы должно быть открыто для всех. Нет сейчас такого понятия, как основная группа. Так как я вижу, что это приводит к зазнайству, к конкуренции. Люди не умеют справляться с этим.

Мы как группа должны все делать для всех — для всего народа. У нас есть руководство группы. Мы должны все вместе выбирать его. Все могут прийти и участвовать в решении наших проблем. И не стоит делать из этого закрытый клуб, ложу. То, что мы называем «заседание группы», — это обсуждение того, как лучше работать для Творца.

А может быть, стоит попробовать так: тот, кто хочет, может прийти и участвовать. Почему я должен закрываться от неженатых товарищей, если мы стараемся обращаться ко всему населению? Почему я должен закрываться от тех, кто ходит один раз в неделю, даже не учиться, а просто послушать нас?

— *Это дает возможность взрастить в «госте» желание войти в ядро группы?*

Я не должен растить в нем желание силой. Пусть участвует в жизни группы столько, сколько считает нужным. Должны работать разные комиссии по разнообразному ведению жизни группы. Мы должны сделать так, чтобы во главе этих комиссий стояли люди, которые больше других заботятся о духовном продвижении. То есть те, у кого наиболее выражена любовь к товарищам по группе и к друг другу в частности. А таких у нас не очень-то и много. Они должны стать нашей головой и определять, что и как нам стоит делать. А их решения будут выполняться уже специалистами в разных областях: поварами, адвокатами, электронщиками.

А по-другому это приводит только к зазнайству и высокомерию. И вместо того чтобы приближать новых людей, мы будем лишь отталкивать их. Это, конечно, не касается тех, кто мешает группе. «Заседание группы», да и вообще все то, что касается закрытой группы, — это важно только тогда, когда приводит всех нас к сплочению для достижения цели творения.

Но когда мы говорим о нашем каббалистическом движении, то должны подразумевать также и развитие его вширь, чтобы каждому человеку было уютно в группе. Причем все группы должны быть тоже связаны между собой. Мы должны расширить группу на весь мир.

— *Но ведь есть устав: каждый, кто придерживается его, считается в группе.*

Есть люди, которые могут выполнять положения устава, а есть те, которые не могут, нет у них такой возможности. Эту возможность каждому Творец или дает, или нет. Если мы говорим об общественном каббалистическом движении, то мы должны быть в чем-то открытыми для всех. И этот вывод я делаю даже не из-за заботы о людях. Я забочусь о себе, чтобы не возгордиться, потому что этим я только опустошаю себя, причиняю этим себе вред.

О чем мы говорим на заседании группы? Мы не должны на нем обсуждать вопросы, связанные с кухней, деньгами и т.д. Заседание группы должно быть посвящено только цели. А об этом можно говорить со всеми. Я, конечно, не имею в виду совсем чужих людей. Я говорю о людях, которые находятся у нас на ночных уроках один-два года, про которых мы знаем, что они с нами. Кроме этого, у «заседания» есть много функций.

Функции «заседания группы» можно разделить на два типа: относящиеся к насущным проблемам жизни группы в материальном мире и относящиеся к цели, к которой мы стремимся. Так вот, «заседание группы» вообще не должно касаться проблем материального существования группы. Все эти вопросы должно решать руководство группы. А на заседании группы должно говориться об объединении, о цели и т.д.

Поэтому тот, кто хочет послушать про это и не настроен против этого, пусть приходит. Мы должны думать о том, чтобы наш имидж был таков: мы хотим объединить и найти место у себя для всех, а не отбрасывать людей и не делить их на «особенных» и «простых».

Как должна работать группа, пока нет Рава?

Группа должна работать над тем, чтобы все было так, как будто Рав есть. Это значит:

1) Пытаться во всем сохранить тот же механический распорядок.
2) Вдохновение, духовный уровень, стремление к цели — все это должно быть не меньше, а даже больше, чтобы предохранить каждого члена группы от возможного «падения». Чтобы «падение» не вывело никого из строя.

3) Самым жесточайшим образом пресекать всякие разговоры типа: если не будет Рава, то мы все разойдемся, разбежимся и никого и ничего не останется.

Разве наша жизнь зависит от Рава? Моя жизнь зависит от Творца — это каждый должен знать! Рав указал дорогу, дал точную методику и сказал, что делать. Рав вложил в каждого из нас свой заряд. Рав и так будет вести нас, даже если его не будет рядом. Это просто та промежуточная ступенька, которая связывает нас с Творцом. Это как у меня с Ребе. Конечно, это разные вещи, когда Ребе со мной в материальном теле и когда его нет. В итоге же все зависит от того, что приходит «сверху», то есть от Творца.

Ари в своем завещании перед смертью сказал своим ученикам: «Если бы вы хотели, то меня бы от вас не забрали». Но это все расчеты, которые мы не в состоянии понять. Надо просто стремиться вперед, и все. То, что я, например, сейчас без Ребе, — так разве я его сейчас не чувствую? Что, разве у меня с ним нет общения? Разве я не чувствую, что он меня ведет?

Я, конечно, по сравнению с группой нахожусь на другом уровне. Но все равно — я вам говорю только то, что есть в реальности. Не существует никакой проблемы вознести нижнюю ступень, если только эта нижняя ступень согласна подняться.

Утренний урок без Рава

Урок должен проходить в тех же временных границах: допустим, с трех до шести утра. В три часа все должны открыть книги и начать читать статью. Каждый держит свой палец на тексте. То есть механически все должно выполняться. Вначале механически, а затем и внутренне (это личное дело каждого). Лучше всего прочитать абзац, а затем повторить его. И так всю статью.

После чего читаем ТЭ"С с вопросами и ответами. Но выбирать такие вопросы, чтобы они не уводили с пути, как это часто бывает у нас. Учеба должна быть поставлена, как в университете.

Свои чувства ты можешь прикреплять или не прикреплять к материалу. Все зависит от того, в каком состоянии ты находишься: учеба должна быть учебой. Ощущая материал или нет, но ты должен заставить свою голову заниматься: чертить графики, делать выводы, резюме на каждую страницу, сбоку страницы надписывать на полях то, о чем там вкратце говорится. Если ты будешь преподавать по этой странице, то сразу увидишь, что нужно рассказать.

— Стоит ли во время чтения статьи или после нее проводить обсуждения?

Обсуждение уведет вас в сторону. Один будет говорить то, что ему кажется, а второй будет страдать оттого, что первый говорит глупости, а ему не дают сказать. Поэтому лучше всего ничего не говорить. Прочитали статью, и если есть непонятные слова, то, конечно, обязательно их переводить, пояснять текст. Материал должен быть подан максимально удобно, насколько мы в состоянии это сделать. Но разжевывать его нельзя.

Все то, что было с моим участием, так же это должно продолжаться и без меня. Главное, чтобы все выполнялось автоматически: учеба, палец на книжке, следить за каждым словом, максимум чертежей, составлять таблицы и графики — одним словом, все то, что может быть полезным процессу запоминания и передачи в максимально удобном виде другим.

— Чего нужно остерегаться, когда Рав в отъезде?

Не надо ничего остерегаться. Человек должен пройти все состояния, никуда он от этого не денется. И все эти состояния существуют именно для того, чтобы он понял, что ему невозможно двигаться без помощи Творца. Все состояния, которые человек проходит, как правило, отрицательные. Есть такая статья, в которой говорится, что существуют два вида сокрытия Творца: «одинарное» и «двойное». И в ней говорится, как человек должен в этих состояниях действовать.

Ощущая эти состояния сокрытия на себе, человек начинает чувствовать потребность в ощущении Творца. Потому что без ощущения Творца сами страдания становятся невыносимыми. Таким образом он начинает нуждаться в Творце. Затем он начинает понимать, что его потребность в Творце все-таки эгоистическая. От этого человеку становится «не по себе».

Он желает снять свою «шкуру» для того, чтобы чувствовать себя просто приятней и безопаснее. Именно поэтому он и думает о Творце. Но уже при этом он думает не о себе, а о том, как переделать свою потребность в Творце таким образом, чтобы работать не ради себя и своего удобства, а «ради отдачи» — ради Творца. Он начинает думать об этом.

В статье «Нет никого, кроме Творца» говорится, что ощущения должны так измениться в человеке, чтобы стать направленными только на ощущение святости «Шхины». Но это делается постепенно. Короче говоря, надо просто хорошо-хорошо прочувствовать все состояния — максимально ощутить их. Не нужно бояться их ощущать, так как они все необходимы и на них строятся отношения с Творцом. Это первое.

Второе: человек ничем не командует. Он не может сказать: это мне надо, а то — нет, это я должен делать, а то — нет. Такие вопросы задает обычно тот, кто еще не совсем осознает (и это естественно, ведь на это уходят годы), что все нисходит свыше. А от человека зависит только ритм, скорость, насколько он будет активным в процессе учебы, в чтении статей, во всем своем стремлении. Важно не снижать интенсивность, но увеличивать ее, чтобы в итоге ускорить время.

Ведь мы только ускоряем время, а те процессы, которые мы должны пройти, — с ними мы ничего сделать не можем. И эти процессы — это, как правило, удары. И удары очень неприятные: обычно они связаны со стыдом, который нам очень тяжело перенести, страшно тяжело! Я был тому свидетелем у ребе. Я не верил, что такие состояния могут быть у такого большего каббалиста.

Что значит «связь с Творцом»?

Связь с Творцом — в понимании, что все приходит от Него. Все, что сейчас валится на меня, и то, что еще свалится, — это все приходит только от Него: в соответствии с Его программой, в соответствии с Его желанием, в соответствии с корнем моей души, которую Он дал мне и которая и есть мое «я». В этом я не хозяин. Я хозяин лишь в том, чтобы усилить себя, чтобы подготовиться к испытанию, как пишет Бааль Сулам: «Подготовь себя к войне». Только это я и могу.

Есть молитва, и есть сражение. На сражение меня выталкивает Творец. Я не знаю, какое это будет сражение, когда, и как, и с кем, ничего не знаю. Но я должен подготовиться к нему, как и в нашем мире, насколько это возможно: с помощью группы, статей и писем великих каббалистов. Все приходит «сверху», но моя реакция, восприятие происходящего — это уже зависит от моей личной подготовки.

Необходимо понять, что от меня зависит только скорость прохождения определенного процесса. «Ускорение времени» — это ступень, определяющая во мне восприятие всего того, что ко мне приходит. Если я вкладываю все свои силы и всего себя в изучаемый материал, если я прорабатываю его с намерением стать сильнее в сражении, тогда я духовно продвигаюсь и получаю следующую ступень, но уже в более высокой форме.

Поэтому «ускорение времени» и продвижение с помощью изучаемого материала — это одно и то же. Течение времени всегда субъективно: чем моя подготовка более сильная, тем в более быстром темпе я прохожу различные ситуации и удары, которые я должен выдержать. Если же я не готов к ним, то и эти ситуации, которые я должен пройти, пока находятся в режиме ожидания.

Смена ситуаций — это и есть время. «Ускорять время» — это значит быть более готовым к приему и смене новых ситуаций. Вплоть до окончательного исправления я не могу изменить ситуации, в которые меня ставит Творец. А изменяю я их только своей реакцией: я принимаю и прохожу их с определенной интенсивностью и глубиной понимания.

— *Могу ли я влиять на форму, одеяния этих ситуаций?*

Все зависит от тебя. Что такое «одеяние ситуации»? Это получение либо в виде прямого света, либо в виде отраженного. Иначе говоря, «одеяние» — это наслаждение либо «ради себя», либо «ради Творца». Это определяет и меняет все. Я не должен говорить, что вместо удара хочу получить подарок. Пожалуйста, почувствуй: подарок — это такое «одеяние», которое подходит к твоему понятию подарка.

Тогда ты почувствуешь, что в той же самой ситуации, в которой Творец хочет ударить и унизить тебя, — в ней же Он хочет возвысить и поднять тебя. Разница зависит только от того, как ты смотришь на это: правильно ли принимаешь в такой форме, что посредством этой ситуации ты хочешь продвинуться к духовному. Только так! Нет никакой разницы в самих состояниях и ситуациях.

И однажды ты почувствуешь в «одеянии» такое мощное «подслащение», что я просто не могу тебе передать. Ты почувствуешь внутри себя совершенно другие мысли: нет никакого стыда, ты не обращаешь внимания ни на что. Ты почувствуешь любовь, возвышение. И то, как к тебе относятся люди, — ты видишь, что это Творец через них играет с тобой. Ты чувствуешь в этом, как Творец исправляет, духовно продвигает тебя и их.

Ты чувствуешь, что начинаешь участвовать в создании новых духовных состояний в мирах. Самый главный момент при этом — это вера выше знания. В соответствии с твоим разумом, с твоим взглядом из животного тела определенные состояния, при которых ты ощущаешь Творца, выглядят как огромный стыд и унижение. Тем не менее эти состояния являются основой следующей ступени.

Так происходит благодаря тому, что ты поднимаешься над этим животным чувством и начинаешь через это связываться с Ним. Ты видишь, что, именно так воспринимая посланную Им информацию, ты даешь Ему наслаждение. И поэтому выходит, что это чувство внутри тебя оборачивается таким сладким, что просто не хочется больше никаких изменений. Именно такое чувство дает тебе возможность ощутить Творца.

Получается, что ты ничего не хочешь, только бы это состояние не менялось. Ты желаешь все время находиться в состоянии «веры выше знания», выше животного ощущения. И самое главное — ты при этом действительно желаешь находиться в связи с Творцом, ощущая себя дающим Ему наслаждение.

В чем же оно заключается? В том, что через животный взгляд на свои проблемы ты открыл, что хочешь действовать с намерением дать Ему наслаждение. Это вещи очень глубокие. Они освещаются в книге «Шамати» — в статье, которая находится на стр. 35 (в книге, изданной небольшим форматом). Это особенная статья, в которой говорится о том, как «сокрытие» Творца переходит в «открытие».

Польза стыда

— *Для чего Творец дает человеку чувствовать именно огромный стыд?*

Стыд — это проявление желания получать. Нет ничего другого, за что можно было бы «поймать» эгоизм, желание получать. Деньги, знания, животные наслаждения — это категории, которые в прямом виде не в состоянии «пробить» желание получать. Стыд — это «я» человека. Есть лишь «я» и Бесконечность.

«Рацон лекабэль» (желание получать) чувствует себя в виде «я». Уничтожение же этого «я» желание получать ощущает как прекращение существования. Страх того, что «я» может быть уничтожено, невыносимо для «рацон лекабэль». И выйти из этого невозможно. Творец специально создал и использует это, чтобы обязать человека обращаться к Нему. Нет другой возможности обратиться к Творцу, как только изнутри чувства унижения и прибитости.

— *Нужно ли заранее готовиться к чувству стыда и унижения?*

Это не поможет, не нужно себя к этому готовить. Даже наоборот: работать, чтобы проходить каждый раз все более новые состояния. Никогда не надо готовиться к негативным состояниям. Для нас не имеет значения, каким образом сейчас работает над нами Творец. Написано в «Теилим» (Псалмы): «Когда Творец скрывается, то человек впадает в ужас», он как ребенок, который потерялся. Тогда к нему и приходят всякие неприятные ситуации.

Не надо думать о негативных вещах, так как они приносят не вред, а приходят, чтобы помочь обратиться к Творцу. Они помогают выйти из желания получать. Без ударов ты не обратишься к Творцу. Не надо думать про удары, ожидать их, готовиться к ним. Важно все время прорываться, проталкивать себя вперед. Для этого нужна группа — определенное сообщество. Когда ты входишь в него, то вместе с ним «толкаешь» все состояния вперед. А один ты будешь просто сидеть в печали и заниматься самоедством. Это не приведет ни к чему.

— *Вы сказали, что посредством изучения Каббалы человек меняет одеяния состояний, которые приходят к нему в материальном мире. Например: вместо того чтобы несколько лет провести в тюрьме, достаточно просидеть один день у следователя. И этого будет достаточно, чтобы пробудить себя. Так?*

Да. Изменяется и материальное одеяние приходящих состояний. Но это не главное. А главное в том, что ты воспринимаешь приходящие ситуации уже совсем по-другому. Ты их получаешь по-другому. Жизнь, смерть, счастье, страдание — не важно: для тебя все измеряется по-другому. Если ты чувствуешь в приходящих ситуациях свет Творца, то сами ситуации для тебя ничего не меняют.

— *Когда приходит удар и мы не чувствуем в нем ни света, ни подслащения, ни пользы, ничего не чувствуем, — что тогда делать?*

Ты не можешь сделать больше, чем ты делаешь. Ты не можешь думать по-другому, чем ты думаешь. Состояние, которое есть у тебя сейчас, — ты не можешь его изменить. Ты можешь только хотеть. Что же такое «хотеть»? Ты можешь подготовить себя к новым состояниям. Но каждое такое состояние приходит по определенной причине — оно должно было прийти. Нельзя нам, в каком бы состоянии мы ни находились, проклинать или не хотеть его. Мы должны получить и распробовать его до конца. Мы должны понять из него все, что должны понять, — прожить его. И никогда не сожалеть о состоянии, в котором сейчас находимся.

Что называется «подготовкой»

«Подготовкой» называется твоя готовность к тому, чтобы продолжать при любых состояниях делать то, что ты все время делаешь. Творец ставит тебе разные препятствия, а ты, несмотря на них, продолжаешь «проталкиваться» вперед — это и есть подготовка. Например, Творец хочет понизить мне настроение, а я буду использовать любые методы, чтобы поднять его, или хотя бы находиться на том же уровне, что был до удара.

Что считается следующей ступенью? Например, сейчас ты находишься в обычном состоянии: ни в плохом, ни в хорошем. Чтобы помочь подняться на более высокую ступень, тебе дают сверху удар. Если после него ты сможешь удержаться в состоянии, в котором находился раньше, до удара, то ты поднимешься еще на ступень вверх.

Но что ты должен сделать для того, чтобы остаться в том же настроении, что было до удара? Прежде всего необходима вера в то, что все это приходит от Творца. Также и усиление, подкрепление себя, чтобы продолжать путь, — тоже от Творца. То есть этим ты уже поднимаешься. Получил довесок осознания зла и помех, но наперекор всему продолжаешь находиться в том же внутреннем состоянии по отношению к Творцу. Значит, ты поднялся.

Еще до всяких помех ты определил для себя путь духовного развития с помощью вклада определенного количества своих сил в группу, в учебу, в товарища. После удара должен остаться тот же уровень вклада в духовное продвижение. Это очень важно. Например, ребе никогда не отменял уроки. Он никогда не спускался с того, что наметил себе сделать.

Я помню, что мы с ним решили учиться йоге. И мы начали заниматься. После двух-трех месяцев я сломался: тут и там у меня что-то болело. В голову приходили разные доводы против этих занятий. И Ребе сказал так: «Продолжать столько, сколько сможешь. Если не сможешь, так не сможешь. Но до той поры — продолжай!» После того как он мне это сказал, я сломался через две-три недели.

Но я чувствовал, что это что-то не из этого мира, я просто не мог больше, просто не имел ни малейших сил продолжать. Эти упражнения йогой мы делали у меня дома. Когда я прекратил заниматься, он продолжал их делать у себя дома. И только после двух-трех месяцев он прекратил, так как кончился договор, который был составлен на полгода. У него была колоссальная устойчивость по отношению к принятым им на себя обязательствам. Никакая перемена настроения не могла повлиять на принятые им ранее решения.

— *Может быть, это было просто свойство его характера?*

Не думаю. По своим свойствам он не был упрямым. На самом деле это было результатом его духовного исправления. Если ты меня спросишь, мог ли я делать раньше многие вещи из тех, которые делаю сейчас, то я бы ответил тебе — нет. Но я прошел через эти «не могу»: заставлял себя, пробовал делать против желания, через силу. И я доходил до таких состояний, что «убей меня, но я больше выжать из себя не могу».

Но я понимал, что когда-то буду вспоминать эту ситуацию и я точно буду помнить, что я не мог более того, что сделал. Подобных случаев у меня было много еще в то время, когда я находился около Ребе. И я говорил себе: «Почему я не делаю этого? Почему я не требую от себя?» Я проверял эти состояния до конца и понимал, что больше того, что я сейчас делаю, я не могу. Но я давил на себя максимально. Так и должно быть.

Так ты получаешь различного рода опыт. Человек должен в каждом состоянии дойти до максимума того, что он может сделать, и почувствовать точку, в которой он дальше бессилен. Я думаю, что самое главное качество в человеке, помогающее его продвижению, это терпение. Наперекор всему, что случается с ним, что прокатывается по нему...

Всегда мы думаем, что нам делать. Если был бы жив Учитель, то я спросил бы его. На самом деле я не должен никого спрашивать. Если ученик находится у нас один-два года, то он может сам прийти к решению своей проблемы. Дело в том, что он должен быть устойчивым по отношению к цели. Он получил определенное направление от рава, и он должен его придерживаться.

Если ученик вошел в группу и был в ней два-три года, то нет у него никакой проблемы дойти до цели. Но это только в том случае, если он с группой и группа идет по направлению, которое ей указал Рав, — тогда не будет никаких отклонений.

Все время спрашивают меня, как вести себя, если рядом нет Рава. В этом случае нельзя ничего менять, даже нельзя возвращаться к изменениям, которые были до этого. Например, сейчас мы меняем в группе некоторые параметры. Если раньше группой руководила комиссия одного типа, то теперь — другого. Эта комиссия выбирается по другому принципу, то есть во главе группы будут стоять совершенно другие люди. Это сделано вместе с Равом.

В отсутствие Рава нельзя возвращаться к тому, что было раньше. Когда нет Рава, то вся группа должна соблюдать правило «Ничего не менять» очень строго.

Если есть состояние, что я не нуждаюсь в Творце, то я ничего не могу сделать — только продолжать ходить на занятия. Я должен плакать, что я сейчас не чувствую Творца? Само состояние должно нас привести к этому. Самое главное — это продолжать. Не надо строить себе программу на будущее. Это делает Творец. Ты должен просто продолжать, как «хамор» (то есть проявить упрямство).

— *Как я смогу знать, что эта дорога правильная?*

Продолжая делать своим животным телом в точности все те действия, посредством которых продвигаешься к цели, ты увидишь, что придут другие особенные состояния. Без Рава можно добавлять только то, что касается любви к товарищам и сплочения в группе.

— *Что значит «отменить себя перед товарищами по группе»?*

Это значит так: мне они не нужны, но я понимаю, что без них я не могу продвигаться к цели творения. Цель творения обязывает меня быть с ними вместе — в одной, как говорится, «упряжке». Ведь мы все — части одной души. И в соответствии с программой творения мы все должны вернуться в место, называемое «Адам аРишон», из которого мы вышли. И я получаю для этого силы от товарища, а он от меня.

Кроме того, на товарище я могу тренироваться, пробовать, что такое «леашпиа» (отдавать). А он в свою очередь упражняется на мне. И оба мы выигрываем от этого. И поэтому я отбрасываю всю свою гордость, все свои расчеты и начинаю любить его. Я становлюсь способен все сделать для него, так как через него лежит мой путь к «отдаче», то есть к Творцу.

Подчеркиваю: я люблю своего товарища не потому, что мне с ним лучше, приятнее, чем без него. Но я готов пожертвовать всем для того, чтобы прийти к «отдаче ради Творца», то есть это обыкновенная необходимость. Просто у меня нет другого выхода: Творец создал все из «рацон лекабэль» (желание получать).

— *Есть ли какой-нибудь пример «продвижения верой выше знания»?*

Допустим, обрушился на человека, не дай Б-г, самый страшный удар. В первый момент человек не чувствует Творца — весь на нервах, горит, находится только в этом ощущении. Допустим, это какая-то обида. Вначале я переживаю свое состояние, которое по Каббале называется «двойным сокрытием». После того как я хорошенько прочувствовал это состояние, мне посылают следующее — ощущение «одиночного сокрытия» Творца. То есть я уже начинаю ощущать, что это состояние мне послано Творцом.

— *А если человек пока не чувствует свет?*

Тогда на повестку дня встает категория «вера выше знания». Нужно идти по пути учебы: пропускать через себя как можно больше каббалистического материала. Это поможет духовно продвигаться.

СОВЕТЫ ОБУЧАЮЩИМ
(Весь нижеследующий раздел представляет собой инструкцию для тех, кто преподает или готовится преподавать Каббалу)

Попытаемся выяснить, как можно построить краткие объяснения, краткие уроки, много таких уроков, чтобы каждый, у кого есть кружок, мог бы в течение нескольких месяцев каждый раз строить урок в форме отдельной единицы.

Преимущество — в возможности начать каждый урок как бы заново, в том, что преподаватель может всегда менять тему в зависимости от обстановки, если есть необходимость. Чтобы новые люди, которые приходят, не чувствовали, что упустили многое и ничего не понимают, потому как «приземляются» в середине серии.

И те, кто не успевает усваивать материал, также могут всегда начать снова. Цель — чтобы люди себя чувствовали каждый раз хорошо и уверенно. А с другой стороны, в течение полугода, если они перебрали достаточно материала, постепенно материал начинает складываться в общее непрерывное знание, они сами начинают связывать отдельные уроки вместе.

Так же и в нашем центре мы изучаем много вроде бы не связанных друг с другом тем: мы каждый день читаем новую главу Псалмов, каждый день мы читаем новую статью Рабаша, каждый день мы говорим о духовной работе, не связывая ее с обговоренным вчера.

Только учеба по Птихе должна проводиться последовательно с первого же урока. А те, кто приходит в процессе учебы, поймут часть урока, кроме Птихи, — она новая для всех. А по Птихе необходимо организовать из продвинутых учеников дополнительные занятия для новеньких и отстающих, дать им кассеты ваших прошлых занятий или конспект пройденного материала.

Материал, подаваемый мелкими порциями, входит и усваивается лучше. Поэтому все статьи необходимо разбить еще на отдельные главы, параграфы, абзацы. Зачастую у Бааль Сулама очень длинные абзацы — их необходимо разбивать. Желательно давать название каждому абзацу по его теме. У каждого должны быть свои книги, по которым он преподает, с пометками на полях.

Все группы должны обучаться по единому плану, по единым источникам, на иврите или с последующим переходом на иврит.

Каждая группа должна иметь свой классный журнал, где должны отмечаться присутствующие. Это можно поручить кому-то из учеников. Новопришедшие должны быть записаны с их координатами.

В процессе обучения надо собой показывать пример ученикам — «как преподавать», чтобы заразить их этим желанием и чтобы учились не только материалу, но и методу обучения других. Необходимо обсуждать с учениками, понятен ли им материал, советоваться с ними, как бы его лучше им изложить, вызывать к доске и давать возможность объяснить, но не насильно — только желающих.

Во время каждого урока необходимо хоть раз вызвать смех в классе, доброе настроение, теплоту отношения друг к другу, не забывать похвалить и немного уколоть... Пытаться сделать урок как можно более живым, не академическим.

В начале ни в коем случае не говорить о любви товарищей, любви к группе, любви к Творцу и прочее, не соответствующее эгоизму, а потому не воспринимающееся человеком. Только через несколько месяцев можно начинать выбирать соответствующий материал и просто читать его. Затем еще через некоторое время начинать его обсуждать теоретически. Попозже можно начинать спрашивать: «А как практически мы осваиваем это?», «Зачем нам это?», «Необходимо ли?» Если да, то какие практические действия мы наметим, план и пр.

Ни в коем случае не говорить о плате за какие бы то ни было действия, за исключением платы за место проведения занятий. Только постепенно начинать говорить о возможности самим прилагать усилия для увеличения группы, распространять листовки в своем районе, агитировать. Затем уже предложить собрать деньги на объявление в местную газету. Через некоторое время необходимо более настойчиво подталкивать к преподаванию, к рекламе, к пропаганде.

Иногда необходимо показывать, как из абзаца сделать его краткое содержание в одно предложение, из всех абзацев статьи — несколько предложений, краткий пересказ статьи. Когда проходим предисловия Бааль Сулама, по каждому пункту делать резюме, как бы краткий пересказ или содержание всей статьи.

Желательно давать домашнее задание — сделать вместо небольшой статьи ее краткий конспект в несколько предложений с выяснением введения, предисловия, причины и следствия, заключения. Так делать со всеми введениями и предисловиями.

Души, низошедшие для обучения

Есть несколько типов душ, прошедших исправление:
1) предназначенные для обучения других, пишущие для начинающих;
2) пишущие для таких же, как они, постигающих.

К первому типу душ относятся души Рашби, Ари, Бааль Сулам. Как пишет Бааль Сулам в одном из своих писем в книге «При хахам», души Рашби, Ари, Бааль Сулам — это одна душа, нисходящая специально для обучения человечества духовному возвышению. Эта особая душа спускалась в мир один раз как Рашби, один раз как Ари, один раз как Бааль Сулам, чтобы дать человечеству особый путь к цели творения.

Вначале каббалисты изучали Каббалу по книге «Зоар». Затем перешли на труды Ари. А сейчас — по трудам Бааль Сулама. В наше время есть много «противников» Бааль Сулама, как было в свое время у Ари (известный случай, как талмудисты устроили ему экзамен по Талмуду). Но в наше время нет каббалистов, и противники не понимают ничего другого, а просто сопротивляются Каббале. А поскольку методика Бааль Сулама живая и доступная, то они в первую очередь выступают против него.

Все святые книги говорят о духовном, о том, как его достичь. Поэтому они и называются святыми. Но есть книги, в которых духовная сила влияния на человека, желающего продвигаться к цели, больше, сильнее. Самое сильное средство — книги Бааль Сулама. Поэтому мы выбираем их как основные. Но после того как освоим методику и основные понятия, сможем читать и понимать любые остальные книги по Каббале. И даже сможем читать и правильно понимать вообще все святые книги — сможем видеть, как все их авторы желали рассказать нам только о высшем мире и о том, как его достичь. Хотя внешне эти книги могут выглядеть как сказки, сухие законы поведения, исторические повествования.

Что особенного в Каббале?

Смотрите, что сказано об изучении Каббалы как о средстве достижения высшего мира в п. 155 ТЭ"С: «*...возникает вопрос: почему каббалисты обязывают каждого (без ограничения!) изучать Каббалу? Потому что есть в изучении Каббалы одна изумительная особенность, о которой необходимо знать всем: изучающий Каббалу, несмотря на то что не понимает того, что учит (как мы! просто читает), но сильным желанием понять вызывает на себя неощутимый высший «окружающий свет»*. То есть во время учебы человек вызывает сверху свет.

А все отличие каббалистических книг от прочих — в том, что в каббалистических книгах есть это уникальное свойство: во время учебы пробуждается высший свет («маор ше махзир ле мутав»), который возвращает человека к его Источнику. «Ле мутав» — имеется в виду «к корню души», к Источнику, Творцу.

А вся разница между различными книгами разных каббалистов — в размере этого нисходящего исправляющего, подымающего вверх света. Есть книги, в которых свет («маор») более скрыт, светит меньше, а есть книги, в которых этот источник света светит сильнее.

Каббалист написал книгу изначально так, что даже если ее читают люди, которые не понимают ничего, и нет у них никакой связи с религией, с верой, с Каббалой, ни с чем, а есть только сильное желание понять изучаемое, то этого уже достаточно, чтобы пробудить свет. Это и есть уникальное свойство каббалистических книг. Но если выбирать из каббалистических книг, то книги Бааль Сулама — самые эффективные для нашего поколения, вызывающие самый действенный, поднимающий человека свет.

Намерение и действие

Намерение в учебе — это то, чего я точно хочу от учебы, чего я хочу достигнуть. После того как я пробудился к правильному намерению, мне необходимы силы продвигаться в направлении этого намерения, к цели — силы, которые бы тащили меня в соответствии с правильным намерением. Для этого мы изучаем статьи и письма наших великих учителей Йегуды и Баруха Ашлагов.

Поэтому вся наша учеба — с первого занятия, когда мы начинаем в новой группе, и до конца наших дней, до конца исправления — должна состоять из двух частей:
— намерения, получаемого из чтения статей и писем;
— действия — неосознанного — при изучении Птихи (ТЭ"С).

Одно без другого не существует: если будем учить только письма и статьи, это как дух без тела. А если будем учить только науку Каббала, это подобно изучению любой науки, ведь не будем стремиться чувственно постичь изучаемое. Это будет изучение науки, а не средство обрести духовный мир, подняться в него.

Две части в учебе

Должно быть направление (куда идем) и сила (помощью чего продвигаемся). Поэтому учеба состоит из двух частей. Необходимо разделить каждый урок на две части:
— «Птиха ле хохмат аКаббала», «Птиха ле перуш аСулам», ТЭ"С относятся к науке Каббала.
— Весь остальной материал (письма, статьи, кроме «Птиха ле хохмат аКаббала», «Птиха ле перуш аСулам», ТЭ"С) относится к намерению.

С начинающими не начинать с ТЭ"С. Берем «Птиха ле хохмат аКаббала» и «Птиха ле перуш аСулам» и изучаем параллельно: сколько прошли Птихи, столько проходим соответствующего этому материала из «Птиха ле перуш аСулам». Это одна часть занятия.

Вторая часть занятия: берем наиболее легкие письма и статьи, читаем постепенно. И так каждый урок наш будет состоять из двух частей. И в обеих продвигаться в темпе, который группа позволяет, а не искусственно. Если группа не усваивает материал, не ускорять, подождать, часто просто необходимо время, привыкание для усвоения непривычного. Ни в коем случае не давить, никто никуда не опаздывает. Показывать, что количество знаний — не гарантия входа в высший мир. Наоборот, знания пропадают, если человек переходит ступени, теряются между ступенями, снова возвращаются. Отношение к знаниям должно быть легкое, а к намерению — серьезное.

Книга «Матан Тора» относится к статьям и к письмам, а не к учебному материалу. Три книги: ТЭ"С, «Птиха ле хохмат аКаббала» и «Птиха ле перуш аСулам» — написаны каббалистическим языком, научным, языком «сфирот», «парцуфим», «оламот». А остальные книги написаны на языке чувств.

«Птиха ле перуш аСулам» можно начать попозже и учить ее только до трех линий. Птиху учим полностью. Смотреть по группе. Может быть, последние 20–25 пунктов Птихи не учить — там начинается вопрос поднятия миров в шестом тысячелетии, и нужны дополнительные объяснения.

К Птихе с нашими чертежами хорошо добавить «Истаклут пнимит» из первой части ТЭ"С, «Вопросы и ответы» и в особенности объяснение слов из всего ТЭ"С — «Перуш амилот».

Эти определения добавлять постепенно. Заранее смотреть: если определения Бааль Сулама чересчур глубокие, они могут внести путаницу. Но такие определения, как «ор вэ кли», «масах», «ор хозер», «цимцум алеф», обязательно необходимо добавлять (из первой части ТЭ"С).

После Птихи можно пройти третью часть ТЭ"С. Для того чтобы показать, насколько каждое из изучаемых в Птихе определений сложное и состоит из множества форм, для наглядности, насколько Каббала — это емкая и сложная наука, желательно просмотреть с группой «Истаклут пнимит» четвертой части ТЭ"С — сколько есть видов каждого из «решимот», «орот», «келим» и пр.

Далее можно добавить выборочно части из «Истаклут пнимит» шестой части ТЭ"С, из восьмой части ТЭ"С, из шестнадцатой части об Адаме аРишон (с п. 42 и далее), а затем уже (можно и сразу после Птихи) — пройти «Бейт Шаар аКаванот» по верхнему слою. Это порядок, но его можно изменять в соответствии с опытом.

Желательно на каждую большую статью Бааль Сулама написать краткую статью, изложить идею в кратком простом виде. Желательно, изучая Птиху, составлять список или таблицу «причина — следствие», например:

1) причина — Творец;
2) следствие — творение.
1) желание насладить — кэтэр;
2) желание насладиться — хохма.
1) дать совершенство — кэтэр;
2) быть как Творец — бина.

Или:
1) масах дэ-рош делает расчет, сколько света принять;
2) делит на две части желание, тох и соф;
3) делает зивуг дэ-акаа в рош;
4) наполняет тох и т.д.

Так можно пересказать все содержание Птихи и даже ТЭ"С.

Дополнительный материал, написанный РАБАШ и р. Лайтманом к Птихе (Краткое повторение и пр.) желательно добавить к учебной части. В первом чтении можно дойти до половины Птихи, вернуться, начать снова и продолжить чуть далее.

Намерение

Изучение намерения происходит при чтении писем и статей. Намерение — это единственное, что человек должен и может изменить в себе. Желание создано. Оно неизменно. Возможно применять его естественным образом (ради себя) или исправленным образом (ради Творца).

Надо начинать изучение намерения, как настоящего, Акарат аРа, так и исправленного, альтруистического, с очень общих определений. Не давить, не акцентировать, что мы, вернее, наши намерения, абсолютно противоположны нужным, духовным.

Желательно поначалу с начинающими вообще не говорить о необходимости что-то в себе исправлять. Говорить о том, что Каббала дает человеку возможность достичь всего — вечности, счастья, совершенства. Это верно. Единственное, что мы не раскрываем еще одного условия — необходимости изменить свое намерение во всех своих действиях: с «ради себя» на «ради Творца». Мы просто недоговариваем, потому что человек еще не в состоянии осознать истинность и необходимость этого.

Это должно быть правилом: «Не ставь преграду перед слепым». Человек развивается от положительного, он живет тем, что наполняет себя. Он не живет тем, что отнимает от себя. Мы растем, впитывая в себя, а отдавать начинаем, только когда становимся взрослыми. Надо все время наполнять желание человека, помогать ему в этом, а не быть причиной его опустошения. Человек должен выходить с урока в приподнятом настроении, с желанием его продолжить, веселым. Он выходит со свидания с Творцом!

Пытаться настроить учеников, чтобы только они сами в результате учебы начинали осознавать зло, увидели свою пустоту. Со стороны же учителя подход должен быть положительным, оптимистическим. Никогда не говорить о недостатках, плохих состояниях, если нет возможности оправдать их как необходимые действия Творца. Никогда не говорить человеку, что тебе будет плохо, что почувствуешь себя плохо, что Каббала приносит плохое! Наоборот, Каббала дает тебе свет, внутри которого ты видишь свою темноту, но это абстрактная истина пока что. Всегда привлекать к таким определениям юмор.

До моего прихода к раву Б. Ашлагу некоторые у него учились 20, 40 и более лет. Через год учебы у ребе у меня появилась возможность преподавать в Тель-Авиве. Я спросил у ребе: «Как мне их обучать?» Он ответил: «Ты должен объяснить им, что такое хохмат аКаббала». Он открыл книгу «Матан Тора» на статье «Махут хохмат аКаббала» и показал мне определение, что такое Каббала.

Я знал это определение, но ничего в нем не понимал. Поэтому ответил ему, что такое определение никто не поймет. Я спросил, что же им говорить. Он ответил: «Ты должен так говорить, чтобы им было хорошо, чтобы они обнаружили, что это приносит им пользу, поможет им, решит их проблемы. Не говорить, что для этого необходимо исправить себя, отказываться от всего, заменить этот мир на высший. С этим человек может согласиться впоследствии, когда сам начнет убеждаться, что высшее — это лучше. Они должны сами понять по ходу обучения, что и как надо делать. Короче, ты объясняешь им, что каждый человек, находясь в этом мире, может и должен обнаружить Творца и объединиться с ним. Обнаружение человеком Божественного и есть Каббала. И это правильно. А то, что для этого ты должен изменить свою природу, стать подобным, похожим на Творца, что только в меру подобия ты откроешь, ощутишь высшее, вечное, совершенное, — это надо раскрывать понемногу. И так сказано у Рамба"ма: «Начинающих обучают, как маленьких детей, — только в той мере, в какой они умнеют и способны усвоить, раскрывают им мудрость».

Показывать свое несовершенство

Лектор должен показывать, что он сам несовершенен, а только в той части, в которой исправлен, — наполнен положительным, совершенством. А остальную часть — держит под Ц"А, не использует до тех пор, пока не исправит.

Человек не понимает, как это — «изменить свою природу». Мы же объясняем метод раскрытия высшего в соответствии с уровнем развития человека. Ни в коем случае не говорить, что на какой-то ступени своего духовного развития ты забудешь жену, детей, футбол, этот мир. Это неверно: каббалист больше, чем обычный человек, любит свою семью.

Ведь люди приходят к нам, чтобы больше насладиться, чтобы убежать от страданий. Мы не имеем права их разочаровывать. Даже временно, говоря, что сначала надо пострадать. Весь свой путь в высший мир человек может сделать радостным!

Убеждать, что свыше нет наказаний, что свыше нисходит только свет, но вследствие наших противоположных свойств он ощущается зачастую как боль, а не как наслаждение. Это Творец делает специально, чтобы мы поняли свою противоположность Ему и сменили свое намерение на отдачу — тогда мы становимся ему подобны и ощущаем в Его свете неземное наслаждение.

Объяснять, что должны обнаружить Божественное, что это дано каждому и это обязанность каждого. И это возможно только с помощью метода Каббалы. А сам метод мы учим постепенно. Поэтому быть осторожным в выборе статей и писем, выбирая положительные места.

И сам лектор обязан демонстрировать свою наполненность положительным ощущением свыше, свою приподнятость, особенность, показывать пример, как каббалист должен ощущать, что в нем есть частичка Божественного.

Если назавтра тяжелый урок, необходимо спланировать хороший отдых. Отговорки об усталости, занятости, вечной нехватке времени — не могут иметь места ни в коем случае. Каббалист — человек организованный, собранный, хотя внутри него проносятся бури, внешне он стремится сохранить спокойный вид.

Урок должен быть уроком. Мы должны излучать положительное. У изучающего Каббалу должно быть положительное ощущение, иначе учитель в его глазах не находится в сближении с Высшим источником, не получает духовное.

Когда каббалист говорит, что все страдают и он страдает, — это страдание, а не Каббала. Потому что Каббала — это в первую очередь оправдание Творца (праведник, цадик, мацдик). Уныние, депрессия — это не приближение к «раскрытию Божественного творениям в этом мире» в соответствии с определением, «что такое Каббала».

Вознаграждение — вечное и совершенное

Необходимо объяснять, что из Каббалы человек узнает, что такое наша жизнь, что такое наша природа, — узнает в истинном виде наш мир. Этого не дает никакая наука. Затем он узнает высший мир, как там возникают действия, как они нисходят в наш мир. Он узнает, что двигает им во всех проявлениях жизни. Он узнает, в соответствии с каким планом, какой программой функционирует природа. Ее общий план и частный, относительно него лично. К чему идет все, к какой точке, цели. Он узнает, что развитие желания — вещь особенная, дано не всем, ему и еще нескольким тысячам таких, как он, не более. Поэтому он может подняться над этим миром. Хотя это работа, но за нее есть вечное вознаграждение.

Чертежи

Необходимо на каждое объяснение находить его графическое изображение, рисунки, краткие, маленькие. К каждому термину рисовать маленький рисунок.

Средняя линия

Если ты не делаешь ничего — ты как точка, где свет и кли вместе. Как в камне. Если ты начинаешь развивать желание, у тебя появляется больше и страданий, и наслаждений. То есть из неживой точки начинают расти две линии: левая и правая, страдание и наслаждение.

Человек, развиваясь, находится попеременно то в страдании, ощущении нехватки духовного, то в наслаждении, когда ощущает духовное. Потом дают ему возможность объединить страдание и наслаждение.

Не изучающий Каббалу, если хочет меньше страдать, должен уменьшить свои желания. Тогда он будет меньше нуждаться в наполнении желаний. Но поскольку есть цель творения — довести человека до самого большого наслаждения, неужели человеку придется все время постигать и все большие страдания? Ведь страдание — это ощущение незаполненного желания. А перед наслаждением обязано быть такое желание незаполненным! Так что же получается, насладишься только после того, как настрадаешься? Тогда уж лучше ни страданий, ни наслаждений.

Природа не дает человеку возможности уменьшить страдания, наоборот, она постоянно развивает их ощущение в человеке, чтобы желал все большего. Избежать страданий и достичь все-таки наслаждения, не ощущая предварительных страданий, позволяет Каббала.

Метод получения наслаждения, называемый Каббала, учит, как два ощущения: страдание (желание) и наслаждение (наполнение) — можно совместить, соединить вместе с помощью исправления.

Человек возмущается: до того как пришел учить Каббалу, не был в таком сильном отчаянии, как сейчас. Правильно. Но и желание у него растет, а потому и растет отчаяние, ведь желает большего наполнения.

Я начал учить Каббалу и страдаю больше всех. Я в течение двух-трех месяцев начал видеть себя более опустошенным, нуждающимся. Тут учащиеся должны понять ускорение времени: если бы не учил Каббалу, то даже за период в сотни раз более длительный не достиг бы такого развития в своей жизни.

Изучением Каббалы в течение трех-четырех месяцев человек достигает развития страданий, как если бы в обычной жизни страдал 30-40 лет или несколько кругооборотов. Поэтому ему кажется, что он больше страдает. Он ускоряет развитие. Он прошел за три-четыре месяца то, что должен был бы пройти за 30-40 лет. Конечно же, ему кажется, что он идет к плохому, потому что неудовлетворенные желания концентрируются.

Мы настолько быстро и эффективно развиваемся, что не чувствуем, что было вчера, а на прошлой неделе — вообще не помним. В моей жизни я прохожу сотни, тысячи лет. Без преувеличения! Человек это должен понимать, что ощущения встряски, изменения настроения — оттого, что он попал в поезд, который летит со скоростью 1000 км/час по сравнению с телегой обычной жизни.

Желание наслаждаться, получать растет от нуля до величины Творца. Намерение — это то, что уподобляет желание получать Творцу. Несмотря на то что желание получать растет, растет с ним и намерение и уподобляет растущее желание Творцу.

Каббала — это не искусственная методика, а природный метод, когда сама природа обязывает человека исправлять себя, чтобы не страдать, а приобрести свойства Творца. Методика Каббалы находится в самой природе, она не подчиняется человеку, а наоборот, естественно руководит человеком без его ведома и решения. Человек никак не может повлиять на метод своего исправления, сближения с Творцом. Может прислушаться и «помочь» природе тем, что станет более послушным ей.

Духовные ученые открыли нам, что так наша природа обязывает нас измениться. Что это наша эволюция, что у человека нет выбора. Когда голоден, ты ищешь везде только пищу. А если начинается голод к свету, к Творцу, к ощущению Творца? И ничто другое не заменяет, не удовлетворяет?

Природа обяжет человека искать до тех пор, пока он не поймет, что своим желанием должен пользоваться для отдачи. Это осознание приходит естественным образом. Человек даже не должен открывать книгу, он и без книги познает свой путь к Творцу. Это придет само, в результате развития желания.

Но то, что мы учим, — это тоже не искусственно, потому что получаем это знание свыше, от исправленных душ, от их природы, а не разума и философских человеческих измышлений.

Каббалистическая мудрость — это описание законов природы, их естественного использования для ускорения созревания правильного желания. По-другому это возьмет больше времени, много лет, много страданий. То есть мы идем естественным путем, только ускоряем развитие. И этим уменьшаем (экономим) страдания. Страдание делается более сконцентрированным. Но в то же время и иным — страданием любви.

Наполнение котомки

Человек должен пройти серию ударов, чтобы изучить каждый удар и из каждого удара извлечь мудрость, научиться, как предотвратить этот удар в следующий раз. Человек должен пройти тысячи ударов. Мы это знаем по себе и видим, что ничего не помогает, сколько ни учишь, пока любая вещь не переполнит определенную величину. Скажем, после 150 ударов, видимо, если я сделаю так, я не пострадаю. И тогда я исправляю себя. А до 150 ударов ничего не может мне помочь.

Скажем, я не опасаюсь чего-то и страдаю от этого. И я каждый раз не берегусь и снова и снова получаю удары. Я должен получить 150 таких ударов, прежде чем в какое-то мгновение вдруг пойму, что я должен сделать и как, чтобы не получить следующий удар.

Каббала — это метод, который помогает мне быстро увидеть, как избежать ударов. Быстрее увидеть причину страданий. Что может быть важнее для человека, чем возможность быстро избавиться от страданий. Но избавление от страданий требует их осознания и исправления — это условие не обойти! Если человек еще недоразвился страданиями до решения во что бы то ни стало найти смысл жизни, нельзя его убеждать и заставлять изучать Каббалу. Пусть идет наслаждается пока, если может. В любом случае он не останется изучать Каббалу, так как не нуждается в этом.

Все прочие науки, методики, верования, религии, мистики в этом мире, кроме Каббалы, упадут в глазах всего человечества, потому что не смогут ничего дать человеку. И на сегодня они существуют только для того, чтобы на проявлении их ничтожности выявилась вся сила Каббалы, науки Творца.

Мысли начинающего

Человеку может казаться, что он ищет в жизни совсем не Каббалу, а религию, мистику, астрологию, науку о прошлом или будущем, — ведь он ищет, как ответить на вопрос о смысле жизни. Иными словами, желание к духовному может прийти под разными предлогами (одеяниями) к человеку.

Поэтому с начинающими, которые сидят на уроке, но еще не осознали, что изучают, необходимо быть осторожным, объяснить, что Каббала необходима всем, что дает ответы на все вопросы, которые только могут зародиться в человеке. Ведь кли (все недостатки, голод, вопросы) в человеке рождаются светом (пройти четыре стадии прямого света) как раз в той мере, чтобы это кли заполнить. А Каббала наполняет кли человека светом, т.е. отвечает на вопросы, заполняет все недостатки, голод, страдания. Кроме того, ведет к насыщению наикратчайшим путем.

Овладение методом Каббалы требует нескольких лет усилий. Но для этого, в сущности, мы живем! Нет никакой иной цели в жизни, кроме разве что надуманных, которые за незнанием истинной цели выдумал человек.

Необходимо понимать, что не ощущающий необходимости изучать Каббалу все равно не продолжит ею заниматься. Потому что изучение Каббалы дает человеку только одно — возможность исправить себя, достичь высшего, утолить призыв души. Если в нем еще этой потребности нет — не насиловать, не завлекать!

Есть такие, которые ходят несколько месяцев. Затем оставляют занятия на несколько лет, уходят, возвращаются. Есть такие, которые остаются на много лет, а есть, что и на всю жизнь.

Остающиеся в Каббале на всю жизнь делаются приверженцами изучения науки Каббала или изучают Каббалу как средство найти и ощутить Творца.

Женская проблема

С женщинами есть большая проблема: на них природа влияет в зависимости от мужа, семьи, детей. Если нет у женщины семьи и детей — это ее самое большое страдание в жизни. Зачастую именно неудовлетворенность в этом толкает женщин в Каббалу.

Женщина, у которой есть муж, семья, дети и, кроме этого, еще есть личное желание духовного развития, может учиться. Видимо, в наше время развитие эгоизма в женщинах делает их более самостоятельными и требующими своей связи с Творцом.

Но если нет у женщины мужа, семьи, детей, если она не удовлетворена своим семейным положением — это и есть причина ее стремления к Каббале. Или если есть семья, но страдания внутри семьи вынуждают ее искать компенсации в Каббале.

Многие считают, что Каббала поможет им найти пару, лучше устроить свою личную жизнь, понять и наладить контакт с детьми, — постепенно, тактично необходимо дать понять, что Каббала занимается развитием связи с Творцом и семейные отношения от этого не изменятся, они находятся на уровне нашего мира, а все, что под махсомом, под духовным, Каббала не изменяет.

Например, ошибочно считается, что изучение Каббалы улучшит здоровье. Есть косвенное влияние окружающего света на окружающий нас материальный мир, но сила и действие методики Каббалы в том, чтобы вытащить внутреннюю суть человека из этого мира, из эгоистических намерений — в высший мир, в альтруистические намерения.

Большинство учеников — ученицы. И они приходят потому, что у них нет этого «животного» наполнения: муж, семья, дети. Желательно, чтобы даже пришедшие с такими мотивами оставались, — следом за ними придут мужчины. Роль женщины в нашем мире во всех ее действиях — в помощи, поддержке, дополнении мужчины. Так и сказано в Торе, что женщина вообще пришла в этот мир добровольно. Поэтому наилучшее их призвание — помогать, и в этом они могут себя проявить.

В «Предисловии к ТЭ"С» сказано, что Каббала состоит из «Таамей Тора» и «Ситрей Тора». «Таамей Тора» можно учить всем, это каждый должен знать. Написано, что «Таамей Тора» желательно открывать всем.

Связь душ

Каббалисты страдают, так как продвигающийся каббалист берет на себя страдания всего мира. Включают в себя страдания общества, а потом удостаиваются утешения общества. Все души состоят каждая из всех.

Я включаю 600 000 душ. Частичка «я» во мне — самая большая, а другие — частички остальных — как маленькие. И так у каждого человека. У каждого каббалиста есть его личное исправление. Все души, даже если они не делают исправления, каббалист должен включить в себя, он должен состоять из них, он должен исправить свою часть в них. Он вносит свою исправленную часть во все другие души и таким образом вызывает в них появление стремления к исправлению.

Каббалист поднимается по ступеням, берет неисправленности всех душ, исправляет их вместе с собой. Но мы видим страдания его тела и не видим оплату, которую он получает в духовном. Он так же страдает физически. Чем же отличается развитие изучающего Каббалу от неосознанного развития каждого человека в мире?

Без Каббалы человек развивается с помощью ударов, ощущения страданий от ударов. Методом Каббалы человек развивается с помощью света, излучающего на него во время занятий особую силу. Во время учебы к тебе приходит свет, который тебя исправляет.

Какая разница: получил я удар палкой или пришел свыше свет и показал мне, насколько я плох, т.е. я получаю духовный удар от постижения различия себя и света? Дело в том, что это уже не удар, а лекарство, потому что чередования «хорошо — плохо», «открытие — сокрытие» вызывают развитие духовного кли в человеке. А просто от ударов возникает только желание избежать их. Один каббалистический удар под воздействием света производит большее исправление в человеке, чем тысячи ударов на земном, неосознанном, животном уровне.

Гематрии

На начальных этапах возникают вопросы о числах, цифрах, сочетаниях, символике, изображениях.

Необходимо объяснить, что все обозначения — не более чем обозначения и никаких самостоятельных сил в фигурах, в изображении нет. Все числа, изображения, гематрии исходят от основного изображения творения: «юд» — «кей» — «вав» — «кей», так называемого четырехбуквенного имени АВА"Я.

Его числовое значение 26. Наполнение светом в дополнение к 26 дает нам гематрию духовного объекта, т.е. его духовное состояние.

Мы объясняем, что скрывается за именами ангелов, сил, названий, но не занимаемся числовой эквилибристикой — исканием числовых зависимостей между словами, именами, датами и пр., потому что Каббала видит намного глубже, и поэтому обнаруживается полная несостоятельность «вычисления» по числам, гематриям и пр. Знание в Каббале постигается не вычислением, а постижением самого духовного объекта.

Человек должен учить Каббалу, чтобы быть на духовном уровне этих имен. Тогда он будет знать, что скрывается под каждым именем, что выражает каждое слово, каждая буква. Мудрость букв — это когда человек достигает уровня, на котором он может использовать духовные силы, обозначаемые буквами.

О ТОВАРИЩЕСТВЕ

Книга «Зоар» о товариществе

«Зоар». Недельная глава «Ахарей мот»

П. 58: Сказал раби Йегуда: Однажды весь мир нуждался в дожде. Пошли раби Шимон, раби Йоси, раби Хизкия и другие навестить раби Пинхаса бен Яира. Как только увидел их, изрек: «Песнь ступеней. Как прекрасно и приятно сидеть вместе братьям». Но что означает «сидеть вместе?»

П. 59: И отвечает: «Когда лица их обращены к товарищам своим...» «Товарищ» означает мужское и женское начало. Потому что когда зэир анпин и малхут смотрят друг на друга, лицом к лицу, сказано: «Как хорошо и приятно». А когда мужская часть отворачивает лик свой от женской, нисходят страдания в этот мир, страдания без суда, т.е. без зэира анпина, называемого «суд»: он не смотрит, не дает наполнения женской части, называемой «справедливость».

П. 65: Иное объяснение выражения «Как прекрасно и приятно сидеть вместе братьям»: это говорится о товарищах, когда они сидят вместе и неразлучны между собой. Вначале они подобны воюющим, желающим убить друг друга. А затем сближаются до полного братства и любви. И Творец говорит о них: «Как прекрасно и приятно сидеть вместе братьям» — и сливается с ними. И более того, сам Творец прислушивается к их речам, наслаждается ими и радуется им.

П. 66: А вы, товарищи, как были в любви и дружбе ранее, так же и далее не расставайтесь, не разлучайтесь, и возрадуется вам Творец, снизойдет на вас мир, и обретет мир мир свой благодаря вам. Это смысл сказанного: «Как прекрасно и приятно сидеть вместе братьям».

О товариществе

(Из писем Й. Ашлага)

«Еще попрошу тебя постараться всеми силами укрепить любовь между товарищами, придумать различные способы увеличить любовь между членами группы, убрать эгоистические стремления, потому что они приводят к ненависти, а между работающими ради Творца не может быть никакой ненависти, а напротив — милосердие и большая любовь».

Й. Ашлаг. «При хахам. Письма». С. 54

«Все плохое, что происходит с Вами, происходит по причине невыполнения моей просьбы: приложить большие усилия в любви к товарищам, необходимость чего я объяснил вам на всех 70 языках, что это достаточное средство, чтобы исправить все ваши недостатки».

Й. Ашлаг. «При хахам. Письма». С. 56

«Очень удивлен, что ты мне пишешь, что не можешь понять меня. Так знай, что это только от расслабления в работе. Но что я могу сделать?! Так вот, именно сейчас, когда меня нет среди вас, примите на себя обязанность быть связанными между собой сильным узлом любви».

Й. Ашлаг. «При хахам. Письма». С. 60

«Почему ты не сообщаешь мне, насколько едина группа, увеличивается ли ее единство, идет ли она в этом от победы к победе? Ведь это основа всего нашего будущего».

Й. Ашлаг. «При хахам. Письма». С. 74

«Естественно, я хочу объединиться с вами телом и душой в настоящем и будущем, но я не могу действовать, кроме как в духовном и в душе. Потому что знаю я вашу *душу*, и я могу объединиться с ней, но вы — нет возможности в вашем **сердце** работать по-другому, кроме как в материальном. Так как не знаете мою духовность, чтобы смогли объединиться с ней, и если поймете это, поймете также, что я не чувствую в себе никакого удаления от вас. Но вы, естественно, нуждаетесь в физическом контакте. Но это только для вас и для вашей работы, но не для меня и не для моей работы. И этим я объясняю себе многие вопросы».

Й. Ашлаг. «При хахам. Письма». С. 91

Как мог абсолютно добрый Творец создать такой несовершенный, злой мир? Как же мог Он задумать создать творения, чтобы страдали в течение всей своей жизни?

Причина и цель всех страданий в мире — дабы человечество осознало, что источник всех его страданий — эгоизм и что отказом от него обретается совершенство.

Оторвавшись от эгоизма, мы отрываемся от всех неприятных ощущений, потому как он обратен Создателю. Все страдания связаны только с эгоизмом нашего тела. Эгоистические желания созданы лишь для их искоренения, а страдания, сопровождающие эти желания, служат для раскрытия ничтожности и вреда эгоизма.

«А когда весь мир согласится освободиться от эгоизма, исключит этим все тревоги и все вредное, и каждый будет уверен в здоровой и полной жизни, потому как у каждого будет весь большой мир, заботящийся о нем.

А пока эгоистические желания порождают тревоги, страдания, убийства и войны. Только эгоизм является причиной всех болей, болезней тела и души. Все страдания в нашем мире существуют только для того, чтобы раскрыть наши глаза, подтолкнуть нас избавиться от злого эгоизма тела.

Путь страданий приводит нас к этому желательному решению. И знай, что заповеди отношения к товарищам важнее заповедей отношения к Творцу, потому как отдача товарищам **приводит** к отдаче Творцу («приводит» означает, что только любовь к товарищам приведет к любви к Творцу)».

Предисловие к книге «Зоар». П. 19

СВОБОДА ВОЛИ

В книге «Матан Тора» и в книге «При хахам» раби Йегуды Ашлага есть статья «Свобода воли». Попробуем разобраться в этом вопросе, пересказывая статью в вольном изложении.

Свобода (на иврите «херут»), независимость, как объясняет нам в этой статье Бааль Сулам, существует как некая человеческая потребность. Но, с другой стороны, необходимо выяснить, есть ли вообще в наших действиях какая-либо свобода?

Если мы рождаемся со всеми заданными параметрами: чувствами, ощущениями, характером — каждый, что называется, под своей звездой — и, как сказано, нет ни одного объекта внизу, в нашем мире, над которым не стоял бы ангел сверху, сила высшего мира, бьющая его, заставляющая двигаться, расти, то есть ли вообще свобода?

Есть ли свобода, если природа вокруг нас, все космогонические изменения, всякие изменения природные, большие и малые, общество, его изменения — все это, как мы видим, ни от кого из нас никак фактически не зависит?

Мы рождаемся не по своей воле, во время, которое не выбираем, с начальными данными, которых не выбираем, попадаем в семью, которую не выбираем, в общество, которое не выбираем... А что же мы выбираем?

Если все эти параметры внутри объекта, т.е. человека, и снаружи заданы заранее, то о какой свободе здесь идет речь? Есть какая-то свобода воли? А если нет свободы воли, тогда вообще о чем говорить, писать, думать? Мы все являемся просто послушными исполнителями приказов природы? Но тогда вообще непонятно, для чего все вокруг нас создано.

Раби Йегуда Ашлаг в этой статье показывает нам, что есть такой элемент в мироздании, в нас, на который и через который мы имеем возможность влиять, и он, этот элемент в свою очередь влияет на все остальное. То есть если мы подберемся к этому элементу, сможем им управлять, будем знать точно, каким образом его менять в лучшую или в худшую сторону, мы перестанем быть полностью зависимыми от природы.

Надо научиться понимать особенности, характер и природу этого «свободного» элемента, а также осознать, что нам надо, какова наша цель. От этого зависит управление нами этим элементом, в какую сторону и насколько его изменить.

Если мы таким образом будем действовать, то мы действительно сможем улучшить наше состояние сами, а не быть во власти природы, которая неизвестно что с нами делает в каждый момент и неизвестно, что еще сделает, как и зачем.

Возможность эта дана человеку как кардинальная сила, как единственное, чем он в принципе отличается от всего мироздания. Поэтому и сказано в Торе, что десять откровений были выбиты на скрижалях Завета, «харут аль аЛухот» (выбито, выгравировано на скрижалях Завета). А мудрецы поясняют, что читать слово «харут» надо не «харут» (выбито), а «херут» (свобода). На иврите, поскольку не обозначаются гласные, эти два слова пишутся одинаково.

Этим желают сказать, что смысл дарования Торы в том, чтобы она была выгравирована на камне, вот эти десять заповедей и вообще все законы поведения, духовные законы поведения человека, — если человек соблюдает их в их истинном, духовном смысле, они приводят его к состоянию, называемому «свобода». То есть для этого дана Тора.

И далее Бааль Сулам пишет, что это высказывание: «...читай не «выбито», а «свобода» — требует глубокого истолкования. Потому что вообще мы не понимаем, какая связь есть между получением Торы и свободой человека. Что означает свобода, которой мы достигаем выполнением десяти заповедей? Та ли это свобода, о которой я мечтаю? В основном свобода человека сводится к свободе от смерти. Если бы человек был бессмертен, это бы кардинальным образом изменило его отношение к себе, миру, жизни. Тогда вообще мы не называли бы наше существование «жизнью»...

Чтобы понять, что свобода заключается в свободе от смерти, нам необходимо понять всю суть категории «свобода». Если мы в общем посмотрим на окружающий мир, мы увидим, что все живое, все растительное, животное, в том числе и человек, не выносит никоим образом отсутствия свободы.

Любое живое существо страдает от ограничения свободы передвижения, развития, самовыражения. И поэтому, говорит

Бааль Сулам, человечество столько пожертвовало усилий и жизней, чтобы добиться свобод.

Но если мы спросим у людей, а что же такое свобода, или сами задумаемся над этим понятием, то мы в принципе не сможем четко дать определение, что такое свобода: свобода на труд, на отдых, на материнство, на передвижение... Что значит свобода, в чем она заключается — зачем Бааль Суламу это надо?

Он хочет показать нам, что все наше стремление к свободе не имеет никакого отношения к понятию «свобода». Свобода в абсолютном смысле слова означает совершенное отсутствие каких бы то ни было ограничений, то есть отсутствие смерти, отсутствие какого-либо конца, абсолютное постижение, абсолютное наслаждение, в общем, абсолютное все, что угодно.

Вот если мы соберем все эти наши требования, соединим их вместе, тогда мы можем, очевидно, каким-то образом получить состояние, которое можно назвать свободным, т.е. абсолютно ничем не ограниченным. Поэтому раби Ашлаг говорит, что прежде всего мы должны познакомиться с тем состоянием, которое обозначается словом «свобода», а уж затем решить, необходимо ли оно нам и сколько стоит отдать за него усилий и жертв.

Если мы посмотрим на человека, то увидим, что он выполняет все свои действия поневоле. И совершенно нет у него никакой возможности быть в них свободным, потому что наша внутренняя и внешняя природы воздействуют на нас двумя силами: наслаждением или страданием. И все, кто чувствует на себе это влияние: растения, животные, человек, — вследствие этого лишены свободы, потому что ни в коем случае не могут выбрать страдание или оттолкнуть от себя наслаждение. Ведь все наше существо — это желание насладиться. Поэтому, если мы и делаем выбор, он всегда для получения оптимального наслаждения с минимальными усилиями.

Допустим, утром мне не хочется вставать на работу, возвращаюсь вечером с работы уставший, но зато я знаю, что этим обеспечиваю свою семью. Я делаю простой расчет, что ради этого мне необходимо страдать целый день, и в итоге обмениваю страдания, усилия на необходимое мне.

Раби Ашлаг говорит, что все отличие человека от животного в том, что человек делает более глубокий, более отдаленный расчет, принимая во внимание «будущее». А поэтому человек готов пойти на многие страдания, если видит в дальнейшем выгоду.

А у животных, у детей и у недостаточно развитых взрослых расчет не строится с ощущением будущего: ощущение близкого и далекого будущего у них отсутствует. И поэтому они подчиняются только расчету временному, мгновенному, сиюминутному.

Но как бы то ни было, любой животный организм, поскольку он ощущает свою жизнь как получение наслаждения или бегство от страдания, делает расчет. И только согласно расчету он живет, и у него нет никакого иного плана поведения.

То есть у каждого из нас есть характер, наследственные качества, приобретенные понятия, воспитание, ощущения вкусов, индивидуальное ощущение общественного давления и пр., что создает внутри нас систему, механизму которой мы подчиняемся и по которой производим расчет.

А потому, коль заданы внутри человека все его свойства, а извне заданы все обстоятельства, естественно, нет никакой области свободы, чтобы можно было сказать, что в ней человек способен что-то выбирать свободным образом, а не под влиянием заранее заданных внутренних или внешних данных.

И Бааль Сулам говорит, что он даже не понимает, почему этой проблемой не занимается человечество. Видно, потому, что не в состоянии ее решить. И если верующие верят в то, что есть Творец, который все создал, и все мы в Его власти, все происходит по Его желанию, и они выполняют все поневоле или даже в соответствии со своей волей, то у них есть оправдание существования.

Но если уж говорить о неверующих, то вообще очень сложно говорить о нашей жизни. Ведь если человек действительно осознает, что все его поступки продиктованы, все решает природа, внутренняя и внешняя, то пропадет всякий смысл его существования. Ведь он является ни больше ни меньше как чем-то существующим между внутренней и внешней природой.

Для того чтобы увидеть это, необходимо понять, что вся природа является одним лишь желанием насладиться. Это желание создано Творцом из ничего. Создано потому, что в Творце есть желание насладить. Потому что Его природа — абсолютное совершенство, Его природа вынуждает Его отдавать, и для этого необходимо создать желающего получить наслаждение.

Наслаждение, которое Творец желает дать творению, определяется одним свойством — совершенство. То есть состояние Творца — это и есть то, что Он желает нам дать. Творец совершенен и единственен. Кроме Его состояния, ничего совершенного быть не может. В силу Своего совершенства Он желает дать творениям совершенство, то единственное, что Он может дать, — Свое состояние. Поэтому задача творения — в достижении совершенства Творца.

Для того чтобы позволить творению достичь состояния Творца, Он создал творение реагирующим на Его состояние, на состояние совершенства. То, что реагирует на совершенство, называется «желанием насладиться». То есть наша природа заключается в том, чтобы ощущать более или менее совершенное состояние, где за абсолютное совершенство принимается состояние Творца и за абсолютное несовершенство принимается его отсутствие, отсутствие ощущения Творца.

Таким образом, желаем мы того или не желаем, мы стремимся только к одному — ощутить Творца или, так это называется в Каббале, свет. И конечное наше состояние заключается в том, чтобы абсолютно слиться с Творцом, достичь такого состояния, когда Его и наше состояния — абсолютно одно. Не одинаковые состояния, а одно. Потому что одинаковые или подобные, похожие совершенства быть не могут. Совершенство по своему определению включает в себя все. И потому подобного ему не существует.

Итак, мы являемся объектами, реагирующими только на наслаждение или его отсутствие, что называется страданием, не больше. Вместе с ощущением совершенства, ощущением наслаждения или его отсутствия появляется дополнительное устройство — мозг. Появляется оно только для того, чтобы правильнее, быстрее, оптимальней достигать наилучших состояний, наслаждений (мер совершенства, которые ощущаются нами как наслаждения).

Мозг является продуктом развития желания насладиться. Он создается желанием как вспомогательная система поиска путей достижения наслаждения. И это мы видим в окружающей нас природе: если в творении, объекте маленькие желания насладиться, соответственно и мозг у него мало развит. Чем желание насладиться больше, тем и мозг развит больше.

И так развивается человечество: не потому, что желает быть умным, — оно развивается потому, что желает достичь больших наслаждений. Поиск наслаждений толкает человечество на развитие интеллекта, разума, расчета, наук и всего прочего. Как говорится, «любовь и голод миром правят». То есть стремление к наслаждению и стремление убежать от страданий правят миром, управляют нами. А в зависимости от того, насколько остро мы ощущаем потребность в наслаждении, наш мозг развивается.

Развитие строго зависит от ощущения страдания. Чем больше страданий переживает человек, чем больше он желает достичь, тем в большей степени возникает необходимость работы разума, его развития.

И наоборот, изначально могут быть у человека огромные задатки. Но если он все в своей жизни получает без страданий и усилий, мозг не развивается, а деградирует. Поэтому не стоит так уж завидовать спокойному животному обществу: оно обречено на деградацию и упадок. В то время как история нашего народа доказывает эффективность постоянного поиска возможностей существования.

Итак, мышление является лишь вспомогательным, таким оно и развилось, как вспомогательный процесс для того, чтобы достигать наслаждения. А природа наша сама по себе — это всего лишь поиск наслаждения, которое в принципе подсознательно определено у нас как ощущение совершенства Творца.

И для того чтобы объяснить точно, как развивается в нас это желание для достижения самого совершенного состояния, рав Ашлаг делит все явления нашего мира, духовного и материального, на четыре фактора, под влиянием которых мы развиваемся.

Первый фактор — «маца» — происхождение, основа, ген.

Второй — законы, по которым развивается «маца», суть наша. В нашей сути, заранее заданных задатках, есть еще и неизменные законы развития ее — этой сути. Допустим, сажая зерно, мы точно заранее знаем, по каким законам оно будет развиваться. То есть суть и законы ее развития определяют, какой результат был бы в итоге развития, если бы развитие происходило только под влиянием внутренних факторов.

Но кроме того, говорит Бааль Сулам, существуют еще два внешних фактора развития. Есть еще внешние условия, которые влияют на меня, диктуют мне, каким образом я все-таки должен себя менять в соответствии с этими внешними условиями. То есть, кроме меня (суть, первый фактор) и моей внутренней программы (второй фактор), есть внешний фактор, влияющий на мою внутреннюю программу.

И кроме того, этот внешний фактор, который влияет на меня, на мою внутреннюю программу развития, имеет также свои законы развития, законы развития общества, природы, Вселенной. Эти законы влияют на меня. Таким образом, есть два фактора внутренних, которые не меняются, заданы уже во мне, и есть третий фактор во мне, который меняется под воздействием внешней среды, и есть внешняя среда, которая меняется по своим законам развития и влияет на меня.

Итак, каким я создан — со своими внутренними данными и с законами, по которым они должны во мне развиваться, — этого я изменить не могу. Внешние условия, которые меняются по каким-то своим, неизвестным мне законам, я также изменить не могу. Я могу изменить только ту внешнюю силу, которая влияет на мою внутреннюю часть. Но Тора говорит, что таким образом я себя могу менять, управлять собой, управлять своим ощущением этого мира, способом взаимодействия с ним, поиском в нем своего лучшего состояния.

То есть существует какой-то ход, с помощью которого я что-то могу менять, а значит, я не являюсь полным роботом всех заданных параметров, а имею свободу. Причем, меняя этот фактор, я в принципе могу менять в себе все, кроме исходных параметров души. А что же остается? Остается мой путь, все, что должно произойти со мною!

Первая причина, фактор, который определяет состояние человека, «маца», «хомер ришон» — наш основной материал. Этот материал получен нами от Творца. Творец создал его «из ничего». Во мне этот мой первичный материал — суть, «маца» — оказывается уже заранее распределенным, заданным.

Наша суть подобна зерну. Но мы находимся не на растительном уровне, а выше уровня зерна. Поэтому мы можем исследовать жизнь зерна и управлять ею, его кругооборотами: мы его закапываем в землю, отчего оно начинает прорастать к новой жизни или гибнет, гниет.

Но свой уровень со стороны, свыше мы обычными своими свойствами наблюдать не в состоянии. Только если выйти из уровня нашего мира на более высокий уровень, в духовный мир, можно видеть, что происходит с нами в следующих, скрытых от нас кругооборотах новых жизней.

Когда зерно достигает полного разложения и от него не остается практически ничего материального, когда оно становится прахом, т.е. совершенно неживой материей, только тогда из него начинает появляться новая форма, новая жизнь. Прошлая форма полностью исчезла, остался только дух — сила, которая вызывает к действию новую жизнь.

Если бы мы находились на уровне этого зерна, мы бы эту жизнь, ее превращения не смогли бы наблюдать. Зерно умирает, разлагается, относительно своей прошлой жизни оно исчезает полностью... и начинает заново расти. А когда вырастает новое зерно, все основные свойства прошлой жизни переходят к новой жизни. Хотя ничего материального не остается, все сгнивает, но из оставшейся от прошлого состояния силы, духа, души возникает зародыш. И развивается снова новый цикл жизни.

Что остается от прошлого состояния и переходит к следующему? Происходящее с зерном подобно тому, что происходит с нами, с нашими телами: тело разлагается, мы получаем новое тело, а душа, этот прошлый духовный потенциал, остающийся в зерне как ген, информационная сила, переходит от одного состояния (старого тела) к другому (в новое тело) через материальный разрыв.

Происходит материальный разрыв: умирает и сгнивает старая оболочка, зарождается новая, из прошлого, сгнившего зерна появляется новое зерно. Почему в зерне мы видим переход от старой жизни к новой, а в себе нет? Потому что мы наблюдаем это в том же мире. Мы видим, как из одного материала возникает следующий материал. И пока предыдущий не разложится, следующий не появится.

С нашими душами происходит нечто иное, поскольку наша душа не является животной, сопровождающей жизнь тела, а представляет собой «часть Творца свыше», она не является продуктом этого же мира, тогда как в зерне душа — это не более как информационная сила, набор конкретных генных данных.

Божественная душа есть «масах», «ор хозэр», часть Творца, свойства духовные, не имеющие в нашем мире ни аналогов, ни корней, потому что они альтруистические. И хотя мы не ощущаем в себе этих свойств, но именно они — их маленькое свечение — оживляют нас. Поэтому, как только душа расстается с телом, она может сразу же облачаться в другое тело. Ей не надо ждать исчезновения нашего животного тела, чтобы снова перевоплотиться в другое тело. Освобожденное от души тело никак не связано с душой. И хотя все религии и верования приписывают телу какие-то высшие свойства, раби Йегуда Ашлаг просто сказал: «Мне совершенно безразлично, где закопают мешок с моими костями».

Помню, с какой простотой мой Рав, когда его спросили, где похоронить его покойную супругу, сказал: «А какое это имеет значение? На ближайшем кладбище!» Кстати, и для себя, как и его великий отец, он заранее совершенно не позаботился о «приличном» месте на кладбище.

Так вот, силы, которые переходят из прошлой части в следующую часть, называются «маца», информационная духовная основа, суть. Если это было зерно пшеницы, оно останется зерном пшеницы. Если это была определенная душа, она останется той же душой, только облачится в другое тело.

В какое тело она облачится? В соответствующее ей для реализации той программы, которая в этой душе находится. Внутренние свойства души, ее структура, ее путь к исправлению определяют свойства животного тела, в которое она облачится.

Отсюда мы можем видеть различие качеств, характеров, свойств, способностей, склонностей, с которыми рождаются люди, — это все определяется внутренним свойством души, определяется потребностью реализовать то, что она должна в этом мире совершить.

Поэтому рождаются уроды, люди с поврежденной психикой, с иными наследственными проблемами — все определяется свойствами души, ее начальными параметрами. И мы, не охватывая всей картины кругооборота душ, не понимаем и уж конечно не оправдываем такие случаи управления свыше.

Чтобы оправдать действия Творца, человек обязан полностью познать всю картину мироздания. Иначе в большей или меньшей степени, но все равно он будет поневоле находить в управлении Творца изъяны. Поэтому только каббалист, перед которым раскрывается все мироздание, и может называться «праведником» — оправдывающим действия Творца.

И чтобы правильно применять свои исконные, исходные параметры, «маца», человек обязан понимать хотя бы ту область, в которой он должен действовать. Только по мере вхождения в высший мир дают человеку возможность производить духовные действия: только в меру овладения экраном, обретения свойств Творца человек начинает «заменять» Творца в управлении мирозданием. В этом и заключается цель изучения «хохмат аКаббала» как науки.

Итак, первый фактор нашего развития — «маца», суть. Второй фактор — это функциональное развитие этой «маца», сути человека. Наше зернышко должно определенным образом развиваться, проходить стадии развития. Каждое зерно, каждый развивающийся объект будет проходить свои специфические, характерные именно для него стадии развития.

Если это будет зерно не пшеницы, а другого растения, допустим, кукурузы, оно будет развиваться по другим законам, в другое время, в иных количествах и качествах. Значит, кроме сути, от сгнившего зерна сохраняются и передаются также и законы его развития.

То есть второй фактор определяет, какими путями должно появиться новое зерно, абсолютно такое же новое зерно или росток со многими зернами, но такого же вида и формы, по четким, заданным заранее законам развития сути, первого фактора.

Как суть, так и законы развития сути четко заданы и вместе с сутью переходят из предыдущей формы в последующую. Но, говорит Бааль Сулам, есть еще некие силы, воздействующие на развитие и окончательный вид сути.

Одна из особенностей влияния на развитие сути состоит в том, что при переходе из одной жизни в другую существует разрыв между жизнями, исчезновение материальной оболочки. Вследствие этого возможны резкие, даже инверсионные изменения в свойствах нового образа, в новой жизни. Но они возможны, потому что существует полный разрыв во внешней материальной оболочке (одеянии на суть) между прошлой и настоящей жизнями.

Бааль Сулам говорит, что существует всего четыре фактора, полностью определяющих состояние творения во всех стадиях его развития, переходах из жизни в иную жизнь и пр. На всех уровнях природы, как в нашем мире, так и в духовном, они определяют творение, в том числе и нас. А мы являемся продуктом, следствием этих четырех факторов.

Изучаем мы это для того, чтобы понять, можем ли мы каким-то образом хоть на один или на несколько факторов влиять, в какой мере, каким образом это лучше сделать.

Так вот, третий фактор, как мы уже говорили, изменяется под влиянием внешних условий. То есть возможны такие внешние условия, которые изменят развитие зерна в лучшую или в худшую сторону. Развитие будет, оно неизбежно. Но оно может быть крайне отличным в своих вариациях, может резко отличаться в сортах из-за разницы внешних условий, третьего фактора.

Давайте засадим разные участки одним сортом зерна, но будем по-разному на них воздействовать: закроем от солнца один участок, второму не дадим воды, в третий напустим сорняков и т.д. Мы увидим, насколько внешние факторы: солнце, вода, холод, вредители, — насколько это все влияет на развитие.

Хотя внутренняя программа развития задана, но она зависит от внешних факторов. Отсюда, как мы выясним впоследствии, напрашивается вывод, что, если человек найдет для себя оптимальную окружающую среду, правильное общество, он сможет максимально реализовать свои исконные свойства — суть и законы ее развития, т.е. первый и второй факторы.

У человека могут быть факторы очень «неблагоприятные» для хорошего развития, то, что мы называем наследственностью: слабость физическая, ментальная, психическая, духовная. Но если он находит, как зерно, правильный участок для своего развития, то он подставляет себя под такие благотворные внешние факторы, которые могут кардинальнейшим образом дать самый невероятный результат как бы вне связи с его начальными данными.

По начальным данным он был, может быть, такой, что точно — ничего из него путного не выйдет, а в итоге под влиянием среды он достигает такого развития, что иногда просто поражаешься происходящему с такими счастливчиками. И все потому, что оказался в правильной, нужной среде.

На примере зерен это четко видно. Значит, наша проблема, что мы видим по зерну, — какой конечный результат нам желательно получить, и мы поступаем в соответствии с этим, зная законы развития зерна. Мы создаем целую науку выведения наилучших сортов и видов в растительном и животном мире, потому что ощущаем в этом жизненную необходимость, ясно представляем желательный результат, к которому стремимся.

То есть нам известна конечная цель — наиболее желательная — этого зерна, и мы строим всю цепочку его развития: планируем краткий, интенсивный процесс развития, который бы дал нам столько-то белков, жиров, углеводов в каждом зерне, чтобы зерно было определенного размера и пр.

Опять-таки, именно потому, что мы знаем, как развивается зерно, каким образом оно бы развилось в тех или иных условиях, мы можем подобрать внешние наиболее благоприятные для зерна условия: если я дам температуру большую — зерно сгорит, дам больше воды — оно сгниет. То есть мне надо четко знать все оптимальные параметры для каждого вида. И тогда, если я знаю, что мне нужно из него получить, я достигаю должного результата.

Значит, нам недостаточно понять наши заданные свойства. Мы можем на них влиять с помощью создания различных внешних условий. Проблема в том, что для этого нам надо знать, как у зерна, нашу начальную природу, законы развития нашей внутренней природы, надо знать конечную цель человека — желательный результат.

Решение такой задачи с установкой на максимально оптимальный результат означает достижение совершенства. Мы изначально являемся желанием насладиться. Наслаждением для нас является ощущение света, Творца, т.е. ощущение совершенства. Ощущение Творца воспринимается нами как наслаждение.

Каким образом я могу развиваться, чтобы достигнуть такого состояния, ощущения Творца? Для этого я должен быть абсолютно слит, связан с Творцом. Тогда я буду переживать полностью то состояние совершенства, в котором находится Он.

Что значит быть всецело на месте Творца — там, где не существует смерти, там, где не существует ни малейшего отсутствия совершенства, то есть страданий? Как я могу достичь такого состояния?

Каббала объясняет нам, что в духовном приблизиться к чему-то означает уподобиться его свойствам. Я не могу приблизиться к Творцу, преодолевая расстояния в нашем мире. Я должен преодолеть духовное отдаление. Творец не прячется от меня. Просто в меру несоответствия наших свойств я отдален и поэтому не ощущаю Его.

Сейчас, объясняют мне, я нахожусь в совершенно противоположных от Творца свойствах и поэтому не ощущаю Его. Начать Его ощущать означает войти в высший, духовный мир. Вхождение в духовный мир означает вхождение своими ощущениями. Но начать ощущать — значит обрести свойства ощущаемого, чтобы они были во мне.

А затем я постепенно могу дойти, духовно меняясь, до состояния, когда я полностью сливаюсь с Ним, нахожусь на Его месте, — для этого мне надо полностью вобрать в себя Его свойства. Тогда я достигаю совершенного вечного знания, наслаждения. Могу ли я сознательно ввести себя в это состояние?

Очевидно, мне надо вокруг себя создать определенную среду, которая бы влияла на меня так, чтобы я начал вбирать в себя свойства Творца, — в таком случае я постепенно буду к Нему приближаться. Где я найду такую среду? Откуда я знаю, где находится место с такими условиями?

Если я буду искать по всей земле, найду ли я такое место? По всей земле люди гонятся и пока что ничего не нашли за все тысячелетия, написали много книг, придумали много философий, а счастливых пока еще очень мало. И общества такого, наверно, нет. Что же можно сделать, чтобы влиять на себя и чтобы постоянно это влияние двигало меня именно к этому совершенству?

Творец не создал какую-то страну, какой-то остров, куда каждый желающий достичь совершенства мог бы приехать, включиться там в ту особую среду, которая бы постоянно ему показывала, что значит свойства Творца, каким он должен быть, помогая ему таким образом меняться, изменяла бы человека изнутри.

Явно такой фактор, который должен действовать снаружи внутрь человека, Творец не создал. Нет места на земле с уже готовыми условиями. Творец создал вместо этого иное — Он дал Тору.

Теперь, если человек желает начать менять свой третий параметр под влиянием внешнего фактора, то он это может сделать. Ведь у него есть книга. Если он по этой книге будет заниматься с намерением, чтобы она его исправила, то эта книга начнет его исправлять.

Каким образом? На человека начнет светить снаружи окружающий свет. Этот окружающий свет и есть та среда, которую человек сам самостоятельно вокруг себя создает для того, чтобы она повлияла на его третий параметр и в итоге на его развитие, чтобы не сгнило зерно, а развилось самым прекраснейшим образом и достигло своей спелости, зрелости и наилучшего совершенного состояния.

Каббала говорит, что есть много книг, с помощью которых можно создать вокруг себя вот такую среду, т.е. притянуть на себя окружающий свет, который исправляет, правильно развивает человека. Для этого окружающий свет необходимо увеличить, чтобы он больше влиял на человека.

Указано («Предисловие к ТЭ"С», п.155), что вызвать излучение окружающего света возможно только изучением истинных каббалистических книг, потому что именно в них заключен намного большей интенсивности свет, чем в остальных книгах Торы.

Кроме того, говорят каббалисты, главное — не в изучении самих текстов, а в том, что ты желаешь исправиться и поэтому читаешь их. То есть внутреннее требование к текстам Каббалы о получении от них силы — это самое главное, этим человек и создает вокруг себя самую благоприятную среду, «окружающий свет».

Этот наружный свет светит тебе в той мере, в которой ты его жаждешь. А если ты этого света не желаешь, то есть нет в тебе желания исправиться, обрести духовные свойства, он тебе не светит. Ты можешь читать любые книги по Каббале или по общей Торе, святые книги, то есть написанные каббалистами в состоянии ощущения ими высшего мира, ощущения Творца, которые возбуждают относящийся к человеку свет. Потому что каждому уготована своя порция света, которую он должен в себя, в свою душу — желание получить. А пока этот свет окружает душу и ждет возможности войти. Поэтому он и называется окружающим.

Но этот окружающий свет можно на себя возбудить — и в меру своего требования духовного света искать среду, общество, усиливающее притяжение света. Для этого тебе необходимо большое желание к духовному. Большое желание можно получить от группы. Человек так устроен, что он воспринимает мнение окружающего общества. Ты участвуешь в группе, начинаешь чувствовать, как остальные влияют на тебя, а ты влияешь на них, они тебе придают важность в общем деле, у тебя появляется все большее желание к духовному.

Если же твое желание не очень большое, но оно постоянное, группа дает тебе возможность не отдалиться от этого желания, а постоянно пребывать в нем и даже увеличивать его, т.е. все больше требовать от Творца помощи.

Таким образом — с помощью правильного направления, которое указывает руководитель группы, дающей тебе правильное желание, — возникает нисходящий на человека высший свет снаружи. И ты обеспечиваешь себя внешней средой, которая может тебя оптимально взрастить, подобно правильно ухоженному зерну.

Ты как будто сам пересаживаешь себя с плохого участка земли на хороший, туда, где есть солнце, вода, воздух, отсутствуют сорняки. Если человек таким образом себя пересаживает, то, говорится в «Предисловии к Талмуду Десяти Сфирот», за срок от трех до пяти лет он достигает цели — начинает входить в соответствие с Творцом, переходит махсом и вступает на первую ступеньку подобия Творцу.

А затем уже на следующую ступень и далее — таких ступенек всего 620: 613 «мицвот» и еще семь «дэ-рабанан» — 620 ступенек, восходя на которые человек исправляет в себе 620 желаний, на каждой ступеньке — определенное желание. Итак, наши желания исправляются только под внешним воздействием. Поэтому вся наша задача — определить для себя, какова должна быть наша среда обитания.

Кроме того, существует еще и четвертый фактор. Четвертый фактор — это внешние условия фактора, который влияет на нас. Ведь и они могут меняться. Они бывают очень драматические. Например, бывает засуха, холод, от чего все зерна могут погибнуть.

Я не могу обсуждать такие влияния этого фактора, потому что это состояния, которые находятся пока вне нашей компетенции, влияния. Мы не можем ими управлять целенаправленно, по крайней мере сейчас, в данном вашем состоянии. Но все равно привести пример таких обстоятельств, такого влияния, как фактор (потому что это естественный и объективный фактор развития души), мы обязаны.

Талмуд приводит пример (этому рассказу 2000 лет): жил один мудрец в маленьком городке. В этом городе жило еще много мудрецов. Их присутствие создавало в городе, естественно, совершенно особую среду: чувствовалось, что в городе много мудрецов. Приехал в этот город из другого селения очень богатый человек, пришел к бедному мудрецу и говорит: «Слушай, я тебе построю ешиву, у тебя будет много учеников, я за все заплачу, все тебе организую, ты будешь великим учителем, и я у тебя буду заниматься, и все, кто пожелает, я создам тебе все условия». Мудрец отказался. И он объяснил: «Дело в том, — сказал он, — что, если я перееду в другое место, я изыму себя из-под влияния своей среды, в которой я развился, благодаря которой я стал мудрецом, и попаду под влияние общества, которое в вашем городе. Вот ты — его наглядный пример. Таким образом, хоть я и большой мудрец и мне в принципе не надо учиться ни от кого, то есть я достиг всей мудрости, но общество, оно всегда влияет на человека, и поэтому, если я, даже совершенный, знающий, буду находиться среди таких, как ты, в итоге я потеряю свой уровень, свои стремления, свои качества и стану подобным вам».

Пример очень четкий, в нем нет никаких намеков, это на самом деле так: человек, не осознавая, не ощущая, может скатываться под влиянием общества, не поднимаясь, притом с огромной скоростью, вниз, во всем оправдывая себя и свое окружение. Это в материальной среде. А в духовной среде под влиянием различных книг, групп эти состояния вообще действуют на человека с потрясающей скоростью, сказываются на человеке немедля.

Поэтому тот, кто желает хоть немного ощутить, что же такое Каббала, высший мир, понять хоть немножко Творца, должен изъять себя полностью из своей среды, должен изъять из своего окружения все, что только может отрицательно на него влиять: посторонние книги, которые говорят о других методиках развития человека, всевозможные философии, кружки, занимающиеся мистикой, и пр.

Короче говоря, серьезный человек должен думать о том, что на него влияет в данный момент. Если это просто коллеги, с которыми он общается только по работе, то они не могут испортить его общий ход жизни.

В письме на с. 63 книги «При хахам» раби Ашлаг предостерегает, что путь в чертог Творца, к цели творения представляет собой очень узкую тропинку: человек должен все время проверять себя, все ли его мысли в правильном направлении, корректировать их на каждом шагу, т.е. с каждой новой мыслью. Но если он пребывает под влиянием неправильного общества, то, естественно, и коррекция его неверная.

Различные помехи, влияния других сбрасывают, останавливают, уводят, тормозят, переводят курс, вносят как бы угловую погрешность, меняют духовный азимут. Но если человек, изучая Каббалу, одновременно изучает какие-то еще иные методики развития, он полностью теряет всякую ориентацию, потому что попадает не просто под влияние какой-то определенной мистики, а под непредсказуемое совмещение Каббалы и мистики, что ведет его уже к чему-то совершенно неопределенному.

Невозможно жить одновременно в нескольких средах. Это самым непредсказуемым, но всегда отрицательным образом влияет на человека. Можно посмотреть комедию, послушать новости, почитать анекдоты — это отвлекает, снимает напряжение... Но ни в коем случае не впитывать идеи, которые могут дезориентировать тебя.

Как видите, выбор среды определяет будущее человека независимо от того духовного уровня, на котором он находится. То есть самый великий мудрец, самый большой человек — он-то знает, как себя стеречь, он никогда, ни в коем случае не войдет в дурно влияющее общество, не станет его участником, потому что и он не представляет, какое влияние получит.

Поэтому тот, кто начинает у нас заниматься, должен совершенно ясно осознать, что хороший результат может быть только как следствие включения в нашу группу. То есть приходить заниматься и не участвовать в жизни группы — крайне неэффективно.

То же относится и к занимающимся через Интернет. Они хоть и находятся — в основном в силу объективной необходимости — вдали от нас, но при тех усилиях, которые они вкладывают, видно, что только отсутствие связи с группой не позволяет им достичь желательного духовного результата — вхождения в высший мир.

С нашей же стороны такой полный сайт по Каббале, издание книг, преподавание, статьи в прессе — все это делается именно для создания в мире новой среды, которая бы влияла на весь мир своими духовными идеями.

Свобода воли

Все, что делается нами, делается практически для того, чтобы в итоге создать внешнее огромное общество из маленьких групп и отдельных личностей, которые все вместе смогут постепенно изменить духовный фон мира.

Поэтому желающий идти вперед должен заботиться о своей группе, потому что только через нее он может влиять на себя, на свое продвижение. Сколько человек отдает группе, столько он может получить от нее, столько она сможет повлиять на него. И это не зависит от величины группы или от ее качества. Величина и качество группы — понятия объективные, а сколько каждый может получить, зависит от субъективных отношений каждого с группой.

А также в состоянии духовных падений важно влияние общества, нашей группы на каждого из нас. Они для того и созданы, чтобы быстрей вытаскивать человека, если он падает, и снова вытаскивать, если он падает, и т.д. — и таким образом сокращать время абсорбции любого духовного состояния, а в особенности отрицательные периоды.

Общество помогает очень быстро переживать все состояния, потому что огромно влияние, большая интенсивность влияния на каждое состояние человека. Это как в правильной среде, когда в меру солнце, вода, правильно подобранное удобрение, — насколько быстрее все растет.

Поэтому никакой заботы не должно быть ни о чем среди нас, только забота об окружающей каждого среде. Из этих четырех факторов, влияющих на человека, раби Йегуда Ашлаг называет только один, на который человек может влиять, чтобы изменить себя, чтобы достичь цели творения.

То есть об остальных факторах нам даже не надо думать: запрещено думать, что изначально я создан неподходящим для достижения цели творения, что помещен в неподходящие условия, что происходят внешние изменения в устройстве. Только в одном у меня есть свобода, только в этом я должен действовать — создавать себе среду.

Вы говорите, что существует много путей к Творцу и они, очевидно, не должны мешать один другому? Действительно, есть такое высказывание в Торе («Еш арбэ драхим ле Маком»), но оно говорит о том, что у каждой души есть свои индивидуальные состояния, своя тропинка к Творцу. Но фактор сближения с Творцом — влияние общества — один.

О ПРИРОДЕ ТВОРЕНИЯ

Пока что это для нас аксиома — то, что есть Высшая Сила — Творец, от которого исходит воздействие, называемое «свет». Потом это станет доступно нашему познанию.

Творец и свет ощущаются в нас — в кли. Что-то наполняет сосуд-кли (желание насладиться, желание получить наслаждение), то есть нас, наслаждением, которое ощущается и называется «свет». Совокупность всех ощущаемых наслаждений дает нам представление о том, что нам желает дать Творец, а Творцом называется источник света.

По аналогии, которую приводит нам Бааль Сулам, о Хозяине и госте: Хозяин — это Творец, приготовленное им угощение — Творец, а гость — это кли. Поскольку наука Каббала рассматривает суть вещей, а не их оболочку, то кли — это желание насладиться.

Свет — это наслаждение, и Творец — источник. Три компонента, которые есть в творении. В принципе их два — Хозяин и гость. Почему? А что же угощение? А угощение, как мы потом узнаем, — это ощущение Хозяина. Оно в принципе является самим наслаждением. Почему?

Потому что Творец совершенен, Ему не надо выдумывать угощение. Просто состояние совершенства — это то, что Он желает передать творению. И поэтому создает творение из желания насладиться совершенством, из желания ощутить Творца — это одно и то же.

Итак, есть Творец и творение. Ощущение Творца называется светом. Таким образом, творение является, может быть, и ощущающим совершенство, но не постигающим его. Потому что «постигать» в полном смысле слова, не так, как в нашем мире (чисто внешне, разумом), означает «обладать» — быть полностью связанным с тем, что постигаешь. Постигнуть совершенство — это значит быть в нем, полностью быть Им.

О природе творения

Если творение создано таким, что оно наслаждается постижением совершенства, то, естественно, совершенство и оно не одно и то же. Совершенство — это свет, которым оно наслаждается. А само творение — лишь желание совершенства, т.е. в принципе его отсутствие.

Если Творец — это совершенство и Он желает что-то создать, то создание должно быть вне Творца, вне совершенства. То есть его единственное свойство — это несовершенство. Но если Творец совершенен, как Он может создать несовершенное?

Практически из того, что Творец совершенен, вытекает, что он ничего не может создать. Так как что бы Он ни создал, все будет несовершенно, а создал что-то несовершенное — значит, сам не совершенен. Ведь не может из чего-то совершенного произойти несовершенное действие.

Так как же тогда Творец создал творение? А Он его создал таким образом, чтобы выявить свое совершенство. Если Творец желает насладить кого-то, то надо поднять его до совершенного уровня обладателя всей природы, всех атрибутов совершенства.

Как это можно сделать? С одной стороны, кого-то сотворить, а с другой — так сотворить, чтобы это не выходило за пределы совершенства. В принципе это значит создать вещь, которая отрицает саму себя. Единственный способ для этого — создать творение несовершенным, желающим достигнуть совершенства самостоятельно. Потому что осознание творения несовершенным искусственно: лишь для того, чтобы выявить абсолютное и полное совершенство Творца.

Таким образом, творение, постигая совершенство, становится как Он, в себе выявляя эту вечность, это бесконечное наслаждение. То есть если бы мы говорили о творении просто как о желании насладиться, то, естественно, оно являлось бы несовершенным, и тогда бы был вопрос и о Творце — как Он мог создать такое? Но если мы говорим, что творение создано специально таким, чтобы из себя, из обратного свойства, из противоположного состояния раскрыло и постигло полное и совершенное состояние, то тогда все понятно.

Для того чтобы, используя желание насладиться — кли, достичь уровня Творца, надо использовать свое кли в том виде, в котором Творец использует свое свойство. Только одно есть у творения — желание получить наслаждение, а у Творца есть только желание отдать.

В таком случае достичь уровня Творца можно, лишь уподобив Ему свою природу. Но природу нельзя уподобить Творцу! Так как они противоположны: природа Творца — отдать, а творения — получить. Чтобы подняться до Его уровня, надо переделать свою природу, т.е. вот это кли использовать для отдачи. Как это делается?

Наполняя Собою, наполняя Своим светом (что одно и то же) кли, Он одновременно с этим, вызывая в кли наслаждение, вызывает также и проявление свойства отдавать. Этим отличается человек от всей остальной природы — как духовной, так и материальной.

Во всей остальной природе — в неживой, в растительной, в животной, в людях — происходит процесс получения удовольствия. Получают по своему желанию — называется наслаждением, получают меньше — страданием. В итоге большее или меньшее наслаждение определяет каждое состояние человека.

А есть такие люди, которые вместе с оживляющей силой наслаждения начинают ощущать еще какие-то непонятные вроде бы внешние свойства.

Они начинают ощущать, что есть какая-то непонятная природа вовне. Они не осознают даже поначалу, куда их тянет и что ими движет. То есть это какая-то совсем другая природа: не «получать», а нечто совсем другое.

Это другое в итоге выясняется как желание отдавать. Творец одновременно со светом, наполняющим человека, передает желание отдавать. И это свойство начинает работать.

Когда оно начинает работать, человек теряет покой. Он как бы находится вне этого мира и начинает искать. В итоге человек начинает свою природу критиковать, оценивать с помощью вот этой второй природы. И он видит, что не может свою первичную природу изменить, но он может использовать свое желание насладиться с различными намерениями, т.е. приобрести еще одну природу — Творца через Его природу.

Свет в человеке вызывает осознание того, что есть два намерения: ради себя и ради Творца — и он может работать с этими двумя намерениями.

Почему так получается? Потому что свет передает ему не только наслаждение, но и ощущение Хозяина, ощущение того, что Он отдает. Поэтому человек начинает ощущать, что со своим желанием получать он может работать в двух направлениях.

Получать действительно ради себя, как и раньше, — сейчас он понимает, что это называется «получать ради себя».

Люди, которые в нашем мире живут, трудятся, обмениваются продуктами своей деятельности, — они не понимают, что ничего не отдают, хотя думают, что и дают, и получают, обмениваются. На самом деле они только получают. Просто они не видят второй, противоположной природы, которая только отдача.

Осознать эгоистическую природу можно лишь тогда, когда человек ощущает альтруистическую. А до этого человек не считается Человеком.

Мы, находясь в нашем мире, считаемся также эгоистами. Когда мы выйдем в духовный мир, то узнаем, что такое духовный эгоизм, называемый «клипа». А в нашем мире даже этой клипы нет, потому что наш эгоизм — он даже не осознанный.

Такими мы созданы и существуем. А когда выходит человек в ощущения Творца, то наполняет его Творец и передает ему ощущение Своей природы, понимание Своей природы — насколько она противоположна природе человека.

В этом уже существует дилемма и свобода воли. Работать, как и раньше, т.е. получать наслаждение (теперь он знает, что получает наслаждение), — это называется «получать ради себя». Раньше не было такого, раньше было просто «получать наслаждение». Сейчас, когда есть перед человеком две возможности и он выбирает возможность получать, считается, что он — клипа, нечистая сила, против Творца, потому что есть у него вторая природа. И действительно, человек получает ради себя. А если он выбирает возможность использовать свое желание так, чтобы быть подобным Творцу, то это может быть «отдавать Творцу» или даже «получать ради Творца», т.е. использовать свое исходное желание наслаждаться в обратном направлении. То есть человек полностью реализует свойство Творца «отдавать» путем работы со своим природным желанием наслаждаться.

Отсюда мы видим, что для того, чтобы правильно использовать свое природное желание наслаждаться, нам надо вначале получить свойство Творца, и тогда мы сможем выбирать, по крайней мере, отдавать или получать, т.е. быть чистой или нечистой силой. И в какой-то мере мы сможем это сделать. А покуда мы не получим свойство Творца, мы находимся только в рамках нашего эгоизма. Это даже не считается эгоизмом, так как нет никакого другого свойства.

Это не отрицательное и не положительное свойство. Просто такова природа нашего мира. Нельзя характеризовать ее ни как плохую, ни как хорошую. Рав Ашлаг пишет, что этот мир подобен школе, где обучают писать. Дают человеку мел и грифельную доску (в его годы бумага была очень дорогой). Пока человек научится правильно писать, т.е. научится правильным действиям, его помещают в такие условия, что он ничего не может испортить. Неправильно написал — стер, и при этом бумага не портится.

Так и в нашем мире — можем делать все, что хотим. Относительно духовного мира это не считается ни преступлением, ни выполнением каких-то богоугодных действий. Все действия в нашем мире (я говорю с точки зрения науки Каббала, индивидуального развития человека) не имеют духовной оценки. Они все находятся ниже духовного мира. Только когда человек начинает получать вместе с наслаждениями жизни еще хоть какое-то отличное от его природы свойство или не получать это свойство — отдавать, а хотя бы осознавать, что есть такое, противоположное его природе свойство, тогда можно говорить, что есть дуальность, возможность выбора, возможность действовать с одной природой против другой, предпочесть одно другому. А до этого с него нечего спрашивать — нет у него, по сути, выбора.

Грешники, праведники, прегрешения и, наоборот, духовные действия — все это начинается с духовной ступени и выше. Наш мир существует как место подготовки, чтобы войти в этот высший мир.

Как можно войти в высший мир? Войти в него не после смерти, а уже в нашей жизни начать ощущать свойства Творца, исправляя и направляя применение своих истинных, исконных желаний, — это называется войти в духовный мир. Духовным миром называется овладение свойствами Творца. Все очень просто и не так, как нам рисуется в наших диких и необоснованных фантазиях.

Получение свойства ощущения Творца называется высшим или духовным миром — и ничего больше! Если мы начинаем ощущать свойство Творца, то это означает, что выходим в духовный мир. При этом наш мир совершенно не меняется, остается таким же. Внутри человека появляются еще дополнительные ощущения, силы, потому что получает еще вторую природу.

Каким образом можно поскорее прийти к этой второй природе? Закончить этот так называемый класс, научиться правильно писать и выйти в духовный мир. Что значит «научиться правильно писать»?

Рав Ашлаг пишет, что для этого в принципе годятся только те люди, у которых возникают правильные желания, которые уже подошли к тому, чтобы начать ощущать Творца и выполнять совместно действия духовной и своей природы, а не только находиться в рамках своей природы.

Такие люди начинают ощущать, что им хочется познать высшее. Но не заниматься гаданиями, спекуляциями, предсказаниями будущего, узнаваниями прошлого, т.е. всем тем, что относится к животному миру. Их это не интересует. Что было и что будет с животным телом — их это не интересует. Их интересует высшее. Не эти иноплонетяне с других планет, не эти знаки — ничего, что относится к нашему миру, к нашему телу.

Если они получают толчок выше всех этих желаний — это значит, что их уже четко привлекает Творец. Он желает поместить в каждого из них ощущение своих свойств и чтобы они таким образом начали правильно использовать первоначальные желания.

А затем могли дойти до такого состояния, чтобы выйти из ощущений только нашего мира, только своих желаний, когда я хочу это, я хочу то, — это называется наш мир, — выйти из ощущений этих желаний к ощущениям желаний Творца, в принципе свойств Творца, к желанию отдавать. Можно выйти к этим желаниям, к этим свойствам при помощи изучения Каббалы, группы правильных книг.

Как это можно сделать? Мы говорили, что если человек уже получил в свое желание свет Творца, то вместе со светом Творец передает определенным людям Свои свойства (а людям, которых Он не выбирает, Он дает лишь жизненную силу, внутри которой ничего подобного нет).

Как сделать так, чтобы Творец передал свое свойство лично? Допустим, есть у меня какое-то определенное начальное желание. Как сделать, чтобы Творец передал мне лично Его свойства вместе с какими-то еще наслаждениями? Не важно, в каком виде я получил бы эту посылку от Него. Для этого существуют определенные книги. Если мы читаем эти книги, то вызываем на себя пока еще не ощущаемое нами излучение и таким образом получаем знания, какие-то ощущения (положительные немножко, отрицательные немножко). Постепенно Творец начинает передавать нам по микродозам ощущение, что же такое Его желание, что же такое желание отдавать.

Почему Он это делает так тайно, неявно? Ведь если бы это было скрыто от других людей, от всего человечества и только нам, собравшимся, было открыто, то мы бы и так держали все в тайне. А зачем это надо скрывать, зачем это делается втайне от нас? Для того чтобы мы действительно постепенно сами захотели обладать этим свойством.

Немного трудно объяснить. Чувствую здесь маленькую проблему. Дело в том, что передать нам свои свойства — значит раскрыться нам. Если бы Творец явно раскрылся нам, то мы бы получили Его как огромное наслаждение и уже не обращали бы ни на что внимания. Для того чтобы не отвлечь нас этим наслаждением, а именно передать свои свойства — для этого Творец скрывает Свое наслаждение и Свое свойство и передает это в таком виде, что мы этого не ощущаем. Мы ощущаем только результат.

Постепенно, в течение долгих месяцев изучения Каббалы мы начинаем получать все большее понимание и все большую тягу. У нас появляется язык, какое-то правильное понимание. И это происходит все очень-очень медленно. Потому что наша природа состоит из бесконечного множества подсистем. И надо, чтобы все они пришли в соответствие с теми качествами, которые мы получаем на подсознательных уровнях. На таких, которых мы никогда и не ощутим: второстепенных, третьестепенных и т.д. Все они тоже должны включаться в работу с этими качествами. И поэтому сам процесс берет много времени.

Но зависит это время от усилий человека. Насколько у него будет возможность прилагать большие усилия — это зависит уже не от Творца, Он дает человеку только первичное желание, а далее все уже зависит от человека. Вернее, не от него, а от того общества, окружения, которое он себе находит, чтобы правильно там развиваться.

В статье «Бхира хофшит» («Свобода выбора») Бааль Сулам пишет, что единственная возможность применения свободы воли — поиск правильного общества, которое поможет человеку достичь цели творения. То есть единственное, что человек может в жизни сам изменить, влияя самостоятельно на свое развитие, на весь свой мир, — это поиск того, кто на тебя влияет, и больше ничего.

Весь процесс и весь путь заданы изначально, Его путь и Его ступени заданы изначально, ничего нельзя изменить. За каждым шагом будет следовать следующий шаг и следующий шаг, потому что это зависит от внутренней структуры души, которая должна развиваться, а она, эта структура, уже задана и должна пройти строго определенные ступени исправления. Единственное, что возможно, — это правильный выбор общества: человек подпадает под его влияние, и оно его меняет.

Как оно влияет, если ничего изменить нельзя? Если изначальные и конечные параметры изменить нельзя, если и путь уже задан, так что же может измениться? Бааль Сулам отвечает, что можно изменить только скорость продвижения. И это очень серьезный параметр. Почему? Представьте себе разницу: продвижение от одной ступени к другой составляет у вас миллион часов — или одну секунду. Допустим, у вас зуб болит миллион часов или одну секунду. За одну секунду его практически не почувствуешь, а миллион часов — какая боль! Это уже серьезное дело.

Именно в такой пропорции или большей (мы не представляем, в какой) человек может изменить свой путь. Он этим сокращает качественно все свои неприятные состояния, в принципе на этом пути заранее заданные, заранее известные, непременно лишь ускоряя прохождение через них, — он их не чувствует, не ощущает. Свобода выбора общества может влиять на качество продвижения.

Но тут, конечно, возникает вопрос: что же это за выбор, если мы выбираем между более и менее приятными путями и вообще-то выбор наш лежит в эгоистической плоскости? Дело в том, что выбирается этот путь не потому, что мне хорошо. Если я его выбираю, исходя из своих эгоистических желаний, — это не значит двигаться быстро. Двигаться быстро — значит двигаться с помощью сил Творца, с помощью отдачи. Быстро — потому что этим я отдаю, этим я подобен Творцу.

Миры, созданные Творцом изначально, — это просто желание насладиться, просто желание. Когда в это желание начинает входить свет, даже неявный, он добавляет к этому желанию еще девять желаний Творца.

У человека есть только одно желание — простое желание насладиться. Под влиянием света в человеке возникает еще девять дополнительных желаний. Он впечатляется от действий

Творца, и таким образом у него возникает совокупность свойств, его десяти желаний.

И человек все их должен использовать. Приобретенные желания Творца и свое исконное желание получить наслаждение. Как? Так, чтобы уподобиться Творцу. Каким образом это сделать? Если свое исконное желание наслаждаться, десятую сфиру, называемую «малхут», он уподобит девяти предыдущим сфиротам, свойствам Творца.

То есть он берет малхут и пытается с помощью намерения «ради Творца» отдавать. Затем он берет ту же малхут и пытается уподобить ее сфире хохма и т.д. Есть девять свойств Творца «отдавать», девять вариаций. С помощью различных типов намерений, различных желаний человек каждый раз пытается уподобиться тому или иному свойству, становится подобен девяти первым сфиротам, всем свойствам Творца.

А часть малхут, которая не может уподобиться ни одной из девяти первых сфирот, т.е. получить с намерением «ради Творца», — та часть называется «лев аЭвен», и с ней человек не работает. Такие свойства (желания) человек просто от себя отсекает и говорит: «С этими желаниями я не работаю!» А все остальные свои желания он может использовать в полном подобии Творцу.

После того как человек исправляет все девять своих желаний, что в малхут, остается только вот эта, десятая часть, которую исправить невозможно, потому что она не впечатляется свойствами Творца, не в состоянии их принять, осознать, почувствовать. Она ощущает только наслаждение, но не ощущает Дающего, Его свойства. Такое состояние называют «гмар тикун» (конец исправления), т.е. человек полностью исправил все свои желания.

И вот это желание, которое не в состоянии был исправить и полностью от него отрекся, никогда в течение всего исправления не использовал это самое низкое желание, — оно в принципе самое большое, самое естественное желание.

Если он исправил все в себе, то сверху приходит особый свет, который исправляет и «лев аЭвен», так что его можно уподобить Творцу. Как это делается — невозможно описать. Просто сверху посылается такой свет, что и это желание получает намерение «ради Творца». Таким образом, все свойства человека, все его возможности уподобиться Творцу реализованы, и он становится полностью равным Творцу. Что от этого он выигрывает?

Вначале, когда Творец его создал, он был наполнен Его светом, но не ощущал свойства Творца. Он был творением, которое наслаждалось тем, что Творец желает ему дать. Сейчас он, во-первых, вернулся к этому состоянию — он получает от Творца все, что Творец желает ему дать. Это потому, что Творец желает этого, а не он сам.

Получил от Творца в полном соответствии с Его формой, он стал подобен Творцу, т.е. он поднимается выше первоначальной ступени творения, на которой он родился, поднимается на ступень еще более высокую — на ступень Творца. Поэтому он достигает вечности, совершенства, абсолютного познания — того, чего у него не могло быть, если бы он оставался в своей природе, и, получив от Творца Его свойства, не получил бы вот этого подобия Ему; т.е. тем, что Творец дает человеку наслаждение и внутри него передает ему свои свойства, он дает человеку возможность подняться с уровня творения до уровня Творца.

Мы видим, что так было задумано Творцом, и потому ничего низкого, ниже себя Он не создал, а вся петля, весь путь, который человек должен пройти, необходим просто в осознании, в ощущении, потому что иначе он не ощутит того состояния, в котором, мы видим, находится сам Творец.

Потому как любое состояние полностью ощущается из ему противоположного. Эта петля необходима, чтобы мы прошли все абсолютно состояния во всех их вариациях, от начала творения до его конца, от несовершенного состояния до абсолютно совершенного, чтобы, придя к совершенству, мы могли его во всех тонкостях и сочетаниях ощутить, оценить и насладиться.

Как ни крути, наш путь до окончательного исправления — в познании отрицательных ощущений. Ну так где же различие между путем Торы и путем страданий? Путь Торы отличается от пути страданий не просто количеством страданий или тем, за какое время они проходят в человеке. Дело в том, что, если человек идет путем Торы, т.е.то есть когда он изучает Каббалу, вызывая на себя свет, он воспринимает уже заранее страдания не как телесные, а как отсутствие возможности давать Творцу.

То есть страдания переводятся из материальных, в рамках нашего мира, в страдания любви к Творцу, в страдания духовные. Поэтому человеку не надо проходить через бесконечные животные состояния страданий, чтобы в конечном итоге прийти к страданиям духовным. А он сразу же с помощью правильных книг вызывает на себя излучение света и сразу же ощущает, что вот этого ему и не хватает. Сразу же быстро приходит к правильным страданиям — страданиям отсутствия духовного. И потому не проходит всевозможные периоды кругооборотов, все эти ужасные процессы.

Если у человека есть изначально только свойство «малхут», желание насладиться, то свет действует в нем таким образом, что человек начинает получать еще девять свойств, не относящихся совершенно к малхут. Это изучается в «хохмат аКаббала». Дело в том, что проблема больше психологическая, и в нашем мире это видно. Если ты наслаждаешься каким-то человеком, каким-то свойством, то постепенно начинаешь желать быть подобным ему, ты начинаешь его самого покупать, приобретать, как бы желаешь быть таким, как он. А все потому, что наслаждение и обладание каким-то свойством — это одно и то же.

Творец показывает человеку свои девять сфирот. Он показывает человеку, каким образом Он его наслаждает. Человек начинает ощущать не только то, что он наслаждается, но и что он наслаждается от одного и от другого, т.е. от девяти свойств Творца.

Я вижу хозяина, который дает мне наслаждение, потому что есть у него такое свойство. Вследствие этого в человеке возникает, помимо желания насладиться — малхут, еще девять дополнительных свойств. И если он желает от всех этих свойств получить наслаждение, значит, каждое приходящее к нему наслаждение — оно иное, оно другое. В чем оно иное? Я наслаждаюсь по-разному — так же, как в материальном мире, я получаю удовольствия от детей, от путешествия, от сна, от различных видов наслаждений.

Каким образом малхут, получая наслаждение от девяти первых сфирот, желает стать им подобной? Дело в том, что наслаждение первично, оно высшее по отношению к кли, которое желает им насладиться. И поэтому кли, получая в себя более высокую форму, наслаждается ею, оно как бы прилепляется к наслаждению, как бы желает в нем раствориться и таким образом проникается его свойствами.

Так, например, находясь рядом с большим человеком, ты желаешь быть подобным ему. Почему? Потому что он большой. Ты растворяешься в нем, ты зависишь от него, ты наслаждаешься его близостью. Ты желаешь того, что есть в нем. И таким образом ты автоматически становишься похожим на него.

Значит, где это возможно? Это возможно в девяти первых сфиротах малхут, там, где она ощущает девять первых, что перед ней. А в той десятой, в малхут, она остается такой же, как и была. Нет в этой десятой части совершенно никакого ощущения Творца, Дающего. Есть только просто ощущение наслаждения. Ее отрезают и хранят. До «гмар тикун» ее не используют.

Эта десятая часть и есть «лев аЭвен», она и есть сама суть человека. Это свойство самого человека. Свойство человека — только желать наслаждения. Остальные части — они не настолько эгоистичны. Они проявляются свойствами Творца. Они становятся подобны Его свойствам. Это же свойство человека — только желать наслаждения, и это и есть последнее свойство. То есть человек практически не исправляет самого себя, свою суть. Он исправляет там, где Творец как бы дал ему возможность проиграть, уподобив себя Ему. Только в этой области можно что-то сделать.

Сам с собой, со своей природой, которую создал Творец из ничего («еш ми эйн»), человек ничего сделать не в состоянии. Но желает сделать. А где видно, что он этого желает? Потому как он работает во всех остальных желаниях, предоставленных ему Творцом. Он согласен идти на все, что только может, и потому Творец меняет его природу. Это как бы игра: «Я изменю тебя, если ты покажешь мне, что действительно хочешь измениться». Творец дает человеку природу девяти первых сфирот, и человек уподобляется ей, тогда Творец меняет его природу. Это именно десятая сфира.

О зарождении связи между девятью первыми свойствами Творца и свойством «малхут» рассказывается в начале Каббалы. Это происходит до первого сокращения (цимцум алеф). Затем, когда уже в нашем мире человек начинает получать эти свойства, то тут уже другая картина, потому что в человеке в нашем мире в принципе все есть. В нем есть тот же мир Бесконечности и все нисходящие ступени, по которым он сошел с него. И он включает в себе воспоминания обо всех прошлых великих состояниях от мира Бесконечности до нашего мира. Все они находятся внутри нас, в каждом из нас в виде как бы ДНК, гена.

Как же разворачивается перед нами дорога вперед? Сверху светит свет и высвечивает самый маленький ген, решимо той ступени, которая передо мной, и я начинаю ее желать. Дальше свет высвечивает следующую из ступеней — и ее я желаю и стремлюсь к ней. И Он дает мне все свои свойства. И вокруг, и снаружи, и внутри. То есть внутри нас находятся в зачатке все наши будущие состояния. Сверху приходит свет и вызывает в нас переход от одного состояния к другому.

— Каким образом человек, который находится в ощущении своих животных наслаждений, вдруг начинает ощущать стремление к высшему?

Высший свет светит вдруг вот в это решимо, которое связано с первым духовным из наших решимот. Все предыдущие были связаны лишь с животным, а это первое связанное с воспоминанием о записи прошлого духовного состояния, когда я спускался сверху вниз. И потому оно вызывает у меня тягу вверх. И вдруг я начинаю желать высшего. А следующее мое состояние — я начинаю понимать свойство Творца, потому что оно — следствие более высокой ступени, на которой я находился в этом состоянии. И так каждый раз, когда у меня возникает стремление к духовному, к тому состоянию, откуда у меня это решимо, эта запись, осталась. Она во мне живет, оживляется под воздействием внешнего света.

А свет я на себя вызываю, если я в правильной группе, по правильным источникам, по правильной методике изучаю Каббалу. То есть все есть в каждом человеке. Ничего не надо брать снаружи, кроме этого света. А все эти решимот, которые находятся внутри нас, как ДНК, как гены, определяют наше развитие.

Почему кли такое внутри неоднородное, можно увидеть из процесса его создания. Из Творца исходит свет. Этот свет создает желание наслаждаться. Желание наслаждаться, когда оно наполняется светом, начинает быть подобным свету, потому что свет первичен, а желание вторично. И поэтому свет влияет на желание, он подминает его под себя, он растворяет его в себе. Если бы каждому из нас пришло сейчас наполнение того, что он желает, то каждый потерял бы голову.

Голова нужна, чтобы чего-либо достичь, а если все есть, то зачем голова, ведь каждая мысль, что появляется в ней, — лишь для того, чтобы чего-либо достичь. Свет главенствует в желании или со стороны желания: как только оно чувствует свет, действительно его наполняющий, то подчиняется Ему, желает быть таким, как Он. Вернее, свойство не света, а его Источника.

Этот вопрос, может быть, не будет сейчас достаточно понятным. Нам вообще понятно лишь то, что ощутимо нами. А если мы никогда не ощущали, что приходит какая-то другая природа и меняет мою природу? Все, что в нас, начинает меняться — такого мы еще не ощущаем и потому не представляем себе, что это возможно, и каким образом это действует, тоже не можем представить, так как наш мозг — он продукт нашего мира.

Если в своих желаниях я ощущал только эгоистические силы, мозг мой не может работать ни в какой другой программе, а только в эгоистической, потому что мозг — это всего лишь компьютер, машина, занимающаяся реализацией возможности насладиться. Где я могу насладиться, где найти наполнение? Этим занимается мозг. То есть он не может быть выше уровня самого желания. На том маленьком уровне, на котором находится желание, на том уровне находится и мозг.

Поэтому мы не можем представить себе, что возможно резкое изменение самого желания насладиться на желание отдать и насладиться. Если в нас еще не было такого ощущения, оно не может быть ни в ощущениях, ни в разуме. И потому надо принимать это пока как аксиому.

Это не как в науке, где аксиома — это аксиома, пока не приходит столько отрицающих эту аксиому факторов, что нечего делать, и заменяют всю науку. Здесь нет, здесь аксиома до того момента, когда вы начнете чувствовать на себе результат. На самом деле это действие, и тогда для вас это будет очевидно.

Потому наука Каббала и называется «тайной», что для тех, кто еще не успел постичь эти действия, она — тайная. Для тех, кто ощущает эти действия, — она явная. И все — с этим больше ничего не поделаешь. Объяснить можно только человеку, который пережил эти метаморфозы, такому, который готов это пережить, способен или переживает. А тот, который еще не пережил, — для него это пустые слова. Он не может никак это себе представить.

Даже более того, я вам это обещаю, пока вы не дойдете до ощущения духовного мира, все ваши представления о нем никоим образом не подобны тому, что есть на самом деле. Даже последнее мгновение перед тем, как вы начнете ощущать духовный мир, — оно будет совершенно лживым представлением о нем.

— *Что значит фраза: «Нет праведника на земле, который бы не согрешил...»?*

Есть много таких фраз. Дело в том, что восхождение по ступеням духовного мира до самой высшей точки — это и называется путь праведника. Потому что на каждой из этих ступеней человек получает дополнительный эгоизм, исправляет его на альтруистическое действие ради Творца и этим оправдывает Его. Поэтому называется «праведник» — от слова «оправдать» (Творца).

И ни одна ступень не может состоять только из положительной части.

Когда человек исправляется, он сначала должен побывать в отрицательной части, в нечистых силах, в нечистых желаниях, в клипот, в эгоизме. Когда он находится в эгоизме, он называется грешником, совершающим проступок, грех. А потом, исправляя, называется праведником, делающим благие дела, заповеди.

И так каждый раз. Если не был грешником и не сделал грех, то нечего ему исправлять, становясь праведником. И каждый человек сколько раз был грешником, столько раз затем будет праведником. Таков путь. Совершенно, как видите, другие понятия, чем в нашем мире, о праведниках и грешниках.

Так что Каббала, она говорит о том, что происходит внутри человека, в каждом из нас. В каждом из нас есть и грешник, и праведник — попеременно. Каждое состояние, оно из этого и состоит. Поэтому кто идет выше, у того и падения глубже, и проблемы выше, и грехопадения более ужасные и низкие. Зато против этого потом он и поднимается еще выше.

В Каббале не страшатся грехов. На каждой ступени обязан быть грех и потом исправление. Поэтому сказано: «Нет на земле праведника, который сделал хорошее и не согрешил».

Прегрешение обязано быть перед исправлением. Что значит прегрешение? Окунание в собственный эгоизм, отождествление с ним полнейшее, до такой степени, чтобы его полностью прочувствовать, и в этом состоянии он проклинает Творца, и он сам эгоист и ощущает, что желает только наполнения эгоизма. А затем выходит из этого состояния, но у него остается четкая запись, и он начинает это состояние исправлять, перетаскивать на положительное, а иначе быть не может исправления.

Исправление может быть лишь у того, кому есть что исправлять. А те люди, которые в нашем мире занимаются пока просто так чтением Торы, игрушками, — тоже хорошо, но Творец им не дал других, более серьезных занятий. Поскольку у них нет исправлений настоящих, то у них другие определения того, что такое грешники и праведники.

Ночь Каббалы

Краткие переводы ночных уроков

ОГЛАВЛЕНИЕ

Как правильно построить учебу	277
Я состою из «меня» и еще...	279
Эволюция методики преподавания Каббалы	280
Продвигаюсь ли я?	282
Псалмы — это песни к Творцу	284
Что может ангел	286
Что такое разбиение келим	288
Три линии	289
Помоги Творцу	290
Вся наша работа	291
Внезапно нам открывают Божественное	292
Что я должен брать у группы и что отдавать	298
ЕГО сердце решает, что делать МНЕ	300
Мудрое сердце	302
Работа с желаниями	303
Взаимное слияние (иткалелут)	304
Сначала мы находимся во лжи	306
Какой подарок человек просит у Творца?	308
Обходной путь	311
Он делает свое, мы — свое	313
Этапы развития желаний	315
Воздействие среды	318
Из Египта выводят силой!	321
Что такое лень?	323
Человек — творец самого себя	325
Почему Тора — это тавлин (пряность, приправа)?	329
Когда я рождаюсь впервые...	331
Почему Аман хотел убить евреев?	332
Искры святости	339
Как ощутить внешнюю реальность	342
Каббала — это романтика	347

Как почувствовать альтруизм?	352
Судьи и Стражи	355
Миры помогают душам	359
Что значит исправить желание?	362
Часть «Человек» в человеке	365
«Добавка» к желанию получить	368
Я желаю ускорить свое развитие	372
Связь человека с Творцом	373
Что такое вера?	376
«Кли» — вот оно, мое наполнение!	380
Творец создал все совершенным	384
Мольба об исправлении	387
Тьма и свет	391
Ступени соответствия	392
Совместная работа Творца и творения	395
Настоящее беспокойство	398
Где награда, где наказание, где свобода выбора?	401
Что означает «Вера выше знания»	406
Есть вера постоянная и непостоянная	409
«Камень» на пути к Творцу	414
Состояние «паним» и «ахораим»	417
Выше знания	419
«Оставь скалу, не волнуйся, Я держу тебя»	420
Каббала — это процесс самопознания	424
Нужно хранить чистоту идеи	427
Каббалисты специально стараются нас запутать	429
«Исраэль» и «народы мира»	433
Задача творения	437
Что означает «свет хасадим с подсветкой хохма»	443
Распространение мироздания	444
Наша цель — это правильное поднятие Ма"Н	446
Связи получением вообще не существует!	449
Получение Торы приходит вынужденно	451
Подъем и падение	456
Что значит продвижение	459
С чем человек спускается в Египет	463

КАК ПРАВИЛЬНО ПОСТРОИТЬ УЧЕБУ

19.1.01. Все книги, написанные каббалистами, — святые, то есть они написаны со ступеней постижения высшего мира. Но есть книги, содержащие большую силу, которую они могут передать человеку, желающему продвинуться. Бааль Сулам пишет в «Предисловии к книге «Талмуд Десяти Сфирот» (п. 155): «...несмотря на то что не понимают, что учат, уже самим желанием понять притягивают на себя окружающий свет».

Во время учебы в мере своего желания человек притягивает сверху свет, который исправляет его. Поэтому мы должны заботиться только об одном — развитии возможно большего желания. Желание же человек может усилить, изучая статьи и письма, которые находятся «вокруг» ТЭ"С.

Есть намерение, и есть действие. Намерение в учебе — это именно то, что я хочу получить от учебы, то, чего я хочу достичь, чтобы понять, как продвигаться, какие состояния мне предстоит пройти. Об этом говорится в статьях и письмах. А после того как пробудилось во мне правильное намерение, мне нужен свет, который придет ко мне и поможет в направлении моего намерения. Этот свет — сила, которая вытащит меня в соответствии с моим правильным намерением.

И это значит, что после статей и писем должен я перейти к ТЭ"С. Вся наша учеба, с самого начала и до самого конца исправления, должна состоять из двух частей:

1) кавана (намерение) — изучение статьей и писем наших учителей;
2) маасе (действие) — изучение «Введения в науку Каббала» и затем ТЭ"С.

Одно без другого, намерение без действия, не существует. Если учить только статьи и письма — это не даст никакого результата: один дух не дает силы продвинуться. Если учить только ТЭ"С, то изучающий даже не будет знать, зачем он это учит.

Он будет воспринимать все как обычную научную информацию, что в итоге даст ему не науку Каббала, а просто мертвые сведения о неправильно представляемых мнимых объектах.

Он не достигнет ощущения, а только заполнит свою память всевозможными данными из ТЭ"С. Мы идем вперед только при условии, что есть у нас две составляющие. Должно быть направление — куда идем — и сила, благодаря которой мы продвигаемся. Поэтому учеба должна в обязательном порядке включать в себя две части, и, соответственно, каждый урок необходимо разделить на две части:

1) иторерут (пробуждение), кавана — часть, отвечающая за пробуждение и намерение (по письмам и статьям каббалистов);
2) лимуд им кавана (учеба с намерением) — часть учебы как таковой по «Введению в науку Каббала» и ТЭ"С с намерением, полученным от предварительных занятий: человек должен знать, что пробуждение желания к духовному должно быть его постоянной заботой.

Я СОСТОЮ ИЗ «МЕНЯ» И ЕЩЕ…

9.1.01. Все души — части одной общей души, называемой Адам аРишон или просто Адам. Каждая душа появилась как следствие разделения общей души на 600 000 частей и последующих делений. Каждая душа включает в себя в качестве составляющих остальные души, но в изначальном состоянии, до начала исправления не ощущает этого.

Например, я состою из «меня», и эта часть самая большая во мне, и еще есть 600 000 маленьких частей всех остальных душ. Так в каждой душе есть сам человек и все остальные души. Поэтому должно быть свое собственное исправление — тикун, которое, начиная с определенной ступени, уже включает в себя исправления всех включенных в него душ. То есть, все души, которые даже не делают пока над собой исправлений, каббалист должен включить в себя и сделать на них в себе общее исправление: на себя и на них.

Когда его собственная часть исправлена вместе со всеми частями других душ, включенных в него, тогда он вносит свою исправленную часть во все остальные души. То есть, если я исправил себя, это значит, что я исправил и свою часть, включенную во все остальные души. Так в каждой душе от меня есть 1/600 000 исправленная частичка. И это помогает любой душе прийти к исправлению.

Допустим, весь мир себя уже исправил, кроме тебя. То есть, все части внутри тебя уже исправлены, кроме тебя самого. И ты чувствуешь их влияние на себя, со всех сторон вокруг твоей души, от всех душ, что включены в тебя, ощущаешь, как давление: «Смотри, надо исправляться! Можно исправиться! У тебя есть достаточно сил для исправления…»

ЭВОЛЮЦИЯ МЕТОДИКИ ПРЕПОДАВАНИЯ КАББАЛЫ

12.1.01. Вопрос: *В чем отличие метода, который использовали каббалисты, жившие задолго до нашего времени, и того метода, что мы сейчас используем?*

Есть только один метод — Каббала — для получения настоящего раскрытия Творца. Но до нашего времени этот метод раскрывался сверху единицам. В наш мир посылались души, которые, несмотря на то, что жили две-три тысячи лет тому назад, по уровню своего развития достигли уже настоящего желания к духовному.

Допустим, все остальные души вокруг них находились в состоянии, когда было у них только желание к власти, к почету. А у этих, немногих, было уже такое развитое желание, что стремились только к одному — познать духовное. И поэтому сверху помогали им. И так бывало в каждом поколении. Каббалисты писали книги и, когда такая особенная душа спускалась вниз, уже готовилась для нее определенная среда, окружение — книги, учителя, благодаря которым душа могла раскрыться.

Это происходило из поколения в поколение, для единиц, особо избранных. И это то, что мы называем «возбуждением свыше» — для особенных душ. Зачем же спустились в наш мир эти особые души? — Чтобы за счет них был разработан, открыт сам метод Каббалы для обычных душ. Чтобы эти особые души написали книги и передали знания Каббалы из поколения в поколение. И когда, наконец, все массы достигают такого состояния, что открывается им желание к духовному, тогда уже готова методика преподавания, технология и наука, и есть возможность учиться по соответствующим книгам.

Обычно каббалисты пишут книги для своего поколения. Поэтому «Зоар», несмотря на то, что описывает все 125 духовных ступеней, по которым должна подняться душа, не подходит для нашего времени. Это святая Книга, в ней заключена огромная сила, но, учась только по «Зоар», выйти в духовное невозможно. И то же самое касается произведений Ари.

Самые подходящие для нашего времени книги — это книги Бааль Сулама. Он был третьим воплощением души, которая воплощалась сначала в раби Шимоне — авторе книги «Зоар», потом — в Ари, а потом — в Бааль Суламе. И поэтому он написал перуш (комментарий, пояснения) и на «Зоар», и на произведения Ари в подходящем для нашего поколения виде, так, как это подходит именно нашим душам.

И мы учим произведения Ари и «Зоар», но уже с его объяснением, ибо без него мы не можем связаться с этим материалом. Все прошлые каббалисты были посланы свыше в наш мир, каждый с определенной целью, определенным заданием. И эта цепочка каббалистов закончилась на сыне Бааль Сулама — раве Барухе Ашлаге.

Поэтому группа Бней Барух и называется «Сыновья Баруха» — ведь он был последним из тех, кто раскрывал нам Каббалу «сверху — вниз». А после него уже нет нисхождения в наш мир душ, получивших Каббалу свыше, для нашего обучения. И остались мы перед Творцом в начале нового, последнего этапа исправления мира — и оно возможно лишь подъемом душ снизу вверх.

ПРОДВИГАЮСЬ ЛИ Я?

15.1.01. Ощущение принадлежности к пути духовного возвышения — это субъективное ощущение, оно может быть обманчивым. Поскольку Каббала занимается самым главным, то, сталкиваясь с ней, человек уже не может оставить ее или признаться себе, что оставил, потому что тем самым он как бы признает себя «животным», ограниченным только рамками этого низменного мира. Поэтому, даже если человек оставляет занятия, ему кажется, что он их не оставил, а все равно принадлежит движению к высшему.

Ко мне звонят люди, которых я не видел 3-4 года. И они себя чувствуют так, будто вышли на минутку с урока выкурить сигарету и вернуться. Так они чувствуют... То есть, они действительно чувствуют, что они со мной, в пути.

Мы не считаем природное (естественное) продвижение всего творения к цели движением к высшему. Для нас такое продвижение равнозначно покою. Мы судим о продвижении по количеству смен состояний. Если человек находится в одном состоянии много времени, плохом или хорошем, неважно, — это плохой признак. Он должен умножить усилия, сделать все, что в его силах, чтобы увидеть изменения.

Но могут прийти свыше такие состояния, что невозможно из них выйти, чтобы ты ни делал. То есть, результаты (изменения), не всегда соответствуют приложенным усилиям, несмотря на то, что они — единственный критерий, свидетельствующий о том, есть ли продвижение или его нет. Когда Творец открывает глаза человеку, когда человек начинает чувствовать Творца, входит в соприкосновение с Ним, когда есть ответная реакция, — тогда можно говорить об изменении состояний. А без этого я не в состоянии проверить, где я нахожусь, и чего я достиг, как сказано: «Игати вэ мацати — таамин» («Говорящему: "Приложил усилия и нашел" — верь»).

До тех пор, пока ты не нашел — знай, что не приложил все нужные усилия. Откуда человек знает, что он вообще прилагал усилия, ведь по мере развития, учебы он ощущает все более «плохие» состояния... И только в конце он находит, находит Творца. (См. «Предисловие к Талмуду Десяти Сфирот», п. 40).

Самое лучшее и самое безопасное состояние

Человек должен постоянно находиться в состоянии, как будто он что-то потерял. Даже если он находится в хорошем состоянии, должен стараться думать, что что-то потерял, упустил. Тогда это подтолкнет его к новому подъему, без падения. И в хорошем состоянии нужно найти какой-нибудь недостаток, который можно было бы использовать, чтобы еще больше приблизиться к Творцу.

Тогда человек не упадет, и это хорошее состояние само станет еще одной ступенькой на пути вверх. В группе не должно быть подъемов и спадов. В группе люди постоянно прилагают усилия для продвижения вперед, выводя этим группу на равномерное продвижение, без спадов и подъемов. И это самое лучшее и самое безопасное состояние, из которого можно черпать силы, на которое можно опереться.

Как пример Бааль Сулама: когда танцуют в кругу, то один приседает, другой подпрыгивает, а вместе выходит организованный танец и всеобщее веселье. Поэтому в группе, даже если кто-то входит в плохое состояние, его товарищи, находящиеся в это время в состоянии подъема, держат его, и общая сила группы не дает ему полностью погрузиться в негативное состояние и придает ему необходимые силы поскорее выйти из этого состояния.

ПСАЛМЫ — ЭТО ПЕСНИ К ТВОРЦУ

16.1.01 Царь Давид соответствует общей малхут (малхут клалит). Поэтому он мэлэх, Царь (от слова «малхут» — царство). И поэтому Давид захватывает и подчиняет себе все соседние государства, предвещая этим конечное подчинение эгоистических качеств альтруистическим свойствам. Он всю свою жизнь воевал.

Царь Шломо (Соломон), сын Давида, прожил всю жизнь в мире, в спокойствии (Шломо — от слова «шалом» — мир). А у Давида не было ни одного спокойного мгновения в жизни, он то скрывался, то воевал...

То, что Давид написал в своих Псалмах (Теилим) — это его внутренняя работа, его уровни, которых он сам достиг. Он описал в своих Псалмах все духовные состояния, которые прошел. Мы видим, что большинство Псалмов печальны, как будто крик о помощи к Творцу. Но все же часть из них — песни благодарности Творцу.

Давид прошел все состояния от малхут до кэтэр, поэтому его Псалмы включают в себя все состояния, которые может пройти человек в своей жизни. Вот почему их читаем и мы, и все человечество, даже люди других вероисповеданий, ведь Псалмы — это песни к Творцу.

Как читать Теилим? — Очень маленькими порциями. Строчка или две на странице, открытой наугад — и обдумать состояние, описанное в прочитанных строках. Конечно, все состояния, описанные Давидом — духовные, а не материальные, однако люди принимают Псалмы за описания материальных, внешних обстоятельств.

Если человек внутренне духовно мертв, то есть не проходит никаких внутренних изменений, а все изменения, с ним происходящие — внешние, материальные, то и ответы в Псалмах, он находит «внешние». Но в принципе состояния, описанные в Теилим, внутренние, духовные.

Псалмы — это песни к Творцу

Бааль Сулам однажды был болен, и к нему вызвали врача. Врач осмотрел его и посоветовал отдыхать, воздержаться от умственных занятий, учебы. Сказал, что вместо всех тяжелых книг можно читать «что-нибудь легкое», например, Теилим. Когда врач ушел, Бааль Сулам заметил: «Он думает, что чтение Теилим — легкая работа!»

ЧТО МОЖЕТ АНГЕЛ

16.1.01. Души состоят из келим дэ-кабала (желания получать), ангелы — из келим дэ-ашпаа (желания отдавать). Если у ангелов есть только келим дэ-ашпаа, разве они могут производить какую-то работу? Келим дэ-ашпаа — это значит, что сосуды ничего не хотят принимать — хафэц хэсэд. Что ангел может с ними делать?

Дело в том, что разница между келим дэ-кабала и келим дэ-ашпаа не в силе действия, которое может произвести человек или ангел. Ангел может работать со всеми силами, которые существуют в мироздании, со всеми без исключения. Но он не пропускает их через себя, не наслаждается ими. В то время как человек, чтобы он ни делал, даже при работе с келим дэ-ашпаа использует свои исконные келим дэ-кабала, но только в виде отдачи.

У человека нет иных келим, кроме келим дэ-кабала. Даже при желании отдать (леашпиа), человек отдает то, что находится в его келим дэ-кабала, его ощущения. У ангела начисто отсутствует всякое внутреннее ощущение наслаждения. Это абсолютно внешние силы по отношению к келим дэ-кабала, относящимся к реальному, ощущающему все, творению.

Несмотря на это, ангел может использовать самые большие силы природы. Не следует думать, что, если ангел использует только келим дэ-ашпаа, он работает только с маленькими, незначительными силами. Нет, он может работать с очень большими силами.

Поскольку желания ангелов — желания с маленьким авиют, они не принадлежат к Центральной точке, они не должны исправлять себя, а, присоединившись к человеку, помогают ему исправиться. Сам по себе человек — это кли дэ-АХа"П, лев аЭвен, рацон лекабэль, эгоизм, а все силы, кроме человека, принадлежат к различным видам сил отдачи, гальгальта вэ эйнаим.

Когда человек присоединяет к себе внешние силы (желания) животных, птиц, рыб, растений, камней, то есть неживой, растительный и животный уровни, он тем самым увеличивает возможности своего кли и может больше использовать келим дэ-кабала, присоединенные к келим дэ-ашпаа. И таким образом человек может продвигаться.

Ангелы призваны помогать человеку. Человеку же нужно исправить АХа"П, лев аЭвен. Кроме него в мироздании исправлять нечего. Без человека нет Добра и нет Зла. Если нет свободного выбора, и все действуют по законам природы, которые Творец установил, то нет плохого и хорошего. Добро и Зло существуют только по отношению к человеку, или в отношении человека к высшему управлению.

ЧТО ТАКОЕ РАЗБИЕНИЕ КЕЛИМ

17.1.01. АХа"П дэ-зэир анпин — кадош (святой). Он не разбился. Разве слышали вы когда-нибудь, что надо исправлять келим дэ-зэир анпин? ...Но ведь ЗО"Н дэ-некудим разбились при разбиении келим? И зэир анпин, и нуква! ...Что же все-таки разбилось на самом деле?

Мы говорим, что разбился масах, масах между ними. Не разбились ни зэир анпин, ни малхут, а разбился масах между ними. Разбилась связь между дающим и получающим. Между зэир анпин (Творцом) и малхут (творением, суммой всех душ). Разрушилась связь между ними — так называемый «котел» (стена), который одновременно отделяет одно от другого, но он же и соединяет их вместе.

Что мы понимаем под выражением «келим разбились»? Это намерения (каванот, экраны) разбились, разбилась связь. Само кли (желание) не может разбиться! Экран работает в направлении высшего, дающего, Творца. И он разбился. Намерение «аль минат леашпиа» («ради отдачи») обратилось в свою противоположность «аль минат лекабэль» («получения ради себя»). Именно это и есть разбиение — швират а-келим.

ТРИ ЛИНИИ

22.1.01. Рабаш, «Бамидбар»: Есть клипа (темные силы — неисправленные желания) правой линии, и есть клипа левой линии. Клипа справа — ты чувствуешь, что все уже у тебя есть, ты получил все, что хотел. Клипа слева — ничего ты не достиг и никогда не достигнешь. Что означает средняя линия — это состояние, когда я использую силы правой линии, чтобы преодолеть верой выше знания силы левой линии, что значит включение (иткалелут) двух линий, то есть получать с намерением отдавать, леашпиа.

Например, человек работает в левой линии полчаса в день. Если он приложил достаточно усилий в эти полчаса, он может поработать со своим АХа"П. Открыть все мысли в себе, которые «против Творца» и понять, что если я прошу у Творца продвижения в духовной работе, но вместо продвижения ощущаю, что Творец отбрасывает меня еще дальше назад, этим Он приближает меня, хотя я и чувствую отдаление. И если я готов к этому, значит я могу продвигаться.

ПОМОГИ ТВОРЦУ

26.1.01. Человек должен дать возможность Творцу влиять на себя... Мы участвуем в работе Творца (аводат аШем). Неспроста это называется работой Творца, а не работой человека. Человек, который способен хоть чем-то участвовать в этой работе, участвует в ней тем, что дает возможность Творцу влиять (летапэль) на себя. И с помощью этого продвигается. Даже тот, кто не умеет читать, а только слушает, даже тот, кто не умеет слушать, а только присутствует, все равно принимает участие в работе Творца. Это первое.

Второе: человек должен согласиться с тем, чтобы не получать наслаждений, так как, получая наслаждение, человек не смог бы заставить себя не думать о них и не работать ради них. Ведь в духовных мирах есть огромные наслаждения, которые скрыты от нас до тех пор, пока мы не сможем от них отказаться.

У нас нет выбора, поскольку материал, из которого мы состоим, — это рацон лекабэль (желание насладиться). Вначале мы должны отстраниться от его наполнения. Таким образом в нас создается возможность двигаться не ради наслаждений, а ради истины. Это очень непросто, но возможно... Изначально такой путь — против нашего разума и чувств... Как же человек может идти этим путем?!

Когда человек осознает, что все его мысли и чувства зависят только от желания насладиться (рацон лекабэль), которое и есть вся его суть, он осознает, что решение должно быть извне, от Творца. Это решение несет в себе нисходящий свыше исправляющий свет (а-маор а-махзир ле-мутав). И тогда человек не только разумом, но и в ощущениях, соглашается идти путем отдачи, а не получения наслаждений. Он дает возможность свету исправлять себя. Как действует свет? Мы его не ощущаем. Мы ощущаем только следствия его воздействия, когда постепенно начинаем больше понимать и осознавать, что происходит с нашими свойствами.

ВСЯ НАША РАБОТА

26.1.01. Мы не должны заботиться о том, чтобы влиять на желание насладиться — рацон лекабэль. Это дело Творца исправить его. Он создал его, и только Он может им управлять. Если я нахожусь под властью рацон лекабэль, как я вообще могу влиять на него? Ведь весь я — это рацон лекабэль. Нет никакой возможности влиять на него, только он влияет на меня.

Свойства Творца находятся внутри рацон лекабэль и постоянно оживляют его. Сказано: «...Если человек пытается избавиться (лишбор) от какого-то желания, ему добавляют два». Чтобы человек понял, что он не должен обращать внимание на то, как влиять на рацон лекабэль, а должен обратиться к Творцу. Наша работа в том, чтобы обратиться к Творцу, чтобы дал нам другую природу, потому как сами мы ничего изменить не можем.

Вся наша работа — понять это, а поняв, человек обращается с просьбой к Творцу изменить его. И Творец изменяет его немного. После чего человек наблюдает, изучает и постепенно дает этим изменениям правильную оценку, а потом опять просит изменить себя. И снова Творец изменяет его немного. И так, пока не станет таким, как Творец.

Откуда человек знает, о каких изменениях просить Творца? Из того, что постепенно Творец открывается ему. И человек, несмотря на боль и сопротивление желания получить, просит: «Я хочу, чтобы эта часть меня была такой же, как у Тебя». И чем больше Творец исправляет человека, тем больше они становятся похожи — и человек удостаивается слияния, вечности и совершенства.

ВНЕЗАПНО НАМ ОТКРЫВАЮТ БОЖЕСТВЕННОЕ

2.2.01. В какой-то момент жизни начинают раскрывать перед человеком важность духовного. Внезапно, в какой-то статье или по радио — неважно где, раскрывают ему, что есть такое учение, которое отвечает на его самые сокровенные вопросы.

И раньше слышал он о высшем, попадались ему материалы о духовном мире, но не отзывалось ранее в его сердце — пока не дали ему свыше понимания значимости этого, дали свыше немного особого свечения, что и определило важность этого по сравнению со всем нашим миром.

В мере своего природного желания насладиться, с коим он родился, человек начинает стремиться к духовному, как раньше привык стремиться к наслаждениям этого мира. Из всего этого мира надо ему только это одно.

Но стремление к духовному должно быть его личное. Что это значит? Сначала свыше пробуждают в нем чувство важности духовного, дают ему сверху иторерут (пробуждение). Прошел первый этап. После нескольких месяцев учебы, в зависимости от души и от того, с какой энергией он вкладывает свои силы в это, начинает он «падать» («мекабель йерида» (получает падение), то есть не он начинает падать, а его начинают спускать).

Что такое падение? То, что было так важно в начале, вдруг оказывается в темноте, ничего не стоит делать ради этого, ничего не важно ни в этом мире и ни в высшем. Чего при этом хотят сверху? Чтобы сам он в себе вырастил важность духовного. Чтобы не бежал к высшему потому, что посветили ему сверху, не устремился, как эгоист, ловить духовное, потому что оно представляется ему более ценным, важным сейчас, ради чего стоит стараться, а чтобы сам он в себе построил важность духовного.

Все это пока еще тоже внутри его эгоизма. Но это уже похоже на то, что потом будет аль минат леашпиа — ради отдачи.

Чтобы стремился за этим не потому, что светит ему, манит его наслаждение, а потому, что хочет леашпиа — отдавать. Постепенно дают ему свыше книги, группу, Рава — так, что опять возвращается к нему ощущение важности духовного и желание продолжать прикладывать усилия в его достижении.

И опять он бежит вперед...

И опять кончается у него горючее, машина останавливается... опять чувствует он падение, все плохо: и на сердце, и на уме, и телом чувствует он себя слабым и больным...

И что нужно при этом? — только увеличивать в себе ощущение важности духовного, чтобы было для чего существовать, куда идти и зачем жить. До созревания в человеке важности духовного могут пройти годы, но ничто не поможет ему продвигаться, если не построит он в себе внутреннюю систему ценностей и внешнюю — группа, книги, Учитель. До этого периодически будет он в падении, с которым не сможет никак справиться — до тех пор, пока не построит в себе эту систему, которая позволит ему выходить из падений и идти вперед, контролируя свой путь, когда сможет он управлять собой.

Поэтому так важно построить в себе осознание важности духовного. Чтобы в то время, когда человек падает, удаляется от этого осознания важности, рядом с ним были те, от кого он получит энергию — от того, кто заготовил заранее.

А когда сам находится в состоянии подъема, то обязан беспокоиться о том, чтобы было горючее на этой заправке для своих товарищей, которые сегодня, возможно, нуждаются в этом, поскольку находятся в плохих состояниях.

Если можешь построить сам в себе такую систему — пойдешь дорогой Торы. Не можешь — пойдешь дорогой страданий. Или посередине: немного дорогой Торы, немного дорогой страданий. Все равно пойдешь. И будут у тебя падения, когда будешь чувствовать, что ни на что не способен, и что нет ничего в мире, что могло бы помочь в этом падении и показать, как важно духовное. И ничего больше не светит — ни книги, ни Рав — тогда начинают подталкивать потихоньку страданиями, показывают, что без этого, все равно, тоже не жизнь. Когда видят сверху, что уже достаточно было плохо, тогда начинают вытаскивать.

Пока не получишь из всего этого осознание и понимание того, что необходимо построить систему, которая вытащит из этой черноты, один раз и навсегда. Что же останется навсегда? Почему Творцу так нужно, чтобы ты сам построил в себе осознание Его, а не раскрывает его? Разве ему нужно, чтобы ты просил Его? Это позволяет человеку начать строить в себе систему отдачи — маарехет ашпаа, чтобы с ее помощью получить силы идти вперед.

Сегодня это только желание получить: посветят мне в духовное и чувствую, что нужно мне духовное, потом посветят в материальное — думаю, что важно материальное. А когда Творец видит, что человек уже выполнил и осознал все: и подъемы, и падения, и понял важность духовного, что это единственное, что может спасти его — если человек достигает такого состояния, тогда Творец открывает ему вход в духовный мир.

И там уже человек идет и постигает важность духовного в свои новые желания — келим аль минат леашпиа. А до перехода через этот махсом идет расчет все время: что мне важнее — духовное или материальное, Творец или этот мир. В нашем поколении любой, если дано ему желание к духовному, может достичь его и дойти до состояния полного исправления, «гмар тикун».

Нет уже никаких запрещений учить Каббалу, и все могут ее учить. В прежних поколениях это желание к духовному получали единицы, сейчас — сотни и тысячи. Пока еще тоже не миллионы и не миллиарды, но процесс уже начался. И если получил человек желание к духовному, значит, может он достичь своего личного исправления за одну жизнь — все зависит только от его усилий.

Как организовать свою жизнь

Когда человек в падении, то не может ничего сделать, поскольку нет ему никакой помощи сверху. Единственное, что можно сделать — это построить свою жизнь так, чтобы и дом, и семья, и жена, и работа, а главное, группа товарищей по учебе, — все обязывало к механическому распорядку, системе, как часы. Чтобы система толкала его, заставляла утром вставать, идти заниматься, чтобы он знал, что должен производить физические действия.

В таких состояниях сердце и голова как бы не существуют, но тело идет и делает все требуемое. И благодаря этому человек выходит из падения и продвигается. Если человек не привязывает себя так к процессу, к системе, то падение может продолжаться годами, пока свыше не дадут ему помощь вернуться к духовному.

Главное во время падения — пользоваться системой, которую построил во время подъема. В нашей группе есть человек, который следит за тем, что если кто-то не пришел на урок, то через 5 минут после начала урока он звонит домой отсутствующим и спрашивает: в чем дело, может, прислать машину?

У каждого в группе должна быть какая-то определенная обязанность, которая вынуждала бы его, допустим, раза два в неделю прийти и сделать что-то определенное в группе. Без этого время падения увеличивается в несколько раз.

Что такое «хорошо» и что такое «плохо»

Во время падения мы можем работать только, как «ослы» («осел» на иврите — хамор, одного корня со словом «материал» — хомер). Что является подъемом, а что падением, что плохо и что хорошо, — человек решает для себя сам. А на самом деле может быть совсем не так, и то, что кажется ему плохо — хорошо, а то, что кажется хорошо — плохо.

До того, как человек проходит в духовное, он чувствует все наоборот, не так, как это есть на самом деле. Когда я чувствую себя хорошо? — когда хорошо моему эгоизму! Когда светят мне сверху, и я чувствую, что духовное полно наслаждений — мне хорошо. И Творец — хороший! Почему? Потому что я получаю от Него!

Разве это правильная оценка? Эта оценка ложная, эгоистическая, я измеряю все относительно себя, а не относительно Него. И так я оцениваю все в нашем мире. Если мы решили, что эгоизм (рацон лекабэль) — это свойство лживое и временное, что же такое на самом деле то, что хорошо мне? На самом деле это хорошо моему эгоизму, а не мне.

Если бы я оценивал по своему желанию отдачи (рацон леашпиа), то чувствовал бы, как правило, все наоборот: то, что ощущаю как хорошее — это плохо, далеко от высшего, а то, что ощущаю как плохое — это ближе к высшему.

Поэтому, пока человек не сделает Сокращение на себя, не выйдет из себя, из своих эгоистических расчетов и желаний, отдалится, чтобы увидеть себя со стороны — до этого он не может оценить правильно ни одного своего состояния, в котором находится.

Это подобно тому, как младенец требует: дай мне! Но взрослый, видя к добру ли это, решает сам, как поступить с младенцем. Так и мы, если могли бы видеть себя «взрослым» взглядом, что хорошо, а что плохо, знали бы, что нам делать. А эту возможность объективно видеть может дать человеку только обретение экрана.

Когда человек останавливает себя, делает Сокращение, тогда он может видеть себя объективно, со стороны и принять правильное решение. Относительно какой точки он будет оценивать себя? Относительно цели творения.

Это такая новая мера себя и окружающего, которую мы не понимаем сейчас совершенно. И недостаточно даже сказать, что она просто противоположна тому, что мы видим сейчас. Оценить себя относительно цели творения можно только после того, как начнешь ощущать цель творения внутри себя, то есть пройдя махсом.

Что значит пройти махсом?

Получить ощущение Творца. Кроме ощущения этого мира у человека появляется теперь ощущение Творца. Т.о. есть у него уже две точки отсчета, и он может видеть одну относительно другой.

А до этого не мог он видеть ни одной точки, потому что все познается только в сравнении. Поэтому мы говорим, что он находился в темноте. Почему в темноте? Не мог различать ничего. Если находишься только в черном, что ты можешь различить? Тебе надо еще и белое для этого.

Нужны две составляющие: Творец и творение. Если нет у тебя одной из них — не можешь ты видеть ничего. Если есть у тебя только ощущение Творца, то ты как ангел. Его сила находится только в духовном, она ничего не может сделать, — она только сила, и не может совершать исправлений, прийти к чему-то. Продвигаться вперед можно только если есть две составляющие.

Подготовительный период «зман аАхана» — это то время, когда человек ощущает только наш мир и старается приблизиться к миру духовному. Это — как детский сад. Пока не исправим свои свойства, чтобы не навредить себе и другим, нам не позволят войти в высший мир, не дадут силы для выполнения духовных действий, управляющих нашим миром.

Только по мере нашего взросления, формирования ответственности, нам дадут видеть и делать. А до тех пор будут толкать страданиями к этому состоянию, потому что тело само не хочет двигаться. Все, что меня окружает: люди, системы, отношения, — построено только затем, чтобы продвинуть меня к цели творения.

Если я не беру все, что есть у меня, каждое свое свойство и черту характера, свои возможности, и не использую против них весь мир, до конца — не считается, что я построил систему продвижения. А когда человек входит в духовное, там еще более строгий расчет с ним.

Сказано, что человек должен взять на себя страдания общества, и тогда заслужит и его вознаграждение, так как продвижение может быть только за счет окружающего общества. Поэтому тот, кто запирает себя в горах, в одиночестве — не может продвигаться, потому что отделяет себя от общества.

ЧТО Я ДОЛЖЕН БРАТЬ У ГРУППЫ И ЧТО ОТДАВАТЬ

4.2.01. Человеку дана свобода воли только в одном — выбрать себе то окружение, в котором он будет находиться. Но что же делать, если ему не дали сверху никаких критериев выбора? В соответствии с чем он должен выбирать? Душа, находясь в облачении человека, имеет в себе решимот (от слова «рошем» — писать, т.е. записанное, то, что она должна помнить) того, где она находилась, с какого уровня спустилась в этот мир.

В соответствии с этими решимот душа стремится вернуться на тот же уровень, на котором находилась вне тела, и, если, несмотря на тело, достигнет этого уровня, получит в 620 раз больше раскрытия, слияния с Творцом, наслаждения.

Решимот одеты во всяческие левушим (левуш — одежда, одеяние) — желания. Это могут быть желания знаний, власти, животных наслаждений. И по мере того, как человек избавляется путем страданий от этих левушим, он начинает чувствовать истинные решимот и постепенно находит себе окружение, приходит в группу, одну, другую, все более и более приближенную к Каббале.

Отношения между человеком и группой должны строиться, с одной стороны, лемала ми адаат (выше разума) — воспринимать все, что дает группа, и брать все это потому, что больше брать неоткуда, и потому что группа — это высшее. Все, что мы получили раньше, начиная от детского сада и далее, нужно безжалостно выкинуть, а все, что дает группа, воспринимать и впитывать.

С другой стороны, и в этом противоречие, необходимо стараться дать группе как можно больше, все, что только в силах, чтобы группа могла наилучшим образом выполнить свою функцию — укрепить каждого в его пути к Творцу.

Противоречие это подобно тому, как утром мы должны сказать себе: «Им эйн ани ли, ми ли» (Если не я себе, то кто мне?), и делать все, что необходимо, как будто все зависит от нас. А вечером, когда все сделано, сказать: «Эйн од миЛевадо» («Нет никого, кроме Него»), что означает, что если бы я весь день пролежал на диване, все равно Творец бы это сделал, потому что Ему уже и так заранее известно, что будет с моим поступком и со мной.

Так и здесь: человек обязан брать от группы ее мнение, закрыв глаза и не рассуждая, но в то же время стараться делать все, чтобы дать группе максимум, для выполнения группой своей роли.

ЕГО СЕРДЦЕ РЕШАЕТ, ЧТО ДЕЛАТЬ МНЕ

4.2.01. Если ты хочешь узнать, как ускорить процесс продвижения, то есть не ждать страданий, которые нисходят только, чтобы подтолкнуть нас, а выполнять действия, их опережающие, то есть идти не путем страданий, а путем заповедей, то знай, что заповеди относительно товарища более эффективны, чем заповеди относительно Творца. Заповеди — имеется в виду действия, которые поднимают человека к Творцу.

Почему? Потому что ашпаа (отдача) ради своего друга приводит нас к отдаче ради Творца. Но не может быть так, что человек отдает Творцу прежде, чем он начал отдавать товарищу. Тогда это все обман, просто кажется человеку, что он может перейти от заботы только о себе к отдаче ради Творца.

Как можно объяснить, что это такое — отдача товарищу (ашпаа ле-хавер)? Отдача товарищу означает, что я чувствую не себя, а чувствую то, что чувствует товарищ, его желания. Как будто я нахожусь внутри него, и ЕГО сердце решает, что делать МНЕ.

Мое сердце — мой эгоизм (рацон лекабэль). Его сердце — его рацон лекабэль. Так вот, я сейчас оставляю свое сердце, отказываюсь от своих желаний в пользу желаний сердца товарища. И то, что товарищ хочет, то я и делаю, как будто это мое желание. Это и называется «машпиа ле хавер» (отдавать товарищу).

А иначе, как ты узнаешь, что он хочет? Только если оденешься в его сердце. Что это такое — леашпиа (отдавать)? — Наполнить его желание — его рацон. И наполнить не тем, что, как тебе кажется, желает он, отдача — это «сделать в соответствии с желаниями его сердца».

И не должен ты спрашивать его, а должен почувствовать, что он хочет. Но как я могу наполнить сердце другого, если даже свое собственное сердце не могу я наполнить? Если нет у меня достаточно сил для этого? А кто сказал тебе, что должен ты стремиться наполнить свое сердце?

Мы говорим о том, как отгородиться от наших желаний — это называется отдача Творцу (ашпаа ради Творца). Отдача (ашпаа) не может быть там, где есть получение (кабала). Или то, или это. И что с того, что не можешь ты пока это сделать? Знать об этом — это уже особенность, доступная избранным, а «то, что не делает разум, делает время...»

МУДРОЕ СЕРДЦЕ

7.2.01. Оправдание действий Творца происходит с помощью разума или чувств? К чувствам относятся ощущение наслаждения или страдания. Все остальные определения (авханот) относятся к разуму. Мы говорим: «сердце понимает» (алев мэвин). Это уже соединение двух линий: выяснение того, насколько человек может объединить в себе свойства Творца и творения, настолько он в состоянии оправдать действия Творца. Когда человек ощущает страдания, он не может оправдать Творца. Это только промежуточное состояние. Невозможно чувствовать одно, а разумом решать совсем другое. Не идет речь и о мазохизме: невозможно наслаждаться страданиями. Человеку нужны другие, исправленные сосуды (келим), чтобы смог ощутить в них наслаждение. Сейчас отдача (ашпаа) воспринимается нами как смерть. Нужно приобрести такие келим, в которых возможность отдачи будет ощущаться как подарок и наслаждение. Только в этих сосудах человек в состоянии оправдать Творца.

РАБОТА С ЖЕЛАНИЯМИ

7.2.01. Продвигаться — значит использовать совместно два свойства: свойство Творца и свойство творения. Когда я могу вознуждаться в Творце? При соблюдении нескольких условий.

Я должен проверить всего себя на протяжении месяцев и почувствовать, что не в состоянии выполнить ни одного действия без Его помощи. Что это действие необходимо для меня, и Творец обязан мне помочь, все равно каким способом. Я должен дойти до такого состояния, о котором сказано: «...и возопили сыны Израиля от этой работы».

Этот процесс занимает много времени и требует больших усилий и терпения. Пока не случится «чудо» — Творец откроется человеку и даст ему силы выполнить нужное действие. В конце-концов, человек, в котором будут оба свойства — свойство Творца и свойство творения, — сам выполнит нужное действие, которое называется «третья линия».

Но если человек не работает против желаний, у него не бывает падений, потому что он не работает со светом, который «опускал» бы его в состояние падения. Религиозный человек приучен к выполнению определенных заповедей, ритуалов. Часть заповедей такие люди обычно восприняли с воспитанием и считают их естественными, как сказано: «Привычка становится второй природой».

Другую часть действий-заповедей они выполняют потому, что им сказали, что за выполнение этих заповедей они получат вознаграждение. И никогда их рацон лекабэль (желание получить) не увеличивается, поэтому и называются домом дэ-клуша — святой неживой уровень. И это называется работа в одной линии.

Что такое работа в двух линиях? Человек стремится идти по правой линии, у него постоянно увеличивается левая линия, которая опускает его, и так до тех пор, пока не получит помощи свыше и не удостоится раскрытия Творца.

ВЗАИМНОЕ СЛИЯНИЕ (ИТКОЛЕЛУТ)

8.2.01. Все души — части одной души. Только из-за нашей неисправленности мы не ощущаем этого. Группа должна быть, как одно целое, как одно тело. Голова думает, ноги ходят, голова не должна ходить, а ноги не должны думать. Какое наслаждение ощущает моя рука от того, что я вижу или слышу? Но как наше тело, так и духовный парцуф — это одно целое, потому что все его 10 сфирот, или все его части, работают как одно целое. Каждая часть дополняет другую и не могут существовать одна без другой.

Все души, в конце-концов, должны прийти к совершенству и дополнить друг друга. Ничто не создано просто так, без цели. Никакая часть не должна заменять остальные. Каждый должен исправить свою часть в общей системе. Так и в группе. Есть люди более умные, есть более чувствительные, есть более продвинутые, есть менее. Кто-то выполняет одну работу, а кто-то — другую. Мы должны стремиться, чтобы группа была как одно целое. Тогда не имеет значения, что кто-то знает меньше, понимает меньше или даже делает меньше. То, что каждый делает, он делает это для всех. И тогда все дополняют группу, и все получают от нее. Это называется взаимное слияние (итколелут). Но это требует от человека очень больших усилий. Если он работает над тем, чтобы слиться с группой, больше ни над чем работать не должен.

У творения есть цель

Что такое выполнение Торы и заповедей? Существует малхут, рацон лекабэль, сосуд, душа, творение — не имеет значения, как мы это называем. У творения есть цель. С одной стороны, исполнить желание Творца — это получить наслаждение, свет. А со стороны самого творения — это слиться по свойствам с Творцом. Слиться по свойствам с Творцом — значит научиться переносить на себя свойства Творца. У Творца есть 620 законов, свойств. И творение должно каждый из этих законов-свойств перенести на себя. Каждый из законов Творца или законов духовной природы, называется «заповедь». Выполнение этих 620 законов называется выполнением 620 заповедей. Когда творение выполняет все заповеди, оно сравнивается по свойствам с Творцом. И это называется «двекут» — слияние, и это и есть цель творения. Как выполнять заповеди? При помощи намерения (кавана). У творения есть 620 желаний. Наша цель — к каждому из этих желаний добавить намерение «ради отдачи» (аль менат леашпиа). Поэтому сказано: «заповедь без намерения, как тело без души». То есть, обретение намерения на одно из 620 желаний и есть выполнение этой одной из 620 заповедей.

СНАЧАЛА МЫ НАХОДИМСЯ ВО ЛЖИ

9.2.01. С самого начала мы находимся во лжи, не видя этого и не понимая, какие свойства нам присущи. Настоящее постижение своего состояния, того, где я на самом деле нахожусь — это самая первая ступень. Если подойти к любому человеку на улице и сказать ему, что он находится во лжи, он возразит или, по крайней мере, скажет, что он только частично находится во лжи, но понимает и контролирует ее. Но так, чтобы совершенно находиться во лжи, не осознавать ее?! И даже не знать, где же он прав, а где ошибается? Он не может поверить в это, не может почувствовать, и поэтому слова эти для него пусты.

И нечего ему делать с ними. Допустим, он даже согласится, так что же он может сделать? Таким раскрытием своего состояния разве можно выйти из него? Осознание своего состояния, что все во мне — мои мысли, разговоры, желания, расчеты — что все это совершенно ложно, что я вижу ложь, что не могу выйти из этого, что нет во мне ни одной правдивой мысли, в том числе и эта, которую я сейчас произношу... осознание этого состояния может быть только при наличии во мне посторонней моему естеству «точки в сердце». Она находится снаружи, вне лжи. Одна точка, которую дал мне Творец. Искра...

Из этой искры я смотрю на свое сердце, на все свои желания, на все свои мысли и расчеты — на все это смотрю со стороны этой «точки в сердце» (некуда ше ба лев). И только тогда могу я видеть, что мое сердце и все его желания: животных наслаждений, денег, власти, знаний — это все совершеннейшая ложь относительно цели творения.

Но это не просто ложь. С одной стороны — это правда. Я ведь хочу есть, спать, делать что-то, хорошее или плохое... И в рамках этого мира это все правда. Относительно чего же это ложь? Относительно настоящей цели. Где я могу это ощутить? Если есть у меня эта искра, называемая «зерно будущей души», если проявилась во мне некуда ше ба лев, то в ней могу я почувствовать, что относительно этой цели, относительно этой точки все остальное, все мое сердце — это ложь.

Есть много условий, необходимых для того, чтобы дойти до такого состояния, когда можно увидеть эту ложь, увидеть свое истинное положение. Это не просто. В тот момент, когда человек действительно видит это, считается, что он проверил себя всего, все свои желания и готов перейти в духовное, перейти в истинные состояния, так как все ложные состояния он уже проверил, прошел и получил опыт работы с ними.

Он и дальше работает с прошлыми своими желаниями, потому что только их и создал в нем Творец, но уже использует их совсем в другой форме. Это процесс. Требуется много времени, годы, чтобы дойти до такого состояния. Этот этап самый труднопреодолимый. Но в тот момент, когда человек действительно проходит один за другим все желания своего сердца, измеряя их от «точки правды», единственной истинной точки — искры, которая есть в сердце, он заканчивает эту свою работу и входит в духовное.

Как только видит он, что это ложь, он удаляется от этого, он уже не может с этим жить. Он отталкивает все свое сердце и прикрепляется к той самой «точке в сердце» — и это называется, что начинает уже работать с ней, и это уже вход в духовное. Быть не на стороне своего сердца, а встать на сторону той самой «точки в сердце», объединиться с ней — это и называется пройти махсом и войти в духовное.

КАКОЙ ПОДАРОК ЧЕЛОВЕК ПРОСИТ У ТВОРЦА?

11.2.01. Все наши усилия по изучению и распространению Каббалы — все они для того, чтобы достичь состояния ребенка, просящего подарок. У взрослых есть стыд и есть у них самолюбие и гордость. Подарком называется то, что мне не положено, и нет у меня никакой связи с тем, что я прошу.

Все наши усилия должны быть направлены на то, чтобы почувствовать себя так, что мы должны получить духовный мир в качестве подарка. Почему это должно прийти в форме подарка? Подарок — это когда я знаю, чего у меня нет, что мне не положено по усилиям и заслугам, чего я никак не могу добиться своими силами, и остается только просить.

В этой просьбе нет ничего от того, что положено мне, что я могу требовать: захочет — даст, не захочет — не даст. Это просьба чуда. Подарок просят только, когда человек доходит до такого состояния, что просит и понимает, что это может быть только подарок сверх того, что ему положено. Подарок — это «мне не положено».

Если бы у меня было настоящее желание! ...Но у меня нет для этого келим, нет желания получить свойства отдачи, нет желания, чтобы Творец дал мне исправление. Почему не стыдно? Когда я прихожу к такому состоянию, я обнаруживаю, что все зависит от Него. Творец меня создал, Он сам хочет дать, Он стремится к тому, к чему стремлюсь, по сути, и я. На все, кроме получения исправления, должен быть стыд.

Ты не просишь наполнения своих келим. Стыд, ощущаемый в мире Бесконечности, происходит от ощущения статуса получающего от Дающего, он относится к прямому наполнению получающих келим. Но если человек просит исправления, — это не вызывает чувство стыда.

Стыд — это ощущение получения прямо от Творца, когда кли ощущает Творца и ощущает, что получает от Него, когда наслаждается от получения, когда ощущает разницу в свойствах своих и Творца, то есть разницу в намерениях: о чем Он думает и о чем думаю я. Из этой разницы рождается стыд.

Если этого нет, если творение просит у Творца исправления, — нет места для стыда. Наоборот, это ведет к гордости. Человек должен знать: все, что он получает сверху, он получает только в мере его терпения, его сил выполнить, вытерпеть. Не может быть, что ему дадут больше, чем то, на что есть у него силы. Дадут не более, чем на одну ступень выше, только то, с чем он может справиться, попросив сверху силы овладеть ею.

Необходимо верить и знать, что не может быть провала. Бывают ситуации, когда человек просит келим дэ-ашпаа. Как человек может просить келим дэ-ашпаа? Ведь он не знает, что это, нет решимот, нет в этом недостатка! Если я не знаю о чем, как я буду плакать? Это будет ложь.

Должна быть ситуация, чтобы я ощутил, что такое отдача (аль минат леашпиа), что такое руханиют (духовное), что такое свойства Творца, что такое быть исправленным. Если я почувствую это сверху, пусть дадут мне, или во мне вдруг появится решимо, которого я раньше не знал — тогда я начну просить...

Годы ушли напрасно?

Наш мир называется временем подготовки к выходу в Высший мир, к настоящей духовной работе. Нам может показаться, что подготовка может быть очень короткой. Как будто время в школе и университете — это подготовка, а потом махсом и возможность настоящей работы.

Это не совсем так. Наш мир соответствует духовным мирам. Поэтому нам необходимо пройти такую подготовку, чтобы потом, после махсома, на всех уровнях и ступенях, по которым мы будем подниматься, мы могли бы пользоваться теми ситуациями, которые прошли в этом мире, то есть на этом подготовительном этапе.

Тебе кажется, что происходят события ненужные, бесполезные, и стоит вообще забыть о них, и годы ушли на них напрасно. Но после этого, в духовном мире, ты вдруг обнаруживаешь, что они были необходимы тебе, чтобы вновь входя в них, с их помощью продвигаться в духовном мире.

Что значит: быть как Творец

...Работа Творца — это то, что нам необходимо почувствовать на себе. Высшая Сила действует на нас и в цепочке действий приводит нас к какой-то Его цели. Мы должны почувствовать Его действия, которые Он производит над нами, и не просто почувствовать, а оправдать их как совершенно хорошие.

Это значит, что мы должны прийти к состоянию, в котором мы становимся свидетелями работы Творца во всей ее полноте, и это возможно только в мере готовности ее оправдать. Там, где нельзя Его оправдать, Он не открывается тебе, не показывает Своих действий.

Творец показывает Свои действия только в той мере, в какой ты можешь согласиться с ними, оправдать их. Что значит: согласиться и оправдать? Это значит, что если бы Он этого не сделал, ты бы сделал это сам. Это значит, быть как Творец.

Это та свобода, которую достигает творение. Если я достигаю состояния, в котором оправдываю Его до такой степени, что сделал бы это даже раньше Него, этим я как будто опережаю Его действия. Он не обязывает меня к этим действиям, но я как будто даже раньше Него сам хочу их выполнить.

Таким образом, эта свобода выбора поднимает меня на ступень выше моего создания, как будто я вступаю в состояние до моего сотворения. И уже нет различия между «я» и «Он» — делает Он или я, исчезают все различия.

ОБХОДНОЙ ПУТЬ

15.2.01. Подъемы и падения продолжаются до тех пор, пока человек, в конце-концов, не ощутит необходимость в освобождении. Это может занять много времени, так как у человека нет сил самому решать, когда находиться в состоянии подъема, а когда — падения. Эти состояния тянут его за собой.

По мере естественной смены состояний и движется человек. Как камни в реке. И он даже не в состоянии ускорить свое развитие, так как не может обратиться к Творцу из-за недостатка веры. Что можно сделать? Напрямую человек не может бороться с этими состояниями. Только «обходным путем», установив для себя жесткие условия, которые будут заставлять человека постоянно находиться в действии, что постепенно приведет к тому, что Творец ускорит его развитие.

Человек не в состоянии просить Творца, чтобы дал ему силы отдавать. Как бы то ни было, человек приходит к духовности с помощью получающих сосудов (келим дэ-кабала). Желание получить духовность тоже относится к эгоизму (рацон лекабэль). Духовное представляется нам в качестве больших наслаждений, таких, какие мы можем осознать в наших теперешних сосудах, как то: почести, уверенность, радость и т.д..

Человек должен обнаружить, что то, чего он желает, зависит от Творца. В нашем мире, если человек желает получить что-либо, он знает, что именно он хочет получить и от кого, и сам прилагает усилия для достижения цели. В духовном цель скрыта от человека, и Тот, от Кого зависит достижение этой цели, тоже скрыт. А все действия, которые предпринимает человек для достижения цели, должны привести его к осознанию того, что все зависит только от Творца.

И после того, как приложил все свои силы и обнаружил, что сам ничего не в состоянии сделать, кричит Творцу: «Дай мне!». Он не кричит, дай мне силы отдавать (коах дэ-ашпаа). Об этом может просить только человек, который перешел махсом. Перейти махсом — это значит желать получить духовное от Творца, перейти с аль менат лекабэль (ради получения) через Конечное море, крият ям Суф, сменить желания с келим дэ-кабала на келим дэ-ашпаа.

До перехода махсома мы — как животные. У нас нет связи с Творцом, мы не имеем понятия, где существуем, мы ничего не знаем о духовном. Но когда сверху на нас светит свет, неважно, воспринимается он нами положительно или нет, — это дает нам возможность судить об «Этом мире» (аолам аЗэ).

О чем молиться?

Не имеет значения о чем молиться, то есть неважно, что желает человек. Главное, чтобы он сравнивал свои желания с тем, что написано в книгах по Каббале. Это даст ему почувствовать свое истинное положение относительно духовного.

До перехода махсома человек ощущает себя самостоятельным. Я работаю, я молюсь, я прилагаю усилия... Но на самом деле все делает Творец. Он дает человеку характер, разум, все внешние условия и стечения обстоятельств. А человек только ощущает это на себе. И, в конце-концов, эти условия строят келим, сосуды души человека. Иначе человек бы не развивался, и его келим остались бы в зачаточном состоянии.

Человек может сказать: «В таком случае, у меня нет свободы выбора». Но есть разница между тем, когда человек говорит это просто так, и когда он это действительно осознает. До перехода махсома, при помощи земного разума, человек не в состоянии разрешить вопрос о свободе выбора.

Сказано, что до начала выполнения действия должен сказать: «Если не я себе, то кто мне?» А после того, как действие выполнено, должен сказать: «Нет никого, кроме Него!» И только человек, который одновременно находится в обоих мирах, может понять это. Человеку дают вопросы, на которые существуют ответы только в духовном мире, специально для того, чтобы он мог продвигаться.

ОН ДЕЛАЕТ СВОЕ, МЫ — СВОЕ

18.2.01. Необходимо связать человека с Каббалой и Творцом, чтобы с помощью Каббалы постиг Творца. Каббала — связующее звено между человеком и Творцом. «Создал Зло (эгоизм, ецер ра) и создал Тору», чтобы, пользуясь ею, человек мог достичь цели творения.

Приносит ли тебе Каббала жизнь или нет, зависит от того, благословляешь ли ты ее. Благословлять Каббалу означает, что во время занятий Каббалой ты ждешь прихода высшего света, который придет и исправит тебя (улучшит) — и этого благословения необходимо постоянно требовать во все время учебы.

Именно с этим намерением должен ты подходить к учебе, ко всей своей жизни, к любой вещи. Тот, кто хочет быть мудрым, кто хочет быть похож на Творца, благословляет Тору, и тогда она действительно приносит жизнь. Если же он не благословляет Тору во время учебы, не требует от учебы исправления, то такая учеба ничего не рождает, и все действия человека не притягивают к нему свет, он не получает масах и поэтому не может исправить себя, получить намерение ради отдачи, достигнуть подобия свойств с Творцом (ашваат ацура).

Сказано: «То, что создал Творец для работы» (Ашер бара Элоким лаасот). Бара означает, что Он создал еш ми аин (создал из ничего) желание получить, а лаасот означает сделать из него намерение отдавать вместо намерения получать.

Наша работа — только над намерением, а не над желанием. Желание не меняется: Творец создал его, и это мы не можем изменить, и не должны менять. А можем изменить только то, как оно используется — и это называется лаасот (делать).

Он создал желание получить, чтобы мы добавили к нему намерение. Наша часть — это намерение, Его часть — это желание. Он дает желание с левой стороны, мы должны добавить намерение справа. В этом мы партнеры. Его работа — дать нам желание, наша работа — работать над намерением.

Мы работаем над одним: получать ради отдачи. Он делает свое, мы — свое. Он должен показать нам все желания, а мы должны на каждое желание прибавить намерение. Это и есть партнерство.

Все время мы говорим о том, что нужно работать над увеличением важности духовного. В соответствии с тем, как человек увеличивает свое кли, он чувствует настоящую величину того, что находится перед ним.

Если я захожу в море со стаканом, то что я могу измерить им? Все море для меня — это мой стакан. Может быть, оно и больше, но насколько больше? Я не знаю. Только в соответствии с мерой, которая есть в моей руке, могу я измерить его, ощутить.

Вся наша работа — объединить все, что происходит вокруг нас и в нас самих, и связать это только с одной причиной — с Творцом. Он — Источник, и из Него исходит все: и кли, и свет. Желания и мысли, которые есть во мне, все время меняются. Я меняюсь внутри, и все вокруг меня все время меняется. И кто это «я»? Я — это тот, кто чувствует все эти изменения и должен извлечь из этого какое-то содержание, какой-то вывод.

А какой должен быть результат? Результат один: все эти изменения приходят, путают меня, бросают из состояния в состояние, чтобы все это я соотносил и соединял с Ним, чтобы я чувствовал и думал, что это приходит от Него, что это Он определяет и делает.

Это первая часть в работе человека, во внутренней работе. И вторая часть — оправдать все то, что Он делает во мне внутри и со мной снаружи, и признать, что это только на пользу мне и исходит только из Его желания дать мне самое лучшее, что только может быть. Кроме этих двух этапов, которыми мы должны определять любую нашу ситуацию, нет больше ничего.

ЭТАПЫ РАЗВИТИЯ ЖЕЛАНИЙ

18.2.01. Мы говорили, что есть два этапа в занятиях Каббалой в ло ли шма — ради себя. Рождаясь, человек приобретает просто эгоистическое желание получить ради себя, получить все, что только он может получить посредством своих пяти органов чувств. Это называется «находиться в Нашем мире».

То, что человек чувствует в своих пяти органах ощущений — это называется им «Наш мир». Это могут быть животные наслаждения, богатство, почет, знания. В одном из кругооборотов начинает ощущаться в его сердце, в совокупности его желаний, еще некое желание — «точка в сердце», некуда ше ба лев, и тогда он начинает стремиться к чему-то, что находится за пределами наших пяти чувств, за чем-то таким, что нашими чувствами не ощущается. Человек не знает, что это. Это называется «получить желание к духовному».

Человек не может никак определить это желание, но начинает за ним стремиться и приходит к Каббале. Конечно, у него нет возможности прийти самому, потому что пока это только точка, и она не показывает точное направление.

Итак, приводят человека свыше в место, где изучают Каббалу, он начинает учиться, и учеба развивает в нем желание к духовному до такой степени, что «не дает спать». Тогда он полностью находится в ло ли шма.

И тогда начинается третий этап — работа в Торе и заповедях ли шма — ради Творца. Когда есть уже у него первые духовные постижения, изменения, он проходит махсом и становится человеком, исправляющим сам себя, работает ли шма.

Что такое ли шма? Ради отдачи, а не для того, чтобы получить награду, когда нет у него никакой заботы о себе. Эта работа очищает эгоистическое желание и превращает его в желание отдавать.

Приобретение намерения

Что такое желание получить? — Намерение. Что такое желание отдавать? — Тоже намерение. Желание осталось тем же желанием, а намерение «получить ради себя» превращается в намерение «ради Творца». И в мере очищения желания получить, он получает пять частей души, называемые НаРаНХа"Й (нэфеш, руах, нэшама, хая, ехида).

То есть, намерение ради отдачи, которое у нас называется «ор хозер» (возвращенный или отраженный свет), строит состоящий из пяти частей-желаний сосуд, в которые одевается свет Творца, свет раскрытия Творца, включающий в себя пять частей НаРаНХа"Й.

Так же, как пять органов чувств открывают нам этот мир посредством пяти видов ощущений, так и духовный сосуд ощущает Творца на пяти уровнях, называемых НаРаНХа"Й. Свет может войти только в такое кли, которое соответствует ему по свойствам.

Что такое одевание света в кли и равенство свойств? Насколько подобны мои намерения намерениям света, в какой мере я хочу насладить, как и свет хочет насладить — в соответствии с этим я могу обнаружить свет и почувствовать его, соответственно по силе, количеству и качеству.

Степень соответствия свойств кли со светом приводит к ощущению света внутри кли. И в намерении отдавать, а не получать для себя, уравнивается в свойствах с Высшим НаРаНХа"Й, что значит окончательно себя исправляет.

Под Высшим имеется в виду корень его души (шореш нэшама). Таким образом, кли уравнивается по свойствам со своим корнем, который нисходит из мира Бесконечности, из состояния «алеф» (первое), в наш мир, через все чистые миры БЕ"А (Брия, Ецира, Асия). То есть приходит к состоянию, в котором был до того, как душа начала спускаться вниз, когда было у нее небольшое желание получить соответственно небольшой свет.

Воскрешение мертвых

Есть еще этап — работа по воскрешению мертвых. Это значит, что человек приобрел келим дэ-ашпаа — намерение отдачи, Г"Э (Гальгальта ве-Эйнаим), и сейчас можно воскресить мертвых. Желание получать после того, как оно исчезло, что называется, «умерло и погребено». Это когда человек отказался от его использования, и оно в его глазах равноценно праху. Это называется, что он похоронил его в земле.

И все это основано на ощущении, что нет у него никакой связи с желанием наслаждаться. В таком случае, это желание (рацон лекабэль) готово к оживлению — в тех же самых желаниях получить, какие были у него раньше, но только с иным намерением.

Поэтому наш мир очень важен: мы делаем в нем все ошибки, которые потом возвращаются к нам при воскрешении мертвых, и позволяют нам достичь больших исправлений и получить большие света. И тогда превращается желание получить в форму отдачи: из намерения получить в намерение отдавать.

Но в этом ценность работы при жизни в нашем мире. Более этого не рассказывается, но мы должны тоже стремиться дойти до воскрешения мертвых, когда мы говорим о частном исправлении каждой души. Когда все человечество начнет приближаться к этой ситуации, души постепенно начнут приближаться к воскрешению мертвых.

Личное воскрешение мертвых происходит исключительно для особых душ. В основном там, где говорится о воскрешении мертвых, говорится об общем воскрешении. Когда произойдет раскрытие Творца после того, как большинство душ придет к исправлению Г"Э, откроется АХа"П для исправления.

Почему это так трудно? Почему бы не открылось это каждому в его время? Почему говорится, что это происходит только для особых душ, а остальные для своего воскрешения из мертвых должны ждать, пока большинство душ исправит свои Г"Э и начнется общее воскрешение из мертвых?

Особенность этой работы определяется особым характером связи между душами. Души не так сильно связаны через Г"Э, как через свои АХа"П. Каждая душа — это по сути АХа"П, а то что есть в душе еще и Г"Э — так это только следствие разбиения келим... Мы еще поговорим об этом, это еще далеко от нас...

ВОЗДЕЙСТВИЕ СРЕДЫ

19.2.01. Человеку, получившему религиозное воспитание, запрещено учиться у нас, так как это ему повредит. И нам запрещено близкое общение с людьми, которые получили религиозное образование, потому что это повредит нам.

Об этом Рабаш пишет в статье 12: если люди светские не получили никакого религиозного воспитания, нет у них никакого вообще представления ни о Творце, ни о заповедях, тогда ты ничего не ломаешь в них. Ты показываешь им путь, и они потихоньку принимают его. А ты должен только показать, как каждый из них должен сформировать, построить себя.

Чтобы построить себя, нужно читать только материалы Бааль Сулама и Рабаша, и ничего больше. По крайней мере, несколько первых лет. И беречься любого чужого влияния, которое может быть. Ты можешь быть членом любого другого общества, при условии, что оно никак не связано с духовным.

Так, если ты хочешь заниматься бизнесом и общаться с людьми, которые играют на бирже — пожалуйста. Они говорят о вещах, относящихся к их профессии, которая не имеет ничего общего с твоей «тайной профессией», и поэтому не могут на тебя повлиять, повредить твоему духовному развитию.

Вопрос: Как это получается, что более низкий по уровню может повлиять на более высокого?

Не имеет значения, что один более высокий по уровню, а другой более низкий. Сам уровень тут не главное, ведь и в группе мы все на разных уровнях. Так, если в группу приходит новый ученик, совершенно светский, не знающий вообще ничего — разве он может опустить меня вниз с моей ступени?

Нет, он может только добавить мне! Он передает мне свои желания, которые требуют исправления, я разбираю его желания, у меня возникают новые идеи в ответ на эти новые желания, скажем, новый свет, и, таким образом, мы оба обогащаемся от этого.

Это называется: «Многому научился я от своих товарищей, большему — от учителей, но еще большему — от учеников». Однако, если новенький принадлежит к другому «духовному» пути, то независимо от того, какой у него уровень, большой или маленький, он вредит мне. «Духовному» я беру в кавычки, потому что иного духовного пути нет!

Доверяй своему сердцу

В результате влияния людей друг на друга происходит взаимопроникновение наших свойств и получается у меня что-то испорченное, смешанное, состоящее из того, что было во мне и того, что было в нем. Мы говорим: «Если не знаешь ты, что тебе делать, тогда слушай только свое сердце». Охраняй себя от любого внешнего влияния.

Ты не знаешь, что делать — так делай, как твое сердце тебе подсказывает. Выбери то, что ты чувствуешь своим, и после этого уже не связывайся ни с чем другим. Если ты связываешься с кем-то другим, ты начинаешь идти уже в соответствии с его душой, его путем, а не своим собственным.

Как будто ты принимаешь участие в чьих-то исправлениях и делаешь эти исправления для него. Разве это к тебе относится, тебе это нужно? Есть люди, которые до сих пор должны быть в состояниях: «неживой», «растительный», «животный», а не в состоянии «человек», который открывается для исправлений.

Как ты можешь повредить этим себе? Я когда-то принес ребе маленькую, тоненькую брошюру, выпущенную неким «кабалистическим» обществом. И там на первой странице был нарисован человек, и на нем обозначены сфирот: против каждой части тела — сфира. Я помню, что, увидев проспект с нарисованным на нем человеком, ребе закрыл глаза рукой и воскликнул: «На это нельзя смотреть! Забери это!» И только после того, как я убрал брошюру, он открыл глаза.

Этот внутренний инстинкт — следствие ступени, на которой он находился! Чего он мог бояться? Он прошел уже все! Он испугался, что может заразиться от чего-то, что находится на неживом уровне самой примитивной духовной ступени, и испугался, что может что-то получить от этой ступени.

Я мог говорить с ним на любую тему, он всегда понимал меня. Кроме таких вещей. Так, поди знай, с чем ты вдруг свяжешься и откуда вдруг получишь «духовный вирус»?

Наши книги

...Первые статьи, которые Рабаш написал в «Шлавей аСулам» — это как раз о том, о чем я спрашивал его во время наших ежедневных прогулок: «Что самое важное, о чем надо говорить с людьми в группе?» Уже за 2-3 дня до собрания группы я спрашивал его: «О чем мы будем говорить, что мы придумаем, что будем делать?» Поэтому он и начал писать эти статьи.

Я также спрашивал его, как преподавать новым, посторонним. Ведь, кроме «Матан Тора» («Дарование Торы») в то время еще не было других книг. Были книги «Матан Тора», «Зоар», ТЭ"С — и все. «При хахам» («Плоды мудрости») еще не было. «Шамати» («Услышанное») я издал в 1992 году. И так получалось, что вообще не о чем было говорить.

Шамати я получил от рава Баруха в 1981 году, но Шамати — это такая книга, о которой не говорят с другими. Большинство статей этой книги предназначены для личной внутренней работы человека над собой. И о такой работе, о таких состояниях человек не говорит с другими.

Кроме того, никто из тех, кто учился у Рабаша, даже и не знал о существовании такой книги. Так о чем же я мог говорить? Ответом на мой вопрос стали первые статьи, где все это четко объяснялось.

И замечательно, что это так получилось, что он построил нам такую четкую, понятную систему правил. Ведь, кроме ТЭ"С, не о чем было говорить. Но Рав, зная, что существуют все эти преграды, направлял меня преподавать, ведь главное, что передает учитель Каббалы — это, прежде всего, ее дух. Материал можно понимать умом или механически заучивать, но главное, что передается — это духовность!

ИЗ ЕГИПТА ВЫВОДЯТ СИЛОЙ!

20.2.01. Человек, приближающийся к встрече с Творцом, видит, что, наоборот, удаляется от Него, что ему все менее нужна встреча с Ним, что он этого уже не хочет, не испытывает потребности всем этим заниматься. Но, с другой стороны, он начинает ощущать, что ему недостает связи с Творцом и понимает, что если Творец не даст ему связи с Ним, он останется в нынешнем состоянии.

Из Египта выводят силой! Это состояние ощущается человеком, как раздвоенное: с одной стороны, человек должен очень хотеть продвинуться, а, с другой стороны, он видит, что нет у него ничего, и ничто его не волнует, и нет у него даже желания к духовному и, однако, он очень хочет, чтобы это было у него.

Раскрывается ему, что Духовность важна сама по себе — не для него лично, а вообще, и что без помощи Творца он не способен войти в нее. Это пока еще непонятно, это состояние раздвоенное, когда нет связи между состоянием самого человека: как он чувствует себя, кто он и что он, и тем, что такое духовность, насколько она важна, его отношением к этому.

Чем больше человек продвигается, тем больше постигает, что это две совершенно разные вещи. И ощущает все больший разрыв между нашим миром и духовным. До тех пор, пока не приходит к состоянию, когда видит, что это два мира, совершенно отделенные один от другого, и между ними пролегает Конечное море (Ям Суф, по-русски — Красное море, но это неверно, не красное, а именно конечное), и нельзя создать никакой связи между ними. И действительно, ему и не нужна эта связь...

При выходе из Египта человек не знает, не ощущает, что он продвигается. Прорыв через Ям Суф происходит внезапно. А до этого перед ним открывается, что нет у него ничего, и что он ничего и не хочет. Ему и так хорошо. Для того, чтобы открыть для себя, кто я — нужна связь с духовным, без этой связи это сделать невозможно.

Нельзя разочаровываться. Человек должен искать поддержки в разных вещах, видеть, что все-таки он продвигается, что идет выше своего разума (лемала ми адат), что он в группе, что это шаги вперед.

Статьи из Шлавей аСулам написаны также для тех, кто пока еще находится до входа в Духовный мир, в основном для того, чтобы дать человеку стимул продолжать. Ведь то, что должно открыться в человеке, откроется.

Так вроде бы ему и не нужны эти статьи? Эти статьи помогают создать критерии (авханот), понять, что же с ним происходит. Вся учеба — это внутренняя работа, через душу. И до того, как душа получает какое-то продвижение, какое-то реальное духовное ощущение, когда уже знает, как это в ней происходит, до этого статья не поможет тебе.

Нужно дать человеку занятие в дорогу, до вхождения в духовное. А после ему уже есть чем заниматься, есть у него новый материал, с которым он должен работать, и он входит в эту работу. А до того это не считается работой. До этого человек проходит различные состояния, а как их анализировать точно — не знает и не понимает, что это.

Это длинная и изматывающая дорога. Поэтому нужно дать человеку занятие и метод ускорения продвижения. Вот каббалисты и дают нам, как детям, разные игры, у которых нет действительного наполнения, но человек приобретает опыт, развивается.

В самой игре он ничего не делает, ничего не производит, нет никакого положительного результата от этой игры во внешнем мире, кроме внутреннего развития самого человека. Поэтому нужно относиться к этой игре серьезно, понимать, для чего она — чтобы развить нас для настоящего дела...

ЧТО ТАКОЕ ЛЕНЬ?

22.2.01. Лень — это естественное свойство. Есть такая пословица: «Лень родилась раньше человека». И это верно. Природа желания получать состоит в получении наслаждения. Наслаждаться и прилагать усилия (латэт игия) — это два противоположных состояния. Нет других состояний в творении, кроме этих двух, то есть, состояния опустошения (рейканут), когда желаем чего-либо, или состояния наполнения (милуй), когда ничего не желаем.

Состояние наполнения называется совершенством (шлемут). Когда человек находится в состоянии опустошения, существуют два варианта поведения: или человек трудится для того, чтобы получить желаемое, или ленится. Что значит лениться? Это когда страдания от приложения усилий больше, чем страдания от состояния опустошения. В таком случае, зачем человеку прилагать усилия?

Почему тогда это называется леностью? Ведь это естественное состояние. Почему мы называем его нехорошим? Это обычное состояние кли (сосуда), которое испытывает небольшие страдания, и этих страданий недостаточно для того, чтобы толкать его вперед.

Но человек может заставить себя, несмотря на то, что в данный момент не ощущает достаточно больших страданий, представить страдания большие, которые бы толкали его вперед. И в этом выбор самого человека — заставить себя продвигаться или лениться.

И наоборот, если человек стремится к плохой цели и осознает, что к ней не нужно стремиться, он должен заставить себя представить такие страдания, чтобы не смог прилагать усилий в этом направлении. Леность и трудолюбие — это не черты отдельных людей, а названия состояний. Если я ленюсь, значит, мне недостает осознания важности цели, или же мне недостает осознания зла (акарат ара) моего состояния.

Как я могу увеличить и то, и другое? Я должен приложить усилия и представить себе большую важность цели или большее зло от теперешнего состояния. И это даст силы двигаться вперед.

Если человек не ощущает выгоду от продвижения, он должен заставить себя представить такую выгоду. В конце-концов, при помощи небольших усилий, состояний, которые проходит человек, изучения, при котором окружающий свет (ор макиф) светит на человека и исправляет его, приходит человек к такому состоянию, когда действительно желает сделать нечто, не связанное с его телом.

ЧЕЛОВЕК — ТВОРЕЦ САМОГО СЕБЯ

23.2.01. Рацон лекабэль, развившийся до такого уровня, что у него возникает возможность растить самого себя — это то, чего не могут делать желания на ступенях развития неживой, растительный, животный.

Если взять зерно растения или семя животного или человека, то уже по самому зерну можно точно определить, что же вырастет из него. То есть, на уровне неживого, растительного и животного все уже заранее определено начальными условиями, исходным материалом — все характеристики уже заданы внутри, все записано в генах.

Но теперь изнутри ступени «животное» открывается следующая, более высокая ступень — человек (адам, медабер-говорящий). Это особое качество, которое не присутствовало ни в одной из предыдущих ступеней. Это не то, что открывается рацон лекабэль еще больший, чем был до того. Это открывается особое качество, особая возможность получать желания извне. То, чего нет в растении и животном.

Это значит, что человек может творить самого себя. Он может выбирать, от кого он хочет получать свои желания, и для этого создать вокруг себя соответствующее окружение из друзей, книг, руководителя. И это изменит в нем то, что изначально было заложено, и добавит то, чего раньше в нем не было. Он как-будто добавляет к тому, что создал Творец, еще часть творения.

Свобода воли в выборе окружения

Получается, что размер желания получить зависит только от окружения. Мы видим, что все, что человек может добавить к самому себе, он может добавить только снаружи, из того, где он находится, из своего окружения. Поэтому вся наша свобода выбора — она только в выборе окружения. В зависимости от того, где человек находится — таким он и вырастает в итоге.

Есть исходный материал, есть законы развития этого материала, есть внешние условия и законы развития этих внешних условий. И ничем не можешь ты управлять: ни исходным материалом, твоим духовным геном, ни тем, как он раскрывается, как развивается история, или как протекает твоя жизнь. Этому ты не хозяин.

Но есть вокруг тебя такое окружение, которое влияет на тебя. То, как это общество развивается — это напрямую не зависит только от тебя, это зависит от самого общества и того, как сверху управляют им. Это ты тоже не можешь изменить.

Можно изменить только одно, и это в твоих руках — выбрать себе окружение. Или ты выбираешь правильное окружение, или нет. Если ты остаешься в том окружении, где ты родился, ты будешь развиваться своим естественным, природным путем и останешься на животной ступени.

Когда появляется человек? Когда он выбирает все время сам, что будет влиять на него. Это называется человек. Допустим, сейчас ты хочешь смотреть футбол или читать книгу, чуждую нам по духу — ты сразу же попадаешь в иное общество. Ты включаешь радио или телевизор — попадаешь в другое общество. Приходишь к нам сюда или слушаешь урок по Интернету — попадаешь в иное общество. И так каждый раз ты находишься или на ступени «животное», или на ступени «человек» — в зависимости от того, какое общество ты выбрал.

«Человек» или «животное»?

Теперь вопрос: если я выбираю общество, которое не продвигает меня к цели творения — все равно называется, что я — «человек»? Нет! Потому что этим ты не добавляешь ничего к своему желанию получить, к своему эгоизму, ты не развиваешь его. Твой эгоизм остается на том же самом животном уровне, каким и был.

Потому что выше животного уровня — есть только Творец. А человек — это такое животное, которое выбрало желание быть в связи с Творцом. Если ты посмотришь вокруг — все вроде люди. Кто же из них на самом деле «человек»? Тот, кто находится в связи с Творцом. И он человек именно в той мере, в какой он связан с Творцом.

Как Каббала определяет, кто такой человек? Человек — это средняя линия (кав эмцаи), которую мы строим из двух линий: левая линия (кав смоль) — это животное, животные желания, и правая линия (кав ямин) — это Творец, свойства Творца.

Желание связи с Творцом называется «человек». Человек определяется по этому внутреннему свойству. Сначала развивается способность перенимать желания других на простом материальном уровне в нашем мире. Это еще пока только животная ступень, которая раскрывается, добавляя все новые и новые желания: у тебя телевизор больше, и я такой хочу; а у него машина новее и мне бы тоже такую...

Это еще не относится к ступени «человек». Но это необходимая ступень развития желания, промежуточная, перед тем, как желание разовьется до настоящего «человеческого» уровня. Обстоятельства в нас и вокруг нас устраиваются нам сверху, в такой форме, что мы не можем их избежать. Хочу я или нет, но я должен вращаться во всех системах, которые есть вокруг меня — так это было построено сверху.

Может быть, можно было бы построить это все совсем по-другому? И у человека было бы совсем другое тело? И все общество, все системы вокруг нас были бы другими? Не так бы ели, пили и спали.

Но если мы поднимемся наверх и посмотрим в корни этих вещей, оторвемся от этого мира, мы увидим, что все эти вещи определяются не в нашем мире, а исходят из «конечного исправления» (гмар тикун). И пока доходят, спускаясь от гмар тикун в наш мир, переходят в свою противоположную форму. И конечная цель творения заставляет их быть именно в такой форме, в какой они находятся в нашем мире, быть именно в такой связи, как мы их видим здесь.

Как изменить мир к лучшему

Каждая вещь устроена так, чтобы наилучшим образом помогать нам достигнуть цели, Конца исправления. Как материал нашего мира, на животном уровне, так и такие вещи, как мысль, желание, действие, и еще более высокие ступени — все устроено для движения к цели творения. Поэтому не надо думать о естественных системах вокруг нас — они устроены в соответствии с духовными корнями и абсолютно оптимальны для нашей работы. Я должен спрашивать только об одном и могу изменить только это одно — то, что влияет на меня — общество, окружение, группа.

Все остальные параметры системы — не в моей власти. Никогда мне не удастся изменить мир. И даже самого себя. А только выбрать то, что будет влиять на меня, изменять меня. Тот, кто хорошо понимает это, тот сохраняет много сил и выигрывает много времени. Не надо растрачивать себя понапрасну. В этом большая мудрость. Принять это для себя, глубоко это прочувствовать, так, чтобы это стало естественным для тебя, и ты поступал так каждое мгновение, не просто. Потому что мы все время хотим изменить что-то вокруг нас. А это пустая трата времени.

Никогда нам не удастся ничего изменить, а попытки изменить мир только портят его и тяжело бьют по человечеству. Потому что это подавление — и по отношению к детям, и к родственникам, и даже по отношению к нам самим. Вместо этого, через общество вокруг меня, через книги, должен я притянуть свет сверху, свет сверху исправит меня. Только свет может исправить кли. А все остальное давление, оно только снаружи, а не изнутри.

ПОЧЕМУ ТОРА — ЭТО ТАВЛИН (ПРЯНОСТЬ, ПРИПРАВА)?

1.3.01. Ты знаешь, что такое приправа для еды? Обычно эти приправы сами по себе невкусные: несладкие, острые, горькие. Но без них пища будет совершенно пресная. Только с ними вместе хорошо: когда присутствует еда — желание получать, и приправа — которая называется Торой.

Тора вместе с желанием получать — когда она добавляет вкус к желанию получать — добавляет правильное использование желания получать, дает замечательный результат — хорошую, вкусную пищу, пищу для человека.

Но пока человек еще не может добавить Тору к своему желанию получать и пробует только приправу, которую посылают ему сверху, он чувствует вкус горьким, кислым, слишком соленым. Только при правильном соединении пищи и приправы получится хорошая еда.

«Барати йецер ра, барати Тора тавлин» — Я создал эгоизм, и Я создал Тору (приправу) для его исправления. Каждый раз человек видит себя еще более низким, еще более далеким от духовного, потому что Тора все более и более уточняет, указывает, раскрывает ему его духовное состояние, положение, как будто дает все более сильный бинокль, чтобы показать ему, где же он на самом деле находится.

Тора все больше открывает человеку истину. Каждый раз в такой мере, чтобы человек мог выдержать эту истину. Почему именно столько, сколько он может терпеть? Потому что ощущение удаленности от духовного дает ощущение страданий, которые человек должен пройти до того, как преодолеет эту удаленность, исправит ее и достигнет цели.

Например, дают тебе понять, что ты находишься в десяти метрах от цели. Так ты уже знаешь, что 10 метров ты сумеешь преодолеть. Чтобы пройти 10 метров, ты должен вложить столько-то сил, это займет столько-то времени — ну что ж, нет выбора, ты идешь. Если ты готов идти, вкладывая больше сил, Тора показывает тебе больше: ты чувствуешь, что находишься в пятидесяти метрах от цели. И это потребует у тебя гораздо больше сил, чем ты думал сначала, и займет гораздо больше времени, чем ты думал. Но ты уже готов терпеть это и идти, потому что цель стала более важной для тебя, и стоит ради нее идти даже 50 метров. И так далее.

То есть, настолько, насколько человек продвигается, настолько цель видится ему все более и более далекой, и он чувствует себя все более и более плохим, а про время вообще уже невозможно ничего сказать определенного — когда он достигнет цели.

И так до тех пор, пока не обнаруживает, что находится на самом краю, на самом противоположном конце от цели, и нет у него никакой надежды, что дойдет до нее когда-нибудь. Обнаруживает, что это потребует очень много времени, что вообще никто не знает, как идти и когда он вообще достигнет цели, случится ли это вообще?

«И застонали сыны Израиля от этой работы (в Египте)», обнаружив, что невозможно ничего сделать. При всем том ты очень желаешь только этого и кроме этой цели, духовного мира, Творца, — ничего тебе не надо. ...И тогда приходит к тебе помощь, приходит спасение...

Вопрос: Если Тора — это приправа, то что тогда сама пища?

Желание получать, которое есть у тебя, которое тебе дано — оно и есть сама пища. Только это пища для животного, а не для человека. Скотина не нуждается ни в каких добавках к пище: ни в соли, ни в перце, ни в чесноке, ни в горчице. Если ты ей дашь такое, она не захочет есть. (Наши домашние животные — они уже испорченные животные).

Поэтому Тора светит человеку всегда в такой мере, чтобы он понемногу начал есть, впитывать в себя свет, исправлять с Его помощью желание получать и так постепенно расти.

КОГДА Я РОЖДАЮСЬ ВПЕРВЫЕ...

3.3.01. Когда я рождаюсь впервые, то есть, когда я чувствую, что родился, я ощущаю только Творца, наполняющего Собою все, а себя — как точку, полностью аннулированную перед Ним. Творец дает мне средства, с помощью которых я могу ощутить Его. До перехода махсома эти средства — книги, когда я читаю их и не понимаю ничего. Но при помощи особого свойства, которое заложено в этих книгах, я постепенно начинаю ощущать, что нахожусь перед Творцом в качестве точки.

После перехода махсома начинается уже иная система взаимоотношений: существует связь, нить, соединяющая меня с Ним. Первые взаимоотношения — это состояние, называемое «ибур» (внутриутробный период). У меня начинает развиваться чувственная система отношений с Творцом. Я также продолжаю использовать книги, но уже знаю, где должен чувствовать связь, где должен приложить усилия, чтобы эта связь не была только тонкой нитью, а укреплялась, чтобы я смог ощущать Его все больше и больше.

То есть, работа принимает совсем другую форму. Я уже не должен бегать и выполнять всевозможные действия, не понимая связи между ними, а только потому, что мне так сказали. Начинаю понимать, как я могу помочь себе установить более крепкую связь с Творцом. И Он начинает открываться мне. И тогда начинается настоящая работа, которая сама обучает меня, как сказано: «Душа человека обучит его».

ПОЧЕМУ АМАН ХОТЕЛ УБИТЬ ЕВРЕЕВ?

4.3.01. Аман хотел убить их потому, что евреем называется намерение «аль менат леашпиа» («ради отдачи»). А Аман — это намерение «аль менат лекабэль» («ради получения»). Поэтому он хотел уничтожить это намерение аль менат леашпиа, которое мешало ему править во всех странах, принадлежащих Царю.

Аман — главный управитель, премьер-министр. Все принадлежит Царю, это правда, все принадлежит Кадош-Барух-Ху, Творцу. Когда я использую все окружающее меня для своего удовольствия, это состояние называется Аман.

А Мордехай — это когда я использую все, что есть в моем распоряжении, только для Царя. Сам Царь — нейтрален. Но видим мы из Мегилат Эстер, что не так уж Он и нейтрален. Он как раз очень близок к Аману. Почему? Потому что Он создал его! С самого начала Аман — это желание насладиться, творение. Хозяин этой ступени творения — Царь, Кадош-Барух-Ху, создал это желание получать ради получения, желание получить ради себя.

Таким образом, Царь вроде бы поддерживает Амана. Когда Аман говорит: «...есть один народ среди всех народов, но обособленный от них, и законы их отличны от законов всех народов, и законов Царя они не выполняют, и Царю не должно мириться с их существованием...», — Царь отвечает ему: «Пожалуйста, делай, что хочешь, поступай с этим народом, как тебе угодно...»

Но только на глубоком различии между Аманом и Мордехаем можно понять кто есть кто. Зло Амана не раскрывается до тех пор, пока не начинается война между Аманом и Мордехаем. Зереш, жена Амана, и его друзья — это келим, желания, которые запрещено использовать, потому что есть в каждом из них лев аЭвен (каменное сердце). А выбираемые из лев аЭвен 10 сыновей Амана — это 10 клипот, которые стоят против кдуша, против святости.

Эти желания не могут быть отделены от других народов, от всех тех желаний, которые не принадлежат к клипот, к лев аЭвен, если не будет войны. При помощи войны, противостояния между Аманом и Мордехаем, выбираем все, что возможно из клипот, из всех этих стран и народов, и переводим это в АХа"П дэ-Алия.

И остается Аман со своими десятью сыновьями и со своей женой, как клипот, которые невозможно исправить — и тогда все оставшиеся келим, желания получать, превращаются в свою противоположность, приобретая намерение ради отдачи. Пурим — это состояние «гмар тикун».

Чудо Пурима

Почему исправление происходит путем уничтожения? Ведь не так было при исходе из Египта? Уничтожаются намерения аль менат лекабэль. Здесь мы говорим о конечном исправлении. А исход из Египта — это только бегство от рацон лекабэль, не больше, это только появление зародыша души, духовное рождение.

Вопрос: Когда появляется первое желание аль менат леашпиа, первый экран?

При исходе из Египта! А когда говорят про Пурим, говорят о келим, которые прошли разбиение, все уже прошли. Поэтому исторически это было уже после разрушения Храма, после разбиения келим. Во время разбиения келим перемешались, теперь необходимо выбрать их и по очереди исправить.

В чем заключается чудо Пурима? Почему это чудо? Чудо состоит в том, что открывается сверху свет от парцуфа Аба, который исправляет все. Приходит исправление, помощь, которая никак не предсказуема.

Ты по книгам знаешь, что такое должно случиться. Но почему это должно случиться именно сейчас? Как это можно определить? Откуда ты в твоей работе, в твоем сегодняшнем состоянии можешь знать, что сейчас должен быть гмар тикун?

Если ты думаешь, планируешь Конец исправления — это работа на клипот, а не на кдуша. Рассчитывать на то, что я сейчас сделаю какое-то определенное действие и в ответ придет сверху свет и спасет меня — запрещено.

Это правда, что З"А должен заснуть, и Нуква должна отделиться от него, а потом она выращивает себя лицом к лицу с ним, до одного с ним уровня, и тогда между ними есть зивуг. Но кто сказал, что это получится именно сейчас? Это только Эстер знает. Даже Мордехай не знает этого. Он идет и делает то, что она говорит ему. Только скрытая часть малхут работает здесь.

Ты думаешь, что если раскрываются такие большие клипот, как Аман, то, уж конечно, после этого должен быть гмар тикун. Это не так. Человек всегда работает внутри того желания, которое есть у него. И всегда он думает, что все, больше уже ничего не может быть. Он не может понять, что может быть кли немного побольше.

Если кто-то работает с желанием в 10 граммов, а всего есть миллион тонн, то кажется ему, что в этих 10 граммах уже сосредоточен весь мир. И больше ничего нет. Как может быть больше? Вдруг начинается падение, ощущение темноты, после чего понемногу проясняется, что оказывается есть желание на 11 граммов. И теперь есть у него мир в 11 граммов. И опять кажется ему, что кроме этого ничего не может быть.

Чудом называется, когда что-то происходит неестественным путем. Приходит сверху свет хохма, который, в соответствии с порядком ступеней, не должен был прийти. Этот свет приходит, чтобы исправить все клипот, которые были выбраны. Но это как-будто не является закономерным, это не разворачивается как последовательность причины и следствия.

Даже несмотря на то, что выбраны эти клипот... Что это значит, что клипа не может быть выбрана и исправлена до самого Конца исправления? Если я выбираю келим, насколько каждый такой выбор закончен в каждом моем отдельном действии? Точно ли я отсекаю то, что нельзя исправить?

Не существует критериев, чтобы это определить. Человек работает точно в соответствии с тем светом, который приходит к нему. Насколько сильный у тебя фонарь, ровно на такую глубину ты и видишь материал. Поэтому до того, как придет этот большой свет сверху, из есод дэ-Аба, клипот не выбираются.

Пурим олицетворяет Конец исправления, то есть это ситуация, в которой можно пользоваться любым желанием получить с правильным намерением ради отдачи.

Отличие только в намерении

Мы убиваем Амана — то есть, намерение аль менат лекабэль. Не само желание получить, а именно намерение получить ради себя. И вместо него пусть будет Мордехай — намерение аль менат леашпиа. Сами желания при этом не требуют исправлений. И действительно, нет разницы между ними — внутри самого желания получить, исправленного или неисправленного, ничего не меняется. Только намерение изменилось. И в Конце исправления пользуются тем же желанием получить, что было у Амана, только с намерением леашпиа, как у Мордехая.

Какая разница между Шаббатом и Пуримом?

В Шаббат есть подъемы, которые не зависят от человека, но человек как-будто подготавливает себя для того, чтобы подняли его сверху, и тогда получает этот подъем, называемый «Шаббат».

А Пурим — это когда человек прошел все предыдущие стадии, убил Амана в себе и пришел к состоянию, когда все находится под властью Мордехая. Человек делает это сам, нет подъемов свыше. Поэтому Пурим олицетворяет Конец исправления. Самые большие света ор дэ-хохма одеваются в келим дэ-кабала.

Все наслаждения Шаббата в том, что ты готовишься шесть дней и получаешь свыше, пассивно, свет, ничего в Шаббат не делая, иначе испортишь получение света — получаешь именно потому, что ты сохраняешь Шаббат и ничего не делаешь. В Шаббат получают не в келим творения, а как-будто бы в келим Творца. Поэтому и нужно хранить его.

Аман — это намерение «аль менат лекабэль» («ради себя»), использование келим дэ-кабала (желание получить для себя). Мордехай — это намерение «аль менат леашпиа» («ради отдачи»). Намерение «аль менат леашпиа» противоположно келим дэ-кабала. Как можно соединить две эти вещи вместе? Кли дэ-кабала хочет наслаждаться, получать, впитывать. Намерение «аль менат леашпиа» — это желание отдать.

Чтобы соединить их вместе, необходимо сделать много исправлений. Это неестественный путь, и поэтому никто не понимает, что происходит в столице Шошане: Мордехай сидит у ворот Царя, вдруг он спасает Царя, вдруг Царь хочет быть с Аманом, вдруг Аман сидит на коне, потом Мордехай сидит на коне — непонятны переходы из одной крайности в другую.

Без келим дэ-кабала нельзя дать наслаждение Творцу, нечего делать рядом с Царем. Мордехай слишком мал, его состояние «катнут», «келим дэ-ашпаа», поэтому он не может ничего сделать для Царя. Только спасти Его от того, чтобы Аман не взял все царство Царя, чтобы не убили Царя.

Но без келим дэ-кабала одно намерение «аль менат леашпиа» Мордехая ничего не стоит. Это не творение. Поэтому, пока приходим к соединению келим дэ-кабала с намерением «аль менат леашпиа», проходим множество стадий. Пока не выясняется, что это — имущество Царя и десять клипот, Его дети и Его дерево.

Аман — это намерение «аль менат лекабэль». Но намерение «аль менат лекабэль» с самого начала идет вместе с келим дэ-кабала. Намерение «аль менат леашпиа» принадлежит Творцу, оно с самого начала не идет с келим дэ-кабала.

Поэтому Аман соединен с целью творения, а Мордехай с исправлением творения. И Аман, у которого намерение «аль менат лекабэль» соединено с келим, идет с ними с самого начала, и Творец хочет, чтобы эти келим наполнились. То есть Аман находится рядом с Царем.

А Мордехай — ему нечего делать рядом с Царем, что он может Ему предложить? Желание насладиться без намерения аль менат лекабэль и без намерения аль менат леашпиа — это то, что у нас называется «клипат Нога», средняя треть тифэрэт.

Это такая вещь, в которой можно ощутить только наслаждение авиют дэ-шореш, без вкуса. Ты не можешь ощутить в нем больше, чем ступень: «Творец создал желание получить на стадии алеф и наполнил его светом». Пока еще нет никакого намерения, это уровень, меньше которого быть не может. Это то, что у нас называется мера существования.

От получения — к отдаче

Вся жизнь начинается с того, что творение чувствует желание внутри себя. Желание внутри себя — это уже намерение, это уже стадия бэт: я хочу отдавать. Что значит, я хочу отдавать: желание получать, которое дал мне Творец, оно нулевое, очень маленькое, а в стадии алеф (1), когда я хочу отдавать, я уже перехожу в стадию бэт (2). Это значит, что стадия бэт — это мой авиют, это то, что я хочу. Неважно, я хочу отдать или получить, неважно, в какой форме, но я хочу.

Желание получить без намерения, без Амана — мы не можем о нем сказать, что это. Каким именем я определю его? У него нет имени. Все наши имена — это те, которые кли дает в соответствии со своими свойствами. Желание получить — это не свойство, это желание наслаждения, это определенный уровень живучести, сотворенной Творцом, и все. Все остальное приходит из отношений между ними, между желанием получить и Творцом.

Это процесс: перейти из получения аль менат лекабэль, которое есть сейчас, с самого начала, Аман с его келим дэ-кабала, и перейти от этого к получению аль менат леашпиа.

С чего начинается этот процесс? С того, что Аман хочет использовать евреев. Прежде всего, он хочет использовать намерение аль менат леашпиа, с помощью которого сможет притянуть к себе весь свет. А если он использует намерение аль менат лекабэль, то нет у него ничего, кроме крохотного свечения, этой тонкой свечи, которую получаем мы в Нашем мире.

У него есть келим дэ-кабала, с помощью которых, в конце концов, он сможет насладить Царя. Но он сам не может ничего сделать. Поэтому он приходит к Царю и говорит: «В соответствии желанием творение может Тобой наполниться. Как? Есть один народ, есть такое намерение, использовав которое, я смогу наполниться». И Царь как будто идет с ним. Почему? Потому что без этого действия не раскроется, что должно быть как раз наоборот! Весь наш путь разъяснен в «Мегилат Эстер» — в Раскрытии Тайного.

Так почему же Аман хотел убить евреев? Он хотел, чтобы их намерение аль менат леашпиа подчинилось рацон лекабэль. Если намерение евреев аль менат леашпиа будет под властью рацон лекабэль — это и значит убить их.

Духовное должно один раз осуществиться в материальном воплощении. Это не значит, что после воплощения в материале Конца исправления, Пурима, сразу наступит и духовный гмар тикун. На нашем духовном пути мы еще не подошли даже к спуску в Египет.

Сейчас мы находимся на пути к спуску в Египет, постепенно приближаемся к ударам и выходу из Египта. Мы также находимся после разрушения Храмов — Первого и Второго. Все должно осуществиться до конца, коснуться материального мира, и тогда человек начинает свой духовный подъем.

Сейчас, когда мы вернулись из последнего изгнания в Эрэц Исраэль, только этого недостает, только эта ветвь не осуществилась в материальном мире. Мы получили право в XX веке вернуться в Эрэц Исраэль, и теперь остался нам только гмар тикун. Храм и гмар тикун — это одно и то же. Только к этому осталось прийти.

Был Первый Храм и Второй, закончился последний галут (изгнание), мы не должны увидеть материализацию еще каких-то духовных корней — все они уже материализовались. Все уже было. Поэтому мы начинаем подниматься. С этого момента, когда все ветви достигли своих корней, заканчивается последнее изгнание, осталось нам только подниматься. И начинают все души подниматься к цели творения.

Мы сейчас должны каждый в себе, не в материальном воплощении, а только в своем внутреннем — пройти весь этот путь корней, как они спускались сверху вниз — так каждый сейчас должен подняться обратно снизу вверх. И это начинается с выхода из Египта, получения Торы...

ИСКРЫ СВЯТОСТИ

5.3.01. Вопрос: *Почему человечество, в котором было много умных людей, включая Платона, Аристотеля и другие великие умы, которые были готовы даже пожертвовать своей жизнью, лишь бы найти метод, позволяющий приблизиться к Истине, найти причину и смысл своего существования, понять систему мироздания, — почему они не смогли это сделать? Есть много теорий, философий, множество методик, религий...*

Мы находимся внутри желания получить, и нет у нас никакой возможности ощутить что-то, кроме него. Поэтому мы не в состоянии изобрести метод исследования мира, который выходил бы из желания получить и мог бы при этом исследовать внешнюю, область, вне нашей природы, нашего сознания.

И нет у нас ни малейшего представления о том, что может быть вне этого желания. Даже если нам кажется, что проблема в том, чтобы выйти из него, и мы выходим из него, то эти желания и мысли — результат того, что рацон лекабэль получил в себя искры желания леашпиа во время разбиения келим, и потому в желании получить есть такие искры.

На уровнях «неживой», «растительный» и «животный» эти искры не ощущаются — и там нет проблем. Только на уровне, называемом человек, в котором желание чувствует эти искры, упавшие в него во время разбиения келим, есть ощущение получающего — против ощущения дающего, ощущение, что есть еще что-то вне желания получать.

И хотя ощущение дающего возникает в получающих келим, но, во всяком случае, что-то уже есть от него. Это называется, что искры святости находятся под властью желания получать. И тогда, даже те желания получать, которые находятся внутри стадии далет, как-то хотят пользоваться этой стадией, отдавать.

Бааль Сулам пишет, что есть в мире 10% таких людей, которые получают наслаждение, отдавая. Это результат искр, которые упали в клипот. Но изобрести какой-то способ выйти из желания получить эти люди не способны. Почему? Это можно только с помощью света. С помощью силы, которая придет сверху, извне желания получить. Этой силы нет в желании получить и она должна прийти извне.

Этот метод получен сверху

Поэтому все методы, которые выдумывают люди, это, в конце концов, методы для использования желания получить. И поэтому все, к чему они в итоге пришли — в максимальном использовании этих искр, которые упали в желание получить — это не пользоваться желанием получать. Это тоже непросто. Желающие быть похожими на эти искры поняли, что это самое большое и самое высшее, и хотели быть похожими только на это, не пользоваться желанием получать вообще. И это вершина человеческого (не каббалистического) достижения в исправлении.

Действительно, мы видим основанные на этом методики и даже религии. У человечества считается хорошо, когда человек ограничивает себя. Но это максимум того, что возможно таким методом сделать. Думать и понимать, что можно воспользоваться желанием получить для того, чтобы отдавать — для этого нужно исправление, которое приходит не из этого мира. Невозможно, чтобы такая методика вышла из самого человека, потому что этот метод приходит с уровня, где желание получать уже исправлено, находится под властью ашпаа (отдачи).

И поскольку наш метод был получен сверху, то это действительно метод для уровней выше, чем рацон лекабэль. Человек, который приобретает этот метод и пользуется желанием получать с намерением аль менат леашпиа, начиная с самого маленького намерения ради отдачи, уже чувствует внутри желания получать новое проявление, которое называется Духовное, или Высший Мир. А до этого может чувствовать в рацон лекабэль только проявления, называемые Наш Мир.

В этом, в общем-то, и вся суть использования желания получать для того, чтобы отдать. И это как будто выглядит так просто, когда мы начинаем учить Каббалу. Но сколько бы мы ни учились, до тех пор, пока человек не входит в Духовное, он не понимает, как это происходит. Не чувствует, как это возможно. И учится теоретически, без какой-либо связи с собой. Что бы ты ни говорил ему, это в любом случае не ощущается. Разница в методах заключается в том, что этот метод получен сверху, с уровня, где рацон лекабэль находится под властью намерения аль менат леашпиа, и потому этот метод дает силы.

Приходящий свет (ор макиф) дает нам силы исправить себя, потому что каббалист, давший нам этот метод, описал его с уровня желания отдавать. Поэтому, если мы берем его метод, мы вызываем на себя силу его уровней и, хотя не ощущаем этого, она работает и, постепенно нас исправляя, приближает к высшему. Как приближает? До самого последнего мгновения, когда человек переходит в Духовное, он только увеличивает в себе намерение аль менат лекабэль до такой степени, что это не дает ему спать.

Чтобы выйти в Духовное, нужно достичь уровня Паро (Фараон), пройти все от самых больших уровней внутри рацон лекабэль аль менат лекабэль (получение ради получения), а потом есть уровни еще более высокие — клипот. Но это выглядит нелогично! Мы видим, что каждый раз, когда мы как будто продвигаемся («как будто» — потому, что не видим, что продвигаемся), ощущаем, что стали еще хуже: большего хотим, еще больше пренебрегаем всеми, более агрессивны, нетерпеливы — это значит, что мы получаем все большее и большее желание получать.

И это называется правильным методом? Здесь очевидный парадокс! Ведь это противоположно тому, что можно ожидать от Духовного. Это значит, что этот метод совершенно против разума и приходит с уровня, где все наоборот. Поэтому человек не мог придумать этот метод, это невозможно. Мы все время, пока не переходим махсом, не согласны с этим методом.

Нам прибавляют желание получать, мы впадаем в панику, думая, что находимся в падении, хотя это подъем, это подъем для кли, ведь кли стало больше. Мы думаем, что удаляемся от духовного, и если не объяснить человеку метод приближения к духовному — он сбежит. Ведь он не может продвигаться. Человек сам не может продвигаться, не получая свыше свет, метод продвижения, если не тянут его силой вперед против его природы. Поэтому нисходят на нас сокрытие, ложь, и в них мы, не осознавая, сближаемся с высшим.

КАК ОЩУТИТЬ ВНЕШНЮЮ РЕАЛЬНОСТЬ

7.3.01. Вопрос: *Как я могу узнать, что я доставляю Ему удовольствие тем, что делаю?*

Как ты можешь проверить это? Ты не можешь выйти за границы самого себя. Мы учили, что единственное, что я могу почувствовать — это только то, что входит внутрь меня, через мои органы ощущений. А что есть вне меня, моих ощущений, я не знаю. Так как же я могу почувствовать Творца? Кто это вообще такой — Творец, если я ничего не знаю о том, что есть вне меня?

Как я вижу глазами? Есть в глазах нечто вроде фотоэлементов, которые реагируют на то, что есть снаружи. И все, на что эти фотоэлементы реагируют, это реакции, проходящие через мои рецепторы, и я получаю их в виде картины в моем мозгу. И получается, что я «вижу» то, что как будто находится снаружи. А на самом деле снаружи нет ничего.

В глазу изображение переворачивается, и то, что внизу — становится наверху, а то, что наверху — внизу. И только в мозгу, в соответствии с программой, которая там работает, я опять переворачиваю эту картину.

Получается, что все ощущаемое мною, не существует вне меня в таком виде, как я ощущаю; я ощущаю только мои реакции. А на свои реакции я могу влиять. Я могу так устроить, что вообще не буду ничего чувствовать. Допустим, я так перестрою свой глаз, что он будет работать, как глаз лошади или глаз собаки. Тогда я увижу совсем другие картины окружающего мира. Или могут быть у меня глаза больные или здоровые. От этого будет зависеть, что же я увижу. И так с любым ощущением.

И точно так же с тем ощущением, которое мы называем шестое чувство. В этом мы не можем ничего изменить. Мы можем изменить только наше отношение — отношение между нами и тем, что находится вне нас. Я получаю все то же самое, что и раньше, через мои органы ощущений. Ничего не изменилось.

Я ничего и не могу здесь изменить — это моя природа, таким я создан.

Но я создаю внутри себя особую программу, с помощью которой я начинаю по-особому относиться к тому, что я чувствую внутри себя. Я начинаю думать, что в том, что я чувствую внутри себя, есть какая-то высшая Мысль, принадлежащая Кому-то, Который хочет, чтобы я чувствовал это именно так. Может быть, это все только иллюзия. Но, по крайней мере, не большая иллюзия, чем все остальные мои ощущения.

Если все, что я делаю, все, что я чувствую в своих органах ощущений, — все это приходит ко мне от Внешней силы, от Внешнего желания, Внешней мысли, то я могу быть уверен, что Творец наслаждается тем, что я делаю в соответствии с моими внутренними ощущениями. И поэтому я создаю в себе совершенно новую программу действий, отличную от прежней.

Когда я начинаю оценивать наслаждения, которые я получаю, и свои неудовлетворенные желания, я оцениваю их теперь только относительно этой Внешней причины — что Он хочет, чтобы я почувствовал, как Он хочет, чтобы я реагировал. Я начинаю учитывать эту Внешнюю силу, а она — это пока только плод моего воображения.

Это я просто настроил себя на то, что должен именно так относиться к тому, что происходит у меня внутри. Но если я так себя настраиваю, я уже начинаю на самом деле внутри себя ощущать какое-то добавочное Знание. А потом и добавочное Ощущение.

С этой новой программой внутри меня, с моим новым отношением ко всему окружающему, я начинаю воспринимать те процессы, которые происходят внутри меня не так, как это было раньше. Я по-прежнему читаю и слушаю, но я получаю ощущение внутри себя, а потому меняется мое отношение к изучаемому.

Я начинаю чувствовать внутри, кроме себя самого, некое постороннее Присутствие. И это Присутствие постепенно начинает мне себя проявлять, обнаруживать себя разными знаками. Сначала это очень неясные знаки, намеки, из которых я могу уже сделать какие-то выводы.

Но затем эта Внешняя реальность, эта Внешняя мысль, это Внешнее желание, начинают жить внутри меня, как совершенно самостоятельное живое Создание. До такой степени, что я начинаю чувствовать, что Он на самом деле руководит мной, диктует мне все. И тогда, вследствие моей связи с Ним, во мне открываются знания всего происходящего в мироздании.

Сейчас я не чувствую ничего: весь мир — это я, и кроме меня то, что я вижу перед собой. Так ощущает младенец. Потом он начинает расти и видит, что мир огромен, бесконечен. А если развивается далее, открывает для себя, что есть еще Сила, еще Желание, которое определяет все.

И все, что мы открываем, начиная копать все глубже и глубже в себе, вырастая из младенчества и взрослея, проникая все глубже внутрь мироздания и начиная видеть там — это все мы видим внутри себя.

В чем отличие между желанием человека и желанием природы? В том, что у человека может возникнуть желание изменить желание. У природы нет ничего подобного. Природа действует как неживое существо, как автоматическая система по заданной программе.

И это я называю «Творец»

Человек, который начинает постигать самого себя, начинает внутри себя раскрывать присутствие посторонней Силы, постороннего Желания — и это он называет Творец. Почему? Потому, что раскрывает Внешнее желание и обнаруживает, что это Программа, которая работает внутри человека и определяет все в человеке.

Зачем же просить и молиться Программе? Для того, чтобы себя изменить, и тогда Программа изменит свое отношение к вам, станет воздействовать на вас в соответствии с вашими новыми свойствами, исправлениями. А Законы Творца незыблемы, как сказано: «Хок оса вэ ло яавор» (Создал закон, который неизменяем). Поэтому изменить отношение Творца к нам возможно только соответственно изменившись самому!

Человек называет Внешнее желание Творцом?

Наш духовный путь — это процесс самопознания, изучения самого себя, углубление внутрь самого человека. Мы не можем, как уже говорилось, выйти за пределы своего кокона, своей оболочки. А, наоборот, мы углубляемся все глубже внутрь себя, там мы находим причину, которая породила нас, и ее называем Творец.

А там, где я чувствую основание, от которого начинаются все мои желания и мысли, там где начинаюсь «Я», там я ощущаю точку связи между мной и Творцом, из которой приходит все от Него ко мне. С каждым разом я чувствую, как отношения с ней становятся все глубже. И то, что когда-то ощущалось только как связующая точка, теперь превращается в целую систему отношений.

Так все это развивается в процессе самопознания и углубления внутрь самого себя, внутрь своих желаний, потому что за их границы мы никогда не можем выйти или ощутить что-нибудь вне их.

Внутри самого себя найди Творца

Все, что мы учим — это систему отношений с Творцом. По тому, как Он обращается с нами, мы открываем для себя «аводат Ашем» (работа Творца). Что такое аводат Ашем? — Как Он работает надо мной. И постижение этой работы, аводат Ашем, в той мере, в какой я открываю ее для себя, и так, как я открываю ее для себя, заставляет меня тоже измениться и стать другим.

Можно сказать и наоборот, что это постижение само именно и есть изменение. Человек должен жить своими отношениями с Творцом. Этого достаточно. Поэтому это постижение уже есть мера изменения человека. По мере того, как я постигаю Его, Он определяет все мои свойства, мысли, желания. Поэтому все сосредоточено в точке связи с Творцом. А эта точка связи находится на самой максимальной глубине, какая только есть в человеке.

Из сказанного понятно: кто не раскрывает свои желания, не работает с ними в их максимальном раскрытии, а наоборот, ограничивает их — тому не в чем почувствовать Творца. Он чувствует наоборот — свою оторванность от связи с Высшей силой.

Однако через эту оторванность он все же чувствует отношение с Высшей силой. Поэтому люди, которые бегут от всех наслаждений этого мира и накладывают на себя всяческие ограничения, обеты, посты, подвергают себя страданиям, думая, что постигают Творца, на самом деле постигают отсутствие постижения. И это дает им некоторое ощущение причастности, но это всего лишь отсутствие ощущения Творца.

Ведь если я ограничиваю себя в получении, то, поскольку мы — «черный ящик», который ощущает получаемое внутри себя, ничего при этом не ощущая вне себя, то, перекрывая все входы в себя, по которым я получаю, я открываю для себя отсутствие Творца (на неживом, растительном, животном уровнях).

Как йоги, например, могут почти не дышать, не есть, не спать, думать только об одном, довести тело до неживого состояния, которое можно закопать и затем оживить, настолько мало в нем жизни.

Все, что я хотел сказать, — это, что все внутри человека. Процесс самопознания — это Каббала. И только внутри самого себя найди Творца.

Отдача — это когда нет связи между твоим трудом и тем, что ты получишь...

Вопрос: Высшая Сила существует только в моем воображении?

Да, с самого начала это только воображаемая Сила. Ты знаешь, что существует Творец? Ты веришь мне. Что такое верить? Кто-то говорит, а я принимаю это за факт, будто вижу. Это называется вера? Вера — это свет свыше, который человек явно не ощущает, но это свечение дает ему некое неявное ощущение, уверенность. Это мы называем верой.

Но в Каббале вера — это явное ощущение Творца! Ощущение Творца приходит в реальной форме в наши духовные органы ощущения, и я могу измерить и проверить силу, меру своей веры. Есть вера неполная — свет хасадим, а есть полная, совершенная — свет хасадим с подсветкой света хохма.

До входа в высший мир моя вера исходит от окружающего света, «ор макиф». Но поскольку наслаждение от этого свечения выше всех наслаждений этого мира, я готов бросить все, что есть у меня в этом мире и идти за этим малым свечением...

Это свечение не дает человеку возможности получить обычные наслаждения этого мира, оно обесценивает все наслаждения этого мира так, что они ничего не стоят по сравнению с ним. Но это свечение снаружи, и оно не одевается в меня, потому что я тут же захочу самонасладиться им вместо всех наслаждений этого мира.

За наслаждения этого мира я платил своим трудом. Получить наслаждения высшего мира — здесь тоже требуется труд, но совсем другого рода, когда нет связи между твоим трудом и тем, что ты получишь...

КАББАЛА — ЭТО РОМАНТИКА

11.3.01 Мы уже говорили, что человек исправляет свои желания по ступеням «неживой», «растительный», «животный», «говорящий» (человек) и, наконец, Божественный уровень. По мере того, как человек заканчивает совершать действия с правильным намерением, то есть исправляя желание неживого уровня, он сразу же обнаруживает в конце этого уровня зародыш желания растительного уровня.

Закончил исправлять растительный уровень желаний, обнаруживает начало животных желаний. Закончил исправлять животный уровень желаний, обнаруживает начало желаний уровня «говорящий» (человек). Закончил исправлять желания на этом уровне, он обнаруживает начало желаний уровня Божественный. Так человек продвигается, пока не приходит к исправлению всех желаний, пяти уровней желаний, в которые он получает свет НаРаНХа"Й (нэфеш, руах, нэшама, хая, ехида).

Это значит, что не может быть совершенного кли, если не исправлены в нем все пять ступеней авиют (сила желания) с наполнением его НаРаНХа"Й. Творец создал желание получить через четыре ступени. Само желание получить — это пятая ступень. Это значит, что все мироздание делится на пять частей. Малхут мира Бесконечности — это первое творение, это желание, которое чувствует, что оно само хочет получить наслаждение.

АВИЮТ	МИР
0	АСИЯ
1	ЕЦИРА
2	БРИЯ
3	АЦИЛУТ
4	АК

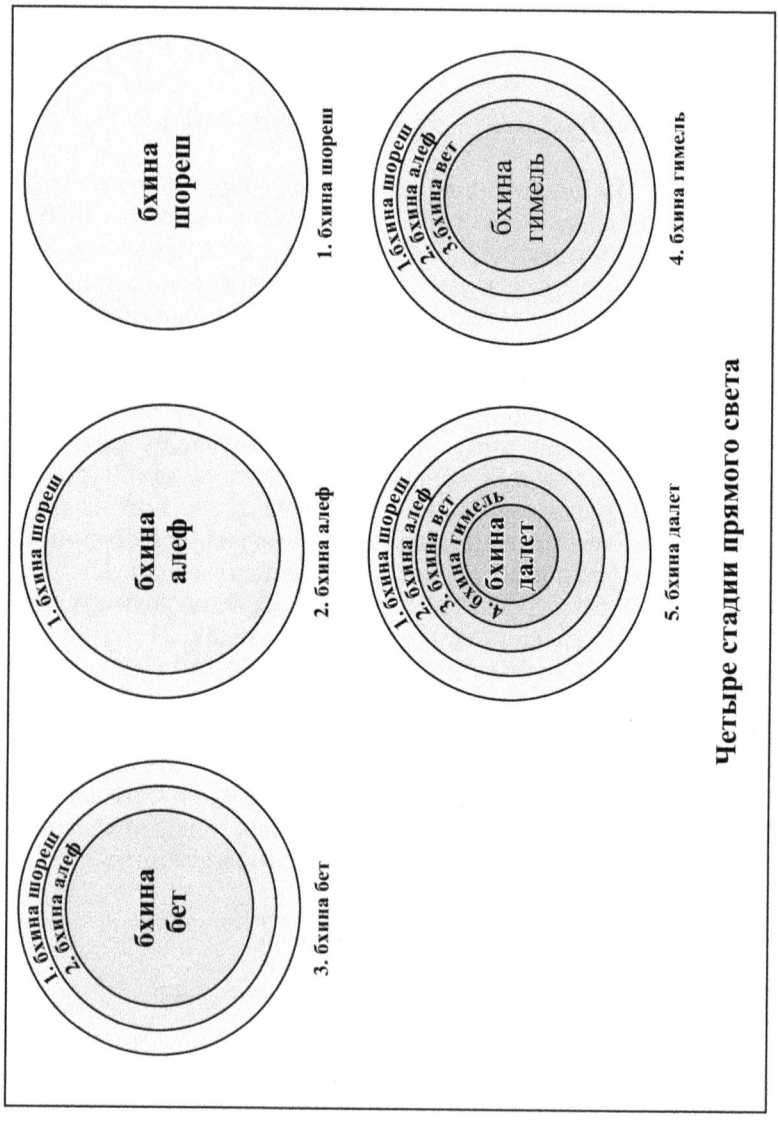

Почему у творения возникает такое ощущение? Потому, что развилось из желания ступени гимель (3), желания и получать, и отдавать. А перед этим были уровни бэт (2), алеф (1), шореш (0), и в каждом уровне находятся все раскрытия и свойства предыдущих.

Если мы представим себе спуск сверху вниз, то в кэтэр есть одно желание. В хохма есть уже два желания — желание кэтэр и желание хохма, желание кэтэр находится внутри желания хохма. В бина есть желания кэтэр, хохма и бина. В зэир анпин есть желание кэтэр, хохма, бина и зэир анпин. И в малхут есть пять желаний: кэтэр, хохма, бина, тифэрэт и малхут, иначе не возникло бы в ней такого желания — малхут в малхут. (см. чертеж)

В каждом уровне есть все предыдущие уровни, которые его порождают и поддерживают тем, что постоянно в нем находятся. Поэтому Малхут мира Бесконечности, наполняясь в соответствии со своими желаниями, должна наполнить все пять желаний КаХаБТу"М (кэтэр, хохма, бина, тифэрэт, малхут), которые в ней, и она наполняет их пятью светами НаРаНХа"Й (нэфеш, руах, нэшама, хая, ехида).

АВИЮТ	МАЛХУТ
0	НЭФЭШ
1	РУАХ
2	НЭШАМА
3	ХАЯ
4	ЯХИДА

Так же и в самом маленьком творении, которое сейчас начинает расти: есть у него в желании получить пять частей КаХаБТу"М, как в малхут мира Бесконечности. Какая разница между малхут мира Бесконечности и той маленькой частью? Только та, насколько это маленькое желание осознает, что оно находится в мире Бесконечности.

Оно осознает, что находится в мире Бесконечности на уровне малхут мира Асия, хотя все остальные части, начиная от мира Асия и до мира Бесконечности, находятся в нем, все находится в творении, только в скрытом виде. А что чувствует творение? Творение чувствует только свое наружное желание.

Что я сейчас чувствую? Какое-то ощущение. Как это ощущение приходит ко мне? Я прошел в течении десятков кругооборотов от самой низшей точки до такого состояния, когда начал раскрываться к духовному.

Скажем, 20 кругооборотов тому назад начала моя душа спускаться в этот мир. Начала развиваться. Я приобрел за эти 20 кругооборотов какое-то постижение. Чего еще не хватает мне до конца исправления? Еще, скажем, пройти 250 состояний. Все они находятся во мне. Почему все находятся во мне? Когда я спустился сюда, я спустился с самого высокого места — моя душа спустилась из ее корня. Значит, все это находится в ней, только по отношению ко мне это скрыто.

Это значит, что в каждом из нас есть в открытом виде то, что он уже прошел снизу вверх, и в скрытом виде то, что он еще должен пройти снизу вверх на следующих ступенях. Но все эти желания находятся во мне!

Ты находишься сейчас в каком-то состоянии. Твое состояние сейчас — это результат всех кругооборотов, которые ты прошел. Мы все пришли от Творца путем четырех стадий прямого света, все мы спустились от малхут мира Бесконечности, Ц"А (цимцум алеф — первое сокращение), А"К (мир Адам Кадмон), Ц"Б (цимцум бэт — второе сокращение, возникшее после разбиения сосудов), пройдя все миры и разбиения, миры АБЕ"А (миры Ацилут, Брия, Ецира, Асия), парса-граница, спустились до нашего мира, до самой низкой точки. Это сверху вниз.

А теперь, как души поднимаются снизу вверх? Предположим, что ты вошел в первое воплощение и находишься сейчас между ним и махсомом. Что сейчас является тобой, твоим «я»? Ты — это результат того, что ты прошел на пути снизу и до того состояния, в котором ты находишься. Этот путь дал тебе опыт, знания. Иногда эти опыт и знания скрывают от тебя свыше, но это уже твой собственный опыт.

Чего еще нет в тебе? Нет еще того опыта и знаний, раскрытия, которые ты должен пройти. Воистину Каббала — это романтика. Романтика дороги, которую мы выбираем! Что же это такое «тот путь, который ты должен пройти»? Это в тебе или нет?

Присутствует, но только в скрытом виде. Все желания, формы, свойства, вплоть до Конца исправления, — все уже находится в тебе. Как мы говорили, если есть у тебя кэтэр, то есть у тебя одно желание, хохма — два желания, бина — три желания, зэир анпин — четыре желания и малхут — пять желаний. То есть все они есть в тебе, а ты ощущаешь только верхнее, а нижние, под ним, скрыты.

Каким образом чувствует малхут дэ-малхут? Она чувствует потому, что внутри нее находятся все остальные стадии. Мы это изображаем на чертеже, как частные сфирот малхут (по горизонтали).

ЧАСТНЫЕ СФИРОТ	ОСНОВНЫЕ СФИРОТ
М-З"А-Б-Х-К	К
М-З"А-Б-Х-К	Х
М-З"А-Б-Х-К	Б
М-З"А-Б-Х-К	З"А
М-З"А-Б-Х-К	М

Что я сейчас чувствую? Только малхут дэ-малхут, но для меня — это кэтэр, начало. Если я становлюсь умнее, больше понимаю «почему», значит, я приобретаю то, что было передо мной — своего высшего — зэир анпин.

Этим я начал понимать Творца, ощущать, что есть передо мной зэир анпин. Где я его ощущаю? Внутри моей общей малхут. Потом я, раскрывая Творца в еще большем виде, начал понимать, что есть у него свойства бина... и так далее, потом хохма, потом кэтэр, пока я не прохожу от малхут дэ-малхут до кэтэр дэ-малхут. Это значит, что я приобретаю НаРаНХа"Й.

Где все эти ступени, которые приобрела малхут? Они были внутри. Только они были скрыты. В тот момент, когда ты открываешь их, ты поднимаешься вверх, приобретаешь своего Творца, предыдущую стадию. Все время, когда мы поднимаемся, мы как будто приобретаем Творца. Каждый раз, как мы поднимаемся, мы как будто бы поднимаемся к Творцу, который сотворил нас, к предыдущей ступени.

КАК ПОЧУВСТВОВАТЬ АЛЬТРУИЗМ?

12.3.01. Вопрос: *Мы понимаем, что находимся в эгоизме и в переходном периоде. И все-таки, как почувствовать альтруизм?*

Мне нравится твоя философия интеллигентного человека, закончившего университет, имеющего хорошую профессию, устроенного... Ты говоришь: «Мы понимаем, что находимся в состоянии ло ли шма и развиваемся постепенно...»

Но как ты можешь определять что-то, если не знаешь противоположное ему? Невозможно судить о чем-то, не зная его противоположности, так как все понимается в сравнении, как противопоставление света и тьмы. Только по мере подъема человека по духовным ступеням, он начинает узнавать, понимать, познавать и постигать наш мир. Но не раньше. То, что кажется нам, что мы сейчас, уже до махсома, понимаем, где мы находимся, понимаем эгоизм — это просто наша иллюзия.

Как можно начать пробовать действовать альтруистически? Ты не знаешь что такое альтруизм ли шма, как ты можешь пытаться что-то сделать альтруистически? Ты даже не знаешь, что такое эгоизм ло ли шма. Иногда ты видишь свои эгоистические действия, и тогда ты начинаешь злиться на себя, как же так я это делаю? Начинаешь исследовать это качество в себе, понимаешь, что оно создано Творцом, и начинаешь злиться на Него, оценивать Его работу как неудачную, плохую.

Когда человек начинает ощущать альтруизм? Мы учимся каждое утро в течение трех часов, вечерами преподаем и распространяем книги. Все это незаметно действует в нас, и мы вдруг начинаем ощущать себя плохими относительно того высшего света, который неощутимо светит на нас во время учебы. Настоящее зло скрыто и открывается только в сравнении со светом, который тебе светит.

Это как в легенде про человека, которого выслали на остров за его преступления, и он забыл все свое прошлое. Но однажды он зашел там в библиотеку и открыл случайно книгу, из которой начал понимать, что где-то далеко есть иная жизнь, откуда он пришел. И не здесь его настоящий дом, здесь он находится в изгнании. Читая книгу, он изучает законы той далекой страны и начинает понимать, за какие нарушения он сослан, как оказался здесь. А также понимает, как он может вернуться в свой дом. И тогда эта, его сегодняшняя жизнь ощущается им как ничто, полусон, бессознательное состояние ...пока не вернется домой.

А когда наступает период пробуждения? Когда произойдет чудо свыше, и человек перейдет махсом — границу между этим местом и тем. Это должно прийти как пробуждение свыше. Ведь, не получив альтруистического свойства, невозможно оказаться в том мире, дома. Как в сказке, как в фантастическом кинофильме, вдруг человек оказывается в другом месте, потому что неожиданно и чудесно изменилось в нем его основное свойство — эгоизм на альтруизм.

Как мы можем в эгоистическом кли почувствовать, что такое альтруизм? Мы все постигаем только в сравнении с противоположным. Наши сегодняшние «альтруистические» желания по сравнению с духовными — тоже эгоистические. Поэтому нам все разрешается делать в нашем мире. За все, что человек делает в нашем мире, он не получает ни награды, ни наказания. Поэтому наше состояние называется зман ахана — время подготовки.

Если я, например, еще не умею писать, значит, я должен учиться. Да, есть такой метод воспитания, при котором, если я не пишу на доске правильно, то меня бьют. Но и это наказание в нашем мире в принципе наказание символическое, только для того, чтобы мы больше старались, чтобы научились писать лучше, а не потому, что этим нарушаем законы. Это подобно тому, как воспитываются дети, и чтобы они ни делали — не принимается всерьез. Духовные законы не могут выполняться в нашем мире, потому что их выполнение требует наличия экрана.

Мы находимся в подготовительном периоде и должны понимать, что это значит: человек находится на удаленном острове. Ему дают книгу и говорят: выучи ее, и хотя ты не будешь знать, как выполнять это в действии, но учи, и сама учеба подготовит тебя к выходу в высший мир.

Но он находится на острове, где действуют совершенно другие законы и другая жизнь — эгоистическая. И эта жизнь — его жизнь, и нет у него никакого понятия и представления о том, какой может быть в действительности жизнь в другом месте, альтруистическая. Эти противоречия возникают в человеке именно как результат учебы, как результат неявного ощущения Высшего.

СУДЬИ И СТРАЖИ

13.3.01. Нет двух систем, в одной из которых Творец ставит стражей, а в другой человек устанавливает своих стражей — тогда получилось бы, что существуют две армии — одна против другой. А есть лишь одна система, которую, конечно же, устанавливает Творец. Он установил с начала творения в душе человека эти силы, называемые «судьи и стражи», а человек лишь должен их правильно использовать.

Эти силы кажутся человеку отрицательными, ограничивающими его. Ведь никто не любит судей и охранников. Потому что это — ограничение, давление, подавление свободы действий, выбора, мысли, желаний. А нужно согласиться с тем, что это нам на пользу На каждом шагу, куда бы мы ни обратились, мы должны искать именно их, судей и стражников, потому что они дадут нам границы правильного действия, приводящего к цели — это дело стражей и судей.

Мы полагаем, что Творец милосерден, добр, творит добро. Он такой уступчивый, такой мягкий... Правильно? Вот я сижу и плачу, чтобы Он мне помог. А ты видел хоть раз, чтобы Он помог? Я прыгну с крыши — не поможет! Человек умирает в муках и страданиях! Ну где же помощь, где милосердие? И кто же делает это изначально? Где же мы видим Его Имена, которыми Его награждают праведники, оправдывающие, прославляющие и возвеличивающие Его?!

Мы решаем, что если Он сделает так, как мы желаем — вот тогда Он будет Милосердный, Любимый, Прекрасный — только пусть сделает то, что я хочу! А если Он не делает того, что я желаю, тогда звание Доброго и творящего Добро не относится к Нему!

О Молитве...

Так о чем же мы молимся? Чтобы Творец помог, пожалел? Если законы природы, которые я сейчас ощущаю, — это то, что мне необходимо сейчас ощущать для духовного продвижения, как же я могу молиться о том, чтобы Творец их отменил? Ведь Он их сам и создал вокруг меня.

Какое же у нас должно быть ко всему этому отношение? Сидеть и плакать до тех пор, пока не смилостивится? Да и поможет ли это вообще? А с другой стороны, написано, что только Его милосердием мы живем... Наша просьба должна быть просьбой об исправлении, а не о том, чтобы сделал мне хорошо. Все ограничения — как стражи, для того, чтобы привести меня к молитве. Только к молитве не о том, чтобы дал мне какую-то поблажку, чтобы я получил то, что не положено мне, а чтобы исправил меня. Молитва... — это нужно понять..

Вопрос: *Какая польза от того, что человек проходит много изменений за день, а затем все проходит, будто и не было?*

То, что ты потом чувствуешь, будто всего этого и не было, говорит о том, что ты силен и можешь противостоять таким вещам — были потрясения во всем теле и в душе, и ты чувствовал себя больным, и тело с трудом выдерживало это, и внутри каждым нервом ты ощущал, что готов взорваться... А через несколько минут это проходит и непонятно — было это или нет, и можно ли сказать, что я прошел через такое?

И в теле это **записывается**, тело способно принять много таких явлений, если они происходят из духовного, оно от этого становится лишь здоровее. Это чудо! Ведь если начнешь злиться на кого-нибудь в этом мире, то можно получить инфаркт, инсульт. А если будешь в еще большем волнении и напряжении по духовным причинам — только выздоровеешь. Почему? Потому что важна причина.

И эти вещи накапливаются. И то, что ты чувствовал в течение дня, в таком виде уже не должно вернуться. Но из этого ты получишь подготовку к ощущениям все более внутренним — и так каждый раз. Поэтому, если я вдруг сейчас вспоминаю, какое прозрение у меня сейчас было! — и оно исчезло. Не беспокойся, человек не должен беспокоиться о том, что к нему приходит и что исчезает, — он должен заботиться о том, что сейчас находится в нем.

Почему сказано, что есть стражи в желании получить и стражи в желании дать наслаждение. Это две разные системы? Все мои действия обусловлены получением выгоды. Если свыше отбирают у меня ощущение, что я выигрываю что-то своими действиями, то я становлюсь как мертвое тело, не способное сдвинуться с места, встать, пойти на работу.

Даже тело мое физически не способно поддерживать свое существование! Почему? Разве ему недостаточно калорий? А потому, что наше тело, все его системы приводятся в действие одной целью — получить наслаждение. А если нет наслаждения, то даже атомы, клетки не захотят двигаться, существовать, а тем более, человек.

Но зачем даются человеку эти состояния, это ощущение опустошенности, депрессии, которая стала болезнью века? Для того, чтобы он признал, осознал, что действительно не может без вознаграждения, без этого «горючего» двигаться. Нужна мотивация получения, выгода. А если нет выгоды, то ничто человека не интересует: дети, жена, родственники, друзья, весь мир — все становится безразлично! Если нет у меня ощущения прибыли — все умерло. И все это дается для того, чтобы показать человеку, что, на самом деле, без материальной выгоды его тело не способно сдвинуться с места, для того, чтобы постепенно я начал понимать, что мне требуется какая-то другая причина, какая-то иная мотивация. И так меня учат, что, если я оставляю свое эгоистическое желание получить и не работаю ради себя, то мне требуется какая-то другая движущая сила, а иначе я не сдвинусь с места!

Что может обязать меня двигаться, работать, действовать, думать? Постепенно приходит осознание, что в моей природе нет такой мотивации. И так потихоньку Творец давит, чтобы обязать меня прийти к Нему.

В сущности, что Он делает? Ты знаешь, иногда встречаются такие хитрые люди, которые, чтобы приблизить тебя к себе, действуют через других окружающих тебя людей, устраивают все так, что ты будешь обязан прийти к ним... Вдруг ты обнаруживаешь, что зависишь от него на работе, что от него зависит благополучие твоей семьи, здоровье и пр. — и нет выбора, ты приходишь к нему и сдаешься. Нет выхода — постепенно ты ломаешь свое эго. Несмотря на то, что изначально ты был готов умереть, но только не склониться перед ним.

Постепенно, малыми порциями, как в нашей жизни, так и в духовном, ломают тебя. То что-то с ребенком, то проблемы дома, то на работе, одним словом, твое эго страдает. Еще чуть-чуть и ты уже готов поступиться им, этим эго. Ты готов преклониться.

И тогда ты говоришь: «Ну, допустим, у меня нет выхода. Ну, вот он я — пришел!»

Но этого еще не достаточно. Затем начинается новый этап — до тех пор, пока не полюбишь Его — того, кто вынудил тебя расстаться со своим эго. Пока все не перевернется на 180 градусов и в тебе, и в твоем отношении к Нему, и в твоей системе ценностей — все от края до края.

В нашем мире мы готовы сделать **сокращение** на маленькое наслаждение с тем, чтобы получить большое. Но это, по определению, не называется сокращением, это — расчет! В нашем мире мне достаточно увидеть большее наслаждение рядом с меньшим, чтобы мне был ясен расчет прибыли, и тогда я поневоле меняю одно на другое.

Для этого я работаю: обмениваю свои усилия на деньги, затем обмениваю деньги на пищу и прочие вещи, которые мне важнее, чем мои усилия: я всегда меняю менее важное на более важное, готов отдать, чтобы получить что-то лучшее. Потому что разница между тем, что у меня есть и тем, что будет — это моя жизненная сила!

Так человек живет прибылью. А если тебе говорят просто отдать? Какую же прибыль, выгоду ты должен себе представить, чтобы отдать? Это неестественно! Дать, чтобы получить больше — это понятно! А просто отдать? Человек не в состоянии просто отдать. Он готов отдать жизнь за покой. Он всегда приобретает что-то лучшее. Желание получить, даже если оно якобы поступается чем-то, на самом деле оставляет одно и берет другое!

Какая сила мне нужна в духовном мире, чтобы все время отдавать и ощущать, что я постоянно получаю?! Ведь я же работаю с тем же самым желанием получить! Эта сила — величие Творца, которое я вижу, ощущаю, впитываю — и это сейчас для меня является наслаждением.

Так значит, я работаю для этого наслаждения? Если я так делаю, то это называется «клипа», нечистота! Если я меняю все наслаждения этого мира на то, чтобы любым способом насладиться Творцом, Его величием, — то ведь это клипа... Я готов отдать все то, что Он создал во мне и вокруг меня, только ради того, чтобы, как пишет Бааль Сулам, «почувствовать каплю слияния с Ним»! — Это — клипа, нечистота. Как же я должен изменить использование Его величия, чтобы это стало «кдуша», святостью? Давайте подумаем...

МИРЫ ПОМОГАЮТ ДУШАМ

18.3.01. Из «Предисловия к книге «Зоар»: «Поэтому пойми, что на самом деле нельзя сопоставлять уровни первых поколений с последними. Потому что это правило: во всех парцуфим миров и душ, светлые сотворены первыми и, поэтому, первыми сотворены келим дэ-ХаБа"Д (хохма, бина, даат) и в мирах, и в душах».

Миры являются внешним кругом, оболочкой, а внутри них — души, как внутренний объект. Но раскрытие — взаимно и в том же направлении, с той же целью. Причем, миры помогают душам.

Объект, который должен прийти к цели творения и о котором идет речь, — это души. А миры находятся снаружи, помогая душам. Раскрытие душ происходит с помощью миров. Поэтому в душах и в мирах происходят одни и те же процессы: сначала раскрываются (развиваются) келим дэ-ХаБа"Д со светом дэ-НэХИ"М, находящиеся в мирах и в душах.

И поэтому в первые 2000 лет сотворения мира души были высокими. Но, несмотря на это, не смогли получить совершенный (полный) свет из-за недостатка низших келим в мирах и в самих душах.

Мы знаем, что сначала входят маленькие света в большие келим. И чем более низкие келим принимают свет (как в мирах, так и в душах), тем большие, более высокие света, входят. Поэтому первые 2000 лет, несмотря на то, что келим были очень светлые, но это был авиют дэ-шореш, и поэтому был только свет нэфеш в мирах и в душах.

И также потом, в последующие 2000 лет, когда появились келим ХаГа"Т (хэсэд, гвура, тифэрэт) в мирах и в душах, были души сами по себе все еще очень светлые, потому что келим ХаГа"Т очень близки к келим ХаБа"Д.

Есть всего десять сфирот в общем строении мира и в каждой его части, а также в строении души: кэтэр, хохма, бина — это келим, в которых есть только свойства Творца, хэсэд, гвура, тифэрэт — относятся к творению, к душе. Они подобны предыдущим: хэсэд — как кэтэр, гвура — как хохма и тифэрэт — как бина. Это значит, что это свойства Творца, которые находятся в творении. Но это свойства Творца, это еще не **желание получить** творения. ХаБа"Д-ХаГа"Т в какой бы то ни было части мироздания — и в мире, и в душе — это **свойства отдачи** (келим дэ-ашпаа), Г"Э. И только от нижней трети тифэрэт и ниже начинаются **желания получать** творения (келим дэ-кабала).

Итак, во втором двухтысячелетии души пока еще светлые. Потому что, как пишет Бааль Сулам, природа ХаБа"Д близка к природе ХаГа"Т. И высокие света были скрыты, так как отсутствовали для них келим. Нет еще настоящих келим — пока раскрываются только желания отдавать (келим дэ-ашпаа), а желания получать (келим дэ-кабала) пока еще не развились. Начиная от хазе общего парцуфа души и вниз — только там есть келим дэ-кабала. Поэтому их еще не было в средние 2000 лет.

И поэтому в нашем поколении, в связи с тем, что суть наших душ — самая грубая из всего, что есть в мироздании, и души эти до сих пор не смогли очиститься — несмотря на это, они дополняют все строение до полного парцуфа в мирах и до общего парцуфа в душах.

Мы, которые находимся в конце последнего двухтысячелетия, находимся в раскрытии келим дэ-кабала и в мирах, и в душах, поэтому наше раскрытие — самое важное для входа больших светов и по своей функции. Потому что в первые 2000 лет и в средние 2000 лет нечего было исправлять.

В первые 2000 лет не было Торы, не было способа выйти в духовное, потому что келим были совершенно лишены недостатка, необходимости достичь цели. Не было душ, в которых бы возникали вопросы о том, что есть Творец, что есть цель, ради которой необходимо работать и достичь ее. Не было в этом потребности у келим (душ), не чувствовали они, что им недостает этого.

Вторые 2000 лет — это те же келим дэ-ашпаа, но которые уже находятся в теле парцуфа, в келим дэ-кабала. То есть, это 2000 лет, в течение которых должны быть подготовлены келим дэ-кабала из келим дэ-ХаГа"Т. Мы говорим, что ХаБа"Д — это келим высшего, ХаГа"Т-НэХИ"М — это уже келим низшего.

Но ХаГа"Т — это келим высшего, находящиеся в нижнем, а НэХИ"М — это келим самого нижнего.

Таким образом, природа келим ХаГа"Т в том, что высший готовит свои свойства для того, чтобы работать с ними в нижнем. Поэтому именно в средние 2000 лет дали Тору и всю подготовку к исправлению.

А последние 2000 лет — это 2000 лет изгнания, раскрытия недостатка, недостатка духовного. Выход, удаление из духовного — это внутреннее содержание изгнания. Но в конце изгнания, сейчас, должны быть раскрытия. Конец изгнания — это раскрытие келим дэ-кабала, которые пришло время исправить. Потому что каждая часть из 2000 лет делится на ХаБа"Д — ХаГа"Т — НэХИ"М, в которых ХаБа"Д ХаГа"Т из 2000 лет — это подготовка, а НэХИ"М — исполнение. И если мы разделим последние 2000 лет, обнаружим, что мы живем в особое время исправления душ.

ЧТО ЗНАЧИТ ИСПРАВИТЬ ЖЕЛАНИЕ?

19.3.01. Вопрос: *Как человек может вернуться к внутренней работе после того, как он убежал от нее и не чувствует Творца?*

На пути к конечному исправлению (гмар тикун) мы исправляем поочередно свои желания. Что значит исправить желание? Я делаю какие-то действия над желанием. Если мне это удается, я получаю открытие еще большего неисправленного желания.

Выходит, что плата за успех в исправлении — еще более тяжелая работа. И в действительности, то же самое мы видим и в нашем мире. Мы способны понять, что если человек хочет продвигаться, то так и должно быть: добился чего-то — получай еще более тяжелую работу. Так человек продвигается.

И только если мы видим дорогу от начала и до конца и все ее этапы, то можем согласиться с таким путем. Например, я прихожу на работу и таким образом учусь: показывают мне сначала что-то простое, потом более сложное, потом совсем что-то особенное... И я вижу в этом свое продвижение. Здесь же, в Каббале, мы не видим, что продвигаемся. В этом вся проблема, хотя на самом деле тут действует тот же принцип.

Но почему мне не показывают, что я продвигаюсь? Если сравнивать с нашим миром: скажем, я поступил на особо важную работу и выполнил порученное. За это мне дали новое задание, потом еще и еще. Работать интересно и тяжело, но видна цель и ощущение продвижения.

Но в духовной работе проблема в том, что человек не сможет переходить от ступени к ступени, если он будет идти так, как он это делает в нашем мире. Например, есть у меня 10 граммов эгоизма, я исправил их и получаю 20 граммов эгоизма. Почему бы не показать мне, сколько еще осталось до цели? Потому что продвижение не в том, чтобы выполнить задание. Продвижение — это когда посредством этого задания ты свяжешься с Творцом.

Мы смотрим на наш эгоизм думая, что над ним мы должны работать. И кажется нам, что, если удастся сделать с ним что-то, — это действительно будет выполнением нашей задачи. Но это совсем не так. Эгоизм — это только средство связаться с Творцом, быть как Творец, быть с Ним.

Это объясняется в статье «Нет никого, кроме Него» («Эйн од миЛевадо»). И поэтому, каждый раз обстоятельства нас обязывают, рекомендуют, вынуждают обратиться к Творцу. И все больше, больше и больше... Быть с ним в связи. Но как это сделать?

Свыше скрывают от нас путь, скрывают от нас возможность идти самостоятельно и видеть все ступени. И человек находится в смятении до тех пор, пока он не находит простое решение — что он обязан связаться с Творцом. Обязан, иначе он пропал.

И так каждый раз, когда добился предыдущей цели, опять падает, и опять не знает, что делать. Но после многих разочарований и размышлений постепенно начинает понимать, что здесь должна быть какая-то степень связи с Творцом, иначе не будет удачи. Человек сам не пробуждается — Творец сам в конце концов обращается к нему и показывает, что, если ты обратишься ко Мне, все решится.

Это происходит только после того, как человек чувствует, что он совершенно потерялся, и нет у него ни надежды, ни будущего, и нет понимания того, что же происходит с ним сейчас. Нет у него никаких сил, и не удается ему ничего.

Свет двигает кли

Постепенно, когда он переваривает это состояние, хорошо проясняет его для себя, тогда Творец не то что показывает Себя, а постепенно начинает давать человеку понимание: «Я — твой Спаситель». И тогда человек пробуждается и совершает некоторые правильные действия по отношению к Творцу. И совершает правильные действия вместе со своим эгоизмом, и то, что раньше не получалось — сейчас получается.

А что получается? То, что теперь Творец немного приоткрывается. А кажется человеку, будто ему удается, несмотря на эгоизм, быть в связи с Творцом. И тогда наступает опять та же ситуация, уже на следующей ступени. Удалось что-то — теперь опять дают ему разочарование, темноту, непонимание и неуверенность.

И возникает вопрос: что я получил как вознаграждение за свои усилия? Где плата? Мы не понимаем, что это Творец выполняет работу. Если бы Творец не открывался во время темноты, когда человек не помнит Творца... Ведь если свет не светит кли, кли не может пробудиться, ничего не сможет сделать, ведь нет у него никакого движения за счет самого себя. А человек думает, что это он сделал.

И так это и идет, ступень за ступенью. И это называется, что мы открываем самих себя. В итоге мы видим, что и в начале, когда ощущаем желания, недостаток, отрицание, и в конце, когда человеку кажется, что ему удалось быть в связи с Творцом — что все это делается светом. Свет двигает кли.

Как и где в этом процессе мы можем себе помочь? Ведь этот процесс управляется Творцом. Мы можем помочь сами себе различными средствами. Бааль Сулам пишет об этом в статье «Эйн од миЛевадо»: «Необходимо всячески напоминать себе, что во всех событиях, которые происходят с нами, Кто-то действует внутри нас. А мы должны думать о том, Кто и как действует в нас...»

ЧАСТЬ «ЧЕЛОВЕК» В ЧЕЛОВЕКЕ

20.3.01. Есть несколько определений, которые как будто противоречат друг другу. С одной стороны, написано: «Вы зоветесь «человек», а народы мира не называются «человек», «Человек, что в тебе возвеличится». То есть ступень «человек» — важная ступень.

А с другой стороны, написано, что те считаются людьми, кто делают из себя животных. Что в этом хорошего — намеренно делать из себя животное, опустить себя со ступени человек на ступень животного. Так как же быть — достигать ступени человек или же, наоборот, — опустить себя со ступени человек на ступень животное? Что же нужно делать?

А очень просто: человек — это та часть желания получить, которая подобна Творцу. Если в ком-нибудь в мире есть желание получить «ради Творца», оно и называется «Человек», ведь на иврите слово «адам» (человек) — от «адамэ» (подобный) Творцу, и только эта часть в человеке — **Человек**.

Для того, чтобы быть человеком, нужно относиться к желанию, как к средству для достижения подобия Творцу. Для этого надо сделать сокращение на желание насладиться, найти формы, принадлежащие Творцу, намерение отдачи, намерение ради Творца и спроецировать их на желание получить, то есть, сделать из желания получить подобие желанию отдавать, наполнять. Это — работа человека.

Тот, кто пытается достичь этого, хотя он еще по своим свойствам — животное, которое желает быть человеком, быть подобным Творцу, но, в соответствии с целью стать человеком, — такое создание мы называем «человек». Когда этот человек, который хочет стать Человеком, стать подобным Творцу, начинает работу, он видит, что собственным разумом не может прийти к этому!

Это видение — особое видение, которое он получает посредством собственных больших усилий достичь цели, после которых

Творец, жалея его, приходит к нему на помощь. И с Высшей помощью, когда Творец постоянно показывает ему, на какой ступени лестницы на самом деле находятся его желания, его вожделения, его возможности... тогда потихоньку, с Божьей помощью он приходит к состоянию, когда он видит, что не может своим умом и пониманием продвигаться, стать человеком.

И тогда, из своего разума и своих понятий, он делает из себя подобие животного и умоляет Творца дать ему разум и понятия Творца. Потому что только посредством получения понятий Высшего он сможет придать своему желанию форму, подобную Высшему. И то, что он тогда получает от Творца — осознание Высшего — это и называется человеческий разум!

От своих прежних представлений, что у него есть человеческий разум и понимание, и этим он сможет достичь Творца, он приходит к **осознанию зла** (акарат аРа), к осознанию, что сам ничего не сможет достичь. И тогда он просит сил, делает сокращение, делает из себя ступень «животное», получает разум свыше и работает в соответствии с ним.

Это называется «идти лемала ми аДаат» — выше разума, с разумом Творца. Идти с разумом высшей ступени, с головой высшей ступени — это называется идти выше той ступени, на которой находишься, поэтому и называется «выше моего разума».

Если свой разум я оцениваю как животный и беру разум Высшего, который оцениваю как человеческий, и «прилепляюсь» к этому разуму, и совершаю поступки с Его головой, а не со своей, тогда со своим желанием получить я делаю вещи, которые мне диктует Его голова! Если я способен это сделать, то приобретаю более высокую ступень и выхожу из ступени «животное» на ступень «человек».

И так каждый раз. И тогда Творец снова добавляет желание получать, и человек снова падает — добавляется к нему новая животная часть для исправления — от разбиения сосудов. И тогда он вновь должен проверять, может ли он со всем тем желанием и всем тем животным разумом, которые получил сейчас, уподобиться Творцу.

И снова начинаются те же процессы. Они каждый раз разные, в разных сферах ощущений и свойств, в них есть разные ощущения, это и есть жизнь — ведь постоянно чувствуется обновление. Хотя сам по себе процесс технически тот же самый:

левая линия — правая линия — средняя, левая линия — правая линия — средняя.

Но поскольку это все происходит с разными желаниями и, соответственно, с разными раскрытиями, то человеку кажется, что это совершенно разные процессы!

«ДОБАВКА» К ЖЕЛАНИЮ ПОЛУЧИТЬ

21.3.01. Почему желание отдавать, вернее, намерение отдавать (леашпиа), называется добавкой, как сказано: «Барати йецер ра, барати Торат тавлин» — «Я создал зло и создал Тору (свет — ор) — приправу, чтобы исправить его». Почему это только приправа, добавка? Потому что по своей природе келим этого не имеют, это не входит в них.

И только благодаря Свету возникает в эгоистической природе человека намерение «аль менат леашпиа» (ради Творца), и эта добавка приносит в кли кроме маленького свечения, которое возможно в эгоистическом кли, огромный, бесконечный, вечный свет наслаждения и познания. И называется добавкой не сам свет, а намерение к первородному желанию насладиться.

Творец создал только желание получить (рацон лекабэль). Если бы Творцу нужно было создать только это желание, Он бы уже закончил его в малхут мира Бесконечности, еще до первого Сокращения. Но Он хотел, чтобы малхут мира Бесконечности приобрела Его свойства, чтобы поднялась до Его уровня, поэтому Он дал малхут ощущение самой себя, кто она такая по сравнению с Ним.

Как это можно сделать? — Очень длинным кружным путем. Творение должно ощутить, кто такой Творец, что такое само творение, должно достичь свойств Творца вместо своих свойств.

Сначала мы находимся в первом состоянии (алеф), где творение целиком наполнено всеми наслаждениями, которые Творец хотел дать ему, как простому желанию получить. Это состояние называется «малхут мира Бесконечности».

Второе состояние (бэт) — это когда Творец «снижает» творение, отдаляет его от Себя тем, что добавляет ему намерение «аль менат лекабэль» (получения ради себя). То есть, творение видит, что вся проблема в намерении «аль менат лекабэль», а не в самом желании получить.

«Добавка» к желанию получить

Желание получить — оно совершенно нейтрально, нет в нем ничего, что было бы против Творца. И сокращение (Ц"А — цимцум алеф) было не на желание, а на намерение.

За счет того, что Творец добавляет творению намерение «аль менат лекабэль», он удаляет творение от мира Бесконечности (олам Эйн Соф) до нашего мира (олам аЗэ). Итак, творение, спустившись, находится в нашем мире, и начинает потихоньку понимать, насколько оно противоположно Творцу, насколько его намерение «получить ради себя» противоположно намерению Творца отдавать:

Творец (желание отдавать) - через ступени миров связан с творением (желание получать), чтобы довести его до исправленного состояния - желание получать с намерением ради Творца.

Не желание Творца отдавать и желание творения получать противоположны — они противоположны по своей исходной природе, и этого не изменить. Но не этим отдалено творение от Творца, а своим намерением — «как использовать свою природу», желание получить. Именно намерение аль менат леашпиа Творца и намерение аль менат лекабэль творения противоположны.

По дороге обратно

За счет того, что творение различает эту противоположность, оно начинает приближаться к Творцу. Хочет быть, как Он. Что это значит — «заменить намерение аль менат лекабэль на намерение аль менат леашпиа»?

Это то, что творение делает по дороге обратно, из нашего мира к состоянию, сходному с первым состоянием (алеф), когда оно возвращается. Но оно не возвращается к первоначальному состоянию (алеф), оно возвращается уже к другому состоянию.

Поскольку творение приобрело намерение «аль менат леашпиа», т.е. дополнительно к состоянию «алеф», в котором оно было без намерения вообще, только с желанием получить, теперь в третьем состоянии (гимель), когда оно возвращается, оно возвращается с тем же самым желанием получить, которое было у него, но еще и с намерением использовать это желание, созданное в нем Творцом, т.е. использовать всю свою природу, всего себя только с намерением ради Творца (аль менат леашпиа).

Так что, его рацон лекабэль может получать так же, как и раньше получал в состоянии алеф. И еще добавка, которая есть у него сейчас, **приправа** — Тора, то есть весь свет НаРаНХа"Й (нэфеш, руах, нэшама, хая, ехида), который он получил дополнительно, вследствие использования намерения «аль менат леашпиа».

Есть у него рацон лекабэль, в который он может получать только нер дакик (тонкая свеча) — маленькое свечение, приходящее только ради того, чтобы оживлять парцуф, чтобы он мог существовать. И дополнительно к этому есть у него теперь еще Тора, которая может быть получена внутри намерения аль менат леашпиа. И за счет этого человек становится в точности подобен Творцу. Эта добавка, которую он построил, присоединил к себе, она делает его подобным Творцу. Он называется теперь «Адам», от слова «домэ» — «адамэ», подобный Творцу, Высшему.

Поэтому мы не должны исправлять желание (рацон). Мы должны исправлять намерение. Намерение «аль менат лекабэль», которое создал нам Творец, действительное зло, за счет которого творение называется «брия» — бар ми мадрега, то есть вне ступени — вне духовного, вне полноты и совершенства, это намерение мы должны исправить, как сказано: «Я начал это творение, а праведники закончат его».

Ецер ра (злое начало) — так называется намерение «аль менат лекабэль». Но мы для краткости говорим: «желание получить». Это очень путает нас, нам кажется, что речь идет о желании, а не о намерении. Но когда человек углубляется во внутреннюю работу, эта путаница проходит.

Где начинается творение

Творец сначала создал рацон лекабэль — желание наслаждения, удовольствия. Когда это желание было создано и получило внутрь себя наслаждение, оно было в такой форме, что еще не могло называться творением, поскольку и желание, и наслаждение принадлежали Творцу. Это как семя, которое мы не относим пока еще к творению, а относим к Творцу.

Где начинается, на самом деле, творение? Творение начинается с осознания самого себя. С того, что оно говорит само себе: «Я — творение». Когда рацон лекабэль может сказать, что он — творение? Когда он понимает, что его желание — оно его. Что значит, что оно его? Значит: «Я хочу».

Что это значит, что «я хочу»? Это значит, **что** я хочу от своего желания? А это уже намерение, то есть, самостоятельность, она не может быть просто в желании. Она может быть только в намерении.

«Добавка» к желанию получить

Когда ты говоришь: «Я хочу этого». Что это значит? Мое намерение получить от этого удовольствие. То есть, я хочу насладиться.

Это уже добавка к желанию. Ощущение того, что я хочу. Осознание этого может быть только тогда, когда человек чувствует свою противоположность — Творца, Свет, другое намерение аль менат леашпиа. Невозможно узнать одно без другого.

Поэтому мы говорим, что творение начинается тогда, когда человек начинает получать небольшое свечение сверху и чувствовать, осознавать собственное зло, — что на самом деле все его намерения и мысли только о самом себе, и нет у него никакой связи с тем, что он читает или слышит...

Вот эти ощущения, определения, выводы и называются творение. Эти мысли в человеке, короткие, быстроисчезающие, только они и называются «творение». А все остальное — это еще Творец.

Желания... Ну, о физическом теле я вообще не говорю: о неживом, растительном и животном уровнях Нашего Мира. Я говорю об ощущении того, как же сильно я отличаюсь от Творца. Как же я хочу получить, насладиться ради себя. И плохо мне от этого... Только в соответствии с этим ощущением мы можем назвать творение творением.

И это действительно то, что есть во мне особенного. То, что отделяет меня от Творца, определяет меня. А все остальное — это силы Самого Творца, как то желание получить наслаждение — оно не относится к творению. То есть, насколько есть осознание собственного зла, настолько это и называется творением.

Я ЖЕЛАЮ УСКОРИТЬ СВОЕ РАЗВИТИЕ

22.3.01. Я не хочу продвигаться естественной скоростью, под давлением страданий. Если я буду двигаться согласно своему естественному темпу развития, этот процесс может занять порядка 300 лет.

Мое развитие зависит от условий. Есть только один фактор, который может помочь мне ускорить мое духовное развитие — это общество, которое увеличивало бы важность Творца в моих глазах.

Даже если сам человек не изменился, но снаружи повлияли на то, что Творец возвысился в его глазах, это позволяет человеку будто бы прыгнуть вперед на несколько десятков лет. Творец стал настолько велик в моих глазах, насколько стал бы велик при естественном развитии только через 200 лет. В таком случае и Его отношение ко мне сегодня уже такое, какое было бы только через 200 лет. И такое Его отношение быстро развивает меня — так, что в течение двух лет я покрываю все эти 200 лет.

Поэтому я должен искать такое общество, которое бы возвеличивало Творца в моих глазах все больше и больше. И Его величие будет влиять на меня таким образом, что я буду развиваться все быстрее и быстрее. В итоге, только Величие Творца, окружающий свет, влияет на скорость нашего развития.

СВЯЗЬ ЧЕЛОВЕКА С ТВОРЦОМ

23.3.01 Связь человека с Творцом рождается последовательно, в той мере, в которой человек может все происходящее связать с Творцом и Его абсолютно добрым управлением.

Убар — зародыш, авиют шореш (корневая стадия)... Ты можешь во всех твоих состояниях, мыслях и решениях приписывать все, что есть у тебя, Творцу. Ты можешь совершенно отказаться от себя и радоваться тому, что все, что случается с тобой, все это делает Творец.

Катан — маленький, авиют алеф (первая стадия)... Человек начинает чувствовать то, что происходит с ним, и не всегда может отнести это к действиям Творца, его авиют становится больше, чем его связь с Творцом. Он начинает чувствовать, что это он определяет и решает все, а не Творец. Он ощущает не только, что ему хорошо, но и что ему плохо — и ощущение плохого становится больше, чем его вера в Творца.

В связи с Творцом он чувствует себя больше, чем Творца. А в своей вере не может оправдать действия Творца. Когда ощущение плохого, которое задевает его рацон лекабэль, становится больше, чем сила веры, готовности оправдать, тогда он начинает работать со своей левой линией. Как будто Творец исчезает от него, и он начинает работать сам по себе. Есть состояния, когда Творец находится в двойном сокрытии, есть состояния, когда в обычном сокрытии...

Сверху создают человеку такие состояния, что не всегда находится он в **системе управления одного Творца**, когда он ощущает, что все, что происходит, посылается сверху, и что самое лучшее, что может быть для него, — это находиться в Творце.

Посылают ему различные состояния, чтобы была у него возможность сделать что-то. Эта работа — по частям поднять все из миров БЕ"А в Ацилут. Человек берет из БЕ"А **посторонние** мысли и поднимает их на себе в Ацилут. И снова возвращается в БЕ"А.

Снова берет посторонние мысли и поднимает их в Ацилут. И там переводит их в систему управления Творца, то есть относит их к Творцу.

Есть такие состояния, когда человек вроде бы делает хорошую работу и хочет приблизиться к Творцу, стать сильнее, а вместо этого падает в клипот. Почему? Человек думает, что его работа в том, чтобы сделать этот переход из БЕ"А в Ацилут. Думает, что он может сделать это сам, сам станет сильнее, сам свяжется с Творцом, сам сделает все...

Он не понимает, что работа — не против самого желания рацон лекабэль, а работа в том, чтобы находиться в связи с Творцом. Какова цель творения? Цель в том, чтобы стать похожим на Творца. Творец желает, чтобы человек достиг Его уровня, стал как Творец, поднялся на Его ступень.

Например, я даю тебе работу. Эта работа сама по себе ничего не значит. Не она — моя цель. А главное, что в результате этой работы мы лучше узнаем друг друга, будем общаться, ты будешь около меня, я смогу больше дать тебе, и ты поймешь в итоге, что не можешь без меня, ты будешь чаще ко мне обращаться, почувствуешь, что зависишь от меня...

То есть, сама работа — она только средство связаться с Творцом. А человек, из-за того, что он по своей природе — рацон лекабэль, не думает о Творце. Он думает о самой работе: «Творец существует, Он дал мне работу, я сделаю эту работу и таким образом заработаю...»

Как мы думаем? «Есть этот мир, есть будущий мир, и я за счет того, что работаю в этом мире, выигрываю в будущем мире. Кто такой Творец? — А это тот, кто дает мне работу и платит потом за нее. Не важен мне сам Хозяин, может вместо него быть другой Хозяин! Может, заплатит больше... и даст работу полегче...»

Но тот, кто хочет работать не ради себя, аль менат лекабэль (когда не важен ему Хозяин, а важно, чтобы было поменьше работы и побольше плата), тот, кому важен сам Хозяин — у того все отношения и условия работы становятся только средством связаться с Хозяином.

И тогда я не обращаю внимание на саму работу и на то, что происходит со мной — плохое или хорошее... А из любого состояния я учу только одно — что хочет от меня Хозяин, почему Он относится ко мне в такой форме? Что всем этим Он хочет от меня? То есть, я изучаю Его характер. Я из всего этого понемногу узнаю, как Он любит меня, как Он относится ко мне.

И через это постижение приходит ко мне любовь к Нему. Я уже не интересуюсь наградой. И не важна мне работа. Я совершенно не обращаю внимания на обстоятельства, а из всего этого хочу только одно — узнать Его отношение ко мне. Этот подход появляется, если правильно учить науку Каббала.

А если учить в другой форме, то происходит наоборот. Желание получить увеличивается и требует все больше от Творца. Творец может существовать, может не существовать — это не важно. Важно, что есть работа, и есть за нее плата. Я выполню 613 заповедей и тогда заслужу райское вознаграждение. Потому что, как я понимаю, есть условие работы — и есть за нее награда. И награда не Творец, а плата, будущий мир, например. Поэтому статья «Нет никого, кроме Него» — это основополагающая статья в духовной работе человека.

ЧТО ТАКОЕ ВЕРА?

26.3.01. Вера — это сила. Мы говорим о явлениях, которые происходят в келим вследствие воздействия света. Свет воздействует на кли своим наполнением, присутствием. Влияние света может быть **положительным** или **отрицательным**. Свет может наполнять, а может, наоборот, скрывать себя, показывать свое отсутствие. Темнота — это тоже особое свечение (обратная сторона света — ахораим), которое создает ощущение тьмы.

Для того, чтобы ощутить тьму, необходимо ощущение света в келим. Любое ощущение — это ощущение света. Или в его прямом виде, или в обратном. Ведь темнота — это не просто, когда нет ничего. Если ничего нет, ничего не чувствуешь — ни что есть свет, ни что его нет. То есть, свет может светить кли своей лицевой стороной или обратной — и, в зависимости от того, откуда он светит, человек чувствует, как свет или вытаскивает его вверх, помогает ему, дает ему, то есть он чувствует хорошее, или, наоборот, чувствует плохое.

Свет может проявляться в кли разными способами, и это зависит от кли, потому что свет сам по себе постоянен и неизменен, и именно кли определяет, как оно будет воспринимать свет. Если кли решило, что почувствует этот свет, как обладающий силой, как помогающий, поддерживающий, подталкивающий в правильном направлении на пути к цели, и оно не хочет от света больше ничего другого — ни наслаждения, ни протекции: «Я не хочу твоих щедрот, твоей жалости, дай мне только силу идти, дай мне силу для продвижения!»

Тогда Свет раскрывается и дает кли то, что кли просит у него. Этот Свет называется вера. Свет раскрывается в кли великим, поддерживающим, вытягивающим его из этого мира в Высший мир. Это дает кли уверенность, дает силу продолжать движение. Такой свет приходит не как ощущение плохого или хорошего, — он приходит как знание чего-то большого, на что можно положиться, вечного, высшего. И это дает кли силу для продвижения.

Но с самого начала кли приготовило себя к тому, что почувствует свет именно таким — великим, высшим, сильным — для того, чтобы была у кли возможность победить само себя, преклониться перед свойствами света и исправить себя. Тогда свет, который раскрывается в кли, называется — вера.

Это значит, что появилась у нее «голова»

Мы учим, что кли, творение — это бхина далет. Бхина далет ощущает себя как желание. До бхины далет нет еще желания. Бхина далет ищет особых отношений с Тем, кто наполняет ее, начинает проверять, в какой форме и от Кого приходит свет, с какой целью он приходит.

То есть, она не погружена уже только в себя, а проверяет, что есть еще перед ней в четырех предыдущих бхинот (она сама пятая). То, что перед ней, называется «четыре стадии прямого света». Если она начинает проверять, **что** есть перед ней, кто такой Дающий ей, с кем она имеет дело — это называется, что появилась у нее «голова» — «рош».

До этого у бхины далет, у творения, нет головы. Она только получает. А для получения не надо головы, а только желание — лев (сердце). Это то, что написано в начале книги Эц аХаим (Древо Жизни) Ари: «И не было ни головы, ни окончания, а все было только — одна внутренность».

То есть, голова — это дополнение, которое может быть у творения, если есть у него особые отношения, особая связь с Творцом. Что такое особая связь? Это значит, что оно хочет видеть Творца как Дающего, как Высшего и намеревается относиться к нему точно так же, взаимно. Не может кли иметь голову, если нет у бхины далет экрана. Одного только Сокращения еще недостаточно. Сокращения — это только изгнание света, и все.

Если после Сокращения кли решает, что оно хочет быть с Хозяином во взаимоотношениях «Он дает мне, а я даю Ему, сколько Он может, и сколько я могу — в такой форме, и не больше, без стыда получения...» Это значит, что кли уже начинает определять свои отношения с Хозяином, это называется экраном, то есть уже начинает появляться подсчет — голова.

Когда я начинаю думать о Хозяине, а не только о самом себе, не только погружен в свое желание получить, хочу не только наслаждений прямого света, но хочу подумать так же и о Хозяине и построить с ним отношения, связаться с Ним — тогда уже, кроме жажды наслаждения, я начинаю делать расчет отношений между нами. Наши отношения называются «свет хасадим». Свет хасадим не относится к наслаждениям. Он относится к связи между Творцом и творением.

Но в творении эта связь обращается в наслаждение. Только не наслаждение, которое соответствует цели творения, а наслаждение, соответствующее Исправлению творения. То есть, я могу взвесить внутри себя два вида наслаждения: наслаждение от моих отношений с Хозяином, от того, что я подобен Ему, равен Ему, и наслаждение от того, что я получаю от Него. Но именно потому, что получаю от Него, а не просто получаю. На это я всегда делаю Сокращение.

Каким образом я делаю расчет?

Это как в примере о госте и Хозяине — я взвешиваю: с одной стороны, мне хочется есть, а, с другой стороны, мне стыдно. Что больше: стыд или удовольствие от еды? Если удовольствие от еды больше стыда, так что мне этот стыд?! Если кто-то умирает от голода, он будет стесняться у тебя поесть? Он украдет у тебя и не будет испытывать никакого стыда. Потому что на необходимое для выживания нет стыда. Это необходимость природная, физиологическая, но свыше этого — уже начинается стыд.

Каким образом я делаю расчет? В соответствии с прогнозируемыми наслаждением и страданием. Отношение к Творцу взвешивается во мне на тех же весах наслаждения и страдания — что мне стоит предпочесть.

И есть у меня возможность увеличить значимость Хозяина, потому что значимость Хозяина дает мне наслаждение. Допустим, еда, которая передо мною стоит, дает мне десять килограммов наслаждения. А Хозяина я оцениваю всего в пять килограммов наслаждения. Что же мне делать? Я боюсь, что начну получать наслаждение ради себя (аль менат лекабэль). И я прошу у Хозяина: «Открой мне себя побольше! Покажи, как Ты велик!» И Он отвечает мне... И Хозяин становится для меня величиной в пятнадцать килограммов наслаждения, благодаря Его значимости для меня. Я получаю удовольствие в пятнадцать килограммов от того, что есть у меня связь с Ним, таким Великим. Тогда мне эти десять килограммов наслаждения от еды не страшны, у меня есть силы противостоять им.

Такова наша работа. Все время увеличивать значимость Хозяина, чтобы получать только ради того, чтобы была у меня возможность отдать Ему. В этом весь смысл линий: правой линии и левой линии. Чтобы все время они шли равно-параллельно: и Величие Хозяина чтобы было, как можно больше. Настолько, насколько Он велик в моих глазах, в моих ощущениях, настолько я беру из левой линии мои желания насладиться и использую их ради Него.

«КЛИ» — ВОТ ОНО, МОЕ НАПОЛНЕНИЕ!

27.3.01. Вот что с нами постоянно происходит: мы путаем работу с вознаграждением и не понимаем, что нужно стремиться получить келим (сосуды), а не наполнение. Наполнение находится в виде света вокруг нас вне всяких ограничений, и только отсутствие келим является причиной отсутствия ощущения духовного наслаждения.

Мы пропускаем этап построения, создания сосуда, и сразу же стремимся к наполнению. Забываем, что наполнение находится в прямой зависимости от сосудов, что мы должны думать о сосудах...

Это происходит от того, что человек, в общем-то, еще не пришел к состоянию, в котором для него важен будет не результат, а то, во что этот результат будет одет. То есть, когда отношение важнее подарка.

Это ощущение постепенно возникает в человеке, когда приходит к человеку сила Бины. Тогда он начинает понимать, что самое важное — это насладить, создать отраженный свет, намерение, а не то, что будет в него одето... А то, что одевается в это, наполнение, вовсе не важно, и исчезает из его поля зрения, и наполнением ставится сам факт наличия сосуда, кли — вот оно мое наполнение!

Как этого достичь? Как у Бины: она желает дать наслаждение, получить возможность дать — это ее наслаждение — **возможность насладить**. В этом заключается переворот, происходящий с человеком: в работе, в волевом усилии он начинает видеть вознаграждение.

Если состояние, когда я даю наслаждение — это то, чего я хочу, то возможность работать, возможность прилагать усилия и делать что-либо для Творца — это и есть вознаграждение. Такой переворот происходит в человеке.

В Каббале это разъясняется разными способами. Высший свет находится в абсолютном покое, все зависит от сосудов, все движение — в кли, в свете нет никакого изменения. Кли разделяет свет на свет хохма и свет хасадим, кли разделяет свет на паним (лицо) и ахораим (спина), в свете не происходит никакого действия

Все остальное, все изменения, которым мы можем дать название, определение (хотя мы как будто говорим о свете, но, в сущности, речь идет о кли, которое, изменяясь, определяет, каким будет его наполнение) — это наполнение, которое кли ощутит.

Бхинат-шореш (нулевая стадия) — свет приходит от Творца и строит рацон лекабэль (1-ая стадия). И далее все стадии четырех бхинот дэ-ор яшар (стадий прямого света), и затем все те процессы, которые происходят с кли — это говорит нам о том, что все происходит только в отраженном свете, то есть в экране, в моем отношении к Творцу.

Мы видим, что все приходит посредством изменения в кли: распространение, осветление, решимот, битуш внутреннего и окружающего светов, уход света вследствие осветления экрана и т.д. — то есть, все происходит как следствие действий сосудов. Нет ничего, что пришло бы со стороны света.

Поэтому молитва наша должна быть о келим! Какое кли я хочу иметь? Желание, намерение — какое кли? И тогда наполнением будет какое-то новое свойство моего кли, которое я получу свыше, — это получение нового свойства, более высокого свойства отдачи Творцу, и будет моим наполнением.

Мера исправления — вот мое наполнение. В этом огромное отличие подхода аль менат лекабэль от подхода аль менат леашпиа. Подход аль менат леашпиа — это подход к намерению: каково будет мое кли, то есть, каково будет мое состояние. Я думаю только о том, в какой форме будет мое намерение в следующем моем состоянии, каким образом я хочу, чтобы оно изменилось — то есть, я думаю только об экране, о своем отношении к Творцу. Как изменить его, как улучшить? Если я смогу улучшить его — это и будет моим вознаграждением! То есть, вся концентрация человека — на связи между ним и Творцом. Это и называется **экран, отраженный свет, намерение**. И тогда человек сконцентрирован на самом главном — и в этом его вознаграждение.

Так каким должно быть намерение?

Наука о намерениях человека называется тайная наука! Откуда мне знать, в чем заключается намерение? Скажем, я очень хочу сделать кому-то одолжение. Тогда я должен знать, чего он хочет, в какой конкретно форме он этого желает, чего конкретно ему не хватает. То есть, знать, чего ему не хватает — это для меня очень важно! Желать насладить его именно тем, чего он желает — для меня очень важно. А значит для меня очень важно — иметь то, чем я могу его насладить! То есть, все связано с моим отношением к нему. Теперь смотрю, сколько и чего мне необходимо: я должен знать, кто он, чего ему не хватает, мне требуется желание дать ему именно это, и мне требуется возможность дать ему это.

Творец желает, чтобы мы наслаждались! Творец желает, чтобы мы наслаждались тем, что у нас есть к Нему такое отношение. Так же, как он наслаждается тем, что у него есть такое отношение к нам... Ты говоришь так: «Цель творения — дать наслаждение сотворенным. Почему же насладить творение — значит дать ему возможность насладить Его?»

Желание насладить Творца — это мое наполнение. И я хочу, чтобы этот недостаток не исчез и никогда не прекратился! Ведь на этот недостаток не было сокращения (Ц"А и Ц"Б) — ни первого, ни второго, и он — единственный параметр, который действительно никогда «не закончится»! Даже после конца исправления — он постоянно продолжается, растет, увеличивается. У этого отношения к Творцу нет границы. Восьмое, девятое, десятое тысячелетия и другие ступени, о которых мы ничего не знаем — это бесконечная лестница, не заканчивающаяся концом исправления — и после него еще раскроются возможности давать наслаждение.

Возможность насладить — мое наполнение, которое раскрывается на фоне этой возможности. И когда я на самом деле желаю ее, это приводит к дополнительной связи, дополнительному слиянию.

Отношение к отдаче, к кли дэ-ашпаа, к намерению насладить, как к вознаграждению, отношение к возможности дать, как к награде — это и есть кардинальное изменение, происходящее с человеком при переходе махсома. Ведь что такое прохождение махсома (барьера между Нашим миром и Духовными мирами)? Что при этом во мне изменяется?

А то, что я начинаю заботиться о том, чтобы дать наслаждение, вместо того, чтобы заботиться о получении. И тогда, если раньше все мои молитвы были о том, как получить, и получение было вознаграждением, то теперь все мои молитвы о том, как насладить! И тогда возможность насладить называется вознаграждением.

Если я ощущаю нехватку возможности насладить, стремлюсь к наслаждению и наслаждаю — это действие разве не насыщает меня? Большой вопрос в том, а что ты можешь Ему дать? (Как сказал поэт: «Тот, кто взять не может, что он может дать?!»)

Ты открываешь, что у Творца нет недостатка. Что это подобно отношению между двумя любящими. Ему ничего не нужно, кроме твоего отношения к Нему. Ты обнаруживаешь, что это то, чего Ему действительно не хватает. А после проявления этого отношения уже не нужно никакого действия! Что нужно матери получить от ребенка взамен его улыбки? Ребенок улыбается — и все! Реакция! И я не чувствую ни в чем другом недостатка!

То есть, твое намерение насладить — это твоя реакция, которая и есть Его наполнение. Почему? Потому что, если есть у тебя намерение аль менат леашпиа, то ты подобен Ему, ты — как Он!

Ты спрашиваешь: что может стать наполнением намерения насладить? Не нужно никакого наполнения! Творец не думает о наполнении: Его намерение дать наслаждение низшим — это, в сущности, Он. Он не думает о том, сколько, чего, куда... Все это уже относится к желанию получить.

Написано, что так же, как Творец не думает, дать наслаждение творениям или нет, и не существует у Него таких сомнений, — так же и ты должен действовать. Только само намерение «дать»... Как написано во «Внутреннем созерцании» в первой части: «Одним намерением было создано все творение. И это намерение и есть действие. И оно направлено на цель творения, и оно же и есть — цель творения»...

К этому нужно постепенно привыкнуть, в этом заключается отличие сути происходящего в творении — до махсома и после него. И в этом отличие духовного от материального.

ТВОРЕЦ СОЗДАЛ ВСЕ СОВЕРШЕННЫМ

29.3.01. Он не может создать ничего несовершенного. Он создал творение в самом совершенном состоянии. И это — единственное состояние, которое существует. Мы, то есть творения, для того существуем, чтобы смогли оценить Его состояние, понять Его, почувствовать во всем Его величие и силу, познавать Его постепенно, от обратного. Ведь все, что существует, можно оценить и почувствовать только из противоположного состояния.

Поэтому сказано: «...и не тебе завершать работу...». Потому что она уже завершена. Ты не должен ничего заканчивать, ты только должен пройти через состояния, противоположные Совершенству и Вечности, для того, чтобы понять, что такое Вечность и Совершенство. Ты должен любыми путями достичь стремления, желания к Вечности и Совершенству. И так на каждой ступени.

Мы не в состоянии воспринять сразу все Совершенство. И противоположное Совершенству состояние мы не можем выдержать сразу. Мы как бы находимся изначально посредине, на нуле, и постепенно раздвигаемся в обе стороны от этой нулевой линии: чем глубже вниз, в эго, тем необходим больший экран, и тем выше достигаемый уровень.

И высшие силы, ангелы Творца, Силы Добра и Зла, поочередно начинают с нами «игру»: опускают нас на одну ступень со знаком минус и, благодаря этому состоянию, мы можем достичь и почувствовать одну ступень со знаком плюс.

Затем опускают на две ступени со знаком минус — мы можем достичь и почувствовать две ступени со знаком плюс и т.д. Всего существуют 125 ступеней со знаком минус и, соответственно, 125 ступеней со знаком плюс. Или 620 ступеней — в зависимости от того, о каком разделении мы говорим.

Опускают человека в состояние, противоположное состоянию Святости. И человек, которого опустили в такое состояние, ощущает, насколько это состояние несовершенно, нехорошо, презренно. И, если он действительно чувствует, что это состояние противоположно Святости, не просто чувствует, а ему плохо в этом состоянии, то появляется выталкивающая вверх сила.

На протяжении тысяч лет человечеству плохо. Это сейчас мы можем говорить, что Каббала дает ответы на все и оправдывает такой болезненный процесс развития. Но как можно было оправдать Творца 1000 лет назад, в другом воплощении? Где оправдание всем тем страданиям? ...В том, что человек обязан пройти через все состояния, противоположные Совершенству, чтобы оценить Совершенство.

А перейти от одного состояния к следующему возможно только после того, как человек прочувствует это состояние во всей требуемой глубине. Так же и в следующем состоянии: человек остается в нем до тех пор, пока не прочувствует всю его горечь настолько, чтобы быть готовым на все, лишь бы выйти из такого состояния. И так во всех состояниях.

Наш метод помогает нам понять причины и характер каждого состояния, в котором мы находимся, помогает быстрее почувствовать всю отрицательность состояния, осознать его во всей глубине и таким образом быстрее переходить из состояния в состояние.

Каббала помогает нам отнестись к каждому состоянию целенаправленно: я знаю, зачем я нахожусь в таком состоянии, я знаю, Кто дает мне это почувствовать, я знаю, каков должен быть результат.

И, таким образом, мы экономим время, а так как отношение к страданиям другое, то и страдания другие — целенаправленные. Это подобно тому, как если бы больной человек, который знает, что для того, чтобы выздороветь, он должен пройти через операцию, радуется и старается ускорить ее, несмотря на всю ее болезненность.

И различие между обыкновенным человеком, который страдает, и человеком, который страдает целенаправленно, очень велико. Настолько, что второй может на протяжении всего пути испытывать радость, а не страдания. Несмотря на то, что в действительности человек проходит через страшные состояния, он может в них чувствовать любовь к Творцу и ощущать Совершенство Его действий.

Это окружающий свет позволяет нам достичь такого состояния, ведь он из совершенного состояния светит в наше, несовершенное, противоположное. И тогда, если человек отстраняется от своих внутренних сосудов, которые наполнены темнотой, и ориентируется на свои внешние сосуды, — он оправдывает такое состояние и вместо темноты ощущает окружающий свет. Это особая связь человека с Творцом, которую человек строит сам.

МОЛЬБА ОБ ИСПРАВЛЕНИИ

30.3.01. Чем отличается духовное наслаждение от наслаждения нашего мира? Духовное наслаждение отличается от материального только одним — экраном. На материальное наслаждение невозможно построить экран. Это всего лишь нер дакик — маленькое свечение, которым разрешается нам наслаждаться аль менат лекабэль, ради себя. Разрешается. Это не преступление.

Человек, который живет в нашем мире, он — как простое животное, он ест, пьет, получает разные наслаждения: немного футбола, немного женщин, немного науки, немного зависти... Он ничего таким образом не совершает — ни преступлений, ни заповедей. Он накапливает опыт из всех событий, которые с ним происходят, и от этого уже приобретает решимот (записи, воспоминания), что дальше ему делать в рамках этого материального мира.

До тех пор, пока не дойдет, наконец, до такого кругооборота, в котором не сможет более ощущать себя хоть как-то комфортно в этом мире, и понадобятся ему также и духовные миры. А когда выходит в духовное даже с самым маленьким желанием, это называется, что использует его аль менат леашпиа.

Если я не вышел в духовные миры, не получил экрана хоть на какое-то мое желание, позволяющего его использовать аль менат леашпиа — это еще не называется, что я нахожусь в духовном. До того, как я приобретаю духовный экран, есть у меня разные наслаждения в одеяниях нашего мира.

С чего начинается духовное наслаждение?

С того, что я начинаю учиться аль менат лекабэль — получать ради собственного удовольствия. От того, что я учусь, приходит ко мне свет. Приходит в виде окружающего света — ведь нет у меня еще исправленного кли, которое бы могло получить свет внутрь себя.

И запрещено мне получать свет, ведь я уже нахожусь в состоянии, когда начинаю раскрывать в себе желание к духовному. Оно пока еще не ощущается явно, как желание, я не знаю еще точно, каков его вкус. Оно еще очень маленькое и неоформленное, как зародыш. Я просто хочу чего-то...

И говорят мне: ты можешь получить это, но сначала тебе необходим экран. Ты не можешь получить это аль менат лекабэль. Это наслаждение можно получить только аль менат леашпиа — ради отдачи Творцу. Это не то, что все остальные наслаждения, которые ты получаешь в нашем мире. Это уже относится к духовному. Что значит — относиться к духовному? — Означает, что за это необходимо «платить экраном».

О каких наслаждениях идет тут речь? О наслаждениях, которые начинаются с окружающего света. Когда я вижу Хозяина и свет, приходящий от Него, я хочу насладиться этим. Еще не разделяю все мои наслаждения, не отличаю их друг от друга. Еще не чувствую, что мое желание по отношению к Хозяину, отношение к свету, разделено на 620 частей.

Вопрос: *Если я исправляю какое-то желание, я сразу же могу получить в него аль менат леашпиа, или я должен ждать, пока не исправлю все свои 620 желаний?*

Каждое отдельное желание человека относительно Творца раскрывается сначала в отрицательной форме, как левая линия, как желание насладиться.

А затем уже человек должен исправить его намерением аль менат леашпиа на желание насладить. Часть желаний бывает возможно исправить, а часть — нет. Но человек не пренебрегает никакой возможностью отдачи.

Если есть у тебя сейчас десять граммов наслаждения, которые ты можешь отдать Творцу, а ты не отдаешь, ты ждешь: «Вот будет у меня килограмм, тогда...» Это говорит о том, что это действие отдачи Творцу для тебя не важно!

Когда я заболеваю от любви к Нему...

Когда я начинаю свое исправление, с самого начала, еще до входа в духовное, когда я только начинаю понимать, что я хочу чего-то духовного, я только читаю и поглощаю материал. Вследствие этого на меня нисходит сверху окружающий свет, который ощущается мною как нечто высшее. Есть что-то, ради чего стоит жить. А иногда и наоборот, появляется ощущение, что не для чего жить, поскольку нет того высшего... Это тоже приходит от окружающего света, только не от его паним (передней части), а от его ахораим (оборотной части).

Поначалу пришедшие в Каббалу ничего еще не исправляют, а стараются приобрести как можно больше желания к окружающему свету. Они даже сами и не знают об этом, но такова эта дорога, таков процесс — приобрести желание на окружающий свет. Потому что окружающий свет — это Творец. Он не может войти внутрь меня — иначе он бы стал уже внутренним светом. Он не может войти внутрь меня, так как нет у меня экрана.

Когда я достигаю самого большого окружающего света, то заболеваю от любви к Нему, я так люблю Его, так хочу Его, хочу, чтобы получить удовольствие, чтобы насладиться Им... Как влюбленность, которая не отпускает меня... Говорят, что все состояния, которые человек проходит в этом мире, все они для того, чтобы он мог знать, хотя бы немного, о том, что может быть с ним в духовном.

У каждого человека была когда-то первая любовь — вдруг посылают тебе такое с небес, что становишься как безумный. Это для того, чтобы дать почувствовать, что может быть духовный порыв.

Такое же точно стремление должно быть к духовному. До такой степени, что не может человек спать... То есть, когда человек достигает самого большого желания получить, и окружающий свет, который против него, тоже самый большой — а экрана пока еще нет. Поэтому он и светит, как окружающий, против этого большого желания получить. И человек доходит до такого состояния, что еще немного и просто взорвется... Невозможно больше, должно быть тут какое-то решение... И решение в том, что он получает экран.

Намерения, только намерения прошу...

Он делает зивуг, значит есть уже взаимодействие между окружающим светом и экраном — и поэтому часть окружающего света переходит во внутренний... Это уже соприкосновение с Творцом... Это уже соединение... Как двое влюбленных.. Нет у нас других слов для объяснения, но есть четкая связь корней и ветвей.

И так человек переходит из состояния, когда нет у него экрана, а только страсть, — и не знает он, как же разрешить эту проблему, — к состоянию, когда получает экран, и возникает у него самое маленькое соприкосновение с Творцом — зивуг, слияние. И с этого момента и далее, начинают давать ему желания использовать Творца с намерением аль менат лекабэль, ради самонаслаждения. Вместо того, чтобы стремиться дать любимому, вместо этого я хочу насладиться им для себя. Повзрослев, мы понимаем, что ради самих себя любим, а в молодости думали, что ради кого-то...

Дают человеку желание получить наслаждение от света, от Творца, с намерением ради себя, использовать Творца, чтобы было мне хорошо, я хочу наслаждений и ни о чем больше не могу думать — только об этом. Я уже знаю, что это за наслаждения, и хочу только этого...

Так вот сейчас, когда хочу я насладиться только для себя, должен я эти желания обернуть в противоположные с помощью намерения аль менат леашпиа. Для этого должен я достичь акарат ара — осознания своего эгоизма, сокращения — цимцум, свойства хафэц хэсэд — состояние Бины, которая ничего не хочет получать, а желает только отдавать, и наконец, достичь состояния, когда могу получать с намерением аль менат леашпиа — делать зивуг на более высокой ступени — перехожу с левой линии на правую линию, а затем на среднюю...

То есть, главное — это приобрести правильное намерение. Все остальное мне уже известно: наслаждение открылось мне, действие открылось. Осталось неизвестным только одно — мне нужно намерение: есть стол с угощениями, есть Хозяин — все уже есть передо мной. Намерения, только намерения прошу...

ТЬМА И СВЕТ

30.3.01. В духовном мире наслаждение называется «свет». Если ты не изменяешь свое намерение «аль менат лекабэль» («ради себя самого»), то действует закон первого сокращения, и свет не входит в кли. То есть он приближается до самого входа в кли, но так как на кли действует сокращение на желание получить ради себя, кли ощущает свет, как тьму. Почему? Потому что свет — это наслаждение от отдачи и не может ощущаться в келим дэ-кабала.

Есть у нас 620 желаний. Против 620-ти желаний есть 620 светов. Общий свет называется Тора. Частный свет, который получает человек, называется «свет заповеди». Исправление экраном называется «выполнение заповеди». Таким образом, есть в духовной жизни человека 620 порций света, которые он должен получить аль менат леашпиа. Чем отличается одна от другой? Разный свет хасадим с разной подсветкой света хохма — все это разные ощущения. Ощущения связи между Творцом и творением.

Ты можешь назвать один свет Эрэц Исраэль, другой свет — тфилин, третий — талит и т.д. Так же, как и в нашем мире есть разные виды наслаждений, так же и в духовном мире — так создал Творец, одно против другого.

СТУПЕНИ СООТВЕТСТВИЯ

1.4.01. Допустим, мне нужны деньги. Где я могу получить деньги? У кого-то богатого или в банке. Мне нужно здоровье. К кому я иду? К врачу, в какое-то место, где покупают медицинское обслуживание, в аптеку. Это значит, что в соответствии с тем, что мне нужно, я и обращаюсь по опредленному адресу.

У Творца есть много действий. За каким действием я обращаюсь к Творцу? То, что я хочу получить, за тем я и обращаюсь. Проблема в том, чтобы знать, что именно я хочу, потому что это тоже скрыто от человека. А также проблема в том, как выяснить у Творца именно это свойство, которое есть у Него.

Это нельзя выразить словами — это находится в ощущениях. Мое внутреннее ощущение — что я в этом нуждаюсь, и мое внутреннее ощущение — что у Него это есть. И еще недостаточно, чтобы это у Него было, нужна еще моя уверенность, что Он мне это даст. И что Он хочет дать. Все зависит только от моего обращения. Если все это в правильном порядке, то больше ничего не нужно.

И со стороны Творца не должно быть никакого действия — желание насладить творения действует все время, и в этом нет никаких изменений. Все зависит только от моего кли — кроме молитвы ничего не нужно. Это единственная вещь, которая нужна человеку, потому что обращение к Творцу обязывает человека осознать себя, познать свое состояние, достичь истинного желания, чтобы Творец дал ему желание к высшему (молитва, предваряющая молитву).

Человек должен думать только о своем отношении к Творцу. Не об отношении Творца к нему. Это, как с мамой — не беспокойся, она тебя любит и всегда сделает для тебя все. Вопрос в том, чтобы правильно организовать кли, просить именно то, что необходимо в данном состоянии, просить то, что Он хочет дать.

Я выяснил, что то, что Он дает, — это правда. А то, что я пока прошу, — это может быть ложь. А во лжи я не нахожусь в связи

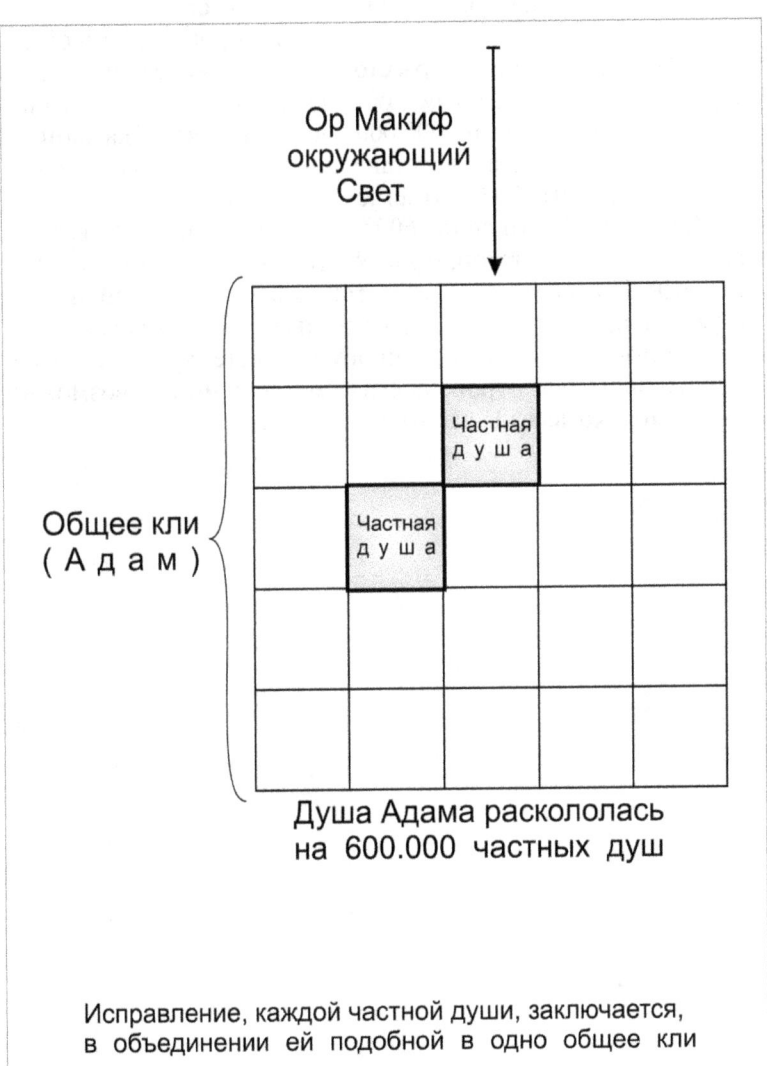

с Ним. Человек должен сначала выяснить, каков уровень несоответствия у него с Творцом, как привести отношения с Творцом к соответствию, как идти по ступеням соответствия.

Ступени соответствия — это ступени миров, ступени сближения. Невозможно пройти расстояние, отделяющее человека от Творца за один раз. Поэтому, общую связь с человеком (Адамом) Творец разделил на 600 000 частей, и связь с каждой из 600 000 частей определил восстанавливать поступенчато, по 620 степеням связи. Чтобы было легче.

Представь, будто сидят 600 000 человек в центре связи, у каждого есть коммутатор, и у каждого есть 620 уровней-степеней связи. Пока все мы не свяжемся, каждый по своей линии, мы разделены. Вследствие того, что мы связываемся каждый с одним источником, мы объединяемся вместе. Уровень связи с Творцом определяет уровень связи между нами. Невозможно иначе — только через Него мы связываемся.

СОВМЕСТНАЯ РАБОТА ТВОРЦА И ТВОРЕНИЯ

2.4.01. Творец создал желание получить. Это желание находится в слиянии с Творцом за счет Творца, за счет Высшего — так же, как зародыш находится в утробе матери. Теперь нужно родить этот зародыш и взрастить его, пока не станет большим. Это значит, что начиная уже с некоторой точки развития, называемой рождением, должна быть совместная работа Творца и творения до такой степени (до такого состояния), что затем творение продолжает ее самостоятельно.

Так же, как и в нашей жизни: вначале внутри матери появляется зародыш, затем она проходит девять месяцев беременности, рожает, вскармливает ребенка... Ребенок растет, хотя маленький, но все же в чем-то самостоятельный. По мере взросления его начинают учить, чтобы все больше и больше самостоятельно приводил в действие свои системы в соответствии с тем, что Высший ему дает — до тех пор, пока не начинает учиться, изучать, что Высший дает ему, с условием, чтобы стать как Высший, то есть, производить действия вместо Высшего.

А когда он становится большим, начиная с этого момента и далее он приводит в действие свой АХа"П, келим дэ-кабала, точно так, как показывает ему Высший — теперь он может сам это делать. И он ставится все более и более самостоятельным, пока не исправит всего себя.

Чем пользуется человек Он пользуется сосудами, инструментами, созданными Творцом, и по той программе, которую Творец заложил в эти келим, которая заложена в самом корне творения, и эти состояния изначально всегда состоят из орот (светов) и келим (сосудов). А то, что происходит впоследствии — это развитие, когда орот и келим развиваются один с помощью другого и раскрываются вместе: благодаря тьме в кли раскрывается вся мощь света.

Из тьмы сделать свет

Рабаш говорит, что нужно знать, как обратиться к Творцу. Что это значит? Свет постоянно находится в кли, но кли его не ощущает. Нет изменений в мироздании, кроме как только в ощущениях кли. Теперь кли развивается, раскрывается кли для этого света, которого прежде не было в ощущениях.

Как быть с этим кли, с этим «недостатком» — с отсутствием света, который теперь раскрывается в кли? Ведь нет недостатка в светах, и нет недостатка в желаниях, требующих своего наполнения, — нет соответствия между ними, отсутствует намерение.

В человеке есть все возможные недостатки, желания, от этого нынешнего состояния и до бесконечности. В этих недостатках-желаниях есть все света, но, начиная с первого сокращения, нет соответствия между светом и кли. Из-за несоответствия между светом и кли, несовпадения желания, мысли, намерения — формы кли и света — вместо света ощущается тьма. Но именно ощущение тьмы и есть ключ, причина, призыв к созданию соответствия!

Нужно пользоваться этим ощущением тьмы с пониманием, и тогда можно построить правильное отношение к свету со стороны кли — и свет раскроется. А правильное отношение к Свету называется молитвой, обращением к Творцу. Ведь что значит обратиться? Это значит построить правильное кли, в котором немедленно раскрывается Свет! А как я узнаю, что правильно, а что нет? Из той тьмы, которая раскрывается во мне сейчас.

То есть, если я могу точно расшифровать это отрицательное состояние, то я могу узнать, чего же мне не хватает, чтобы поставить свои келим в соответствие свету. Поэтому решение проблемы не в том, чтобы убежать от тьмы, а в том, чтобы использовать ее правильно!

Другими словами, не погрязнуть в этой тьме и не плакать, не есть себя, а, как сказано, именно из тьмы сделать свет, ощутить благодарность, превратить это плохое ощущение, которое тьма дает мне, в хорошее — ведь на фоне этой тьмы я могу обратиться к свету, к Творцу. Сливаться не с тьмой, а на фоне тьмы — с Творцом. Так я строю внутри себя правильное намерение по отношению к наполнению, и тогда наполнение действительно раскрывается...

Тьма приходит для того, чтобы дать мне индикацию, понимание относительно каждой детали, в которой я всего лишь должен изменить свое отношение, — и тогда я прихожу к правильному намерению аль менат леашпиа. А иначе, как я могу узнать, каково должно быть мое отношение?.. Все эти ступени падения миров суть именно те ахораим, обратная сторона, и если я работаю против этого, я удостаиваюсь паним, лица, раскрытия Творца.

НАСТОЯЩЕЕ БЕСПОКОЙСТВО

9.4.01. Мы учим, что есть у нас кли, которое называется рацон лекабэль — желание получить наслаждение. Это кли разделяется на четыре желания (неживое, растительное, животное, человеческое). После развития по этим четырем ступеням кли начинает терять покой, потому что начинает желать Творца. Это уже пятая ступень. Прежде всего, кли не знает, кто такой Творец, и как желать Его... И это настоящее беспокойство — когда не знает он, для кого и для чего, и скрыт от него источник наслаждений, теряет он покой...

И начинает разрываться между двумя мирами: этим миром, где есть у него всякие обязательства и, пока еще, разные желания и наслаждения, и тем миром, который неизвестен ему пока, но куда тянет его и который не дает покоя. Это пятое желание получить (пятый уровень желания насладиться) — стремление вверх, к Творцу, оно на самом деле изменяет всю жизнь человека. Сейчас вопрос в том, как раскрыть, развить это желание.

Дается человеку поначалу очень маленькое желание к духовному. И он может с этим желанием прокрутиться в своей земной жизни десятки лет без всякого духовного результата, по-настоящему его так и не реализовав. Почему Творец построил наш процесс развития в такой форме? Почему Он дает нам желание, когда мы не видим еще наслаждений, которыми можно наполнить это желание? Эти наслаждения скрыты от нас — нет светов. И мы сами не в состоянии раскрыть это желание — мы совершенно не управляем им.

Творец сделал так намеренно. Я не могу реализовать желание к духовному так, как делаю это с моими желаниями в нашем мире: приложить известные усилия и получить за это плату (при этом мне известно, смогу я или не смогу получить желаемое, и я могу проверить и оценить вознаграждение). С материальными желаниями нашего мира мне все заранее известно. А в духовных желаниях скрыто поначалу и само желание, и его наполнение. Почему?

Тут все дело в усилии. Усилии — не в том смысле, что мы должны работать для наполнения желаний и тогда получим их наполнение. Тут совершенно другая работа, не такая, как с желаниями нашего мира. Здесь я должен добиться того, чтобы захотеть, причем, захотеть не желаемое мною вначале, а использовать свое желание к духовному наслаждению как рычаг в достижении особого, духовного свойства, свойства Творца — отдачи.

В нашем мире нет у меня ничего такого. Я вырастаю и появляются у меня желания взрослого человека: желания к противоположному полу, к приятному времяпрепровождению, к отдыху, появляется у меня зависть — я начинаю хотеть то, что есть у соседа и т.п.

Другими словами, есть у меня природные желания, которые развиваются естественным путем — животные желания. И они открываются во мне, потому что я вижу их, вижу наслаждения, которыми их можно наполнить. Все эти желания приходят уже готовыми ко мне. И я должен только работать для того, чтобы их удовлетворить, должен работать над наполнением. И само наполнение, оно тоже уже есть — я его вижу. Только мне надо приблизить его к себе и наполниться им — и над этим я работаю.

Работа с духовным желанием — это другая работа. Я должен работать над самим желанием. Говорят, что наполнение существует без меры... Высший Свет находится в совершенном покое... Не хватает только келим... То есть, я должен построить это желание.

Желание — это творение. Творец создал это желание. И кроме него, ничего больше Он не создал. И это желание — оно все время раскрывается во мне, все больше и больше — на разных уровнях материального желания нашего мира. Но только не духовное желание. Он не раскрывает мне духовное желание. Я должен приложить свое собственное усилие, и тогда, за счет этого усилия, я получу желание. То есть, в духовном развитии я могу стать Творцом самого себя.

Особая работа

Эта работа особенная именно тем, что мы работаем не над наполнением желания, а над их созданием. Почему это так? Потому что Творец хотел, чтобы человек достиг в точности положения Творца. И по-другому невозможно этого достигнуть. Когда человек проверяет каждую деталь, которая только есть внутри его души: а нужно ли, чтобы это было в моей душе? — он на самом деле строит себя.

Не говорится тут только о желании. Желание — это общее понятие. Желание с намерением дать наслаждение, со всеми характеристиками, которые существуют в нем: для чего, для Кого, почему, причины и следствия событий, как все развивается — изучение системы, называемой человек.

Это то, что мы должны продумать заранее: что мы хотим, чтобы было в нашей природе, и какая связь будет между этими желаниями, как они будут работать один с другим — короче, мы строим всю систему «человек». Строим за счет необходимости желания отдавать, того, что я хочу отдавать Творцу, какие желания, необходимые для этого, я хочу, чтобы были во мне, как они должны быть связаны одно с другим, и как они должны работать на общую цель. Я творю.

То есть, точно так, как Творец создал человека, и Его намерением было наполнить человека всем тем хорошим, что есть у Него, так теперь человек строит свою систему, которая называется «человек», со всеми желаниями и их дополнением — намерением, как сделать эту систему так, чтобы иметь возможность, как можно больше отдавать Творцу. Таким образом, мы работаем над построением системы ашпаа (отдачи).

ГДЕ НАГРАДА, ГДЕ НАКАЗАНИЕ, ГДЕ СВОБОДА ВЫБОРА?

16.4.01. «Он Первый и Он Последний» — это значит, что Он дает мне мысли, и Он также дает мне желания, и Он дает мне силу, чтобы выполнить это, и после того, как я все выполняю, то все результаты, — они тоже идут от Него. А если все уже было запланировано изначально — так где же тут «я»? Где награда, где наказание, где свобода выбора?

Я должен верить, что во всем этом присутствует также мое «я», и оно раскрывается при этом. Где же мое «я» находится и раскрывается? В моем усилии. Да, действительно, это все Он дал мне. Но когда ты проходишь через все это, то это именно ТЫ проходишь через все это. Где тут твоя работа? Твоя работа в том, чтобы через свое усилие прийти к осознанию того, что «Он Первый и Он Последний». Это не раскроется перед тобой без твоего усилия.

Есть у Бааль Сулама письмо в книге «Плоды мудрости», где написано, что до того, как человек начинает прилагать усилия, он должен сказать себе: «Если не я сам себе, то кто поможет мне?» И работать так, как будто нет Творца в этом мире, а есть только человек, и все зависит только от него.

Когда же закончит он все, что должен был выполнить, то должен сказать: «Нет Никого, кроме Него», «Он Первый и Он Последний» — то есть, если бы даже человек вообще ничего не делал, не сдвинулся вообще с места, — все равно все бы случилось так, как оно сейчас случилось. Был бы тот же самый результат, потому что Творец уже заранее все запланировал. Этим объясняется разница двух подходов в управлении, которые называются управлением АВА"Я и управлением ЭЛОКИМ.

Если человек, правильно выполняя эту работу, говорит в начале ее: «Если не я сам себе, то кто поможет мне?», а при окончании работы приходит к выводу, что «Нет никого, кроме Него», то называется, что он правильно соединил вместе эти два вида руководства Творца творениями и включился в Него.

Что такое подготовительный этап

Подготовительный этап определяется так: мы построены из желания получить, это наш материал — желание получить наслаждение. Но, несмотря на то, что человек хочет этого, он не знает, чем ему насладиться. Информация, знание, решимот — это все приходит к нему вместе со светом. Чем насладиться — это тэт ришонот (девять высших сфирот), свойства Творца, желания отдать, насладить малхут. Знание их приходит от раскрытия Творца внутри человека.

Как это возможно, чтобы Творец раскрылся творению, если у творения нет еще желания? У творения есть лишь общее желание получить наслаждение, но нет еще желания определенного наслаждения, наслаждения свойствами Творца. Эту систему внутри человека еще нужно построить. Это и есть подготовительный этап.

Клипот доводят человека до истинной любви

Это то, что Творец делает с помощью клипот. Творец вносит внутрь творения, внутрь эгоистического желания получить, внутрь общего желания насладиться различные желания, различные образы, от которых можно получить наслаждение в форме аль менат лекабэль, ради себя. И тогда творение начинает страстно желать всего того, что есть в Творце.

Человек видит, что в Творце есть хэсэд, гвура, тифэрэт, нецах, ход — и хочет насладиться этим ради себя. Постепенно желая обрести все это, он начинает понимать, что именно это за свойства — и начинает желать их, а не наслаждения от них. То есть, в творении возникает желание насладиться именно свойствами Творца. Это то, для чего существует ситра ахра (нечистая сила, клипот), которая должна дать творению все знание о том, чем именно стоит ему насладиться, что вместо того, чтобы наслаждаться всеми наслаждениями этого мира: животными наслаждениями, деньгами, почестями, знаниями — всем тем, что есть у него здесь, вместо всего этого есть другое наслаждение, которое стоит больше, чем все это вместе взятое. В этом назначение клипот.

Клипот доводят человека до иступленной любви, когда не может даже спать: пришла к нему Любовь, но ради себя. И после этого начинается другая работа — уже работа по исправлению того кли-желания, которое создал в себе. Теперь построил он кли, есть у него желание, он знает, к чему это желание — это то, что он получил от клипот.

Это похоже, например, на какой-то материал, пластилин или тесто, но это просто желание насладиться. А нечистая сила показывает ему разные возможности: стоит тебе насладиться ради себя. Внутри этого пластилина, желания насладиться, человек строит некую определенную форму наслаждения — эта форма находится точно против того, что Творец может дать ему, она только противоположна свойству отдавать.

Эгоизм раскрывает человеку свойства Творца, но только в форме аль менат лекабэль, и при этом дает ему кли, показывает, чего ему желать. Но по крайней мере, есть у него теперь кли. А после этого есть уже совсем другая работа — по исправлению того, что получил от клипот. Работа по исправлению уже относится к системе чистых миров, к кдуша, к святости.

Работу надо делать каждое мгновение, а Бааль Сулам говорит нам о начале и об окончании работы, а что же делать в процессе, посередине? Он говорит, что сначала должны мы приобрести желание к духовному, котого у нас еще нет. У нас есть очень маленькое желание получить, пока только животное. А мы должны приобрести пусть животное желание, но очень большое. И точно знать, чего именно мы жаждем получить.

Вместо желаний денег, почестей, секса, знаний ты должен начать предпочитать духовные наслаждения ради себя. Что это такое — духовные наслаждения, откуда мне знать? Поэтому приходит эгоизм и понемногу дает тебе понять, какие наслаждения существуют в духовном. Так, что ты начинаешь жаждать Творца, как больной от любви. Это назначение клипот.

Святость специально входит внутрь клипот

Почему после разбиения келим в клипот упали святые искры — нецуцот ашпаа? Для чего они находятся там, внутри желания получить ради себя? Для того, чтобы дать желанию насладиться еще и намерение насладиться ради себя, что называется «лекабэль аль менат лекабэль», точнее, чтобы в решимот (записи, воспоминании) от получения ради себя осталась запись, чего желать и желать именно ради себя! Творец желает, чтобы именно из Ему противоположного желания человек пришел к Нему, сравнялся с Ним по свойствам.

Святость специально входит внутрь клипот, внутрь желания получить ради себя для того, чтобы желание поняло, чем именно, каким образом оно хочет насладиться. То, что человек пока хочет насладиться для себя — это не страшно, потом захочет отдавать...

Что значит Конец исправления

Так есть все-таки наказание или нет? Награда и наказание — это то, что человек оценивает и определяет сам для себя, наказание это или награда. Если я хочу насладиться чем-то конкретным, и дают мне это — это называется награда. Если я хочу насладиться чем-то, а мне этого не дают — это называется наказание. Если я хотел чем-то насладиться, и не дали мне, но я вижу, что за счет этого я достиг какой-то хорошей цели, то я понимаю, что то, что мне не дали желаемое — это для меня исправление. Все зависит от того состояния, в котором находится творение. И, исходя из этого состояния, оно оценивает и определяет, что это такое: награда, наказание или исправление.

Если мы посмотрим назад, на то, с чем нет уже у нас сильной чувственной связи, то мы можем сказать: «Да, то, что я прошел, это было исправление». Но если я еще нахожусь в состоянии, когда желаю получить и не получаю, то мое ощущение определяет это состояние, как наказание, а не как исправление.

А может быть, наоборот: про состояние, которое желал и получил — в итоге насладился им — я потом скажу, что это было наказание. Вместо того, чтобы продвинуться, подняться вверх, Творец дал мне это наслаждение, которого я желал, я погрузился в него — и это наказание само по себе.

То есть, человек сам определяет качество отношения Творца к себе. Но возможно ли определить что-то действительно объективно? В истинном ощущении все, что происходит — это все только исправления. И смены состояний происходят только для того, чтобы построить в человеке возможность ощутить самую высшую ступень — почувствовать себя в состоянии Конца исправления.

Нет такого, чтобы было сначала немного работы, потом немного наказания, потом немного награды, потом немного исправления. Человек, который проходит через свои внутренние процессы возмужания, решает в, зависимости от степени своего взросления, что происходит с ним.

Ничего не меняется вокруг него — это он сам меняется и, исходя из этого, по-новому оценивает свое состояние. И в итоге, он видит, что на самом деле ничего совершенно не менялось, кроме его оценки своего состояния: постепенно приоткрывают ему реальную картину, потом еще немного и еще немного... Для того, чтобы каждый раз он сам решил, в каком же состоянии он находится. Как он судит те состояния, которые Творец показывает ему. Это все приготовление к Концу исправления.

Вы знаете, как «учат» компьютер? Устанавливают на нем различные программы — еще одна дискета, и еще одна... Он как будто заглатывает это. Учат его сначала, как действовать, как себя вести. Затем вводят в него данные. И все время как будто кормят его.

Так же и человек: еще чуть-чуть, и еще... до тех пор, пока не будет готово кли с программой и со всеми данными — и это называется Конец исправления, когда готово кли, готово для своего настоящего применения. Но как его затем применяют — об этом нам каббалисты не рассказывают. Мы должны заниматься только подготовкой к той особой работе с исправленным кли, с самими собой.

Закончили его исправлять, настраивать, закончили устанавливать на нем программу, теперь он может чувствовать, понимать, решать и реализовывать свой потенциал. И мы можем наконец-то работать — кли готово, исправлено. После Конца исправления начинают с ним работать.

А до этого — только исправления, чтобы подготовить себя для настоящей работы, о которой нигде, ни в одном месте не написано, потому, что это уже тайны Торы... Мы не должны об этом сейчас беспокоиться. Мы должны заботиться только об исправлениях, чтобы быть готовыми к этому состоянию.

ЧТО ОЗНАЧАЕТ «ВЕРА ВЫШЕ ЗНАНИЯ»

17.4.01. АХа"П высшего находится внутри Г"Э низшего. В чем тут проблема? В том, что АХа"П высшего не действует сейчас и, значит, воспринимается нижним как темнота. И поэтому, нет у нижнего знания высшего. Потому что «знание» — это свет хохма. А если в высшем темнота, то нет у нижнего другой возможности приклеиться к высшему, как только с помощью веры.

Что это значит «с помощью веры»? Это значит, что нет у нижнего связи с Высшим посредством света хохма и поэтому он должен каким-то образом связаться с верхним. Как он может зто сделать? Через связь между АХа"П высшего и Г"Э низшего, которая называется вера. Потому что знания у него нет.

Рабаш объясняет как, несмотря на отсутствие естественной связи между ступенями, нижний может связаться с Высшим, причем, в такой форме, которая будет достаточна ему для того, чтобы можно было использовать ее как будто приобрел Знание, позволяющее подняться на более высокую ступень. В этом весь патент, как подниматься каждый раз на все более и более высокую ступень.

Так как все парцуфим изначально упорядочены сверху вниз, так, что АХа"П верхнего находится в Г"Э нижнего, и в АХа"П верхнего темнота, то духовное видится низшему в АХа"П высшего как бы не существующим. А если и существует, то оно не притягивает, потому что нет там света, нет там наслаждений, нет ничего, что притягивало бы меня.

В таком случае, несмотря на это, я могу воспользоваться другой силой, не силой знания, не раскрытием света хохма, а силой, которая называется вера. Не представляйте себе, что это понятие вера из нашего мира, что значит просто так верить во что-то, что говорят. Мне нужна какая-то другая сила, которая была бы связана с Высшим, чтобы связаться с верхним парцуфом, стремиться к духовному, несмотря на то, что не хотим его и не чувствуем.

Но когда достигаем связи с АХа"П верхнего, находим затем связь с его Г"Э, где уже верхняя ступень в действии, и начинаем видеть и получать свет. Весь патент, как это делается, называется Вера выше Знания.

Что такое выше знания? Знание я не могу получить: свет хохма из АХа"П Высшего в мой Г"Э я не могу получить. Поэтому я связываюсь из моего Г"Э с АХа"П высшего с помощью особой силы, веры, и тогда она поднимает меня на ступень выше меня, и с помощью веры я достигаю Г"Э верхнего, что означает, вхожу уже в область верхнего. Так я поднимаюсь со своего уровня на уровень верхнего. Так возникает связь низшего с высшим, что дает низшему, мне, возможность подниматься каждый раз со ступени на ступень в духовных мирах.

Знание — это результат зивуг дэ-акаа хохма и бина в такой форме, что есть в парцуфе свет хасадим с подсветкой света хохма. Но, когда верхний находится в темноте, нет никакой возможности раскрыть свои знания, он находится по отношению к духовному в темноте, в неопределенности, и не ощущает его... Знание — это точка связи между высшим и нижним. Здесь она не существует, не с чем связываться. Мои келим не могут с ним соединиться.

Это состояние подобно происходящему в радиоприемнике: вокруг эфир полон волн, но, чтобы поймать определенную волну, необходимо создать ее в себе, и тогда, в случае совпадения, внешняя подобная волна «улавливается» приемником.

И все-таки, есть здесь проблема — как я могу удовлетворить (заставить работать) мою животную систему, которая работает только в соответствии с тем, что я чувствую? Животное — оно работает только в соответствии со своими ощущениями. Не в соответствии со знанием даже, не говоря уже о вере. Как же я могу дать своей животной системе силы идти, по сути говоря, вслепую?

Правда-ложь, сладкое-горькое...

Но нет другого пути приобрести духовное. Потому, что если ты приобретаешь что-либо другим путем, ты приобретаешь в животные келим, то есть то, что хорошо им, не выбирая по принципу правда-ложь, а выбирая сладкое-горькое. И всегда ты выбираешь сладкое, горькое даже не познаешь, а потому не узнаешь ничего, и не сможешь ничего понять и почувствовать, ведь понятие правды и лжи от тебя скрыто. Поэтому животное ничего не постигает — постигает только человек.

Подняться над оценкой по принципу сладкое-горькое и перейти к оценке, основанной на понятии правда-ложь, можно только силой Веры: отключиться от ощущений и начинать работать только в соответствии с верой, только на основе выбора правда-ложь.

Поэтому изначально верхний находится в темноте и ничего не показывает низшему. Не надо воспринимать это, как плохое ощущение, а принимать это, прежде всего, как возможность (шанс) не быть погруженным только в свои ощущения сладкого-горького, что хорошо или не хорошо мне.

Нахождение в темноте без духовных наслаждений дает возможность начать работать в соответствии с непредвзятым анализом «правда-ложь». Если бы Творец давал мне хорошие или плохие ощущения, я был бы обязан тянуться к хорошему и избегать плохого.

Только в темноте появляется возможность перейти к работе в соответствии с понятиями правда-ложь. Если человек это понимает и начинает оценивать на основе «правда-ложь» все отношения в своей жизни, то он от раза к разу достигает высшего. Глубже и глубже связывается с высшим, пока не начинает открываться ему свет, свет хохма в одеянии света хасадим.

А если бы все время было только сладкое-горькое, — не ощущал бы ничего, кроме «нер дакик» (маленького свечения), и никогда бы не достиг Высшего, а только то, что находится на его животном уровне, на уровне его материального тела.

ЕСТЬ ВЕРА ПОСТОЯННАЯ И НЕПОСТОЯННАЯ

18.4.01. Есть вера, которую кли приобретает, теряет, опять приобретает, а есть вера постоянная, обретя которую, кли уже не теряет. Как получить такую веру? Кли получает такую веру в результате многократных поочередных подъемов и падений.

Ты спрашиваешь: «Для чего нужны девять месяцев вынашивания и два года вскармливания духовного парцуфа? Нельзя ли сразу получить веру?» Нет, так не бывает. Есть желание получить наслаждение, и на него необходимо последовательно обрести экран. Сначала силой авиют шореш, потом силой авиют алеф и т.д. постепенно приобретается свойство, которое называется вера. И это не приходит за один раз, а требуется много времени, то есть требуется совершить много действий.

А чтобы стать из маленького состояния взрослым, перейти из периода вскармливания через состояние малое — катнут, длящееся до 13 лет (понятие условное) — к большому, самостоятельному состоянию, когда уже парцуф в состоянии получать аль менат леашпиа, необходимо пройти множество состояний.

Та вера, которую получают до возраста 13 лет — это вера непостоянная. Начинается все с нуля, когда вносится семя, решимо в высший парцуф, и зародыш (экран с авиют шореш) начинает развиваться — это начало веры, человек начинает приобретать келим дэ-ашпаа. До того, как не достигнет тринадцати лет, когда на желания авиют шореш и алеф появляется намерение аль менат леашпиа.

Когда я получаю возможность также и получать аль менат леашпиа — это называется от тринадцати лет и старше. То есть, я приобретаю намерение аль менат леашпиа на желания авиют бэт, авиют гимел и далет.

Когда я отношусь ко всем своим пяти уровням авиют так, что совершенно отменяю их — это называется зародыш — ибур (период внутриутробного развития). Если во всех пяти уровнях я начинаю уже совершать действия, стараясь быть похожим на Высший парцуф, не получая пока, а только отдавая — это называется, что я становлюсь «маленьким» — катнут.

После тринадцати лет вера называется полной, эмуна шлема, потому что в свете хасадим раскрывается свет хохма. Что это значит? Увеличивается ли вера и после тринадцати лет, после того, как начинается получение ради Творца? Конечно, да: свет хасадим, который и есть вера, он тоже раскрывается тогда. Свет хохма и свет хасадим изменяются в ощущениях кли вместе. Поэтому мы говорим, что в состоянии катнут есть у парцуфа только свет нэфеш и руах. Нет у него света нэшама.

Вера — это мера всей работы в духовном

В соответствии с силой веры можно определить, где человек находится, насколько он продвинулся. Вера — это ощущение Творца. Откуда я получаю свойство аль менат леашпиа? От того, что я чувствую Творца. Творец должен раскрыться передо мной. В той мере, в которой Он раскрывается, это дает мне силы, Его раскрытие как Великого, Вечного, Совершенного строит во мне силу веры.

А если я прошу Его раскрыться в такой форме, когда Его раскрытие приносит мне не наслаждения, а импульс отдачи, леашпиа, тогда можно просить Его о таком раскрытии. И именно это и нужно все время желать и к этому стремиться, и ни к чему другому.

С верой можно идти, с верой в награду и наказание. Я приобретаю веру в то, что в мере работы над изменением в себе намерения ради себя на намерение ради Творца, постепенно, от легких к более тяжелым желаниям, насколько я буду работать над отключением от моих желаний, настолько будет мне большая награда.

А моя награда будет заключаться в том, что Творец даст мне силу, намерение ради Творца (аль менат леашпиа) — и это самое хорошее, что может быть, и это вся моя награда. А все остальное — это наказание. И это должно закончиться тем, что я сделаю такое действие над всеми моими 620 частями и получу на них силу веры.

А после этого я раскрываю в этих келим, как относится ко мне Творец, то есть я начинаю получать аль менат леашпиа. Потому что Его связь со мной я могу раскрыть только при условии, что я получаю от Него. Я начинаю получать наслаждения, достигаю ступеней «Любовь, зависящая от обстоятельств», а затем «Любовь, не зависящая от обстоятельств», «Вечная Любовь».

Духовные органы ощущения

Есть у нас пять органов чувств: зрение, слух, обоняние, вкус, осязание. Пять входов (отверстий), которыми мы принимаем воздействие того, что, якобы, находится снаружи. Это дает нам картину мира. Пять этих чувств приносят нам знание (информацию). Каждый из них — своим способом. Все, что мы ощущаем — мы ощущаем свои внутренние реакции, свои внутренние изменения, а снаружи находится в полном покое Высший Свет.

Он постоянно давит на нас своей целью — привести нас к наивысшему состоянию. В нас же постоянно обновляются решимот. Взаимодействие изменяющихся решимот с постоянным Высшим Светом и создает в нас впечатление изменяющегося внешнего мира. Хотя все изменения — они только внутри нас.

Как в духовном работают эти наши пять чувств, соответствующие пяти земным органам чувств? Один пророк говорит: «Я слышал... и был мне Голос...», а другой говорит: «И я видел... и проявил мне себя Творец...» То есть, подобно нашим, есть духовные органы: зрение, слух и другие, в которые человек получает духовное воздействие, то, что мы называем «пророчеством».

И также запах, речь, осязание — их тоже можно почувствовать. Осязание у нас — самое надежное ощущение, самое нам близкое, хотя зрение — чувство самое высокое, и поэтому свидетелем может быть только видевший. Хотя в пророчествах есть и «видел», и «слышал», но это две разные ступени, и различие между ними очень существенное: слух — свет хасадим, бина, а зрение — свет хохма, разум.

Бааль Сулам написал музыку, то есть он выразил какое-то ощущение в звуке, причем в особых звуках. Мог бы он выразить это в иных звуках? Но именно в такой форме он выразил свое ощущение духовного и передал нам, чтобы мы тоже могли немного подвергнуться этому воздействию.

Почему именно в такой форме? Почему бы не сделать фигуры, различные формы, чтобы я их увидел? Или как передать, например, осязание, чтобы я почувствовал? Мы видим, что дети, для того чтобы ощутить, используют вкусовые ощущения, все толкают в рот. Это работает инстинкт развития, роста, поглощения.

Находимся ли мы сейчас уже в какой-то связи с духовным? Повидимому, есть какая-то связь, поскольку Бааль Сулам все же перевел эту связь в музыку. Мы учим, что зрение, слух, обоняние, вкус, осязание — в духовном это реакция на распространение света внутри сосудов (келим). В голове парцуфа есть пять ступеней (бхинот). Свет внутри каждой ступени вызывает реакцию в головных кэтэр, хохма, бина, зэир анпин. И в конечном счете воздействует на малхут, общее желание получить, которое и есть тело парцуфа. Тело работает вместе с экраном, получая ради Творца, «аль менат леашпиа».

И здесь он вводит нам понятие, с которым мы вообще не знаем, что делать — вера. Этого я не знаю своими пятью материальными органами ощущений. Верой в этом мире называется, может быть, заполнение неопределенности от отсутствия информации? Или, как написано в книге «Эмуна вэ битахон» («Вера и уверенность»): «Вера — это тонкое влечение чувствительной души» (Эмуна — зэ нэтия дака ми адинут анэфэш). Что это такое — вера? То, что я не вижу, но, может быть, слышу? Может быть, я получаю другие свидетельства, в другой форме, восполняю недостающее?

Что такое вера в духовном?

Вера — это свойство бина. Это не то, что пришло от Творца, из света, в прямой форме. Это свойство, пришедшее как результат реакции кли на свет. Свет Хасадим называется верой.

Если кли приобретает свойство веры, то тогда в нем распространяется ощущение, называемое «свет хасадим». Если этот свет хасадим достаточно силен, то есть, если вера достаточно сильна, то она может раскрыть в себе также Знание — свет хохма.

Вера нужна, чтобы получить знание? Нужно, чтобы была достигнута цель творения — подобие Творцу. Вера — это то, что нужно нам как средство достижения цели. Без этого средства я не могу раскрыть для себя Творца, как сказано: «Праведник, да живет своей верой». Если мы достигаем свойства веры, то этим живем. А то Знание, которое раскрываем внутри этой веры, раскрываем для того, чтобы подчеркнуть, что предпочитаем веру.

Когда приходит свет Знания, а кли хочет жить только верой, только слиянием с Творцом, начинает получать аль менат леашпиа, потому что это уже является не получением, а отдачей.

Есть простая вера, и есть полная вера

Полная вера — это свет хасадим с подсветкой хохма. Простая вера — это свет хасадим. Проще говоря, вера — это намерение аль менат леашпиа. Вся связь творения с Творцом — это, в общем-то, вера, свет хасадим, отдача, внутри которой раскрывается Творец.

Бааль Сулам пишет в «Предисловии к Талмуду Десяти Сфирот»: «Человек с помощью учебы должен укрепить в себе веру в Творца и в Его управление наградой и наказанием».

Есть в интернете, на моем сайте, на форуме вопрос: «Зачем я учусь и для чего? Нет у меня никакого «вкуса» в учебе…» — человек не понимает, почему он открывает книгу. Книгу открывают потому, что это твоя обязанность перед самим собой — достигнуть получения веры. И не просто во что-то — «все, что ни будет, во все я верю». Нет, не так. Ты должен получить веру в «награду и наказание», и то, что это все идет от Творца, и «Нет никого, кроме Него».

Я должен чувствовать Его. Чувствовать Его отношение ко мне, что это идет именно от Хозяина. Это называется — вера, то есть явное ощущение, что есть сильная связь с Творцом через награду и наказание. И тогда можешь ты быть уверен, что твое желание, твое движение правильно, и из ло ли шма придет ли шма за счет силы веры. Только за счет того, что ты знаешь, что, если ты работаешь правильно, то получишь награду, а если нет, то получишь наказание. И твое сердце приведет тебя к правильной цели.

«КАМЕНЬ» НА ПУТИ К ТВОРЦУ

20.4.01. Как в нашем мире человек, идущий по дороге, если не видит камень, лежащий на его пути, спотыкается и падает, так и в духовной работе, когда человек желает идти дорогой Творца, он не видит камня, который называется рацон лекабэль. Эвен (камень) — от слова «авана» — понимание, потому что он хочет все леавин — понимать, получить от этого наслаждение для самого себя.

Человек должен идти верой выше знания. Если нет, то он идет с лев аЭвен — с каменным сердцем. А сердце из каменного, когда человек идет выше знания (знание — авана, эвен — камень), становится лев басар — живым сердцем (дословно: из мяса).

Когда человек прикладывает все силы, чтобы достичь цели творения, он понимает, что невозможно достичь цели творения, если не желать ее больше всего на свете, чтобы только это желание постоянно жило в нем. Но каждый раз открывается ему, что есть в нем еще и другие желания, и так Творец доводит его до состояния полного отчаяния.

Но это отчаяние не такое, от которого все бросают вследствие разочарования, оттого, что потерял всякую надежду. Правильное ощущение отчаяния — это ощущение отчаяния от невозможности достичь цели своими силами. И только!

Когда я очень сильно хочу достичь цели и пытаюсь всеми своими силами, всеми своими желаниями достичь, и после того, как тысячу раз уже пытался, я прихожу к заключению, что невозможно это сделать собственными силами. Тогда это отчаяние рождает во мне уверенность в том, что Творец желает и способен помочь мне!

Именно потому, что человек очень хочет, но сам не в состоянии этого добиться, открывается ему возможность обратиться к Творцу. Но не раньше. Только при условии, что он действительно видит, что невозможно ничего сделать — что его желания, его эго, Фараон, на самом деле убивает его. И никогда не освободиться ему собственными силами от своего эгоизма, как сказано в Пасхальном сказании: «И возопили сыны Израиля от этой работы...» Под «возопили» имеется в виду не исчезновение желания к духовному, а, наоборот, желание все время увеличивается.

Чем измеряется усилие

Как дойти до такого состояния? От человека требуется только усилие, без многих рассуждений. Только усилие... А Творец уже устроит ему все — все состояния, которые он должен пройти и понять... Ты должен только работать... Как именно работать — ты еще не понимаешь и не знаешь, и не твоя это забота. Как до этого работал, так и продолжай. Только приложи еще больше усилий. И по количеству, и по качеству, как говорится: «Все, что в твоих руках сделать — делай».

Отчего раскрывается тьма? Оттого, что Творец посылает свет. Свет, который Он посылает, раскрывается человеку как тьма, так, что человек видит себя каждый раз все в более темном состоянии. Усиление окружающего света приносит человеку ощущение темноты. Темноты чего, какой темноты? Я чувствую, что не духовное спрятано от меня, скрыто, а что мои свойства противоположны свойствам духовного, и это уже для меня называется «темнота».

Некоторые думают, что чем тяжелее физически, тем сильнее усилие. Есть ли тут какая-то связь? Чем измеряется усилие? Вот я сейчас, допустим, устал, болит у меня голова, давление, соседи шумели, не дали мне спать, и я не выспался — действительно ли сейчас, когда я занимаюсь, я прикладываю большее усилие, чем если бы я пришел полный сил?

Понятно, что усилие больше. Но это только при условии, что не было у меня выбора, и поэтому я попал в такое состояние. Если же я просто не спал два дня, гуляя, а теперь пришел на урок, валясь с ног, но выжимаю из себя последние силы, чтобы только не заснуть, произвожу ли я в таком случае усилие?

Нет! Потому что нет такой заповеди «изнуряй себя». Человек должен достаточно пить, есть, спать, делать все, что необходимо, а если пренебрегает своими необходимыми потребностями, он идет этим против природы и самой сути аводат аШем — работа ради Творца.

Тот, кто не дает себе спать, есть и отдыхать в принятых рамках, тот, кто не делает этого, тот не выполняет указаний Творца относительно тела. Тело не принадлежит тебе. Ты должен заботиться о нем. Это машина, с помощью которой ты должен раскрыть Творца на ступени, называемой «Наш Мир». Для этого и дали тебе Каббалу, чтобы ты в то время, когда находишься именно в материальном теле, раскрыл Творца. Поэтому ты должен относиться к телу, как к важному компоненту, необходимому для достижения цели, раскрытия Духовного.

СОСТОЯНИЕ «ПАНИМ» И «АХОРАИМ»

23.4.01. Необходимо понимать, что состояние «ахораим» (обратная сторона ступени) — это очень важное состояние человека, более важное даже, чем состояние «паним» (передняя часть, лицевая). Потому что, как мы учим, самое главное — это кли. А кли строится во время ахораим — во время ухода света, как это написано: «Одевание света в кли и его последующий исход из кли — это то, что создает кли».

Поэтому, каждое кли зависит от степени темноты, которая приходит к человеку. И, следовательно, работа в ахораим — это самая важная работа, так как она — подготовительный этап, который определяет все будущее этой ступени. Бааль Сулам приводит пример, что «если бы были задержаны в Египетском изгнании на 400 лет, а не вышли бы после 210 лет, то пришли бы к состоянию гораздо более высокому».

Поэтому запрещено человеку все время требовать: «Ну когда же, когда же, когда?!» Это в принципе хорошо, что человек спрашивает «Когда?». Но, с другой стороны, он должен понимать, что когда — это будет именно «тогда, когда надо», вернее, когда будет готово его кли.

Каждое состояние должно созреть, а если получить преждевременно какое-то раскрытие духовного, то оно будет не в постоянной форме и не в той мере, в которой нужно: не будет при этом совершенного постижения, на что и намекает Бааль Сулам, говоря о преждевременном выходе из Египта.

Кли ахораим должны быть выращены полностью, чтобы потом можно было действительно почувствовать в них полное раскрытие. Поэтому, «когда» — это зависит только от усилия, которое человек прикладывает. А в то мгновение, когда человек выполняет всю необходимую работу, весь объем, тут же ахораим превращаются в кли, готовое принять раскрытие света «лица».

Паним и ахораим — это, в общем-то, то же самое кли. Ахораим оно называется в состоянии, когда еще не готово к раскрытию духовного, когда еще отсутствуют там все необходимые исправления. А когда человек приложил уже все необходимые усилия, тогда приходит сверху свет исправления, полностью исправляется кли, а после него приходит свет наполнения, который наполняет творение.

Оба эти света только и ждут, чтобы кли окрепло до состояния, которое называется подъем молитвы — алият Ма"Н, т.е. когда кли разовьет желание, достаточное для того, чтобы на самом деле раскрыть Творца так, как Он хотел, чтобы творение раскрыло Его.

На кого я работаю

Нет такого состояния в мироздании, что Творец, якобы, не хочет тебя. Не может быть такого. Никто с вами не сводит счеты сверху. Тот, кто говорит, что у Творца есть с ним какие-то особые счеты — жалко мне такого человека...

Человек должен делать все, чтобы приложить достаточное усилие и по количеству, и по качеству, — отменяя, преклоняя себя ради Рава, группы, книг, как мы учили в статье «К окончанию комментария «Сулам» на книгу «Зоар», — а не приходить учиться только ради получения знания вместо приложения усилий для соединения с товарищами. Необходимо постоянно думать, как продолжить движение к цели творения.

Все зависит от того, о чем именно человек думает. Может быть так, что он вообще не прилагает никакого усилия, несмотря на то, что приходит на занятия каждый день, выполняет свою часть работы в группе. Весь вопрос: «Для чего он это делает?» — Для того, чтобы получить знание? Но у нас не дают дипломов! Все зависит от того, для чего приложено усилие. Передо мной должна быть цель, и с каждым разом все более и более истинная.

Как пишет Рабаш, возможно, ты работаешь для одной цели, для одного хозяина, а приходишь затем получить плату за это у другого хозяина. А он говорит тебе: «Да ты же ничего для меня не сделал?! Почему ты пришел ко мне за вознаграждением? Ты работал на себя, у своего эгоизма, так и иди к нему, пусть он заплатит тебе. А я наполняю только желание отдавать — рацон леашпиа».

ВЫШЕ ЗНАНИЯ

24.4.01. Каждый раз, когда ситуация меняется — изменяется и понятие лемала ми адаат — выше знания. Поэтому ты не можешь все время быть лемала ми аДаат. Всякий раз, находясь лемала ми аДаат, ты должен упасть и принять на себя это состояние вновь, уже на новой ступени. Не может такого быть, что сейчас я принимаю это состояние — лемала ми аДаат — и иду с ним на протяжении всего пути, потому что, делая каждый шаг, ты должен получать веру заново. Это совершенно непостоянная вещь...

Вера выше знания создается включением низшего в высший, выше знания низшего. Именно это приходит для исправления, именно это называется духовностью. Только лишь это низший должен приобрести — взять мнение высшего вместо своего. И все решения, все исправления в состоянии лемала ми аДаат складываются вместе в одно большое исправление.

И это называется «гмар тикун» — конец исправления. Но на каждом новом этапе мы обязаны упасть в состояние внутри знания, соединиться с ним, и затем уже подняться выше него. Поэтому ни о каком постоянном состоянии не может быть и речи.

Всякий раз, когда нужно проверить состояние разбитого кли, происходит исправление состояния лемала ми аДаат. Ведь почему кли разбито? Потому что нет экрана. А приобретение экрана и называется приобретением свойства лемала ми аДаат.

«ОСТАВЬ СКАЛУ, НЕ ВОЛНУЙСЯ, Я ДЕРЖУ ТЕБЯ»

25.4.01. На чем основывается твое знание (твоя информация)? Что значит «Вера выше знания»? Что такое вера и что такое знание? Есть у нас кли (сосуд), и есть у нас ор (свет). Свет может находиться внутри кли или вне его, но в любом состоянии свет дает сосуду определенное ощущение. И все, что кли чувствует, оно чувствует от воздействия света — от его присутствия или отсутствия.

Говорят, что вера приходит именно оттого, что сосуд находится в состоянии, в котором не может принять свет, почувствовать свет так, как он должен раскрыться. И тогда сосуд восполняет недостаток своих исправлений верой.

Сейчас Творец скрыт. Вопрос: «Могу ли я сейчас существовать, работать, вести себя так, будто Творец проявлен мне? И где мне взять такую силу? Когда Он виден, когда свет ощущается внутри сосуда, сосуд получает все — знание, ощущения... Сейчас нет у меня ничего. Могу ли я посредством какого-нибудь действия, исправления, знания... вооружиться некой силой вместо открытого управления Творца?»

Ребе приводит пример: Человек должен мне 1000 долларов. Он приносит мне конверт. Я считаю — в конверте 999. Считаю еще раз, еще раз — каждый раз — 999. До тех пор, пока не становится мне ясно, что это 999, а не 1000. Я выстроил свой даат — знание, вне всяких сомнений, мне известна истинная сумма. Как я сейчас буду себя вести? Как будто я получил 999? Следовать своим ощущениям? Или я поведу себя так, будто получил 1000?

Почему вдруг я буду вести себя так, как будто я получил 1000? Потому что друг, который принес мне конверт, говорит, что там 1000! То есть, он проверил, посчитал и принес мне. По его мнению там 1000, по моему мнению — там 999. Могу ли я принять его знание вместо своего знания? И если могу, то с помощью какой силы?

Я не говорю о том, что мне не важен один доллар. Я говорю о принципе. Могу ли я, и посредством каких действий это возможно, принять «даат» друга вместо моего? И после получения мною его знания, вместо своего, я обрету уверенность, что получил всю сумму? А если, скажем, в конверте вместо тысячи долларов был бы один, а 999 долларов не хватало. Смогу ли я получить его «даат» вместо своего? Мы говорим о вещах, от которых зависит наша вечная жизнь и смерть. Верить выше знания, как в примере с человеком, который висит над пропастью, держась руками за край скалы. Он слышит голос Творца: «Оставь скалу, не волнуйся, Я держу тебя». Принять это вместо своего знания?

Я не в состоянии, исходя из своего природного стремления к знанию своего состояния, своего рацон лекабэль, отпустить скалу. Я могу это сделать только, если полностью уверен в успехе и в том что не совершаю безрассудный поступок. Мы же говорим о каждом действии человека, как о выполненном с ясным умом. А если так, тогда человек не в состоянии этого сделать, наш материал (хомер) не разрешает нам этого.

Но должна быть готовность прийти к таким решениям, что я хотел бы это сделать, что без этого невозможно существовать. Что я хочу идти именно выше знания, и что я не связан со своим знанием, а принимаю на себя даат Высшего с более высокой ступени. Только посредством этого я могу спастись.

Не буду же я висеть, подвешенный к скале все время? Такое решение рождается в человеке постепенно, вследствие многих усилий в учебе и распространении Каббалы. Я должен что-то сделать! Иначе я не приближусь к цели.

Поэтому войска фараона во время исхода евреев из Египта преследуют их, ведь необходимо прийти к готовности идти лемала ми адаат и видеть в этом спасение. Настолько, что даже, если дадут мне знание, если я увижу, что это тысяча долларов, как говорит мне друг, то скажу ему: «нет, лучше бы я видел, что это один доллар и имел возможность при этом идти лемала ми аДаат».

Почему? Что это — игра? Потому что «вера выше знания» — это особое, неограниченное кли. Неограниченное моими свойствами. Это кли Высшего. И это позволяет мне присоединиться к Высшему. Представь себе, что Творец говорит: «отпусти свою руку, не волнуйся, ты не упадешь в пропасть», и ты можешь сделать это, и быть на сто процентов уверенным, что это так. Какую связь с Ним ты этим получаешь!

Это очень трудно. Это внутреннее решение. Если ты еще не чувствуешь важности идти верой выше знания, значит еще не развилось у тебя такое кли. Должно оно еще развиваться, пока не придет к такому состоянию, когда необходимо ему быть связанным с Творцом именно через систему, которая называется «лемала ми адаат». Вера выше знания — это система отношений, которая строится очень медленно.

И не для того человек стремится верить, чтобы избежать несчастий и спастись. Здесь, в примере со скалой, вроде бы так происходит, чтобы спастись. Иначе я упаду и разобьюсь. Поэтому мне необходима вера выше знания.

Но это не так: веру выше знания получают не тогда, когда стоят перед выбором между жизнью и смертью, даже жизнью и смертью духовными, когда я вижу, что если не приму эту веру, то потеряю жизнь, даже жизнь вечную. Веру выше разума принимают с любовью именно потому, что я ценю ее превыше всего.

Я мог бы и без нее обойтись, но предпочитаю это. Это процесс — процесс развития решения: решения, что вера выше знания — это самое важное и самое лучшее, что может быть. Принятие решения идти верой выше знания происходит совершенно осознанно. Каждое состояние в духовном при принятии решений должно быть совершенно осознанным, в полной ясности. Чем дальше человек продвигается, тем больше он начинает прислушиваться к происходящему внутри него, к тому, что Творец желает ему показать в разных жизненных ситуациях.

Человек начинает видеть себя больше со стороны, понимать, что это Творец производит над ним действия. Эти вещи накапливаются со временем. На это уходят годы. У каждого свой темп развития. Зачастую невозможно сделать это быстрее, и человеку нужно быть готовым к разным стадиям духовного развития.

Вопрос: *Должен ли занимающийся подчиниться решению товарища, решению Рава?*

Если решение было принято группой, хотя ты и не согласен с ее решением, ты обязан принять решение группы верой выше знания. Это не значит, что ты не можешь высказать свое мнение и пытаться переубедить своих друзей — конечно, можешь. Но, после того, как решение уже принято, ты должен принять его верой выше знания, совершенно выбросив из головы все возражения, которые были у тебя прежде. Если ты так не поступаешь, значит ты не в группе и, вообще, вне духовного процесса.

КАББАЛА — ЭТО ПРОЦЕСС САМОПОЗНАНИЯ

7.5.01. Каббала — это процесс самопознания, ведь человек изучает себя, свои свойства. Вначале это акарат аРа — осознание эгоизма. А затем начинает искать: каковы же свойства Творца? А затем снова возвращается к себе, сравнивает свои свойства и свойства Творца, и желает достичь свойств Творца. Человек постоянно изучает себя, анализирует, сравнивает. Ведь все, что постигается, постигается только в мере сравнения свойств человека и Творца, а потому Каббала — это процесс самопостижения!

Если я нахожусь в состоянии, когда еще только начинаю раскрываться самому себе, познавать себя и не знаю, чего же я на самом деле хочу — я просто чувствую какое-то неосознанное стремление, плохо мне, не нахожу я радости в своей жизни, не вижу ее цели, назначения, для чего мне жить, в чем смысл жизни...

Что заставляет меня раскрываться? Не требуют от человека, чтобы сделал он больше, чем в его силах. В конце-концов, человек раскрывается в соответствии с духовным геном, который называется «решимо» — запись, воспоминание. Есть в нас духовные решимот, на которые есть одеяния, внешняя оболочка, а на ней — еще более внешняя — и так до самой верхней — материальной, которая известна нам как ДНК, ген и т.п. внешние проявления нашей сути.

Человек раскрывается в соответствии с этими решимот. Их проявления изнутри не зависят от самого человека. Но после того, как они раскрываются в человеке — после того, как он осознает, куда решимот толкают его, — у него уже есть свобода выбора для того, чтобы избрать себе окружение, книги, создать себе условия для продвижения.

В зависимости от общества, если оно способствует развитию решимо, решимо создают в человеке большее осознание цели. Человек развивается только в соответствии с решимот, а быстрее или медленнее — в зависимости от выбора окружающей среды.

Как достигается ощущение необходимости искать подходящее общество? Приходит такое состояние, когда решимот дают человеку осознать, что надо к этим решимот добавить еще и внешнюю силу. Потому что, если будешь развиваться только с помощью решимот, будешь идти к цели творения, к духовному, только путем страданий.

И сами решимот дают понять, что стоит добавить к ним внешнюю силу. Раскрытие с помощью решимот — это раскрытие путем страданий. Раскрытие с помощью дополнительной внешней силы, мнения общества — это раскрытие с помощью света, развитие светом, который возвращает к Источнику окружающего света..

Желание получить наслаждение всегда управляет человеком, даже когда мы получаем желание отдавать, это не желание отдавать в чистом виде, а это исправление желания получить наслаждение таким образом, что оно начинает работать в другой форме. Но само желание получить не исчезает никогда. Ведь его создал Творец. Затем я достигаю ступени бины хафэц хэсэд (желающий отдавать), который накладывается на рацон лекабэль. И чем больше есть у меня желания получить, тем больше мой хафэц хэсэд.

Я никогда не могу сказать, что я совершенно освободился от какого-то своего желания наслаждаться. Почему бина — это бэт дэ-авиют? Почему хафэц хэсэд должна быть бэт дэ-авиют? Как у нее вообще может быть какой-то авиют (желание получить)? Потому что невозможно быть хафэц хэсэд пока нет в тебе желания получить наслаждение. Относительно чего ты тогда будешь хафэц? Что такое хафэц? — рацон, желание. И это желание «хафэц», оно бэт дэ-авиют. А на него уже есть исправление — хэсэд.

Если будет у тебя желание меньшее, желание с авиют шореш, то оно как бы и не действует вообще. Есть у меня, допустим, 70 желаний внутри моей души. И все эти желания работают. Вопрос только в том, какое желание подавляет, перебивает другие желания в каждое отдельное мгновение. Но все желания при этом работают.

Вопрос: *Если Творец хочет дать наслаждение творениям — это разве не значит, что есть у Него «хисарон», что Ему чего-то не хватает? Если Он не сможет наслаждать, то не сможет насладиться?*

Нет, то, что у нас подразумевается под недостатком, — это не недостаток отдачи, в нас это недостаток получения. Потому что желание получить называется «хисарон». А желание отдать не называется «хисарон». Если я хочу дать тебе что-то хорошее, то работает то же самое желание получить только в скрытой, в иной форме.

Но если работает настоящее желание отдавать, без того, чтобы получать при этом что-то себе, это не называется «хисарон». Потому что Он делает это не для того, чтобы наполнить Себя в какой бы то ни было форме.

А если у Творца нет никакого желания получить, а есть только желание отдать, то не может быть, чтобы Он мог причинить кому-то зло. И это открывается тому, кто ощущает Его. Тот, кто достиг на самом деле раскрытия духовного, тот раскрывает, что от Творца исходит только Добро.

НУЖНО ХРАНИТЬ ЧИСТОТУ ИДЕИ

8.5.01. Нужно хранить накопленное в чистом виде, чтобы не исказилось то, что собралось до сегодняшнего дня. Нужно всегда хранить в чистой и истинной форме определения «Что такое Каббала?», «Чем она занимается?», «В чем ее цель?», «В чем ее существенное отличие от религий и разного рода мистик и иных наук?» и т.д..

Поскольку мы приближаемся к ситуации, когда все захотят прикоснуться к Каббале, нужно с особой тщательностью хранить ее и подчеркивать ее особенность, уникальность, отличие Каббалы от всевозможных течений, методик, философий, религий и прочего.

А поскольку желания в наше время стремительно возрастают, то все начинают копаться в Каббале, и каждый, кто прочитал где-то какую-то заметку, полагает, что уже имеет сформировавшееся личное мнение и желает выплеснуть его наружу. А при помощи современных средств информации можно запросто надеть на Каббалу такие одежды, что все запутаются, и не останется даже намека на истинную, чистую науку Каббала.

Мы должны хранить то, что уже существовало к моменту нашего прихода к Каббале — наши первоисточники: «Зоар», труды Ари, комментарии Бааль Сулама и Рабаша на «Зоар» и книги Ари, хранить чистоту той идеи, мысли, которую они передали нам, которую мы получили от них, чтобы не исказили ее. Работать над тем, чтобы заострить эту идею, выявить перед всем миром суть и сущность Каббалы и ее цель.

Можно одной фразой описать, что представляет собой вся эта наука: это связь человека с Творцом — Аводат аШем, слияние с Творцом. И ничего более — это и есть вся Каббала. И нет здесь никакой мистики и никаких других вещей, не относящихся к делу... То есть, с первого же мгновения ты заостряешь свое внимание на своей связи с Творцом. И ни о чем, кроме этого, нельзя тебе думать, потому что это уже будет не Каббала!

Массы этого не понимают. В массах бытует мнение, что Каббала рассказывает тайны, написанные в Талмуде, что это, якобы, некий тайный ключ. Что с помощью гематрий она рассказывает о будущем, о прошлом, о том, как вращается мир, как устроена наша действительность, о том, кто ты и что ты... А Каббала проясняет для тебя все эти вещи только в рамках твоей связи с Творцом!

На самом деле Каббала включает в себя все. Ведь эта связь и называется для тебя твоим миром! Потому что то, что ты чувствуешь, называется Творец. Творец — это то, что ты чувствуешь, то есть все материальное.

А потом, на более высокой ступени, увидишь, что добро и зло, одно против другого — также проявления Творца. Постепенно возникнет некая устойчивость, ощущение Его личного управления. До тех пор, пока не прояснится, что всем в мире управляет одна сила.

Люди полагают, что не постигнув того, о чем повествует Каббала, можно иметь свое мнение об этой науке, скрытом учении. Причем, сами же говорят, что учение тайное... Если оно тайное, как ты сам утверждаешь, то кто ты такой, чтобы судить о нем?

Мы должны видеть в этих силах, которые якобы выступают против нас, Направляющую Руку. Кто-то, выступая против, тем самым показывает мне, в чем недостатки моего объяснения, ошибки, которые я должен исправить. И я благодарен ему за это... На сомнение, вопрос, претензию, которые он выражает, я должен ответить. Неважно, от кого исходит вопрос — главное, что он еще не выявлен (не исправлен) в мире. Поэтому нужно найти причину вопроса и сделать соответствующее исправление.

КАББАЛИСТЫ СПЕЦИАЛЬНО СТАРАЮТСЯ НАС ЗАПУТАТЬ

9.5.01. Вещи, о которых мы слышим в Каббале, вообще, путают нас. Каббалисты специально стараются нас запутать. Мы должны прийти к намерению отдавать, чтобы доставить наслаждение Творцу. А в действительности эти слова неправильны.

Человек, который подходит к настоящему пониманию того, что такое действительно аль менат леашпиа, отдача Творцу, видит, что это ему на пользу, что он делает это на самом деле для себя, для своей выгоды. Он видит, что то, что казалось ему раньше наказанием — это вознаграждение. Или это исправление. Он видит все наоборот, как сказано о вошедшем в ощущение высшего мира: «и увидел я обратный (перевернутый) мир».

Так что слова, которые нам сейчас кажутся «против нашей природы», превращаются в «соответствующие нашей природе». Потому что природа меняется. И тогда понятия, настоящие духовные понятия, принимаются с любовью, радостью и желанием. А то, что кажется нам сегодня, что отдавать, чтобы доставить радость Творцу — это действия, противоречащие нашей природе, отталкиваемые ею, несовместимы с нами — это не так.

Для человека, который проходит исправление, эти вещи не противоречащие, не отталкиваемые и не несовместимые с желанием — они соответствуют его желанию. Напротив, получая такую возможность, он рад и благодарен Хозяину, который дает ему такой шанс вернуть Ему, отблагодарить Его.

То есть, такие понятия, термины, определения, как «отдавать Творцу, чтобы доставить Ему наслаждение...», «сделать Ему приятное...», — они видятся нашими эгоистическими, животными келим как отталкивающие, как мерзкие, как сказано: «Вся работа израильтян в Египте была мерзка в глазах египтян». А причина в том, что кажущееся нам наказанием — это на самом деле исправление.

Что такое «Клипат Яваним»

Клипат Яваним — это полностью антидуховные желания (неисправленные желания, темные силы), которые рисуют нам с точностью до наоборот свойства духовного мира.

Вопрос: Если разум говорит мне, что «аводат аШем» это хорошо, почему я не могу основывать на этом свою работу?

Твой даат говорит тебе, что аводат аШем это хорошо? Это может быть в двух случаях. Или твое знание (даат) все еще не настоящее, но ты этого не можешь определить на своей ступени, потому что ты еще находишься до осознания зла (акарат ара). Тогда ты согласен с этим. Или ты получил воздействие сверху, что тоже безо всякой связи с проверкой, оценкой твоих свойств, с настоящим осознанием того, каковы твои свойства, хороши они или плохо подходят для настоящей цели. И тогда ты работаешь в соответствии с тем, что есть у тебя сегодня и сейчас.

Одно из двух. Или же ты пришел уже после исправлений к состоянию, когда действительно аль менат леашпиа — это правда и хорошо. Или ты лжешь, говоря, что аль менат леашпиа — это хорошо. Или ты говоришь правду, и это означает, что на самом деле это так.

Если тело говорит, что стоит тебе работать ради Творца, то это знак, что то, что ты делаешь, ты делаешь на пользу телу. Непонятно? Кто заставляет в таком случае тебя работать? Тело?! Это не важно, какую именно работу оно требует. Тело требует всегда в свою пользу. Кто заказывает работу? Тело? Тело и хочет потом получить оплату. Результат от работы приходит к телу.

Какое есть средство против этого? Прежде всего сделай сокращение (цимцум), отсоединись от тела, то есть то, что называется действовать выше знания, выше тела, выше разума (лемала ми аДаат, лемала ми аГуф, лемала ми аСехель).

И тогда, если сможешь это сделать, вся работа, которая будет против тела и без связи с телом, — это действительно будет отдача. Но не со стороны тела придет требование на эту работу.

Вопрос: Когда человек получает «вторую природу», разве тело не соглашается получать с намерением ради отдачи?

Мы не в состоянии понять, что такое получить вторую природу, и что тело начинает принимать наслаждение от отдачи. Это вещи, которые могут нас сейчас запутать. Но все-таки можно говорить об этом и не слишком запутаться.

И правда, что на каждом уровне есть период путаницы. Невозможно поменять даат, чтобы одна ступень перешла в другую, если не путаемся и не оставляем его, и не отключаемся. Мы должны пройти все четыре бхины, ступени.

Вторую природу мы получаем после того, как делаем Сокращение, приобретаем «келим дэ-ашпаа, гальгальта вэ эйнаим», и после начинаем работать с возрождением мертвых — тхият аметим, с телом, с желаниями получать аль менат леашпиа.

Эти желания тела, с которыми работают аль менат леашпиа, это уже не те желания, которые есть у тебя сегодня к таким маленьким животным вещам, как немного еды, немного питья, немного секса, немного почета, немного денег...

Но теперь приоткрывают тебе клипот. И там есть огромные желания, противоположные, обратные Творцу, против Творца. Что это означает — против Творца? Чтобы Творец служил мне, чтобы Он дал мне, чтобы я насладился Им, чтобы украл у Него....

Это не те понятия получения, которые есть у нас сегодня. Сегодня есть у нас только тонкая свеча — нер дакик, наслаждения очень маленькие, которые мы можем украсть, пользоваться ими, и это даже не называется прегрешением. То есть, это не то же самое тело, которым ты пользуешься, хотя и написано, что «все тела воскреснут...» Но прежде должны достичь гуф дэ-тума — эгоистического тела, называемого «фараоном», а уже потом очистить его и использовать для святости — кдуша.

Где ощущается удовольствие от отдачи

Вопрос: Когда человек начинает получать удовольствие от того, что отдает, кто получает это удовольствие? Тело получает удовольствие от отдачи?

Нет. Тело — гуф не получает наслаждения от отдачи. Поскольку кли, которое у нас теперь есть — это новое кли. Я не могу наслаждаться в тех же келим, предназначенных получать удовольствие от куска пищи, тем, что я даю эту пищу кому-то другому.

Будучи в Манхеттене, я зашел посмотреть, как работает пункт «Армии Спасения», место, где собираются нищие, чтобы получить еду. Представь, что ты раздаешь им еду. Все это содержат только добровольцы. Разве ты, дающий еду, получаешь удовольствие от того, что он насыщается своим желудком? Это совершенно другое кли. Это кли отдачи.

Твое тело остается с теми же келим, которые оно не может наполнить тем, что оно отдает. Оно не в состоянии это сделать. Но кли, которое ты строишь, ты строишь над ним, над малхут.

Никогда своим животом ты не почувствуешь то, что чувствует кто-то другой, которому ты дал еду. Наполняется его желудок, и я своим животом чувствую, как он наполняется? Нет! Я чувствую другим своим кли, как он наполняется. И это кли у меня вообще не относится к питанию. Так для чего мне нужны келим получения (дэ-кабала)? Чтобы построить на них келим отдачи (дэ-ашпаа).

Если бы не было у меня вкуса, как бы смог я включить в себя желания другого? Я бы не мог понять, чего ему не хватает, не смог бы наполнить эти его ощущения недостатка. Для этого мне нужны келим дэ-кабала. То есть, чтобы действительно дать, я начинаю понимать, что должен иметь келим дэ-кабала. Но они есть у меня, и тогда я пользуюсь ими.

Поэтому необходимо полное разделение на келим дэ-кабала и приобретение келим дэ-ашпаа. После приобретения келим дэ-ашпаа, что я могу с ними делать? Поскольку то, что есть в моих келим дэ-кабала, есть также и в его келим дэ-кабала, значит, моими келим дэ-кабала я могу понять, чего ему не хватает в его келим дэ-кабала и воспользоваться этим, чтобы наполнить его, дать ему. Тогда я понимаю, для чего мне необходимы эти келим дэ-кабала! Тогда я нуждаюсь в них, и они растут во мне! А до этого момента они просто мне во вред.

«ИСРАЭЛЬ» И «НАРОДЫ МИРА»

11.5.01. Есть в нас сила (желание, стремление), называемая «Исраэль», и есть в нас сила (желание, стремление), называемая «народы мира». «Исраэль» — это стремление человека к Творцу. «Народы мира» — это стремление человека ко всему, что находится вокруг него, желание насладиться своим нынешним состоянием, насладиться ради себя. В этом заключается весь смысл этих понятий, все различие между силами «Исраэль» и «народы мира».

Понятно, что «Исраэль» — это не тот, кого мы считаем евреем в нашем материальном мире, как и определение «народы мира» не имеет отношения к этому миру. А в каждом человеке есть два свойства, которые так называются. И нет никакой связи духовных понятий «Исраэль» и «народы мира» с нашим материальным миром. В каждом из нас присутствуют две эти силы.

Если в человеке нет силы, которая называется «Исраэль», то нет у него также и силы «народы мира». Эти две силы могут присутствовать только вместе. Если нет у него одной силы, значит, нет и другой, и тогда он называется «животное». То есть, «народы мира» — это осознанное предпочтение получить наслаждение ради себя, вместо того, чтобы дать наслаждение Творцу.

Понятно, что свойство «народы мира» может быть только у того, кто уже приобрел немного свойства «Исраэль». Не может быть одного без другого. А простой человек, не занимающийся Каббалой, у которого есть всяческие стремления в соответствии с его желаниями, не относится к Народам мира и не называется «гой» — народ.

Гой и йехуди — это две силы внутри человека, который уже желает духовного, который уже начал сближение с Творцом. Сила, которая тянет его к Творцу, называется «йехуди», «Исраэль», а сила, препятствующая (мешающая) ей, называется «гой». Поэтому сказано в Торе, что каждый человек включает в себя весь мир.

У того, кто не стремится к духовному, нет ни свойства йехуди, ни свойства гой. Он находится на уровне «животное», живущее только в соответствии со своими естественными природными свойствами, которые находятся в его биологическом теле, подобно тому, как существуют все животные нашего мира.

То есть, чем больше человек начинает продвигаться в духовном — начинает учиться, искать внутри себя силы, искать ответы на все свои вопросы, начинает понемногу понимать, что такое духовное, как построены высшие миры, кто такой он, где он находится относительно них — тем быстрее увеличивается в нем часть Исраэль и, вместе с этим, параллельно, растет в нем часть гой.

И две эти силы — правая и левая — потом станут двумя линиями — правой и левой, — а он будет находиться посередине между ними, в средней линии: эти две силы всегда развиваются параллельно и равны одна другой. Невозможно продвигаться с помощью одной, не используя противоположную.

Правым всегда называется сила Исраэль в человеке, а левым называется сила гой в человеке. И они всегда равны для того, чтобы человек мог сам выбрать, к чему он хочет относиться — это единственный выбор, который есть у человека.

У кого нет еще силы, называемой Исраэль, нет у него и силы, называемой гой, и не посылают ему сверху никаких помех. А препятствия посылаются только тому, в ком есть сила Исраэль, для того, чтобы мог он преодолеть их и увеличить свою силу Исраэль над силой гой, чтобы была у него возможность каждый раз увеличить правую линию на основе левой, и так идти от силы к силе.

Поэтому, чем выше человек, тем больший в нем развивается эгоизм. Чем больше человек продвигается вперед, тем больше есть у него помех. И все это для того, чтобы помочь ему продвигаться.

Что такое «49 ворот нечистоты», которые необходимо пройти до выхода из Египта? Для того, чтобы выйти в духовный мир, необходимо подготовить большое кли, огромное желание к духовному. И это желание растет в человеке только за счет того, что посылают ему разные помехи, всяческие желания к наслаждениям в объектах нашего мира, к животным наслаждениям. И он должен преодолеть их. Невозможно преодолеть это все в одиночку — необходима работа в группе, с книгами, постепенно, понемногу — это занимает долгие месяцы...

Но если, несмотря на все эти препятствия, человек увеличивает часть Исраэль в себе, он приходит к состоянию, когда его ворота увеличиваются — его желания к духовному, его силы растут, растут за счет препятствий слева, препятствий Египта.

В самом начале, когда человек только выходит на эту дорогу, он думает, что его желания могут помочь ему на этом пути в духовное. Потом он видит, что существует животная сила, которая управляет им и не дает ему достичь духовного. Это называется, что пришел новый Царь в Египет. После чего он видит, что Фараон — эта животная сила, управляет им и не дает ему перейти в духовное. Человек видит, что власть эгоизма над ним, называемая Фараон, так велика, что сам он ничего не может поделать с ней, и ему необходим Моше — душа, которая в нем, сила, вытаскивающая его в духовное, толкающая его вперед.

Человек обнаруживает, что он на самом деле нуждается в Творце, как это сказано в Торе, когда Творец говорит Моше: «Пойдем к Паро», то есть — «Я пойду с тобой». Когда человек чувствует, что он действительно нуждается в Высшей силе, чт если Творец не поможет ему, он навсегда останется погрязшим в своих животных желаниях, он чувствует себя в мем-тэт шэарэй тума (49-ти воротах нечистоты). И тогда приходит свыше сила, которая вытаскивает его из Египта. Это называется выходом из Египта через 49 нечистых ворот.

О 50-х воротах не говорим (хотя есть и Меа Шэарим — сто ворот тоже), потому что это уже такие свойства в нашей природе, с которыми мы сможем работать только после гмар тикун. Свойства 50-х ворот называются «лев аЭвен». То есть 50 нечистых ворот не может раскрыть человек, а только 49. Это знак включения получающих келим в келим дэ-ашпаа (работа с АХа"П дэ-алия).

Как человек чувствует, что он проходит 49 нечистых ворот? Чем больше поднимается, тем больше препятствий, тем ему тяжелее, и кажется ему, что он становится все хуже и хуже. И так до тех пор, пока не раскроются ему все его животные качества, называемые «49 ворот нечистоты», пока не почувствует, что это все находится в нем, до тех пор не заслужит помощи сверху и избавления.

А назначение Паро — дать человеку понимание, ощущение, что такое эгоизм, желание получить (рацон лекабэль) человека.

Неисправленное желание получить называется гой, Паро и пр., исправленное называется Исраэль.

Изначально в творении не было такой части, которая называлась бы Исраэль. Творец создал неисправленное желание получить, как сказано, что вначале наши праотцы авду авода зара (были идолопоклонниками, то есть, поклоняющимися себе).

Авраам, согласно простому тексту Торы, происходит из обыкновенных иракских бедуинов. Творец выбрал одного из них, из гоев, внес в него душу, и эта часть, которую Он пересадил в человека, называется «йехуди», от слова «единый», так как Творец дал такое свойство человеку, с помощью которого человек может слиться, стать единым целым с Творцом.

ЗАДАЧА ТВОРЕНИЯ

13.5.01. Есть Творец и творение. Задача творения — правильно выстроить свои отношения с Творцом. Все, что ощущает творение, заключается в ощущении им Творца. Вначале в своих пяти органах чувств, а потом, когда желание получить увеличивается, человек получает ощущение Творца в шестом чувстве — масах вэ ор хозэр (экран с отраженным светом).

Наша работа состоит в том, чтобы наше кли, наше желание, стало подобно Творцу, то есть, стало полностью отдающим, а потому готовым получить в себя все раскрытие Творца. Работа по исправлению келим (желаний) называется «аводат аШем», работой ради Творца. А все, что не относится к этому, то есть не служит восстановлению отношений между творением и Творцом, называется «авода зара» — идолопоклонством.

Вся действительность включает Творца, творение и связь между ними. Если творение не старается приблизиться к Творцу, все его иные, бесполезные действия приводят к тому, что человек идет окольной, очень длинной дорогой. Вначале человек должен определить, что дорога неправильна, а когда осознает это благодаря страданиям, возвращается в точку, с которой начал отклонение от правильного пути, и уже тогда продолжает продвигаться правильно.

Если же опять продвигается неверно, опять ошибается — опять получает удары, и снова возвращается на прежний путь. Возможно, он продвигается, делая всего лишь один правильный шаг, два или три, и опять сходит с правильного пути. И так развивается все человечество в течении тысяч лет. Нельзя сказать, что не продвигается, но какими страданиями!

Таким образом, если в течение всей своей жизни человек не видит постоянно перед собой истинную цель, то вся его работа называется «бесполезная» — поиски удачи по звездам, то есть, случайно. Он ставит свою жизнь в зависимость от звезд, то есть случайной удачи, не определив истинную цель, строит свою жизнь в соответствии с планом, не являющимся истинным.

Все действия определяются намерением, целью, которую человек ставит перед собой. Выполнять работу ради Творца, а не выполнять работу под звездами и знаками удачи означает, в сущности, что человек выбирает свое намерение, цель, прежде, чем выполняет любое сознательное действие.

Для выполнения правильной работы мы должны общаться с людьми в нашем мире, поскольку не можем выполнить эту работу сами. Мы все — это одна душа. Наше исправление заключается в том, чтобы мы опять соединились вместе правильной связью, называемой «парцуф Первого Человека (Адам аРишон) в большом состоянии», не таким, каким он был до грехопадения, а вооруженный экраном.

Исправление заключается в том, что каждый исправляет свою часть именно тем, что объединяется с другими. Человек не может исправить себя прямым образом просто потому, что у него нет того, что он должен в себе исправить. Исправить он должен, в общем-то,

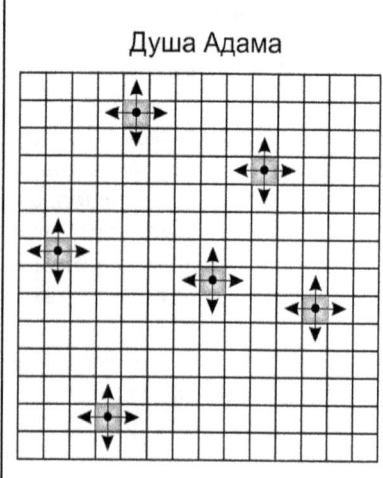

Исправление Малхут заключается в том, что каждая часть Души Адама, должна соединиться со всеми 600 000 частями

Душа Адама разбилась на 600 000 маленьких частей - душ человека

$$\text{Адам} = \frac{1}{600\,000}$$

те свои свойства, которые проявляются только в его отношениях с другими. Этим я исправляю все 600 000 частей, из которых я должен состоять, кроме одной — кроме «я». Но и это «я» исправляется именно потому, что из него я исправляю остальные 599 999.

Ступени исправления

Мы выполняем эту работу только после того, как проходим ступень «вознаграждение и наказание» и достигаем ступени «страдающий болью общества удостаивается наполнения за все общество». Это ступени в духовных мирах, по которым поднимается человек. Без их постижения человек не может присоединить к себе все части кли, являющиеся другими душами.

Все остальные души, в сущности, должны быть включены в меня. После того, как я присоединяю к себе все желания общества, все его страдания, я исправляю их в себе, а затем проверяю их связь с Творцом, иду выше знания относительно каждого из них. Этим я приобретаю на каждое из них экран, на каждую душу, включенную в меня. Таким образом, я связываюсь с Творцом каждой душой, являющейся частью Первого Человека. После того, как я соединил их все вместе в себе, я удостаиваюсь наполнения за все общество, раскрываю в каждой из всех включенных в меня душ то наполнение, которое Творец желает ей дать.

Благодаря этому, я постигаю такое отношение Творца к душам, которое вызывает во мне ответное чувство к Творцу, называемое «Вечная Совершенная Любовь». Эта ступень — результат раскрытия света во всех душах. Я поднимаюсь на ступень, называемую «Вечность», откуда постоянно исходит полный свет Творца, ощущаемый как Добрый, творящий добро — его истинное имя.

Исправление заключается не в том, что я исправляю свою часть. Вообще, в направлении к себе я никогда не могу работать, ни одно свое желание я не могу исправить напрямую, а только окольным путем, посредством исправления связи «я» со всеми остальными душами.

Моя связь с кем-то означает создание мною экрана, который помогает мне, подавляя эгоизм, связаться с этим «кем-то», ведь по своей природе я, являясь желанием получить, отделен от него. Это разделение всех душ появилось потому, что экран парцуфа Адам аРишон разбился. Это подобно исчезновению клея, склеивающего все части этого парцуфа. Парцуф рассыпался, все части упали в кучу из 600000 частей-душ.

Соединение душ в парцуф ранее осуществлялось благодаря раскрытию света сверху, а не благодаря его личной работе. Так создано свыше Творцом. Чтобы дать душам возможность достичь вершины создания самим, Творец обязан разбить Адама, вынудить его совершить грех, упасть на ступень, где нет никаких экранов, чтобы он получил возможность самому строить себя.

Бааль Сулам объясняет это в «Предисловии к ТЭ"С». Изначально, говорит он, человек находится на ступени «двойное сокрытие Творца». Двойное сокрытие означает, что мы ощущаем зло вместо добра и не ощущаем Дающего. Соответственно и делаем все, что заблагорассудится. Такие наши поступки называются здонот (явные прегрешения).

А когда мы не ощущаем Хозяина, но понимаем, что и зло от Него — это одинарное сокрытие. В таком состоянии мы делаем «шгагот» (вынужденные прегрешения).

Проходим через махсом и открываем, что есть Хозяин, и Его отношение к нам строится по принципу вознаграждение и наказание. На ступени вознаграждение и наказание раскрывается мне, что, если я работаю хорошо, получаю вознаграждение, плохо — наказание. Поскольку никто не в состоянии причинить себе зло, человек выполняет только заповеди, а потому называется Праведник.

На этой ступени мы находимся, пока не реализуем все, что необходимо. Этим я готовлю себя к состоянию, когда уже должен работать с остальными частями души Первого Человека — я начинаю ощущать страдания общества. А когда я исправляю свое отношение к управлению Творца, обнаруживаю, что Творец относится к созданиям не по принципу вознаграждение и наказание, а как Добрый, творящий добро, и это — истинное отношение Творца всегда и ко всем.

Таким образом, я как бы состою из всех душ и делаю за них это исправление. После этого человек, включивший таким образом в себя все души, присоединяет их к своему кли, к своей душе, становясь подобным Первому Человеку, и удостаивается всего света, предназначенного Творцом творению. Благодаря раскрытию ему всего этого света, он ощущает Вечную Совершенную Любовь к Творцу. Этим человек заканчивает свое исправление и становится совершенным, как Творец.

Начиная с этого момента и дальше, начинаются тайны Торы. Но о них не говорится ни в одной книге. Только достигнув этого, мы сможем понять, что там, дальше. А прежде, до нашего полного исправления, это невозможно. И потому есть запрет изучать и заниматься этим. Не потому, что нельзя, а потому что невозможно.

Любовь возможна только с обретением экрана

Вопрос: Можно ли достичь любви к товарищам, прежде чем поднимешься на четвертую ступень?

Нет. Любовь — это результат двекут — слияния с Творцом. Двекут — это результат обретения экрана, когда оба соединяются в единое кли. Слияние малхут и зэир анпин — малхут служит кли для зэир анпин, а он служит ей светом. Один дополняет другого, абсолютно без различия между ними, одна душа. Это и есть смысл: «И познал Адам Хаву...»

Любовь к товарищам — это не значит делать одолжения друг другу. Что значит истинная любовь к товарищам, мы поймем на примере. В группе раби Шимона каждый представлял собой определенное, ясное и особенное духовное свойство — сфиру. И когда все объединили свои келим, создалось общее кли под названием Зоар (Сияние), — раскрылась им книга «Зоар». У каждого есть особая работа. А все вместе дополняют друг друга до 10 сфирот.

Каждый из них представляет собой особое кли, и все вместе соединились так, что получился единый парцуф (духовный объект). Вот это и является «святым братством» — единое кли, а иначе бы «Зоар» не раскрылся. Рашби получил свет, называемый Зоар, но без учеников, которые сидели вместе с ним, не смог бы его описать.

Есть действие, называемое «гилуй бе альма» — «раскрытие свыше», и есть действие вывода наружу — раскрытия в материальном мире — если есть вопрос-кли, то за счет этого можно раскрыть свет. И ранее знания были в нем, но не мог их выразить, а благодаря ученикам стало возможным написать «Зоар».

Важно ли количество человек в группе

Нельзя сказать, что важно именно количество товарищей, хотя в книге «Дарование Торы» Бааль Сулам пишет, что в большой массе проявляется величие Царя. Количество необходимо, чтобы я приобрел впечатления. Ведь каждый обогащает меня своими впечатлениями от духовного, и если впечатлений много, это работает на меня с большей силой (мощью), и тогда мне легче предпочесть духовное материальному.

Объединение с каждым в начале пути не ощущается человеком, как необходимое. Но человек должен быть готов к такому единению, это приходит постепенно. Приходит понимание, осознание необходимости и, одновременно, понимание невозможности достичь единения. Но благодаря тому, что работаем ради одной цели, именно косвенно это нас объединяет.

Как люди в нашем мире объединяются? Пойдем, выпьем вместе, вместе погуляем, съездим куда-то вместе. Но существует нечто другое, что нас объединяет. Объединение — это результат совместной работы. Нельзя сказать, что работа с тысячей человек менее желанна, чем работа с сотней человек, но насколько она реальна? Постепенно все должны прийти к этому, но не искусственным путем.

ЧТО ОЗНАЧАЕТ «СВЕТ ХАСАДИМ С ПОДСВЕТКОЙ ХОХМА»

15.5.01. Ор (свет) — это то, что принимается и ощущается всеми пятью частями (келим) творения. Аяра (подсветка) — то, что ощущается частью келим творения. Что это такое свет хасадим с подсветкой хохма? В исправленном кли всегда есть свет хасадим. Если кли может получить свет хохма, то он всегда одевается в свет хасадим.

Почему же мы говорим «свет хасадим с подсветкой хохма»? Здесь не имеется в виду, что кли создает ор хозер (отраженный свет) в ор хасадим и одевает получаемый свет хохма в хасадим. Это обязательно. Ведь, даже если кли будет в состоянии гмар тикун, все равно свет хохма будет одеваться в свет хасадим. Но это не будет называться «хасадим с подсветкой хохма». Свет «хасадим с подсветкой хохма» — это значит, что в какой-то мере нет полного света хохма, а вместо света хохма есть заменяющий его свет хасадим.

«Хасадим с подсветкой хохма» — значит, что даже келим, получающие свет хохма, я частично наполняю светом хасадим! Потому что у меня нет выбора — я не могу получить Га"Р дэ-хохма, и вместо этого наполняю эти желания исправлением, светом хасадим. То есть, кли не находится в совершенстве, и вместо света хохма я использую хасадим. И это происходит в мире Ацилут — Второе Сокращение.

После Первого Сокращения свет хохма нельзя получить без намерения аль менат леашпиа, то есть без света хасадим. А «хасадим с подсветкой хохма» значит, что у меня есть только подсветка хохма, а не свет хохма, а вместо света Га"Р дэ-хохма есть наполнение светом хасадим.

РАСПРОСТРАНЕНИЕ МИРОЗДАНИЯ

15.5.01. Распространение мироздания из Эйн Соф (мира Бесконечности). Четыре стадии прямого света; стадия малхут в полном состоянии называется малхут дэ-Эйн Соф (малхут мира Бесконечности). Малхут после сокращения опустошилась от света и начала принимать аль менат леашпиа, и ее наполненные части (в 9 первых сфиротах) называются мирами, а первый парцуф, порция света ради Творца, называется Гальгальта; затем парцуф А"Б, вторая порция света, затем Са"Г, включая некудот дэ-Са"Г, мир Некудим и его разбиение — пока не приходим к миру Ацилут. Весь этот процесс до мира Ацилут все еще называется кэтэр — план, мысль творения.

Затем рождается мир Ацилут, хохма. Что значит, что Ацилут — это хохма? Это значит, что Ацилут — это уже исполнение, приведение в действие. Кэтэр — это программа, замысел. В чем заключается исполнение? Исполнение заключается в том, что Ацилут включает в себя все те системы, которые требуются, чтобы породить творения, спустить их на самую нижнюю ступень и начать исправлять их, поднимая до полного исправления, до конца исправления, пока все низшие не поднимутся в мир Ацилут, а затем — до уровня Творца.

Таким образом, мир Ацилут — это система, построенная миром Адам Кадмон, и эта система также относится к Творцу, к управлению. А ниже парсы, под миром Ацилут уже есть места для творений. Творения находятся ниже парсы, а выше парсы нет творений — туда они поднимаются после исправления.

Но, в сущности, область мира Ацилут не относится к творениям. Творение — это то, что находится под парсой мира Ацилут, в мирах БЕ"А. Малхут дэ-Ацилут — это часть, соединяющая Творца с творением, и она действует на все души. Для того, чтобы дать душам внешние условия, необходимые им для развития, малхут дэ-Ацилут порождает миры: Бриа, Ецира, Асия. И затем в этих мирах порождает душу, называемую Адам (человек).

Таким образом, малхут дэ-Ацилут владеет, управляет всем, исправляет, порождает все и в мирах, и в душах. Миры называются «хицониют» (внешняя часть) относительно душ, которые (души) представляют собой пнимиют (внутреннюю часть). Но и миры, и души — все находящееся ниже парсы, под миром Ацилут, получают от малхут дэ-Ацилут. Она — «мать» всех творений.

Рождение души Адама

Вопрос: Обычно «выше» называется внутренняя часть. Почему же вначале были созданы миры, а затем души?

Потому что малхут дэ-Ацилут сама относится к мирам. Малхут дэ-Эйн Соф после Сокращения влилась в девять первых сфирот и строит миры: Адам Кадмон на авиют шореш, ступенью алеф строит мир Ацилут.

Или по-другому можно сказать: включает себя в сфиру кэтэр девяти первых сфирот — рождается мир А"К, включает себя в сфиру «хохма дэ-тет ришонот» — рождается мир Ацилут, включает себя в бину девяти первых сфирот — рождается мир Бриа, включает себя в шесть сфирот З"А из девяти первых сфирот — рождается мир Ецира, и, наконец, включает себя в малхут девяти первых сфирот — рождается мир Асия.

Так малхут дэ-Эйн Соф, включающая себя в тет ришонот (от кэтэра до малхут), строит пять миров. То есть все пять миров — это включение малхут дэ-Эйн Соф в 9 первых сфирот.

А затем она же, включением в себя тет ришонот, рождает парцуф, в котором есть только келим дэ-ашпаа, а келим дэ-кабала, келим лев аЭвен скрыты под Сокращением. Поэтому сказано, что Адам аРишон родился обрезанным.

Итак, присоединение тет ришонот к малхут дэ-Эйн Соф называется парцуф Адам аРишон. Если бы он не разбился, невозможно было бы разделить между тет ришонот и его природой — малхут. А благодаря тому, что он разбился, можно различить, проверить, отделить кдуша (святость, ради Творца) от клипа (ради себя), то есть выбрать тет ришонот, а не лев аЭвен. Поэтому вначале вышла хицониют, внешняя часть, миры, а затем душа, пнимиют, внутренняя часть, Адам, душа.

НАША ЦЕЛЬ — ЭТО ПРАВИЛЬНОЕ ПОДНЯТИЕ МА"Н

20.5.01. Каждый раз, когда мы собираемся на ежедневный утренний урок, мы должны знать, зачем мы собираемся. Иначе все собрание, наша учеба в группе не принесет нам никаких высших результатов. Цель должна быть ясна, и человек должен проверить, ради нее ли он делает все свои действия в группе — только, чтобы прийти к цели. Если так, то его отношение к группе правильное. Если нет, то он приносит себе вред, используя группу, как и любую другую, какую бы то ни было вещь.

Вся реальность организована таким образом, что для пользы человека только то, что применяется им для достижения цели. В той мере, в которой он пользуется окружающим не ради цели, оно ему во вред. До какой степени мы каждый раз проверяем себя относительно цели — связано ли усилие по качеству и количеству с ней, в той мере мы находимся в режиме отдачи Высшему, и конечно же, Высший возвращает низшему свое влияние в виде продвижения.

Наша цель — это правильное поднятие Ма"Н. Если мы не проверяем свое отношение к цели и к группе, мы приносим себе вред. Мы не должны забывать, что сила, приносящая пользу, и сила, приносящая вред, уравновешены. Чем больше человек продвигается, чем больше ему дают понимание и большее внутреннее ощущение, то есть, условия, возможности, тем больше, в противовес этому, он может навредить.

Написано, что «Творец взимает с праведников счет с точностью до тонкой волосинки». И вполне может быть, что кажется человеку, будто он находится на пути и продвигается, а на самом деле он вовсе не на пути к истинной цели, а в противоположном направлении. Кроме группы, никто не может ему помочь обнаружить это, сделать замечание, ведь в большинстве случаев он не видит своей погрешности в следовании к цели творения.

Есть мнение, что, если я нахожусь в группе, то я уже этим о дним своим присутствием «подписал договор», я уже нахожусь в теплице, в лодке, которая уже несет меня вперед к цели. Но мы забываем, что здесь, в группе, необходима еще большая педантичность, чем если бы я просто снаружи понемногу учился и продвигался. В таком случае мои ошибки не умножались бы на скорость продвижения в группе, не были бы столь серьезными.

Как определить, правильны ли мои действия? Если ты постоянно проверяешь свое отношение к группе, значит, найдешь истинный путь к цели. Ведь нам известно из жизни, что человек всегда найдет оправдание своим поступкам и отношению к товарищам. В группе дают возможность видеть себя по отношению к группе, из чего становится ясно твое отношение к цели.

Цель настолько удалена противоположностью твоих эгоистических и ее альтруистических свойств, что ты не можешь видеть, направлен ли ты к ней, приближаешься ли к ней. Тебе дают возможность проверить здесь, своими глазами, своими чувствами отношение к тому, что называется группа.

В проверке относительно группы ты можешь проверить себя по отношению к цели, которая очень духовна и далека. Как? Проверь серьезно, объективно, насколько это возможно, как ты относишься ко всем, кто находится здесь, что ты хочешь от группы. Хочешь ли ты принять на себя власть группы, или хочешь получить какие-то материальные блага — и увидишь, где ты находишься.

Потом можно будет говорить и о других проверках, более высоких и точных. И духовные проверки можно делать с группой. Не только те, о которых я говорю. Вопрос ведь не в том, как я отношусь к группе. Дело в том, что в той же мере, насколько мои мысли далеки от группы, в миллионы раз больше мои мысли далеки от цели. Группа — это несколько товарищей, но в проверке по отношению к ним я могу обнаружить свое отношение к духовному.

В начале пути человек находится во лжи. Может, в проверках он оправдывает, обманывая себя? Необходимо каждый раз заново читать то, что Ребе пишет о связи человека с группой, и стараться видеть, несмотря на то, что уже надоело видеть это и надоело читать эти статьи. Уже не может слышать и не хочет слышать, но если он действительно хочет знать, какое у него отношение к цели, у него нет выхода — он должен открыть глаза, и уши, и сердце и поставить себя под серьезный контроль.

И тогда он увидит, действительно ли есть у него эта связь с целью, двигается ли он действительно в правильном направлении. И это никак не соотносится с продвижением в группе — он может быть очень полезен в группе в разных качествах, и может быть, что он «зажигает публику» во внешней группе и знает ту науку, которую мы изучаем, больше всех — в этом нет никакой связи с его приближением к цели...

СВЯЗИ ПОЛУЧЕНИЕМ ВООБЩЕ НЕ СУЩЕСТВУЕТ!

22.5.01. Мы начинаем свое развитие с наиболее далекого состояния... Мы разговариваем на очень лаконичном, скрывающем множество деталей, языке. Наиболее далекое состояние — это когда человек находится в животном состоянии. То есть, нет собственного личного видения «кто я» и «что я», а весь он находится в руках Творца и, главное, безо всякого осознания этого. Творение, каким его сотворил и спустил в наш мир Творец.

Так же как, скажем, если бы ты строил что-либо. С чего бы ты начал? Творец сделал человека, как животное, а затем начал развивать его. Человек пока даже не чувствует себя животным, у него нет вообще осознания самого себя, и с этого он постепенно начинает. Все развитие, поскольку есть только Творец и творение, оно в направлении Творца, в направлении осознания Творца.

В той мере, в какой в человеке появляется ощущение Творца, в этой же мере он начинает чувствовать себя, потому что только в мере постижения Творца человек ощущает себя. Не ощущая Творца, человек не понимает и кто он сам. Ведь постигнуть себя можно только из состояния, противоположного себе.

Итак, он развивается в своем эгоизме, в познании собственной сущности, и проходит много времени, пока он понимает, что связь между творением и Творцом состоит не в получении, а в отдаче. Связи получением вообще не существует! Связь получением существует только на неосознанном уровне, как у всей природы, только для поддержания животной жизни в творении.

В таком случае Творец дает ему немного, чтобы это тело жило, и это называется нер дакик (тоненькая свечка). Связь строится только на принципе подобия, т.е. отдаче, когда один дает другому. А такое, чтобы один получал от другого — в духовном вообще не существует!

Проходит время, пока человек начинает осознавать, что именно отдача — необходимое свойство. И тогда начинает только об этом и думать, только этого и желать. Для него уже не существует этот мир, дом, дети, семья, друзья, работа, а есть только «я и Творец, и связь между нами — то, насколько мы даем друг другу»... И это все.

Человек признает, что существует только отдача, и нет в мире такого понятия, как получение. Получение существует только для того, чтобы поддерживать жизнь в самом творении, чтобы существовало тело в своем неживом, растительном или животном состояниях. Снабжение каждого творения происходит точно и автоматически в соответствии с тем, сколько Творец уделил данному творению «калорий», нер дакик.

Это оживляет весь мир, и не может быть большего. Скажем, имеется 1000 калорий на все творение — и все. Ведь Он создал, и Он знает, сколько топлива нужно. А что нужно помимо этого? Получить больше можно только за счет отдачи. Необходимо научиться отдавать, что возможно только при увеличении получения с намерением ради Творца. А для этого необходимы дополнительные желания.

Отсюда видно, что клипот нужны только для того, чтобы понять, что такое отдача. Реально в них невозможно получить. Если человек приходит в состояние, в котором он понимает, что это так, то есть понимает, что выше животного существования существует только отдача Творцу, то с этого начинается его развитие в правильном направлении. Тогда он начинает развивать это отношение. Нам вообще не стоит думать о получении, потому что в природе его не существует, кроме как на неживом — растительном — животном уровне надобностей тела.

ПОЛУЧЕНИЕ ТОРЫ ПРИХОДИТ ВЫНУЖДЕННО

25.5.01. Человек, который приближается к получению Торы, не знает, к чему он приближается. Он получает Тору, не зная, что он получает. Он получает ее не потому, что желает этого, а получает ее из чувства страха.

Почему именно так сделано Творцом? Мы находимся в состояниях, противоположных духовному, и духовное нам ненавистно в нашем настоящем состоянии. Как Фараон ненавидит Моше, так и мы должны вырасти до ступени Фараона для того, чтобы выйти из этого состояния, перейти в его противоположность, перейти из состояния «Фараон» в состояние «Исход из Египта».

«Я создал злое начало, и Я создал Тору, приправу, для его исправления». И только посредством злого начала можно раскрыть Тору и понять, что она — приправа. Если человек не осознает прежде всего свою природу — зло, если не опускается на всю глубину своего эгоизма, тогда ему незачем раскрывать Тору.

Поэтому Тора раскрывается именно в самых плохих свойствах, в состояниях, противоположных духовному, самых удаленных от Творца. Те открывающиеся свойства, которые совершенно никаким образом не могут быть связаны с духовным, — эти свойства наиболее подходят для того, чтобы человек получил в них Тору, именно в них Тора раскрывается как лекарство.

Чем сильнее ощущение болезни, ощущение своего состояния, как противоположного духовному, тем более сильного лекарства, более активного лечения оно требует — то есть большего раскрытия Торы. Поэтому, в той мере, в какой раскрывается злое начало, в той мере и раскрывается Тора.

Если же человек чувствует себя праведником, нет у него никаких недостатков, нечего ему исправлять, то, естественно, что все то, что он учит в книгах, он воспринимает как мудрость, а не как Тору. И никогда не сможет заслужить того, чтобы получить Тору. Подготовка к получению Торы — это осознание своего эгоизма. Но осознание на себе, чувственное, как зло (акарат ара), а не как сведения из книг о том, что есть у него злое начало.

Осознание зла должно быть таким, когда он открывает это сам, своими собственными усилиями, когда он раскрывает сам для себя свою внутреннюю природу. Осознать свое зло невозможно без помощи высшего света. Притянуть на себя высший свет, который раскроет человеку его эгоизм, возможно только посредством науки Каббала.

Есть люди, которые занимаются по всевозможным святым книгам, учат Танах, Галаху, Законы и чувствуют себя при этом праведниками, чувствуют, что у них все хорошо, что они совершают правильные поступки, с каждым днем все больше и больше, и таким образом, становятся все лучше и лучше.

Когда же начинают учить Каббалу, притягивают на себя сверху свет, неощущаемый поначалу, но этот свет сразу, уже после нескольких первых уроков, начинает давать человеку ощущение его испорченности. Человеку кажется, что он только сейчас стал плох, и под воздействием учебы становится только все хуже и хуже, все большим эгоистом, что думает только о себе самом, весь остальной мир ему совершенно безразличен — это состояние начала осознания собственного зла и знак того, что человек находится на правильном пути.

Никакая другая часть Торы не дает человеку осознания собственного эгоизма, только Каббала. И поэтому, с другой стороны, в процессе учебы существует опасность того, что человеку при раскрытии собственного зла может показаться, что стало ему плохо от самого обучения, а не от того, что свет светит на него и высвечивает перед ним правду о том, кто он есть на самом деле.

Человек думает, что он был когда-то хорошим, а теперь стал плох в результате учебы. Это может даже столкнуть его с дороги. Многие начинают вычислять, будто в результате учебы они начали попадать в неприятные истории, что якобы им начала изменять удача в жизни.

Поэтому необходимо учиться в правильной группе, под правильным руководством, чтобы знать, что эти ощущения — они правильные, необходимые на этом пути, и мы ступили на этот путь для того, чтобы достичь настоящего исправления. А вот выводы наши, почему мы ощущаем больше зла, могут быть неправильными: мы получаем зло, чтобы было над чем работать, мы видим зло большим, потому что нам светит больший свет.

И неверно, что, начиная изучать Каббалу, к нам начинают приставать большие неудачи и проблемы. Наоборот, изучая Каббалу, мы переводим наши проблемы из уровня нашего мира на духовный уровень, заменяем страдания человеческие на страдания духовные.

Проблема в том, что после того, как человек начинает раскрывать свои плохие свойства, он не может решить вопрос — а стоит ли их исправлять или нет? Он чувствует себя плохо и не понимает точной причины этого. Как я уже говорил, эгоизм раскрывается посредством высшего света, который светит незаметно для человека в то время, когда он учится по правильным книгам.

У человека возникает истинное внутреннее требование к исправлению, которое он тоже пока не осознает, но душа его уже требует своего исправления, в течение своих предыдущих перевоплощений она уже подготовила себя к исправлению. Поэтому, когда он открывает правильную книгу, то начинает получать свыше окружающий свет, который тянет его в духовное.

Человек чувствует себя плохим относительно света, приходящего свыше, хотя и не понимает, что это результат того, что пришел к нему сверху свет. И поэтому главное, чтобы не бросил он все и не сбежал, чтобы не подумал, что это Каббала несет ему это злое начало, делает его хуже.

Вторая проблема — как человек может узнать, что раскрытие зла, которое происходит в нем сейчас, идет ему на пользу? Человек так устроен, что он всегда хочет продвижения вперед, чтобы достичь чего-то нового на каждом этапе, чтобы было все лучше и лучше. А тут получается так, что с каждым разом раскрываются ему в себе все более и более негативные ощущения, до тех пор, пока не раскроется перед ним все его зло.

Поэтому необходимо ему специальное дополнительное раскрытие сверху — раскрытие Творца, что это именно Творец посылает ему все это осознание зла. Вначале необходимо идти верой выше знания, верой, что все именно так, верой в мудрецов, которые указывают, что так должно быть. Поэтому я и верю, и должен продолжать идти этой дорогой, пока сам вскоре не увижу, что это так и есть на самом деле.

Затем человек понимает, что все состояния, которые приходят к нему и сменяются в нем, — это результат встречи его кли с высшим светом. Даже когда он не чувствует этот высший свет в явной форме, а начинает видеть его по проявлениям, следствиям того, что происходит, что осознание эгоизма происходит, как результат его усилий в работе.

Необходимо понимать, что так как внутренние эгоистические свойства раскрываются в мере освещения их высшим светом, то с каждым разом, чем более сильный свет светит человеку, тем худшим видит себя человек относительно этого света. Не человек входит под воздействием света в большую тьму, а свет раскрывает человеку его недостатки, которые воспринимаются как тьма.

Внутри каждого из нас есть уже вся его душа, все его кли, вся, относящаяся к нему часть из малхут дэ-Эйн Соф. Это кли, которое называется часть Адам аРишон, находится в каждом. Это его душа, она скрывается от человека и совершенно никак не ощущается им. В течение 6000 лет своего развития человек стремится за всевозможными земными наслаждениями. За счет этого душа развивается достаточно для того, чтобы вознуждаться теперь в духовном наполнении.

Когда приходит он теперь учить Каббалу и начинает светить на него высший свет, как фонарь в темноте, в этом свете он начинает видеть внутри своей души в той степени, в которой светит ему свет — в этой мере он видит всю глубину желаний, из которых состоит его душа.

Эти желания пока еще не исправлены — это часть Адам аРишон после разбиения, желания, которые все находятся пока еще в намерении «лекабэль аль менат лекабэль» (получать ради собственного удовольствия), эгоистические желания. Глубина, на которую их видит человек, зависит от того, сколько усилий он прикладывает в учебе.

Поэтому, чем больше человек вкладывает сил, чем глубже в своей душе видит ее отрицательные свойства (следствие греха Адама), тем скорее открывается ему, что зло ощущается не как результат учебы, а наоборот, учеба, притягивая высший свет, освещает этим светом все глубины его кли, души, и он видит все глубже то, что происходит в его душе на самом деле.

А так как мы построены из желания получать удовольствия и наслаждения, то человек, видящий свои плохие качества, не может продолжать с этим существовать. Это ощущается им просто как злокачественное образование, которое съедает его.

Тогда это раскрытие, это ощущение собственного зла, осознание того, что я не могу жить вместе с этими свойствами во мне, так как они противоположны свойствам света, так как они во вред мне, — это ощущение дает человеку энергию, силу и показывает направление, как можно избавиться от этого зла.

Возникает требование об исправлении этих свойств. И это требование, также посредством учебы, поднимается вверх и привлекает другой свет — уже не свет осознания зла (акарат аРа), а свет исправления (ор тикун аБрия). Этот свет начинает вытягивать человека к исправлениям. Человек входит в новые состояния, когда уже явно видит света и исправления, которые они несут, участвует в этом процессе активно. Это называется, что он входит в высший мир и начинает там процесс познания Творца.

Мы должны четко себе представлять, что существуют два процесса: сначала процесс осознания зла, эгоизма, когда человек продвигается в темноте, сначала при двойном сокрытии Творца, потом при простом сокрытии, когда все эти состояния приходят к нему в очень неприятной форме, отталкивают человека.

И, на самом деле, многие не выдерживают и бросают Каббалу. Тот, кто еще не готов к раскрытию духовного, тот ломается и уходит. Но тот, в ком есть уже достаточная сила, которая необходима, тот будет продолжать работу, так как нет у него иного выбора — требование души будет толкать его вперед. А когда закончит всю работу по осознанию собственного эгоизма, то раскроется ему сверху свет исправления и начнет он познавать духовное и входить туда навечно.

ПОДЪЕМ И ПАДЕНИЕ

29.5.01. Подъем и падение — эти понятия определяются в Каббале относительно цели творения, а не относительно ощущения «приятно — неприятно». Может так случиться, что я чувствую себя хуже, потому что я еще не исправлен, и поэтому мне приятно то, что хорошо для моего рацон лекабэль (желания получить). А на самом деле, с другой стороны, я чувствую себя ближе к Творцу, потому что есть у меня желания, мысли о цели творения. Состояние нельзя назвать падением, если рассматривать его относительно цели творения, относительно моей духовной жизни. Состояние определяется точкой отсчета, относительно чего мы его оцениваем.

Человек должен точно знать, кто оценивает: человек, который в нем, или животное, которое в нем. То есть относительно чего он оценивает: относительно вечной цели или относительно каких-то проходящих, сиюминутных вещей. И в зависимости от этого, он может решить, что он будет считать для себя подъемом, а что — падением. Обычно, во время духовного подъема, мы оцениваем свое состояние относительно духовного (духовной цели), а во время материального падения мы оцениваем относительно материального.

Моя благодарность — это моя работа

Вопрос: Почему, когда во время подъема мы благодарим Творца за то, что Он сделал для нас чудо, вытащил нас из состояния падения — это называется получить новые келим? Ведь новые келим — это должен быть новый недостаток наполнения? А раз человек благодарит Творца, значит, он находится в совершенстве? Почему же называется, что он получил новые келим?

Когда человек благодарит Творца — это часть молитвы, это не часть наполнения, а часть подъема Ма"Н. Потому что в подъеме Ма"Н есть две части: есть просьба об исправлении и есть просьба о наполнении.

Благодарением мы не наполняемся, а проверяем, насколько мы хотим слияниия с Творцом, а не наполнения наших пустых желаний. Благодарение — это работа, а не «спасибо» за то, что я хорошо себя чувствую.

Наша проблема в том, что мы все измеряем своими материальными келим: я благодарен за то, что наполнен. За что мы благодарим на самом деле? За то, что мы можем работать, можем сделать исправления, то есть, действия ради отдачи (аль менат лeашпиа).

Поэтому моя благодарность — это моя работа. Неважно, что именно человек получает от Творца — большую вещь или маленькую. Ведь большая вещь или маленькая измеряется в соответствии с келим самого человека. Поэтому важно, насколько человек благодарен при этом Творцу. Если человек может благодарить вне связи с тем, большая вещь ему дарована или малая, если моя благодарность не определяется размером того, что я получил, а моим отношением к Тому, от Кого я получил, то это уже отношение выше моих келим-желаний.

Если я получаю от большого человека какую-нибудь маленькую вещь — эта малая вещь для меня очень важна. А если я получу что-то от обыкновенного человека, такого же, как я, даже что-то гораздо более ценное, чем получил от большого человека, я не отнесусь к этому с такой же серьезностью. То есть не то важно, что именно человек получает от Творца, большую вещь или малую, а важно то, насколько человек при этом благодарен Творцу.

В той мере, насколько человек благодарен Творцу, в той мере и увеличивается в его глазах дарованное ему Творцом. Если человек работает над тем, чтобы быть благодарным Творцу, то есть над тем, чтобы раскрыть величие Творца, Его важность, то в мере этого он почувствует, сколько он получил от Творца.

Размер полученного зависит только от меры важности Творца в моих глазах. И так без конца... Достаточно тебе получить от Него одну каплю... И все... Достаточно один раз получить подарок, чтобы жить потом этим бесконечно и распространять это до бесконечного уровня важности и, значит, бесконечного размера полученного...

Поэтому мы никогда не говорим о количестве света, который входит в нас! Что это такое «количество света»? Весь получаемый НаРаНХа"Й определяется ор хозер — возвращенным светом, который одевает приходящий НаРаНХа"Й — насколько я могу вернуть Творцу, столько я получу от Него.

Поэтому должен человек остерегаться того, как благодарить Творца за подарок, то есть ценить не подарок как таковой, а ценить то, что подарок дает ему возможность стать ближе к Творцу, что посредством этого подарка может он раскрыть важность Творца и приблизиться к Нему.

ЧТО ЗНАЧИТ ПРОДВИЖЕНИЕ

30.5.01. Исраэль и Мицраим (Египет) — это пока еще не наши Г"Э и АХа"П. О наших Г"Э и АХа"П может идти речь только после того, как мы на них получим экраны. Исраэль и Мицраим — это уровни в мирах, противоположные друг другу. Мы сами находимся еще до исхода из Египта. То есть, у человека еще нет экрана ни на келим дэ-ашпаа, ни на келим дэ-кабала, и он находится на этапе, когда должен выделить желание к духовному из всех остальных своих желаний, предпочесть желание духовного всем материальным желаниям.

Желание, стремление к духовному называется Моше. Есть такая точка в человеке. А желания к материальному — это все остальные желания, ощущаемые им, под влиянием которых он находится. Процесс, который человек должен пройти по исправлению своих желаний, и есть то, что описывается в Торе.

Только после перехода через Красное море начинается исправление, подготовка к получению Торы. При чтении текста Торы обычно возникает множество вопросов, потому что не все упорядочено в соответствии с тем, как это описывает Тора. Тора рассказывает нам о высших корнях, но не обязательно в том порядке, в котором происходят их рождение и развитие.

У Торы имеется свой порядок. Начинается она с «Берешит бара Элоким» (Вначале создал Творец...) — с создания мира Ацилут (см. ТЭ"С, ч. 7, п. 15, «ор пними»). То есть Тора начинается уже после разбиения келим. Вся Тора построена на трех линиях. В этом и заключается сотворение: хэсэд-дин-рахамим, три линии и были созданы в первые дни творения.

Мы должны обратить внимание на определение состояний, о которых идет речь: что такое продвижение, что такое подъем, что такое приближение и т.д. Все это означает не шагание по ступеням, а продвижение, несмотря на препятствия. Если передо мной нет препятствия, мне нечего преодолевать, то я не могу продвинуться. Каждое продвижение — это поднятие над еще одним препятствием и еще одним, и еще, и еще... То есть движение с помощью помех. Причем само препятствие и образует ступеньку, на которую я поднимусь.

Продвижение начинается так: каждый вопрос, каждая помеха — тот факт, что я занимаюсь ею, приносит мне большее понимание, что такое Творец, кто такой я сам, каков путь, чего конкретно я должен придерживаться, что такое «двекут» (слияние), добро, зло, различие между мной и Им.

Еще с момента разбиения келим и спуска всех миров из мира Бесконечности порядок приходящих к человеку помех устроен так, что посредством этих помех, левой линии, добавления желания получить — именно с помощью этого человек продвигается, а сама эта помеха превращается в кли, в котором человек получает дополнительное раскрытие!

Продвижение заключается в дополнительном понимании определений — что такое творение, кто такой Творец, и в дополнительном взаимопроникновении одного в другое. Нельзя представлять себе продвижение в виде физического приближения к Творцу, а только так, что Он постоянно находится во мне, но я его не ощущаю, а должен ощутить Его все больше и больше.

То есть, продвижение — качественное, это все более явное ощущение Творца, вплоть до слияния с Ним в себе, а не продвижение относительно каких-то внешних расстояний. И так нужно понимать все те состояния, о которых говорит Каббала. Речь идет о качестве связи с Творцом.

Человек должен видеть, что и сейчас он находится в той точке, к которой должен прийти в Конце исправления, но только эта точка должна быть ему все более и более ясной — пока не станет Вечной Связью с Творцом. А не так, будто человек должен куда-то передвигаться. Нужно лишь все больше и больше качественно сосредотачиваться, углубляться в точку, которую «поймал», пусть даже от противного, но это уже точка опоры, от которой можно идти к связи.

И тогда у человека не будет никаких ложных представлений, образов, иллюзий о духовном, как о каких-то пространствах, перемещениях, сближениях и т.п.. Все находится внутри нашего ощущения, и не нужно никуда из себя убегать. Все миры находятся внутри человека!

Вопрос: *Что такое **бэхор** (первенец)?*

Первенец — это рош (голова) ступени. Творец прошел мимо домов евреев, но не мимо домов египтян, и обрушил удар на дома египтян во время одной из Египетских казней, убив всех первенцев — тем самым Творец аннулировал их головы, то есть мысли, замыслы «ради себя», весь процесс получения для самих себя. И это называется убил египетских первенцев.

Вопрос: *Что такое **большое кли**?*

Большое кли — это когда человек приходит к исправлению своего кли дэ-нэшама. Исправить кли можно путем присоединения к нему остальных, отделившихся при разбиении частей, начиная с **моей** точки, с той, которую лично мне дает Творец, с корня моей души. Человек должен собирать каждую помеху, которую ему дают, как осколок разбитого кли, исправлять помеху и присоединять ее к себе, своему кли. Точно выверить каждую частичку, куда она относится, как она может взаимодействовать с остальными частями, чего ты достигаешь с каждой новой частичкой.

Это не очень хорошие примеры, потому что в них всегда присутствует какая-то картина, неправильный образ. А речь идет о наших желаниях. Изначально имеется 613 желаний — если ты их все исправишь, то придешь к состоянию, в котором твое кли дэ-нэшама будет целым. А исправить их ты можешь только при условии, что ты включен во все остальные души.

Если мы должны прийти к Доброму и Творящему добро, к осознанию самого Творца, то мы должны узнать, как Он относится ко всем нам. А это значит, что я должен исправить не только свое собственное кли — я должен взять каждый хисарон (недостаток, желание, требующее наполнения), помимо своего, присоединить его к себе, исправить его и ощутить, как к нему относится Творец — то есть, как Творец относится к каждой душе.

Тем самым я присоединяю к своей душе все души и становлюсь подобным Адаму. То есть, у каждого в конечном итоге есть такое же кли, как у Адама. И когда каждый включается в каждого, создается огромное, бесконечное кли, в котором раскрывается Творец.

Вначале человек работает над своим собственным кли, как описано в «Предисловии к ТЭ"С». Вначале присутствует ступень, называемая «двойное сокрытие», затем «обычное сокрытие», затем «вознаграждение и наказание» — на этой ступени ты исправляешь свое текущее состояние.

«Вознаграждение и наказание», плохие и хорошие вещи: ты начинаешь раскрывать для себя, что и плохие вещи — они тоже, на самом деле, хорошие — ты их обращаешь из отрицательных в положительные. И тогда получается, что Творец относится к тебе только хорошо и никогда не наказывает, а наказание как бы помогает тебе исправить кли и получить в него хорошее, без этого нельзя, поскольку ты неисправлен и начинаешь свою неисправленность ощущать, как наказание. И когда исправляешь это, видишь, что все только лишь положительно.

Тогда ты обращаешься к прошлому, к состояниям, когда находился в сокрытии и в двойном сокрытии, присоединяешь все эти воспоминания к настоящему, проверяешь и видишь, что и тогда тоже Творец относился к тебе как Добрый и Творящий добро. И ты присоединяешь все прошлые ощущения к настоящему, и теперь ты абсолютно уверен, что Его отношение к тебе только лишь доброе, и тем самым ты приходишь к ступени «Вечная любовь».

Но ведь это только по отношению к тебе! А что же относительно других? Конечно же, Он Добрый и Творящий добро для тебя, и ты поднялся на ступень, на которой нет ни вознаграждения, ни наказания — все вечно. И ты исправлен таким образом, что эта вечность для тебя — это лишь трамплин для все большей и большей отдачи, а не повод для того, чтобы делать все, что тебе захочется.

Ты можешь делать все, что захочешь, но ты не сделаешь ничего, кроме отдачи (ашпаа) — до такой степени ты исправлен. Ведь именно благодаря тому, что твое кли так исправлено, ты раскрываешь Его абсолютную доброту! Отдача становится твоей природой. Этого ты желаешь сам, без присмотра свыше.

Но все это относительно тебя. А что же относительно других? Теперь ты должен это проверить и проделать весь этот пройденный тобой путь уже с каждой душой! А затем собрать все вместе. И это дает человеку огромное кли! Мы даже не можем себе этого представить. Тот, кто сам пришел к состоянию вознаграждения и наказания, присоединился ко всем остальным душам и пришел с ними к состоянию вечной любви, — ему больше нечего исправлять! Это его полное личное исправление. И он ждет всеобщего конца исправления...

С ЧЕМ ЧЕЛОВЕК СПУСКАЕТСЯ В ЕГИПЕТ

31.5.01. Откуда человек получает келим дэ-ашпаа, с которыми он спускается в Египет? — Человек спускается в Египет с келим дэ-ашпаа, которые являются нер дакик, «точкой в сердце», которая раскрылась в нем как результат процесса развития кли во всех предыдущих его воплощениях: по ступеням «неживое», «растительное», «животное», «человек». И теперь он должен начать подготовительный период — сознательно искать дорогу к цели его духовной жизни.

Когда человек только начинает учить Каббалу, ему кажется, что это уже все, он взлетает до самых небес, и весь мир открыт перед ним... Но через какое-то время начинает чувствовать, что он, наоборот, идет вниз — спускается в Египет. Так же было и с евреями, как это описывается в Пятикнижии. Сначала написано, что был голод в стране Израиля. То есть, они не могли наполнить себя — это человек, который чувствует, что ему не хватает духовного — сыны Яакова. Поэтому они отправились в Египет раздобыть немного хлеба.

Поначалу было им хорошо в Египте. Они занимали там высокое положение, были у власти — человек, который только приходит учиться, ему кажется, что сейчас, с его стремлением вперед, он немедленно добьется всего. Он не понимает, что для достижения цели необходимы совершенно противоположные желания.

Поэтому развитие в Египте — до того, пока не начнет ощущать, что он находится, на самом деле, под властью клипот, под управлением Фараона, и совсем не просто выйти из-под этой власти, и своими силами вообще не сможет он этого сделать.

А духовные миры трудно достигаемы, и где они еще там находятся, кто знает, ведь от духовного его отделяет Красное море и пустыня. А здесь, под властью его желания получить, в Египте, есть у него и мясо, и чеснок, и лук, и рыба. И духовное совсем не светит ему.

И для того, чтобы начать хотеть выйти из Египта в духовное, необходима сила, называемая «Моше», от слова «лимшох», вытаскивающая. Моше не рождается прямо от сынов Яакова. Моше родился у еврейской женщины, но дочь Фараона вырастила его. Желание, с которым ты входишь в Египет, — это совсем не то желание, с которым ты выходишь оттуда, как бы и нет связи между ними.

После этого приходят к человеку «египетские казни», которые вынуждают его покинуть Египет. Может ли человек разделить свои келим дэ-ашпаа и келим дэ-кабала, то есть евреев и египтян? До тех пор, пока человек не выйдет под духовный свет, он не в состоянии разделить их.

Вытолкнуть человека из Египта можно только с помощью ожесточения сердца, как сказано в Торе, что Творец ужесточил Паро. Это заключается в дополнении келим, которые все время добавляются к «точке в сердце», добавляются желания, которые усиливают стремление к наполнению.

Допустим, есть у меня какие-то незначительные желания в жизни, которые не приносят мне особенно много радости, но я хочу как-то наполнить себя... Ни в каких вещах этого мира я не чувствую особенного вкуса... Я пытаюсь получить удовлетворение от всех тех вещей, которые открыло человечество: семья, работа, музыка, игра, секс, деньги, получение некоторой власти, отдых и путешествия — и вижу во всем этом пустоту, мне этого недостаточно, это перестало меня удовлетворять. Что мне делать?

Это приходит как следствие развития человека. Есть такие люди, которым удается себя наполнить такими вещами — выпил немного пива, сел смотреть футбол — этого вполне достаточно, живет целый день, чтобы вечером прийти домой и наслаждаться этим... Это его жизнь, больше у него нет вопросов к самому себе ни о чем... Потому что само наслаждение убирает все вопросы.

Но есть люди, которым уже не удается наполнить себя таким образом. И таких людей все больше и больше. Поэтому сейчас такое распространение получают наркотики — это уже последняя ступень, когда уже нет ничего в этом материальном мире, что дало бы мне наслаждение. Наслаждение, для которого нет левушим (одеяния) в пище, сексе, внешних красотах природы.

Но, когда человек начинает осознавать, что он желает духовного, — это желание еще очень маленькое, несмотря на то, что оно больше всех остальных желаний нашего мира, потому что в нашем мире он чувствует, что ему вообще нечем насладиться, нечем наполнить свои желания. И поэтому готов все свои силы приложить на достижение духовного.

Но это желание, «точка в сердце», когда она только открывается, еще очень мала относительно духовного. Потому что желания в духовном так велики по сравнению с наслаждениями в нашем мире, что человек должен увеличить свое желание духовного выше всех желаний этого мира.

Допустим, я желал получить 1 кг животных наслаждений, 1 кг богатства, 1 кг почестей, 1 кг знаний. Затем раскрылось во мне желание к духовному на 5 кг. То есть, было 4 кг желаний к наслаждениям этого мира и 5 кг желаний духовного. Этих 5 кг желания к духовному совершенно недостаточно, чтобы войти в высший мир.

Как мне его увеличить? Мне добавляются свыше желания животных наслаждений, почестей, богатства, знаний. Например, еще по 2 кг к каждому. Сначала чувствую, что я «упал», то есть я уже не желаю духовного, а хочу наслаждений этого мира. Но, пытаясь насладиться ими, я обнаруживаю, что не могу ими наполниться, не могу ими наслаждаться, это не дает мне наполнения.

А где возможно наполнение? Только в духовном, посредством учебы по правильным книгам, в обществе себе подобных я увеличиваю свое желание духовного и вместо 5 кг получаю, например, 20 кг. То есть, стремление к духовному становится больше, чем все мои животные наслаждения, хотя те и выросли.

Получается, что чем больше этапов я прохожу для того, чтобы приблизиться к духовному и вырастить духовное кли, тем больше я увеличиваю свои материальные келим. Поэтому говорится, что «после того, как был разрушен Храм, вкус соития остался только у работающих на Творца». Здесь имеется в виду соитие, бия (приход — так обозначается в Талмуде «приход мужчины к женщине»), как кульминация всех животных наслаждений человека.

Но, если я желаю духовного, зачем мне нужно, чтобы росли во мне желания материального? Они увеличиваются для того, чтобы за их счет я увеличил свое желание к духовному. Поэтому, «у каждого, кто больше своего товарища (в духовном), его желания (к наслаждениям этого мира) больше».

Поэтому увеличивают нам материальные желания. Вдруг я начинаю видеть такие наслаждения в материальном мире, которых не знал никогда. Даже в самых простых вещах, таких, как еда. Не то, чтобы у меня пробудилась любовь к музыке, например, или чему-то высшему из этого мира, а к самым простым, естественным наслаждениям, а не к какой-то особой культуре или философии.

Но, если человек правильно работает, подгоняет время, чем меньше позволяет себе входить в эти животные наслаждения, тем больше он сокращает время и быстрее продвигается в духовное. Здесь уже главное — экономить время. Ты можешь, конечно, пойти и еще пару лет проверять себя на предмет всех этих животных наслаждений, пока не разочаруешься в них и не вернешься опять к нашей цели, сюда учиться...

Есть такие, которые выходят на год-два, а потом опять возвращаются к учебе. Но с помощью группы, учебы возможно пройти через все это гораздо быстрее, без того, чтобы входить в животные наслаждения (или хотя бы почти не входить), и, пройдя эти процессы, вырастить желание духовного до желательного уровня, как сказано: «Не позволяет мне уснуть...», когда желание духовного достигает такой силы, что человек действительно жаждет только этого Одного.

Что значит «только Одного»? То есть все остальные стремления, они как будто и не существуют для тебя. Не может так случиться, что тебе вдруг захочется почестей, или власти, или богатства — эти скрытые в тебе стремления просто не будут требовать своего наполнения.

Почему? Потому что ты вырастил желание духовного за счет всех других желаний. Ты всеми своими силами предпочитаешь духовное всем другим наслаждениям. То есть, выбрал, что это наслаждение для тебя самое стоящее. И когда ты приходишь к этому, то это называется, что ты приходишь к настоящему состоянию «ло ли-шма», предшествующему истинно духовному желанию, когда ты хочешь только этого одного, против желаний животных, что посылаются тебе в противовес желанию духовного.

И, если ты на самом деле выбрал духовное, то исправляют тебе это желание, то есть, дают тебе войти в духовное, но не согласно твоему желанию насладиться этим духовным, а дают уже тебе экран. Пока еще самый маленький экран — дают тебе стать зародышем.

И здесь, в этом процессе, самое важное для нас — это быстро определяться и отдавать предпочтение желаниям будущего мира против желаний этого мира. И лучшее средство для ускорения — это учеба, причем с концентрацией на правильном намерении, распространение, работа над реализацией желания.

Так можно сократить процесс, который бы длился сотни лет, и закончить его за несколько лет. Несколько лет все равно потребуется... Но возможно сократить время до такой степени, что человек может в течение одной жизни достичь цели творения.

Теоретически, каждый, кому дано такое желание, способен достичь этой цели в течение своей жизни. Есть особые расчеты, есть специальные перевоплощения, поэтому заранее невозможно сказать определенно о каждом, но, теоретически, да, любой может. Если у человека пробудилась «точка в сердце», то посредством приложения усилий, создания правильных условий, возможно довести ее до корня души.

Единственная вещь, которую евреи сделали в Египте своими силами — возопили о помощи к Творцу. А Творец помог им дойти до такого состояния, что они обратились за помощью. Исход из Египта — это изменение в желании человека, желание быть исправленным. А изменение в желании может произойти только при воздействии на него света. Кто дает эти изменения? Творец. Когда? В соответствии с необходимостью, тогда, когда человек готов к этому изменению. Когда он уже подготовил себя к принятию этого изменения, что называется, сделал себе ахораим, тогда он получает изменение свыше.

Ощущение необходимости изменения называется «крик о помощи». И не надо понимать это буквально, что надо кричать. Для того, чтобы крикнуть, крикнуть Творцу, не надо открывать рот — нужно ощутить этот вопль в сердце.

Это называется «ахораим» (обратная сторона, подготовительная) ступени, и тогда ты получаешь то, о чем кричишь. А до этого просто нет в тебе этого крика. Тебе может казаться, что ты сделал уже все, выжал из себя все, что мог... А на самом деле, еще нет. И иногда это занимает долгие месяцы, пока человек достигнет самого маленького крика о помощи, и получит посредством этого изменения.

В чем разница между воплем и молитвой? Вопль — это результат накопления боли в незаполненном желании. А молитва — это организованная работа, которая проводится в сердце.

Молитва может быть уже только после махсома. Когда у человека есть келим, когда он целенаправленно с ними работает, знает, что такое работа в трех линиях, он знает, как отличаются его свойства от свойств Творца, то все, что он делает, весь процесс, который он проходит, — это процесс молитвы.

А мы должны сначала прийти к состоянию крика, когда я еще не управляю своими ощущениями, еще не измеряю их, еще не могу их организовать в правильной форме, а действую пока только инстинктивно.

Только ли ростом желаний к этому миру и их исправлением возможно увеличить духовные желания? А как еще можно это сделать? Если моя «точка в сердце» — это 5 кг желания духовного, а мне, для того чтобы войти в духовное, нужно 5 тонн желания? Как я могу его вырастить? Просто бежать за светом наверх? Что я могу определить, понять таким образом? Все определения происходят именно из-за того, что я жажду материальных вещей, материальных наслаждений, и все время относительно этого выверяю мое желание духовного. А потом я буду выверять мои духовные желания, предпочту желание отдавать желанию получать.

В течении дня нам посылаются разные мысли, совсем не о духовном... Иногда мы попадаем под их власть и выполняем то, что эти желания требуют от нас. И осознанно, и неосознанно — бывают разные состояния. Человек учится на себе терпеливо относиться к чужим слабостям, как к естественному в человеке. Я тоже чувствовал себя в таких состояниях и, поэтому, прощаю их в других. Это процесс, который надо пройти.

Кто может быть умным и сильным относительно Творца? Это как раз то, что раскрывают тебе. Не сравнивают тебя с кем-то другим, а именно, каков ты по сравнению с Ним. Без такого кли невозможно приобрести свойства аль менат леашпиа, невозможно приблизиться к Нему, невозможно стать таким, как Он. Ты сначала должен накопить противоположные Ему свойства, свойства Фараона, чтобы потом быть готовым связаться с Ним.

... И тогда начинает раскрываться в нем Любовь

Могут так бесконечно добавлять нам желания животных наслаждений и давать возможность с помощью учебы, группы предпочитать желание духовного и наращивать его. Но есть ли этому предел? Когда я уже выбираю что-то одно, или духовное, или материальное, и ничего уже не может измениться после этого — это означает конец этого периода во мне.

У каждого человека есть особая мера его души, до которой увеличивают ему желания. И так играют с ним, дают ему выбирать, что он предпочтет — этот мир или Высший. Но все решимот от всех состояний остаются в нем.

И так до определенной границы, после которой уже дают человеку другую работу, работу по накоплению других определений, работу после махсома. Когда он хочет только духовного, но должен теперь определиться с тем, почему именно он хочет духовного.

Могут посылать ему всяческие препятствия на пути: от его окружения, семьи, страха, отсутствия уверенности, пока сверху не пошлют ему такие исправления, после которых уже ни страх, ни общество, ни семья, ни отсутствие уверенности — ничего уже не может его остановить, потому что он получает силу соединения с Творцом (хафэц хэсэд).

И после получения этого свойства Бины свыше, человек действительно отрывается своими свойствами от всего остального мира, от этого мира. Никто уже не может схватить его и вернуть на эту землю. И тогда начинает раскрываться в нем Любовь. Настоящая Любовь — когда стремится он в Духовное не из-за каких-то расчетов и страха, а именно только из-за Любви к Творцу...

Сказания языком Каббалы

ОГЛАВЛЕНИЕ

Недельная глава «Лэх-лэха» (7.11.97) 473
Недельная глава «Ваера» (14.11.97) 484
Недельная глава «Ваецэ» (5.12.97) 501

НЕДЕЛЬНАЯ ГЛАВА «ЛЭХ-ЛЭХА» (7.11.97)

«И сказал Бог Авраму: «Уходи из страны твоей, от родни твоей и из дома отца твоего в страну, которую Я укажу тебе. И Я сделаю тебя народом великим и благословлю тебя, и возвеличу имя твое, и ты будешь благословен. А Я благословлю благословляющих тебя, а хулящего тебя прокляну; и благословятся тобой все племена земли». И пошел Аврам, как повелел ему Творец; пошел с ним и Лот; а Аврам был семидесяти пяти лет при выходе своем из Харана. И взял Аврам жену свою Сарай и Лота, племянника своего, и все достояние, которое они добыли, и души, которые приобрели в Харане; и вышли, чтобы идти в страну Кнан. И явился Творец Авраму и сказал: «Потомству твоему отдам Я эту страну». И построил он там жертвенник Творцу, который явился ему. И был голод в той стране. И сошел Аврам в Египет пожить там, ибо тяжел был голод в той стране».

Как обычно, мы сталкиваемся с вопросом, как трактовать то, что говорит нам Тора. Неужели Тора говорит нам об эмиграции в обетованную страну Египет, в которую сам Творец заставляет Аврама идти?

Вопрос: *Во-первых, почему, действительно, Он выбрал Аврама? Аврам был в то время бедуин, как и все остальные здесь, в этих местах, чуть восточнее Сирии до двуречья. Аврам не спустился в Египет. Он пошел до Бэйт-Эля, принес в жертву Создателю приношения и на этом вроде бы успокоился. Потом сказано, что был голод, и тогда он спустился в Египет. Голод его заставил пойти в Египет, или Творец ему сказал?*

Если мы будем воспринимать Тору как исторический рассказ, тогда от нашей Торы останется только история.

Тора не говорит нам о том, что было. Тора говорит, кто мы и что мы, и что мы должны с собой сделать. Творец обращается только к человеку, к каждому лично — так трактует Тора вообще все мироздание. В человека включены все существующее во всех мирах, в том числе и в нашем мире — все это заключено внутри человека. Кроме человека, есть Творец. За человеком находится все мироздание, вся наша вселенная и все остальные миры. От них всех представителем выступает человек.

Творец обращается к Авраму, к определенному свойству человека — Аврам (т.е. родоначальник народа), и говорит ему: «...уходи из твоей страны, из твоего отечества и из дома отца твоего в страну другую, которую Я тебе укажу».

«Лэх-лэха ми арцэха» — иди из своей страны. Эрэц — от слова «рацон». «Иди» — выходи из того состояния, в котором ты сейчас находишься, т.е. ты сейчас простой бедуин, который живет среди всех остальных народов.

Творец обращается к какому-то определенному свойству человека и говорит: «Это свойство сейчас в тебе такое же, как все остальные, которые называются народами мира в человеке; я выделяю в тебе это особое свойство, которое называется Аврам (сначала был Аврам, потом Авраам, Он добавил ему букву), ты должен выйти из своего состояния, из всех твоих желаний, в которых ты находишься (это называется выйти ми арцэха), мимо-лэдэтха — из твоего отечества, из тех желаний, с которыми ты родился, Я тебя таким создал, это твое исходное состояние, в нем ты находишься, оно ни плохо, ни хорошо, но ты из него обязан выйти, у ми бэйт авийха (из дома отца твоего), т.е. Я сижу внутри этих твоих исконных эгоистических желаний, и из них ты должен выйти. Куда ты должен выйти? Эль арэц ашэр эрэха (в то желание, в ту землю, которую Я тебе укажу). То есть ты должен прийти к совершенно иным желаниям, к иным свойствам, которые Я тебе укажу и в которых я тебе покажусь (ашэр эрэха — имеется ввиду, которые Я тебе покажу, укажу и в которых я тебе проявлюсь). То есть сейчас Я тебе проявлюсь только для того, чтобы заставить тебя проделать этот путь, но ты должен дойти до таких внутренних свойств, когда Я тебе полностью раскроюсь, когда перед тобой предстанет действительно все мироздание, и ты достигнешь совершенно иных свойств: вечности, совершенства и уровня самого Творца.

Вопрос: *Что значит — проявился Творец?*

В принципе Творец проявляется каждому, и каждый из нас чувствует, и ни один раз в жизни, толчки, внутренний голос,

Недельная глава «Лэх-Лэха»

внутреннюю силу, внутреннее желание как-то жить по-другому, задуматься о вечном, более нужном, выйти немного из всех мелочей, из суеты обычной жизни, чуть-чуть приподняться над ними, как-то выпрыгнуть из них.

Вопрос: *Получается, Аврам это увидел, а мы не видим?*

Я не хочу говорить об Авраме, как о человеке, который жил 5000 лет тому назад, и которого нашел Творец и обратился к нему. Я хочу говорить об этом свойстве в каждом из нас, которое называется Аврам и к которому обращается Творец и именно за это свойство тянет нас и говорит: «Выйди из твоих желаний, из того, в чем ты создан и в чем ты все время жил, выйди из них и иди к тому желанию, которое Я тебе укажу». Он не показывает человеку, что тот должен возвышаться духовно. Нет, Он говорит человеку: «В первую очередь, ты должен спуститься в Египет, т.е. в самую грязь, которая только существует в наших желаниях, в самые эгоистические, в самые сильные, черные желания. Настолько эгоистические — как древние египтяне в нашем мире, которые умели пользоваться эгоизмом до такой степени, что даже мертвые тела не разлагались, настолько они были связаны с мертвыми и до такой степени обожествляли их.

Творец говорит ему: «Тебе не надо стремиться никуда вверх для того, чтобы ты перешел к моему желанию, к другому, которое Я тебе укажу и в котором Я тебе проявлюсь, которое я смогу наполнить, т.е. твое самое совершенное состояние будет тогда, когда ты пройдешь Египет». Он даже не говорит, что тот должен пройти через Египет, он говорит, что должен просто идти туда. То есть, практически, это состояние совершенно нелогичное, указание очень странное. Рядовой человек живет своей жизнью, все нормально, обычный бедуин со своим стадом, со своим семейством; и для того, чтобы дойти до духовного состояния, вдруг он должен пройти самые низкие состояния, называемые Египет. Он не хочет в это спускаться, делает жертвенник, благодарит Творца за то, что Творец обратил на него внимание и остается. Он кочует, правда, он идет в Бэйт-Эль, в то место, где, как ему кажется, он ближе к Творцу. А на самом деле Творец его оттуда выгоняет.

Аврам дошел до Бэйт-Эля, т.е. человек вроде бы начинает тянуться к книгам, начинает искать, начинает читать, даже начинает, может быть, доходить до Каббалы, ему кажется, что это — дом Творца (Бэйт-Эль). А на самом деле, принеся жертву, начиная выяснять для себя, что же действительно надо, что же требует от него жизнь или Творец (это одно и то же), его внутренний голос, что он вдруг ощущает? Он ощущает голод. Принеся жертву, начиная заниматься собой, своим духовным развитием, он именно сейчас начинает ощущать голод. Этот голод настолько сильный, что гонит его в Египет. То есть, начиная читать все книги, которые перед ним, он вдруг ощущает все большие и большие страдания, все больший и больший духовный голод и начинает видеть себя в своих ощущениях все более низким, все более грубым, весь мир все более мелким, настолько, что это отождествляется, как говорит нам Тора, со схождением в Египет, т.е. в самые низкие состояния.

Вопрос: *Почему, читая книги, я начинаю чувствовать себя то выше, то ниже и все хуже и хуже?*

Это этап очень хороший, положительный и необходимый. Без того, чтобы пройти Египет по личному указанию Творца, человек не может достичь даже правильных желаний. Почему? Потому что желания человека очень маленькие. Они могут довести его максимум до Бэйт-Эля (то есть до занятий обычной Торой), и ему будет казаться, что он находится уже в Доме Творца, уже для него заготовлен райский сад и будущий мир. На самом деле нет! Тора должна довести человека в первую очередь, до акарат ара, до осознания зла, до осознания того, что он полнейший эгоист, что все его желания абсолютно противоположны духовным. Вот если он проходит это состояние, понимает и осознает его, а не просто потому, что в книжках написано, тогда он принимает, что и в нем это есть. Осознание эгоизма человек должен пройти на себе именно чувственно. По мере этого он начинает стремиться к своему исправлению. То есть осознание своего эгоизма, как зла — это очень длительный этап.

Египетское изгнание (галут Мицраим) не для Аврама, а уже для семьи Яакова (Йосеф и его братья), которые спустились в Египет, должно было длиться 400 лет, а длилось меньше. Бааль аСулам пишет: «То, что они не досидели в Египте, пришлось всему народу, вышедшему из Египта, досиживать в следующем галуте, т.е. в том, который длился уже 2000 лет, именно потому, что они не досидели там несколько десятков лет.»

Нужно немножко ощутить духовность, чтобы почувствовать, кто ты и каковы твои свойства. Эти ощущения должны быть полностью им пройдены и полностью исследованы на себе. Когда это действительно приходит, человек удостаивается выхода из Египта.

Аврам — это только первая стадия. Когда человек начинает изучать Каббалу, он начинает чувствовать себя немного хуже (первая стадия). Но это «немного» проходит. Этот как-бы первый заход в Египет — маленький, и обратно возвращение в Бэйт Эль, куда Аврам снова вернулся после Египта. Второй заход — когда он уже идет со своей семьей 70 человек, когда накопил в себе много желаний и у него уже есть четкое осознание пути, по которому он должен двигаться в духовное, он уже находится на определенной стадии духовного развития, уже вложил в себя, пропустил через себя определенное количество каббалистических текстов (без этого невозможно), только после этого он удостаивается нисхождения в Египет, которое будет разбираться в следующих главах.

Вопрос: Сначала было только одно желание Аврам, потом оно начало увеличиваться до 70, до 600 000 и т.д., и все спускались в Египет. В начале недельной главы сказано, что Аврам сразу пошел в Египет, без раздумий?

Он сразу же пошел, но он не дошел, дошел только до Бэйт-Эля. Следующий этап — только голодом можно заставить его двигаться вперед.

Действительно, человек находится в своих эгоистических желаниях. Это его «арцэха, молэдэтха, бэйт авиха», т.е. это вся его суть. Он не может из этих состояний выйти, он так мыслит, он так думает, это его природа, он не представляет себе, что можно думать по-другому, действовать по-другому. Мы не можем себе представить того, что не в нас и никогда не было нами ощутимо, даже нашими предками, даже нами в прошлых кругооборотах. Поэтому вывести нас из этого состояния и бросить на освоение новых желаний, египетских, на расскрытие в себе этих желаний, которые очень глубоко в нас сидят, можно только путем огромнейшего духовного голода. Развить в себе этот духовный голод можно только в группе, с равом и с определенными книгами, очень определенными. Если читают книги даже не в том порядке, можно ошибиться и отклониться от правильного пути, т.е. приостановиться в своем духовном развитии. Должен быть постоянный контроль и постоянная проверка человека, как точно он идет, но в итоге, если он только стоит, но желает этого, то его подгоняет голодом сам Творец.

Вопрос: Аврам — это какое-то духовное свойство?

Это духовное свойство, как бы основа всех свойств человека, общее его духовное свойство.

Вопрос: Как тогда соотнести уровень пророка? Это отдельное качество, не сравнимое с ним, другая категория?

Пророк — это тот же Аврам — на другой ступени его можно назвать пророком. Пророк — это человек, достигший такой ступени, когда он находится в прямой связи с Творцом. Есть пророки, которые только разговаривают с Творцом, т.е. общаются на уровне так называемого «духовного разговора». Конечно, не раздаются звуки трубы с неба, как пишет Тора, и глас Творца не звучит с горы Синай через большие динамики Естественно, это внутренний голос человека, который входит в четкий контакт с Творцом. Есть пророки, которые видят и слышат, есть пророки, которые только видят и затем слышат. Это вы можете прочитать в книге пророков и увидите, насколько разнообразны их связи с Творцом, и каким образом и когда Он им проявляется, т.е. на каких уровнях человек может дойти до такого-то пророка. Все эти пророческие ступени так же, как и все ступени праотцов — внутри человека. Каждый из нас обязан их все пройти, находясь в нашем мире, мы должны пройти весь путь, который указан в Торе, от начала до конца. Если вы возьмете Танах — все, о чем говорится в Танахе, должно быть пройдено человеком от начала и до конца, и тогда он раскрывает в себе полностью Творца и доходит до самой последней точки своего развития, что является целью творения, заранее задуманной Творцом. Тора практически дает нам весь этот план, но рассказывает о нем в особом виде, который можно принять за исторический рассказ или за какие-то бытовые сцены, что, конечно, совершенно не так. Недаром это книга святая, а не художественная.

Вопрос: Известно, что Аврам написал каббалистическую книгу «Ецира». Почему она не является такой же настольной каббалистической книгой, как книга «Зоар», «Талмуд Десяти Сфирот»?

Недельная глава «Лэх-Лэха»

Если вы зайдете в наш интернет в его русский отдел и в ивритский отдел, то увидите книгу «Ецира» на иврите и на русском языке.

Вопрос: Каббалисты изучают ее наравне с «Зоар»?

Ее нельзя так изучать, потому что она очень лаконичная. Вся сэфэр «Ецира» изложена коротко. Он говорит там очень просто: «Тридцатью двумя потоками света мудрости создан этот мир в ввиде раскрытия, полураскрытия и полного сокрытия». Для того, чтобы расшифровать эту первую фразу, первую мишну из книги Ецира, мне нужно по радио объяснять несколько лет, и даже своим ученикам — полгода минимум. То есть эти книги очень лаконичны, они написаны для тех, кто находится на этих уровнях или подобно им, на более низких уровнях, но не для нас. Остальные каббалисты, особенно жившие ближе к нашему времени, уже обращаются к нам. Чем дальше поколение, тем больше оно имеет право на раскрытие. А в нашем поколении есть прямое указание свыше все раскрывать и всех обучать. Книги соответственно совершенно открытые, и их все меньше и меньше необходимо комментировать. Все равно требуется преподаватель, все равно без него не можешь ничего понять, но сам материал уже достаточно разработан.

Допустим, к вам обращается Творец, Он обращается к вашему определенному свойству, которое называется Аврам. И тот внутренний голос, который вы чувствуете, что обращается к вам, называется Творец. Я могу понять, что это такое, пытаюсь разобраться в этих голосах, в себе — вот это и надо, к этому и призывает Тора, и не больше.

Вопрос: Я читал, что изучение Каббалы возбуждает ор макиф, и человек начинает понимать. Аврам до того, как к нему явился Творец, возбуждал ор макиф, т.е. он изучал предварительно Каббалу или нет, или он был такой особый?

Совершенно нет. Аврам — это свойство человека, к которому впервые обращается Творец. В Каббалу приходят люди не потому, что их сюда послали: к ним сначала обращается Творец, начинает их толкать, вызывает в них голод, и после этого они приходят. Человек просто так не бежит за чем-то, если не чувствует в этом потребности, нас гонит только чувство голода. Любовь и голод миром правят. То есть ощущение нехватки чего-то, только оно и тащит человека. Вот это чувство и называется Аврамом, к нему и обращается Творец и говорит: «Ты хочешь действительно наполнить свои чувства, ты хочешь действительно достичь истины, значит ты должен из этого чувства спуститься в совсем другие, называемые Египет, т.е. ты должен действительно понять, кто ты такой, исследовать свои эгоистические желания изнутри, и, исправив их, ты познаешь Меня, в них Я тебе и откроюсь». То есть Творец раскрывается именно в тех желаниях, которые называются Египет, но затем они исправляются.

Вопрос: Что такое смерть тела? Для подавляющего большинства жителей земли смерть — это горе.

В Каббале смерть не считается горем и нужно пребывать в трауре не более семи дней и на смерть человека произносят благословение: «Барух даян аэмэт» (благословен Ты, Творец, за твои правильные деяния, за то, что ты сделал с этим человеком). Это говорят на любую смерть. Сказано в Торе: тот, кто не родился, счастлив больше, чем тот, кто родился в этом мире. Проблема в том, с чем свое «я» человек отождествляет: связывает ли он свое «я» с телом, или он связывает свое «я» с душой, находящейся, якобы, внутри его тела. Если человек еще при жизни в этом мире живет всеми свойствами, всеми желаниями души, то он с ней остается, прикрепляется к ней, для него смерть не является чем-то трагическим, это просто переход в другое состояние. От него убирают некоторые помехи, которые давало ему тело, и он остается существовать в еще лучшем состоянии, в еще более комфортном, с намного большими возможностями духовного продвижения. Так что смерти можно радоваться, смерть говорит о том, что, если вы правильно идете духовным путем и уже прошли какой-то конкретный отрезок времени, дальше можете идти без этого балласта, без этой нагрузки, называемой белковым телом. Так что все зависит от того, с чем вы себя отождествляете в течение своей земной жизни.

Вопрос: То есть если я дойду до такого восприятия, то Бабий яр или Катастрофу перестану воспринимать как трагедию, а буду воспринимать как радость?

Это прямое указание Торы. Во-первых, все, что делается, мы обязаны сказать, что это делается Творцом, а не кем-то иным. Только Творец всем управляет. То есть и Бабий Яр, и все катастрофы —

это деяния Творца. Для чего Он это сделал и почему это сделал? Для нас, для нашего же блага, хотя слова звучат страшно. Мы поймем необходимость Катастрофы для нашего существования и духовного исправления. К сожалению, именно невосприятие нами необходимости духовного развития приводит нас к катастрофам, и об этом говорится в «Предисловии к комментарию на Древо Жизни» Бааль Сулама : «Если мы и сегодня тоже не возьмем каббалистические книги, т.е. инструкцию духовного развития, и не будем развиваться и достигать того, ради чего Творец создал мир, Он будет гонять каждого из нас очень жестко, очень болезненно, и весь наш народ, и все человечество также очень жестоко будет подгонять к необходимости духовно развиваться, мы никуда от этого не денемся».

Вопрос: *Возникает логическое противоречие. Сначала Вы говорите, что это совсем не катастрофа, а соединение с Творцом. С другой стороны, вы говорите, что Он будет применять к нам жесткие удары — катастрофы. Но ведь это на самом деле не катастрофа, а радостное явление — соединение с Творцом?*

К сожалению, радостным мы это не воспринимаем. Из недельной главы видно: Аврам не хочет спускаться в Египет, человек не хочет заниматься своим духовным развитием. Зачем? Это тяжело, это неприятно, это против эгоизма. И его можно подогнать к этому только голодом. Голод заставил Аврама спуститься в Египет, т.е. духовный голод, физический голод, страдания, только они вынуждают человека к действию, и этим пользуется Творец. В Торе сказано: «дэрэх Тора или дэрэх исурим», путем Торы или путем страданий — хорошим путем или плохим. В принципе вся Тора, вся Каббала даны нам для того, чтобы мы двигались хорошим путем, если мы этого не воспринимаем, тогда плохим путем, естественным.

Если вы в этой жизни отождествляетесь со своей душой, то вы еще в этой жизни относитесь к Творцу и связаны с Ним. Если вы в этой жизни не отождествляетесь с душой, то вы и после смерти не соединяетесь с Творцом. Разве вы сделали хоть одно свое желание подобным Творцу, поставили себя в соответствие с ним хоть в чем-то? Почему вы считаете, что, просуществовав хорошо или плохо на этой земле, вы заслуживаете какого-то духовного возвышения, только потому, что прожили на земле 70 лет?

Вопрос: У Творца есть понятие доброты?

Понятие доброты у Творца немножко другое, чем у нас, потому что мы воспринимаем добром то, что наполняет наши эгоистические желания. То, что мне хорошо, я называю добром, а то, что мне плохо — злом. Все зависит от уровня развития.

Вопрос: Человек, занимающийся духовной работой, входит в состояние, которое называется осознание эгоизма, как зла, т.е. спускается в Египет. В том случае, когда у него начинают проявляться низменные желания, существует ли какая-то система контроля?

Когда человек начинает заниматься Каббалой, т.е. духовным развитием, тогда только и возникают в нем истинные эгоистические низменные желания. И это является прямым указанием на то, что он действительно духовно начал развиваться.

Вопрос: Не станет ли такой человек общественно опасным?

Если в обычном преступнике расскрывается просто дурное начало, дурное желание, то Каббала вам показывает ваше дурное **по сравнению с хорошим**, поэтому вы начинаете ощущать его дурным, плохим. Если вы подойдете к любому убийце, насильнику, вы увидите человека, который свои действия всегда оправдывает, который считает, что он прав. Это не называется осознание зла, если человек просто плохой в ваших глазах. Осознание зла — когда человек плохой в своих глазах, когда он сравнивает себя с Творцом, т.е. он уже чувствует в какой-то мере Творца из того, что читает соответствующую литературу и вызывает на себя окружающий свет, и это чувство вызывает в нем осознание зла (акарат аРа). Человек начинает глубже себя понимать, но он не станет от этого преступником, хотя по нему проходят страшнейшие, всевозможные желания, но он одновременно видит эти желания, как самые порочные, как самые плохие, а не такие, которым он должен следовать. Ему показывают, как на экране, расскрывают ему: смотри, что ты хочешь, смотри, что внутри тебя сидит, и одновременно он понимает, что это в нем создал Творец. Ему показывают картину творения, которая находится в принципе в нем самом.

Вопрос: А если у меня возникает желание что-то украсть?

Вы не сможете его реализовать. Потому что желание украсть возникнет с одновременной мыслью, что это Творец показывает вам, и что это порочное и самое отвратительное, что только может быть. Человек сам ужаснется томк, что в нем появляются такие желания. Одновременно с желанием возникнет его отторжение. И это называется в двух словах — осознание зла (акарат аРа). У обычного человека, который находится в нехороших желаниях, нет осознания зла, он не воспринимает это, как зло, а воспринимает их, как обычное проявление своей природы, — «ну, я такой, все такие».

В недельной главе сказано, что Творец сказал Авраму: «Ты видишь, сколько звезд на небе, таким же огромным будет твой народ». Звездами называются искры отраженного света (нэцуцот ор хозэр), на которые раскололась общая душа. Эти искры впоследствии подбирает человек, который начинает с нашего мира подниматься вверх. Он их всех вбирает в себя, исправляет и с их помощью поднимается. Поэтому вот эти искры (нэцуцот) — мелкие-мелкие души, которые поднимаются вверх, называются звездами. Поэтому Он ему обещал, что если «ты пойдешь этим путем, то это все будет твоим».

Вопрос: *Вы говорили, что со времен АР"И разрешено заниматься Каббалой всем. А существуют и можно ли писать сейчас книги по Каббале для детей?*

Я надеюсь, что мы доживем до того, что заслужим еще увидеть новую методику, более современную, более соответствующую нашему поколению, потому что поколения сейчас настолько круто отличается друг от друга, что написанное всего лишь 20 лет назад сегодня ничего не говорит человеку. Год идет за 20 лет, очень быстро. И поэтому, я надеюсь, что мы увидим еще и новую общую методику Каббалы, которая будет говорить прямо, понятно и близко каждому нашему современнику, в том числе книги эти будут понятны и для более младшего возраста.

Каждый может вспомнить, когда возникли у него первые вопросы о Творце, о смысле жизни. Где-то в 6-10 лет. На них уже необходимо отвечать: «Сила, которая тебя сотворила, она и сейчас с тобой рядом и заботится о тебе, и желает контакта с тобой, и ты должен ее найти; такой же контакт, какой ты имеешь с папой, с мамой, и это твоя семья. Говорится ведь, что человека создает отец, мать и Творец». Проверьте на детях и убедитесь, насколько естественно они воспринимают эту идею.

НЕДЕЛЬНАЯ ГЛАВА «ВАЕРА»
(14.11.97)

«И открылся ему Всесильный в Илонэй Мамрэй, а он сидел у двери шатра, когда зноен был день. И поднял он глаза свои и увидел: вот, три человека стоят возле него. И увидев, побежал навстречу им от двери шатра, и поклонился до земли. И сказал: «Господа мои, если я нашел милость в глазах ваших, не пройдите мимо раба вашего. Возьмите немного воды, обмойте ноги ваши; и отдохните под деревом. А я возьму кусок хлеба, и вы подкрепите сердце ваше, потом уйдете; раз уж вы проходили близ раба вашего». И сказали они: «Сделай так, как говоришь». И поспешил Аврам в шатер к Саре, и сказал: «Поторопись, три меры тончайшей муки замеси и сделай лепешки». И к скоту побежал Аврам, и взял теленка нежного и хорошего, и отдал отроку, и поторопил приготовить его. И взял масла и молока, и теленка, которого приготовил, и поставил перед ними; а сам стоял подле них под деревом. И они ели».

Что написано: сидит бедуин, приходят трое бедуинов в гости. Он сделал обрезание, поэтому не может ходить. Они подходят к нему. Он, конечно, их приглашает вместе с ним откушать, как принято по закону восточного гостеприимства. Неужели нам Тора говорит о том, кто и что готовил и ел 5000 лет назад, и сегодня мы должны читать это, как святые тексты? Что тут особенного, в повествовании о наших праотцах? Затем еще будет говориться о том, как там были скотоложества и всякие извращенные вещи, которые случаются и сегодня, и были и 1000 лет назад. Что в этом такого, что мы должны знать, чему мы можем из этого научиться и вообще, зачем оно нам нужно, что стоит за этим?

«Зоар» начинает эту недельную главу совсем с другого: «Раби Хия патах» («открыл» означает открыл каналы, по которым исходит свет мудрости — свет хохма). «Ростки показались из земли, пришло время пения, и голос жаворонка слышен в нашей земле» (Песня песней). То есть вроде бы «Зоар» говорит совсем о другом, но ведь указана та же недельная глава, значит должно говориться о том, о чем говорится в Торе. «Зоар» объясняет точно, совершенно, только уже на другом уровне. Раби Хия — это очень сильный и большой уровень, он один из учеников раби Шимона, который вместе с ним и писал «Зоар», и о нем очень много сказано в «Зоар»; он находился на определенном духовном уровне, который так и называется — раби Хия. Поэтому он сразу же нам говорит, где находится это духовное состояние.

О чем здесь говорится? Если мы говорим, что весь мир находится внутри человека, то все, о чем говорится здесь: и шатер, и Аврам, и бедуины, и Сам Творец, и то, что он закалывал теленка, брал молоко и готовил еду, вообще, все-все, что только можно вообразить, что сказано в этой книге в разных действиях — все это происходит **внутри человека**. Человечество выражало так когда-то и выражает сегодня внутренние свойства обобщенного человека в лицах. Были такие театры, например, древнегреческий театр масок, где одевалась маска грустного человека с опущенными уголками рта, веселого человека, который улыбался. В принципе они выражали какие-то черты характера человека, совершенно определенные, прямые черты: этот веселый, этот грустный. И дальше это продолжалось в итальянской комедии, японском театре «Кабуки». То есть на сцене люди, но каждый из них выражает определенные свойства человека, определенную черту его характера. То же самое у нас, нам разыгрывают точно такой театр внутри человека. Есть один человек в мире Адам, который создан Творцом, больше Творцом не создано ничего: кроме этого Адама, есть только Творец. И вот Творец начинает обращаться к этому Адаму, но указывается, к какому именно свойству он обращается — к Авраму, который в Адаме. Что должен сделать Аврам? Сейчас — сидеть. Что значит сидеть? «Зоар» нам уже сама объясняет — это состояние «катнут» — маленькое состояние, когда ему запрещено передвигаться. Каким образом он сейчас должен что-то делать с собой? После того, как Аврам «обрезался», он уже совершенно не желает воспринимать все в своих эгоистических ощущениях, он понял, что они ему не дадут возможность двигаться вперед. Вот Адам сделал это на своем желании, которое называется Аврам.

Аврам — это самое первое духовное желание, которое возникает у человека, поэтому называется праотец. Затем, если он это свое желание обрезал и не желает никак с ним взаимодействовать, то у него больше ничего не остается, потому что он отказался работать со всем своим эгоизмом. То есть Адам — общий человек, остается практически без какой-то возможности что-то делать, без своих желаний, поэтому он сидит и ждет, что же делать дальше. И тут Творец ему посылает трех якобы странников, т.е. он ему посылает три силы, называемые «гимел кавим»: правую, левую, среднюю. Из этих трех сил построена наша душа. Правая линия назывется Авраам, и противоположна ей сила Ишмаэль. Левая линия называется Ицхак, и противоположна ей сила Эйсав. Средняя линия называется силой Исраэль и противоположно ей неживое духовное состояние.

Эти три странника олицетворяют именно три силы, которые сейчас придаются Авраму для того, чтобы он с их помощью шел вперед. Поэтому он их принимает, делает с ними совместную трапезу. После обрезания только это он может делать. Он желает принять новые свойства Творца и новый путь, которого раньше у него не было: до этого он шел только в своем эгоизме, т.е. он ничем не отличался от всех остальных народов, среди которых жил. Сейчас он начинает выделяться.

Вопрос*: Он не выбирает между ними, он принимает всех троих?*

Это свойство, с помощью которого человек хочет идти вперед. Сейчас он получает внешнюю информацию, как он должен идти вперед, какие силы должен приобрести, но пока в этих силах не разбирается, они все пока для него одинаковые. Далее и говорится, что он должен сделать, как должен отсортировать эти силы. То есть, если он должен идти вперед по средней линии — по линии Исраэль, то тут же возникает проблема с теми свойствами в этих трех линиях, с которыми он не в состоянии работать. Эти свойства полезные, но они будут полезными не сейчас, а только после полного исправления всех остальных свойств. То есть Ишмаэль и Ицхак — это свойства полезные, но они нуждаются в особом исправлении. Поэтому Сара тут же после рождения Ицхака говорит, что он должен обязательно отослать Ишмаэля, иначе не сможет использовать Ицхака в том направлении, в котором сделал обрезание.

«Зоар» рассказывает об этом очень интересно. Начинает «Зоар»: «Ростки показались из земли, и пришло пение, и голос горлицы слышен в нашей стране». В этой стране, в которую собирается идти Аврам, на ней уже показываются ростки, т.е. его дальнейшее продвижение с этого и начинается. Поэтому и говорится:

«И показался ему Творец, и открылся ему в Илонэй Мамрэй». Дальше говорят о трех людях, которые пришли. Вот это и есть первое явление движущей духовной силы, называемой Творец, человеку, и Он начинает уже представлять перед человеком его дальнейший путь. Но мы не забываем, что говорится о том, что находится внутри человека. В принципе мы все, каждый из нас, являемся определенным свойством Адама, потому что душа Адама разделилась на 600 000 частей, и затем эти части разделились еще на множество частей, т.е. в каждом находится хоть какая-то маленькая микродоза свойства этого Адама, и поэтому все, что каждый из нас выполняет, представляет собой то, что мы называем характером человека, его сутью, его «я» — это практически часть того общего сосуда, называемого Адамом. Но поскольку каждый из нас включает в себя в том числе все мироздание, только в маленькой пропорции, то мы должны к каждому из нас относиться внутренне, как к включающему в себя все мироздание. То есть когда к нам обращается Творец со страниц Торы и «Зоар», он обращается к нашим внутренним свойствам. Мы должны в себе отыскать Аврама, Ицхака, Сару, все эти свойства, в том числе Ишмаэля и всех отрицательных и положительных персонажей. Мы должны увидеть, что все они в нас существуют, в каждом из нас находится полный набор всего, что есть в Торе. Абсолютно все эти задатки в нас существуют. Наша задача — выявить их настолько, чтобы мы почувствовали положительные они или отрицательные, можно с ними двигаться дальше или нет. И в мере того, что мы ощутим их отрицательными, мы от них постепенно сами добровольно откажемся, а видя, что они положительные, естественно, возьмем их и будем дальше двигаться вперед к духовному.

И сказал Б-г: «Вопль на Сдом и Амору стал велик и греховность их очень тяжела. Сойду же и посмотрю: если по мере дошедшего до Меня вопля его поступали они, тогда — конец».

То есть Творец сейчас говорит: «Я показываю тебе, какие внутренние свойства в тебе есть — Сдом и Амора, и это следующий этап на духовном пути, который ты должен проверить. Пойдем вместе, и ты увидишь, плохие они или хорошие». И вот здесь Аврам начинает с ним торговаться, ему еще не кажется, что они плохие.

«И подошел Аврам, и сказал: «Неужели погубишь Ты праведного с нечестивым? Может быть, есть пятьдесят праведников в

этом городе? Неужели погубишь и не простишь места этого ради пятидесяти праведных в нем?»

То есть Аврам еще не чувствует, насколько есть зла в этих свойствах, которые сидят в нем. Он говорит Творцу: «Не подобает Тебе делать подобное, чтобы губить праведного с нечестивым». Потому что он не видит еще в свете Творца всей отрицательности этого качества в себе.

«И сказал Создатель: «Если Я найду в Сдоме пятьдесят праведных внутри города, то прощу всему месту ради них».

Что значит — пятьдесят праведных? Мы говорили, что человек состоит из пяти качеств, пяти частей: кэтэр, хохма, бина, зэир анпин, малхут — пять основных свойств человека. И все они, в свою очередь, делятся еще на пять и еще на пять, и так до бесконечности. То есть Авраму поначалу вообще не кажется, что есть там какие-то отрицательные качества. Он говорит: «Мы найдем пятьдесят праведников там, неужели не простишь тогда весь город». Он говорит: «Посмотри, есть ли там вообще праведники».

И отвечал Аврам, и сказал: «Вот я решился говорить с Господом, хотя я прах и пепел. Может быть, до пятидесяти праведных не достанет пяти, разве истребишь из-за этих пяти весь город?»

Он уже начинает торговаться насчет частных своих свойств, т.е. «может быть, какое-то из моих свойств и не очень хорошее». Творец уже начинает ему проявлять и показывать его эгоизм. Он говорит: хорошо, этого еще не достаточно, но ведь с помощью остальных, может быть, я могу его как-то исправить, не стоит уничтожать, т.е. отрекаться от этого свойства, которое сейчас совершенно отрицательно. И Творец идет ему навстречу.

И сказал Он: «Не истреблю, если найду там сорок пять». И продолжал он говорить с Ним, и сказал: «Может быть, найдется там сорок?» И сказал Он: «Не сделаю и ради этих сорока». И сказал он: «Да не прогневается Господь, и я договорю: может быть, найдется там тридцать?» И Он сказал: «Не сделаю, если найду там тридцать».

Что значит, что Творец соглашается? Он ему показывает, что свойство добра бесконечно, и в свойстве добра этой духовной силы Аврам начинает видеть свои отрицательные свойства. Творец ему ничего не должен показывать. Тем, что Творец соглашается на меньшее, чтобы не уничтожить, якобы, свойство Аврама, это уже заставляет Аврама, т.е. эту силу, видеть в них отрицательное против этой силы Творца. Человек может ощутить себя грешником только в силу того, насколько светит на него Высший свет. Поэтому грешники, которые описаны в Торе — это такие грешники, которые достигли очень больших духовных ступеней, о чем мы можем мечтать. Грешник — это человек, который находится временно в состоянии левой линии, а в следующий раз будет находиться в состоянии правой линии. Но прежде, чем достичь такого большого грешного состояния левой линии, он взошел по очень многим правым, левым и средним линиям, т.е. на очень большие ступени. И так они опускаются до десяти человек, т.е. самого малого объема, самой минимальной чистой духовной силы, которая состоит из десяти сфирот. Если нет совершенно никакого духовного сосуда в человеке (самый минимальный духовный сосуд в человеке состоит из десяти сфирот), тогда он просто весь абсолютно эгоистичен, и с ним просто не о чем разговаривать. Тогда, естественно, он подлежит уничтожению, т.е. ему нет места в духовном пространстве, а только в нашем мире. Нам начинают говорить о человеке, начиная с его самого минимального уровня: вот есть у тебя хоть маленькая сила, которая тянет тебя вперед к духовному, вот с этой силы начинает Тора заниматься тобой и указывать тебе путь. Что же это за сила?

И вот сейчас они идут дальше в Сдом и Амору.

«И пришли те два ангела в Сдом вечером, когда Лот сидел у ворот Сдома. И увидел Лот, и встал навстречу им, и поклонился до земли. И сказал: «Вот, господа мои, заверните в дом раба вашего и переночуйте».

Лот — это уже не Аврам, это следующая сила, следующий этап, который должен пройти человек. И вот этот этап называется Лот, т.е. этап Аврама он уже прошел, сейчас он проходит этап Лота, и потом снова будет Аврам, а потом еще кто-то другой. Это все говорится о человеке, только сейчас этот человек, как актер в театре. Сейчас начинает другой актер его играть: другое чувство, другое свойство в человеке сейчас начнет проходить период своего очищения и духовного возвышения. И это свойство в человеке называется Лот. И у этого Лота есть дети, есть жена, есть окружение, т.е. еще много его подсвойств, его вторичных качеств и сил, которыми пользуется это основное свойство, и естественно, он должен отсортировать их все: хорошие взять себе, плохие — отрубить. Если есть свойства, которые тянут его назад, как жена Лота, то это свойство, естественно, он должен отрезать от своего дальнейшего продвижения, оно ему будет мешать и дальше двигаться вперед. Все разобрано чисто на внутренней структуре человека.

«Еще они не легли (эти два ангела), а люди города, люди Сдома окружили дом от отрока до старца, весь народ с каждого конца. И воззвали они к Лоту, и сказали ему: «Где люди, которые к тебе пришли в эту ночь, выведи их к нам, и мы познаем их».

Лот сам — это общее свойство, а его частные свойства, самые отрицательные, которые были вокруг него — люди города его, почувствовали, что вот два этих свойства, которые сейчас примыкают к Лоту, к этому свойству — угроза для них, даже настолько, что эти два свойства, эти два ангела пока спрятались в Лоте. (Это то же самое свойство, ангел, любая сила называется ангел). Даже те свойства (эти два ангела) были в состоянии лежачем, т.е. в состоянии катнут, в маленьком состоянии. Они совершенно себя никак не проявляли. Мысли и дела у них — рош, тох, соф (голова и ноги) были на одном и том же духовном уровне, они совершенно не действовали никоим образом. Это состояние называется лежачим духовным состоянием. Но остальные свойства Лота не могли это переносить, потому что чувствовали, что это против них. Самое маленькое духовное свойство, даже если оно не проявляет себя, оно уже человека в покое не оставляет, он уже обязан с ним что-то делать — воевать против него или идти вместе с ним.

И сказали люди эти Лоту (имеются в виду два ангела): «Еще кто у тебя здесь? Зятя, сынов твоих и дочерей твоих, и все, кто у тебя в городе, выведи из этого места. Ибо мы уничтожаем место это, потому что велик вопль на них к Богу, и Бог послал нас уничтожить его. И было, когда вывели их вон, сказал один: спасайся ради жизни твоей и не оглядывайся назад».

Для чего все это было сыграно в человеке? Для того, чтобы человек увидел, что эти два свойства, два ангела, т.е. две силы, которые влекут его к Творцу, абсолютно противоположны всем его остальным свойствам, называемым горожане.

Вопрос: И поэтому сказано: «Не оборачивайся назад»?

В том числе. Я просто не могу сейчас все переводить на язык Каббалы: что значит обернуться, что значит зад и перед, в духовном нет ни времени, ни места, но человек должен от себя отрезать все отрицательные свойства, и то, что тут проявляется, но в чем проявляется? До тех пор пока Лот жил среди них, т.е. это было застывшее, готовое к возвышению свойство человека, но ему не хватало еще вот этих двух сил, которые сейчас к нему пришли, правой и левой, которые вытащили его вперед. Вроде бы положительные и отрицательные, но когда они пришли, сразу же остальные силы человека (этого свойства Лот) начали реагировать на них, как на правую, так и на левую. То есть человек сразу же увидел, что отрицательно в нем, а что положительно, по сравнению с этими силами. Закон один: пока Творец не проявится человеку, даже в подсознательном минимальном виде — а это может быть только с помощью учебы по определенным книгам и под руководством (как с помощью трех ангелов, которые пришли к Авраму, или двух ангелов, которые пришли к Лоту) — до тех пор в человеке не появится это свойство, он не сможет увидеть себя в свете Творца, выявить в себе отрицательные вещи, а даже выявив их, он не найдет в себе силы идти вперед. И тут нет никаких протекций, ничего не надо изобретать: есть четкая методика, и если ею пользоваться, человек пойдет вперед. И Тора нам говорит именно о том, как на каждой стадии это надо делать. «Точка» в сердце человека и есть Творец, который сидит в нас. То есть это и есть Лот, это и есть Аврам, на каждой стадии это та сила, которая нас тянет вперед. Тянет правая сторона, левая линия тащит назад. И это необходимо для того, чтобы выявить в человеке все силы, ведь в итоге Творец создал желание насладиться, эгоизм, Он больше не создал ничего. Нам не надо этот эгоизм истреблять, нам не надо его унижать, нам надо только изменить его использование. Так как сейчас я применяю его только для своей пользы, мне нужно увидеть, что, использовав его в альтруистическом режиме, выигрываю и я, и все остальные в миллиарды раз больше. Увидеть это можно только тогда, когда светит на нас Высший свет. Поэтому самое главное, с помощью учебы, работы над собой, особых занятий вызвать на себя излучение этого Высшего света. И не надо делать никаких прыжков выше головы, надо просто четко и аккуратно взять инструкцию в руки и ничего больше, шаг за шагом нам показывают практически, как должен идти человек.

И жил в пещере Лот и обе дочери его. И сказала старшая младшей: «Отец наш стар, и нет в стране мужчины, чтобы войти к нам по обычаю всей земли. Пойдем напоим отца нашего вином и ляжем с ним, и наживем себе потомство от отца нашего». И они напоили отца своего вином в ту же ночь; и пришла старшая, и легла с отцом своим; а он не знал, когда она легла и когда встала. На другой день старшая сказала младшей: «Вот я лежала вчера с отцом моим, напоим его вином и в эту ночь; и приди ты, ложись с ним, чтобы мы нажили себе потомство от отца нашего». И напоили они и в эту ночь отца своего вином; и встала младшая, и легла с ним; и он не знал, когда она легла и когда встала. И зачали обе дочери Лота от отца своего.

Все, что происходит сегодня, происходило во все времена. Почему-то человеку кажется, что то, что было сто лет назад, было наивным, двести-триста лет назад — еще более наивным. Это он смотрит по себе, потому что он был наивным десять-двадцать лет назад. Во-первых, было все то, что есть, но дело в том, что не об этом нам рассказывают святые книги. Человек не может продвигаться с помощью своих старых желаний. Поэтому Лот должен был оставить свое прошлое желание: жена Лота должна была превратиться в соляной столб. Соль — это один из элементов пищи, который не портится. С помощью соли приносят жервы, с помощью соли делают кашрут - пригодную к употреблению пищу, в общем, это особое свойство малхут, та часть, которую не надо исправлять и нельзя исправлять, она только потом проявляется. С помощью нее можно исправлять что-то остальное, а она сама не нуждается и не подчиняется ничему, сама только замораживает, консервирует.

Лот остался без жены, дальше двигаться нельзя, т.е. Аврам прошел свой этап, Лот дальше двигаться не может. Каким образом он может идти дальше? Он может взять от своей жены, от того желания, которое у него есть. Полное желание жены своей он взять не может, чтобы идти вперед, оно эгоистическое. Лот — это альтруистическая часть, что в человеке, жена считается эгоистической частью человека. Он ее полностью взять не мог, она осталась, как застывший столб. Но он с ней сделал вместе новое желание, которое состоит уже из альтруистических и эгоистических свойств, называемое его две дочери — правая и левая линия, согласно тем двум ангелам, которые его посетили. То есть девять первых сфирот — его альтруистические желания — сейчас могут взять из его жены, из его прошлого эгоистического желания только то, с чем можно идти вперед. Ту часть эгоизма, с которой можно идти вперед, он сейчас берет через правую-левую свои линии и идет с ними вперед. Это значит, что поочередно спит с дочерьми. В Торе поэтому мы можем найти вроде бы такие грубые и очень извращенные рассказы. Дело в том, что надо понимать, что здесь говорится о внутренних свойствах человека. О том, можно ли такие вещи делать или нельзя, не об этом нам желает сказать Тора, и не в этом она желает продвинуть нас вперед. О том, чтобы красиво жить на земле, чтобы быть хорошими по отношению друг к другу — это не задача Торы. Тора хочет возвысить нас до уровня вечности и абсолютного совершенства, а не для того, чтобы мы друг другу красиво улыбались и не мешали жить. Тора не рассказывает нам о том, как построить счастливое человеческое общежитие на уровне нашего мира.

А Создатель вспомнил о Саре, как сказал; и сделал Создатель Саре, как говорил. Сара зачала и родила Авраму сына в старости его, к тому времени, о котором говорил Всесильный. И назвал Аврам сына своего, родившегося у него, которого родила ему Сара, именем Ицхак. И обрезал Аврам Ицхака, сына своего, на восьмой день, как повелел ему Всесильный. Ребенок вырос и был отнят от груди; и Аврам сделал большой пир в день отнятия Ицхака от груди. И увидела Сара, что сын Агари, египтянки, которого та родила от Авраама, насмехается. И сказала она Авраму: «Прогони служанку эту и сына ее, ибо не наследует сын этой служанки с сыном моим, с Ицхаком». И показалось это весьма прискорбно Авраму по поводу сына его. И сказал Всесильный Авраму: «Пусть не покажется это тебе прискорбным ради отрока твоего и служанки твоей; все, что скажет тебе Сара, слушайся голоса ее, ибо в Ицхаке наречется тебе род. Но и от сына служанки народ произведу Я, ибо он потомок твой».

После того, как Аврам исправил себя в виде Лота, дальше он достигает такого состояния, что может сделать первый духовный парцуф, самый маленький. То есть он может взять уже свое эгоистическое маленькое желание и сделать на него зивуг дэ-акаа, использовать его альтруистически. Это, рожденное в нем, первое альтруистическое истинное действие и называется Ицхак. Но это действие еще несовершенно, потому что построено на бывшем эгоизме, на левой линии и против этого действия есть клипа правой линии, называемая Ишмаэль. Аврам представляет собой правую линию, Ицхак — левую линию, Ишмаэль представляет собой нечистую силу, относящуюся к правой линии. То есть Аврам ближе чувствует по своей природе Ишмаэля. Ишмаэль является его неисправленными желаниями, клипой, поэтому он так мучается, прогоняя его. Аврам, Агарь, Ишмаэль — это правая линия, только Аврам — это уже исправленная правая линия, чистая, а желания, называемые Агарь и Ишмаэль можно будет исправить только в конце исправления, гмар тикун.

Вопрос: *Почему клипа может быть ближе? Почему Авраму ближе клипа?*

А это мои желания. Только часть из них я исправил, и я их могу использовать в нужном направлении, а часть не могу, но они во мне сидят. Что значит Аврам и Ишмаэль? Это те же желания, что и Аврам в человеке, только Аврам — это уже часть из этих общих желаний, которые я исправил, я могу ими пользоваться, я могу с их помощью идти к Творцу, а Агарь и Ишмаэль я еще не могу использовать, но они же мои. А что значит, что я их отошлю? Я на них должен сделать сокращение, т.е. цимцум, и сказать: я этим не пользуюсь никогда, до самого последнего момента, когда я буду абсолютно полностью исправлен, тогда мне поможет Творец, и может быть, я с этим что-то смогу сделать. То есть начиная с этого момента и дальше он полностью отсекает от себя клипу, нечистую силу правой линии. Но они у него остаются подспудно. Он все равно должен постоянно держать себя в напряжении и постоянно, на каждой ступени, говорить о том, что этими своими свойствами, этими своими желаниями я не пользуюсь — на каждой ступени, сколько бы он ни поднимался вперед, до конца исправления. Поэтому, когда он поднимется до конца исправления, у него будет 620 (по числу ступеней, по числу заповедей) отторжений этих желаний, и поэтому эти желания превращаются в абсолютно чистые. То есть в конце исправления все народы объединяются вместе. Что рождает Аврам? Что рождает в человеке это чувство, это желание, стремление к Творцу? Сейчас, поскольку он исправил себя под Лотом, он может родить первый раз духовное действие, в котором есть немножечко собственного эгоизма. И вот, рожденное духовное действие — вперед к Творцу, первый шаг к Создателю, который он делает сейчас (до этого все это были просто предварительные исправления его желаний) — называется Ицхак. И здесь следуют уже дальнейшие шаги, т.е. он делает особые исправления: он делает ему обрезание, празднует отъем его от груди.

То есть есть ибур, еника, мохин. Духовный парцуф развивается так же, как и рожденный в нашем мире человек. Когда у человека появляется желание и возможность его исправить и идти вперед, то это желание он начинает потихонечку исправлять, и оно постепенно становится все более сильным, все более достойным того, чтобы с помощью него что-то сделать в духовном мире. Постепенный рост желаний до такого момента, когда с его помощью человек уже сможет совершить духовное действие, делится на несколько периодов. Первый период называется внутриутробным рождением — ибур (зародыш), и он проходит тоже девять месяцев внутриутробного развития — человек постепенно рождает антиэгоистический экран на свои желания. Потом это желание наконец-то рождается духовно, но оно еще очень маленькое, и он не может с его помощью действовать. Следует период вскармливания, когда он уже вроде бы существует, но еще не в той степени, чтобы самостоятельно действовать. Два года вскармливания — считается, что он получает свет, только не свет хохма, а ор хасадим — особый свет извне, как уже готовую пищу. Ему еще не надо ничего добывать, не надо ничего делать. Естественно, когда он проходит эти два года, так называемых две ступени, «шнатаим еника» — два года вскармливания, то после этого становится уже большим, но еще называется наар (подросток), но становится уже более самостоятельным. В этот момент празднуется рождение как бы уже человечка. Здесь уже видно отличие между новым свойством, которое приобрел себе Аврам, называемое Ицхаком, и тем свойством, которое у него есть еще сбоку, называемое Ишмаэль. Эти свойства абсолютно несопоставимы. Если он хочет идти вперед, то должен от своего свойства, называемого Ишмаэль, полностью избавиться. Что значит избавиться? Никогда его не применять до конца исправления (гмар тикун). Это свойство хорошее, но оно настолько эгоистическое, что ни на одной из ступеней подъема к Творцу он его не может исправить. Только на самой последней ступени, когда он исправит все свойства, называемые Исраэль, он сможет прибавить к себе свойство, называемое Ишмаэль и исправить его, и потом прибавить свойство, называемое Эйсав.

Вопрос: *То есть он как бы поднимается и подтягивает к себе то, что оставил позади?*

Ничего из того, что создал Творец, никуда не исчезает, все остается. Адам аРишон — первый человек — духовный наш прообраз, полностью проходит все периоды исправления, и все его желания становятся абсолютно тождественны желаниям Творца, т.е. полностью сравниваются с Творцом. Ведь в этом заключается цель творения.

«*И было, после этих событий Всесильный испытал Авраама, и сказал ему: «Авраам! И он сказал: «Вот я! И Он сказал: «Возьми сына твоего, единственного твоего, которого ты любишь, Ицхака, и пойди в страну Мориа, и принеси его там во всесожжение на одной из гор, о которой скажу тебе». И встал Авраам рано утром, оседлал осла своего и взял с собою двух отроков своих и сына своего, Ицхака, и наколол дров для жертвы всесожжения, и встал, и пошел на место, о котором сказал ему Всесильный. На третий день поднял Авраам глаза свои и увидел это место издали. И взял Авраам дрова для жертвы всесожжения и положил на Ицхака, сына своего, а в руку взял огонь и нож; и пошли оба вместе. И сказал Ицхак Аврааму, отцу своему, говоря: «Отец мой!” И сказал тот: «Вот я, сын мой! И он сказал: «Вот огонь и дрова, где же ягненок, где жертва всесожжения?” И сказал Авраам: «Всесильный усмотрит себе ягненка для жертвы всесожжения, сын мой». И пошли оба вместе. И пришли на место, о котором сказал ему Всесильный; и построил там Авраам жертвенник, и разложил дрова, и связал Ицхака, сына своего, и положил его на жертвенник поверх дров. И простер Авраам руку свою, и взял нож, чтобы зарезать сына своего. Но ангел Создателя воззвал к нему с неба и сказал: «Авраам!» И он сказал: «Вот я». И сказал тот: «Не заноси руки твоей на отрока и не делай ему ничего, ибо узнал уже Я теперь, что ты боишься Всесильного, когда ты не щадил твоего сына, твоего единственного, ради Меня».*

Вообще в истории было много таких случаев, когда отец убивает сына во имя какой-то своей идеи, именно среди больших правителей, больших людей. В отличие от Авраама, бедуина, мы говорим о внутреннем духовном свойстве, называемом Авраам.

Тут говорится о двух силах Авраам и Ицхак. И эти силы абсолютно противоположны друг другу. Потому что Авраам — это кав ямин, так называемая правая линия, которая построена только на желании духовного возвышения без всякого эгоизма, а левая линия — Ицхак, построена на эгоизме. Это сила, которая никоим образом не предназначена для того, чтобы сливаться с

Творцом, для того чтобы соединиться с Творцом, чтобы стать подобной Творцу — она абсолютно во всем противоположна.

Ицхак родился от Авраама и Сары, от двух исправленных с правой стороны элементов творения, но он сам по себе, его внутреннее свойство, абсолютно эгоистично. Каким образом Авраам — правая линия в человеке может исправить эту левую линию для того, чтобы идти вперед и дальше? Только готовностью поступиться полностью левой линией, сделать цимцум (сокращение), не применять совершенно никаких эгоистических желаний. Это называется убить Ицхака и идти вперед только своим путем, путем Авраама.

Если движение вперед ставит условием полный отказ от эгоизма, это и есть место, где человеку указывается, что он должен сделать. Он берет нож для того, чтобы отсечь это, при том Сара (это его свойство, его малхут в этом состоянии), естественно, против и не знает. В «Зоар» все это объяснено очень подробно, это то, что мы изучаем в Каббале и намного больше и лучше. В принципе мы и рассказываем сейчас о методике усвоения духовного, только говорим об этом теоретически, а не хватает нам практических занятий.

В таком состоянии человек должен сделать шаг вперед, быть готовым к тому, чтобы полностью отсечь от себя вот эту новую свою ступень, которую он взрастил, но поскольку она состоит из эгоистического элемента, нужно рвануть вперед таким путем, чтобы полностью от нее оторваться. И Аврам на это готов. С одной стороны, двигаться вперед можно, только используя эгоизм, исправляя его на альтруизм. А Творец ему говорит: «Ты должен зарубить в себе применение эгоизма и больше этого не делать». Так каким образом можно двигаться вперед? Как ты вообще подвинишься куда-то, у тебя не остается ничего, нечего исправлять, тогда у тебя не будет никакого соответствия с Творцом. И тут возникает такое состояние, называемое эмуна (вера). Вера — не имеется ввиду слепое следование (кто-то что-то сказал, или где-то что-то написано, или я как-то это так понимаю и так действую). Если я слепо действую тому, что мне говорят, это называется фанатизм, или «вера ниже разума». Это годится только для масс. То есть тут не говорится о том свойстве, с которым человек может идти вперед. Свойством веры называется вера выше разума — когда человек полностью осуществляет контроль над собой, ему абсолютно ясен и открыт его духовный путь (а не то, что нам думается, что надо идти с закрытыми глазами), полностью все ясно, все открыто и, несмотря на это, он находит посторонние силы, силы от Творца (так называемые ангелы), с помощью которых он идет вперед вопреки своим знаниям и вопреки своим эгоистическим желаниям. То есть вера — это путь с абсолютно открытыми глазами, явление Творца человеку, ощущение Творца человеком, получение при этом человеком силы, с которой он может идти вперед — это и называется верой. Если в нашем понимании, бытующем на нашей земле, вера — когда человек должен идти вперед в абсолютной темноте, то в Каббале вера — наоборот, когда открываются у человека глаза, он видит Творца, и эта сила, которую он при этом получает (то, что видит Творца перед собой), и называется верой. Вот достичь такой силы — единственное, что нам надо, а без этого мы не можем идти вперед, прыгнуть выше себя мы не можем. Если мы все созданы только из одного эгоизма, то где же я найду в себе самом силы для того, чтобы этот эгоизм вытравить, исправить, использовать как-то по-другому. Только внешняя сила, только явление Творца человеку и поможет ему сдвинуться с одной духовной ступеньки на другую. Каббала нам и показывает, каким образом получить следующую ступень, следующее раскрытие Творца, чтобы каждое из этих раскрытий давало нам все большие и большие силы двигаться еще и еще вперед, пока полностью не раскроется нам, и мы не достигнем самой совершенной ступени бессмертия и совершенства.

Вопрос: *В такой строчке: «и взял масла, молока и теленка, и поставил перед ними, и они ели» — я понимаю, что Авраам — это свойство человека, но почему ангелы ели?*

Что значит — ели? Авраам начал делать частичные исправления на эти два свойства — правую и левую линии. Правая линия — это молочная линия. Он взял молоко, т.е. то, с чем можно увеличить эту правую линию. Левая линия — это мясо. Поэтому он взял силы, с помощью которых может увеличить левую линию. И с помощью их начал взращивать в себе эти две силы, пока не достиг такого состояния, что уже смог дальше с ними действовать, работать. В первую очередь, ознакомление человека и его работа с каждой из новых сил заключается в том, что он включает в себя эти линии, эти силы, новые свойства, которые получает свыше. Он начинает адаптировать их к своему состоянию.

Вот эта адаптация и передана тут в виде такого рассказа: они все вместе кушали, и он дал каждой из этих линий ту пищу, те силы, то от себя, что могло бы эти силы соединить вместе с его «я» и двигаться вперед. Мясо — одной силе, молоко — другой, т.е. соединился вместе с ними.

Это не раз говорится в Торе — там, где используется аллегория мясо-молоко и вообще еда, трапеза. Здесь еще вместе мясо-молоко, которые они едят, потому что нет еще средней линии, нет еще Яакова. Он появится только потом, и затем, уже только после Яакова, возникнет то четкое разделение в человеке на три линии, после которых он должен будет соблюдать все законы Торы. Сначала родился Яаков, затем Йосеф, спустились в Мицраим, т.е. до того как рождается в человеке полное законченное духовное кли, духовный сосуд, который получает Тору, он не входит явно в контакт с Творцом, после этого есть уже четкое осознание в человеке и ощущение всех его внутренних сил и того, что находится перед ним и Кто находится перед ним. Только тогда это состояние называется получением Торы. После этого уже идет ограничение по всем 613 законам Торы и запрет на соединение правой и левой линии. А пока этого запрета нет, пока у Аврама в его состоянии стоит задача разобраться вообще в себе (правая-левая линия), является ли Ишмаэль хорошей силой или плохой для его духовного продвижения. На следующем этапе выявляется, что Ицхак тоже не абсолютно годен к продвижению вперед. Надо сделать над ним особые исправления, заключающиеся в том, чтобы его связать и почти зарезать и т.д. Это огромные духовные действия. Но в общем, для нас главное понять, что Тора говорит нам о внутреннем мире человека, что он должен делать со всеми своими желаниями, чтобы вдруг у него раскрылись глаза, чтобы он почувствовал мир вокруг себя, наполненный совсем другими силами, чем те, что мы сегодня ощущаем.

Вопрос: Чем отличается человек, который чувствует себя просто плохо, от человека, который сравнивает свои свойства с Творцом и ощущает себя плохо?

Человеку, который чувствует себя просто плохо, некуда деться. А человеку, который чувствует себя плохо, но одновременно с этим понимает, откуда это «плохо» ему уже легче. Ощущение плохо или хорошо зависит от того, как мы относимся к нашему ощущению, а не от самого ощущения. Есть у нас такие ощущения, которые мы специально используем, чтобы подчеркнуть хорошее, хотя они нам, может быть, и неприятны сами по себе. Допустим, соль необходима, чтобы почувствовать еще дополнительные вкусы, немножко боли где-то необходимо для того чтобы подчеркнуть сладость или наслаждение, или что-то хорошее. То есть не может существовать только одно свойство, оно должно существовать с противоположным ему. Если человек чувствует внутри себя желания, свойства, которые абсолютно противоположны Творцу, если он ощущает Творца и ощущает, что его свойства не только противоположны Творцу, а мешают ему ощутить Творца, достичь настоящего совершенного состояния, тогда даже плохие ощущения в этих свойствах он ощущает, как хорошие, потому что таким образом это помогает ему избавиться от своего состояния, от своих плохих качеств, это и называется наше акарат ара, осознание зла. Допустим, у меня есть какое-то свойство, и меня наказывают за него. Например, я украл, и меня наказывают за это. Я уже начинаю понимать, что этим свойством мне пользоваться нельзя, т.е. я понимаю, что значит плохо. Таким образом в человеке и происходит осознание зла. То есть главное не то, что я ощущаю хорошо или плохо, а что с помощью этих ощущений я могу достичь чего-то лучшего. Поэтому, я бы советовал людям не просто ощущать себя плохо, а понять, почему они себя плохо ощущают. В принципе среди моих учеников все ощущают себя плохо в этой жизни. Человек от хорошего не побежит изучать Каббалу и искать какую-то методику, он будет оставаться там, где ему хорошо, таков наш организм, такие мы. Если бы мы получали постоянные огромнейшие наслаждения в чем-то, где-то, нас бы невозможно было бы оттуда оторвать. Гнать нас вперед к духовному нужно только с помощью страданий, и поэтому, если человек ощущает себя плохо, страдает, это говорит о том, что его просто гонит вперед Творец. Вот тут ему и надо подсказать, что это позывные сверху — его страдания, и стоит ему обратить внимание на того, Кто ему их посылает.

Так как ты совершил это дело и не щадил твоего сына, твоего единственного, то Я благословлять буду тебя, и весьма умножу потомство твое, как звезды неба и как песок на берегу моря; и овладеет потомство твое вратами своих врагов. И благословятся будут потомством твоим все народы земли за то, что слушался ты Меня.

НЕДЕЛЬНАЯ ГЛАВА «ВАЕЦЭ» (5.12.97)

«Взял несколько камней, лежавших там, сделал из них изголовье и лег на месте том. И приснилось ему: вот лестница поставлена на землю, а верх ее достигает неба».

В этих нескольких фразах заключается квинтэссенция всей работы человека. Яаков первый из праотцов, который оторвался от прошлого. Авраам выходил из междуречья. Он относился к древнейшей цивилизации, которая была задолго до того, как появился наш народ. Вышел оттуда и пришел в другую страну. Что все это значит на языке Каббалы?

Все то, что чувствует и ощущает человек до тех пор, пока приходит к раскрытию Творца, называется в Каббале «древние верования и учения». Это называется варварскими верованиями потому, что это не более, чем лживые измышления самого человека, его фантазии о высшем мире и Творце.

Эти беспочвенные фантазии и в наше время владеют большинством людей, кроме тех, кто стал каббалистом. Часть из них относится к «периоду до Авраама», а часть из них — к «периоду после Авраама». Сказано, что Авраам обучил многих своих учеников и послал на Восток. Сегодняшняя Индия, Китай и вообще все восточные верования немножко трансформированные, не те, что были во времена Междуречья, но все они и остальные религии говорят только об одном — как улучшить жизнь человека в этом мире, нацелены на повышение уверенности человека. В таком виде, без цели, раскрыть Творца и жить в обоих мирах, религии и впрямь представляют собой «опиум для народа». Все религии без исключения эгоистичны, т.е. нацелены только на удовлетворение человеческого эгоизма.

Вопрос: *Можно ли сказать, что еврей — это «точка в сердце»?*

Йехуди — это и есть «точка в сердце», которая связывает человека с Творцом, если он ее начинает разрабатывать.

Вопрос*: Почему именно Яаков является первым представителем евреев?*

В этом отрывке рассказывается о том, как из всех предыдущих состояний человека, его желаний — когда он был полностью запутан в доавраамовских верованиях и не знает, где находится и во что верит, — постепенно в нем начинает вырисовываться отношение к жизни, к тому, как он воспринимает мироздание. Сначала это сила Авраама в нем. Он начинает уже что-то искать и понимает, что существует какая-то высшая сила. Он еще не знает, как найти с ней контакт. Первый раз происходит контакт по модели Авраама, затем Ицхака. Но это две силы, с помощью которых человек работать не может, они абсолютно противоположны друг другу. Это сила Творца и сила творения: абсолютное желание отдавать — Творца и абсолютное желание получать — творения. Они настолько противоположны друг другу, что человек внутри не может себя найти. Он может только связать себя с ними, если в себе самом образует нечто среднее, состоящее из обоих — Ицхака и Авраама. Как сделать так, чтобы от Авраама — от силы, которая тянет его к чистому альтруизму, к правой линии, — оторвать нечистую силу, которая находится в нем — Ишмаэля, и от левой силы, которая в нем есть — Ицхака, оторвать нечистую силу, которая в нем есть — Эйсава. И из того, что осталось от Авраама и Ицхака (именно от них в чистом виде, без их клипот), сделать среднюю линию — Яакова. Об этом и рассказывается здесь.

Вопрос*: Почему он подложил камни под голову?*

Потому что идти на сочетании правой и левой линии можно только по принципу вера выше знания.

В нашем мире мы называем верой то, во что человек просто верит, потому что ему сказали, его убедили в чем-то. То есть полученная информация становится как бы истинной для него. А на самом деле это не вера, а фанатизм, когда я принимаю сказанное за истину.

В Каббале верой называется ощущение Творца. В Каббале нужно проверить и убедиться миллионы раз. Человек получает информацию, проверяет ее, отрицает по закону отрицание отрицания и делает шаг вперед по средней линии. И снова берет правую и левую линию, по средней линии делает «зивуг дэ акаа» и идет снова вверх. Таким образом устроена наша душа, таким образом мы двигаемся вперед. Этот метод называется принципом лестницы Яакова — «сулам Яаков». Бааль Сулам назвал свой комментарий на книгу «Зоар» «Сулам» потому, что только и именно по лестнице Яакова может человек двигаться к Творцу. Никаких других путей нет. Многие люди пытаются, но в итоге только единицы попадают на эту среднюю линию и идут вперед.

Правая линия — вера ниже знания. Это и есть фанатизм. То есть то, что мне говорят, я принимаю за чистую, абсолютную истину, и не проверяя, иду вперед. На этом построено религиозное воспитание и вообще любое воспитание в мире. Это чистый фанатизм — принятие человеком как истины того, что ему внушено воспитанием.

Вера внутри знания — это вера, которой идет левая часть человечества, христианство и современное человечество. То есть насколько я доказываю себе, настолько я и могу продвигаться вперед. Здесь нет никакого места ни для веры, ни для Творца. В соответсвии с тем, что человек может в нашем мире открыть своим разумом, он и идет вперед. А своим разумом он может открыть только то, что находится в рамках нашего мира.

В наших пяти органах чувств не может появиться никакая духовная информация. Развить в себе шестой орган чувств можно только средней линией. В мере того, как развивается этот орган чувств, в той мере и поднимается человек по лестнице Яакова вверх. Эта мера говорит о том, насколько духовная информация может войти в него, настолько он ощущает в себе Творца. Контакт по средней линии и характеризует меру души человека, ее объем, то, насколько Творец входит в человека, настолько человек ощущает Творца (что одно и то же).

Самая последняя ступень этой лестницы — полное слияние человека с Творцом, т.е. полное подобие свойств и полное подобие сил, действий, полное ощущение взаимности, как совершенства, вечности.

Вопрос: *Что такое душа человека? Неужели Яаков, Рахель, Лаван, овцы — все это одновременно живет в душе одного человека?*

Представьте себе, что вы находитесь в виртуальном пространстве, это что-то абсолютно пустое, не имеющее нигде места. В этом абсолютно пустом пространстве находитесь вы, ваше «я» и больше ничего. Вдруг в этом пространстве вам начинает что-то представляться, вы начинаете что-то ощущать. Ощущать вы начинаете в себе, а не вокруг себя. То, что ощущает человек, ощущает внутри себя, внутри своих органов чувств. Вы находитесь в этом пространстве, у вас существует пять органов чувств, пять датчиков, пять дырок есть в вашем теле, через которые внутрь тела поступает информация Она обрабатывается внутри вас и дает вам ощущение некой общей внутренней картины. Но вы ее ощущаете как существующее снаружи, потому что получаете эту информацию извне. Картину, предстающую перед вами, вы называете «мой мир». Это то, что внутри вас рисует поступающая снаружи информация, а что находится вне вас совершенно не известно. То, что мы ощущаем находящимся якобы вне нас, и называется явлением Творца нам на нашем самом минимальном уровне. А ощущаю я вокруг себя весь наш мир, всю информацию, которая поступает в мои органы чувств и дает внутри меня такое отображение. Только на таком минимальном уровне я могу ощутить Творца как свою вселенную, как свой мир.

Если я с помощью определенной методики, которая называется Каббалой — от слова «получать» (получать дополнительную высшую духовную информацию), открою еще один орган в своем теле и в него будет поступать высшая информация, более тонкая, более истинная, то я смогу ощущать кроме нашей вселенной и другую структуру, более внешнюю, которая также будет мной ощущаться как мир, который существует вокруг меня. Я буду видеть за всеми предметами моего теперешнего мира уже более внешний мир, силы, которые стоят за каждым объектом, за каждым действием в этом мире. Я буду ощущать это как извне и одновременно я буду ощущать, что эта информация производится мною изнутри, потому что она идет уже из более истинных источников. Я начну действительно осознавать и понимать, каким образом я устроен, каким образом устроены эти истинные внешние источники, у меня уже будет с ними определенный вид общения. Открывающийся тогда внешний мир называется духовным, потому что обычными органами чувств мы его не улавливаем, а можем уловить только дополнительным орган чувств. Этот внешний духовный мир открывается мне в таком контакте, что я могу на него действовать, и он может действовать на меня. Я могу уже самостоятельно как бы увеличивать его явление себе, приближать его к себе, намного теснее входить с ним в контакт.

Каббала — это методика, позволяющая полностью приблизить весь внешний духовный мир к себе, стать полностью равным ему, стать хозяином, управлять им. Этому всему обучает Каббала. Тот новый орган чувств, который я в себе развиваю, это шестое «отверстие в моем теле, точнее сказать, в моем эгоизме, вот этот шестой орган чувств, которым я ощущаю весь духовный мир, называется душа. Эта душа в итоге, когда развивается в нас, оказывается построенной по четкой, определенной системе. Она состоит из десяти частей, которые называются 10 сфирот. В каждую из этих частей я получаю определенную внешнюю духовную потустороннюю информацию. В итоге я получаю изображение, состоящее из 10 мозаик, и они складываются в определенную картину. Эту картину, которая в итоге складывается в этой душе, я называю «Творец». Почему я называю ее «Творец»? Потому что вижу те силы, которые действуют на меня, на весь мир вокруг меня, которые создают меня, управляют мной изнутри меня и управляют всем снаружи.

Как теперь с помощью этого нового органа чувств, который ощущает эту внешнюю силу — Творца, начинать управлять самим Творцом?

Здесь есть особая каббалистическая методика, которая предоставляет человеку полную свободу действий. Именно тогда человек и начинает вершить свою судьбу. В рамках нашего мира он абсолютно беспомощен. В рамках нашего мира мы можем только более-менее комфортно устроиться и все. Но как только мы начинаем постигать корни, источники, силы, которые стоят за нашим миром, мы сразу же получаем власть управлять всем мирозданием — в принципе управлять Творцом, управлять влиянием на нас. Вот это влияние на Творца происходит по трем линиям, две линии из которых человек выбирает самостоятельно, выбирает — в какой пропорции смешать их между собой. Если он подбирает в правильной пропорции влияние правой и левой линий, сил Авраама и Ицхака, то называется уже Яаков — среднее между ними, производное от них — третья линия, по ней он может двигаться вперед. Это движение вперед происходит по принципу: уснул Яаков, положил камень себе под голову, и тогда только ему приснилась эта лестница, по которой надо идти вверх. То есть он взял все свои прошлые познания, заключения, ощущения о нашем мире, которые называются «аванот» — понятия («эвэн» — камень от слова «авана») и положил себе под голову. Голову положил выше этого камня. То есть он заранее как бы пренебрегает настоящим, тем, что видит и получает информацию в свои 5 органов чувств.

Лег — это состояние катнут. То есть он не добивался ничего другого, ему достаточно было просто войти в это центральное, среднее состояние даже в минимальном размере, ему неважны были никакие большие постижения, только находиться даже в самой маленькой точке истины вот этой средней линии.

И тогда ему представилась лестница. Именно во сне. То есть в том случае, когда человек внутри себя создает такие условия, что он является как бы Яаковом, средней линией, которая желает устремиться вперед. Пренебрегает заранее полученным знанием, мнением, верованием и т.д., ставит во главу духовного продвижения хоть маленький контакт с истинным духовным. После этого он получает лестницу, по которой идет дальше.

Что он видит на этой лестнице?

«Ангелы Создателя восходят и спускаются по ней. И вот, Творец стоит над ним и говорит: «Я Создатель, Творец Авраама, отца твоего, и Создатель Ицхака. Землю, на которой ты лежишь, тебе отдам ее и потомству твоему».

Что он видит? Он видит, что ангелы поднимаются и опускаются по этой лестнице. Ангелы — это силы, управляющие всем мирозданием, в том числе и человеком, и человек также может управлять ими. Ангелы, это как в нашем мире, просто животные: осел, конь, с помощью которых мы можем двигаться, увеличивать свои усилия. Ангелы — это силы, с помощью которых человек начинает действовать, поднимаясь по этой лестнице, они поднимают и опускают его.

То есть путь вперед состоит в том, что человек поднимается постоянно, но поднимаясь, начинает ощущать, насколько он ничтожен, т.е. подъем и спуск одновременны. Насколько выше поднимается человек, настолько больше чувствует свою ничтожность относительно Творца. Он понимает, что уже поднялся относительно других людей, а против Творца чувствует свою ничтожность. В то время как обычный человек относительно Творца вообще никак себя не воспринимает, а по отношению к другим людям находится как бы на одном и том же уровне с ними.

Подъем вверх происходит так: средняя точка в человеке, которая является «точкой в сердце» — душой, начинает одновременно расширяться вверх и вниз от начального нулевого состояния. Происходит рост от табура до головы и до ног, и появляется его полная внутренняя линия, которая уже превращается в 10 внутренних сфирот. Когда очеловек видит эту картину, каким образом вырастает (если вырастает до этих 10 сфирот), то видит, что в конце лестницы его ждет Творец, который говорит: «Я твой Творец». Что значит «Я твой Творец»? Человек достигает при этом свойств самого Творца, потому что иначе он его не ощутит, не увидит и не почувствует. Ведь мы все ощущаем внутри себя только в соответствии ощущаемого нашими внутренними свойствами.

Потом Творец говорит ему: «Ту землю, на которой ты находишься, я отдам тебе во владение». Земля-эрэц = рацон, желание, т.е. все твои желания — эгоистические, природные, которые ты не представлял, каким образом нужно направить, чтобы с их помощью овладеть всем духовным пространством, «Я отдам тебе в пользование», т.е. все их ты сможешь исправить и достичь самого совершеннейшего состояния, равного Моему». Это и есть сон Яакова. Почему сон? Потому что он представлял это себе, еще не достигнув этого состояния. Сон — это ва"к относительно Га"Р: состояние, предварительное будущему постижению, называется сон.

Вопрос: Что такое веление души? Человек не знает, что будет дальше, еще не ощущает Творца, но у него есть «точка в сердце». Как происходит процесс роста этой точки, что подталкивает человека развивать ее?

Человек не знает, что его ведет. Вся наша жизнь и жизнь всего существующего, всего мироздания построена на том, чтобы продвигаться по лестнице Яакова к Творцу. Только есть такие, которые еще находятся на предварительных стадиях, еще не вошли в контакт с этой лестницей, и есть те, что продвигаются уже по боковым путям и скоро достигнут того, что им дадут толчок, или начнут искать Каббалу как инструкцию продвижения вперед. Как человек движется вперед? Человеком движет всегда только Творец. Он сам не может сдвинуться со своей точки. Человек стремится к абсолютному покою, к абсолютному комфорту. Это наша природа — поиск абсолютно максимального наслаждения в любых обстоятельствах, подсознательно, на любых уровнях: энергетических, молекулярных, физических, моральных. Вся наша природа пронизана только одним единственным законом — поиском максимального наслаждения. Отсюда исходят все законы: физические, химические, моральные, этические в нашем мире и тем более в духовных мирах.

Вытащить себя из подчинения этому закону сам по себе человек никогда не сможет, потому что он находится внутри этой природы. Здесь нужна какая-то внешняя сила, которая помогла бы выйти из этой эгоистической сферы, в которой человек находится. Для этого нужно получить извне особую духовную силу. Получить эту силу и помогает Каббала. То есть в итоге усилий и занятий по определенным источникам, по определенным книгам, под строгим четким руководством, человек начинает ощущать в себе тонкий луч света, который его как бы тянет вперед, но в определенном направлении. Он уже начинает ощущать, как все проблемы в жизни, которые раньше казались ему совершенно беспорядочными: проблемы со здоровьем, с учебой, с работой, с семьей, с друзьями — весь этот мир подчиняется одному единственному правилу — как привести его путем ударов и поощрений ко входу в духовный мир, к чему-то высшему.

Человек, когда начинает тянуться за этим лучиком, начинает ощущать на себе только такого типа управление, и уже постепенно входит в третью линию. Но это долгий путь, и необходим постоянный уход за таким человеком, индивидуально проделать это невозможно.

Вопрос: *«Точка в сердце». Я слышал, что Творец пишет на сердце, отпечатывается на сердце. Как можно отпечататься на точке?*

На точке ни в коем случае ничего не отпечатывается. Точка — это только зачаток будущей души. Если человек ее расширяет, она как бы набухает от ор хасадим, света милосердия. Ор хасадим — это вода в духовном, она как бы входит в эту точку и начинает разбухать, как зерно разбухает. Тогда эта точка превращается в 10 сфирот. Нет в мире ничего, чтобы не действовало по аналогичным законам. Когда эта точка разбухает, в ней получается четкая полная информационная структура, которая называется юд кэй вав кэй — имя Творца. И на этом имени сам человек уже начинает писать имена Творца. В соответствии с тем, какое свойство в себе он исправил, он начинает ощущать, что в исправленном виде это свойство находится в Творце. И начинает давать имена Творцу по тем исправленным свойствам, которые есть в нем. Поэтому, когда он полностью исправляется — становится действительно равным Творцу.

Вопрос: *Как понять, что Тора — это и есть имена Творца?*

Недельная глава «Ваецэ»

Все, что здесь написано, это четкое изображение тех свойств, которые должен вписать в себя человек, в свою «точку в сердце». То есть взять саму точку как начало для всех букв и начать с Берейшит.

От Яакова начинаются уже проблемы с духовным рождением. У него есть две жены Рахель и Лея. Он отрабатывает по семь лет за каждую из них, потому что Яаков — это маленький парцуф зэир анпин. Он состоит из семи сфирот: хэсэд, гвура, тифэрэт, нэцах, ход, есод, малхут. Семь сфирот у него есть относительно Леи и семь сфирот относительно Рахель. Но так как Лея находится на более высокой ступени, чем Рахель, то с ней он не может иметь контакта. С Рахелью он хотел бы иметь контакт, но, если он идет по той же ступени и не поднимается вверх, то не может породить свое новое духовное состояние, поэтому Рахель бездетна. Рождением называется освоение новой духовной ступени. Овладеть этой духовной ступенью он может с помощью Леи, это его нуква, его исправленные желания. На самом деле человеку кажется, что он может идти вперед с помощью своих еще не исправленных желаний, и ему этого очень бы хотелось, а на самом деле это невозможно. Лея и Рахель — это две части желания Яакова уже исправленные и еще не исправленные. Лея находится на высшем уровне — уже исправленные альтруистические желания, Рахель — более эгоистические низшие желания. В соответствии с этим указано, с какими желаниями он может работать и идти вперед. Здесь еще указаны исправления, с помощью которых можно исправить так же и Рахель — эти желания в Яакове. Какие желания в себе, называемые Рахель, он может исправить и каким образом их использовать, чтобы с их помощью родились новые духовные ступени?

Говорится о человеке, его желаниях, его свойствах внутри него, называемых Рахель, Лея, Лаван, Авраам, Ицхак, стада и т.д. Указывается, что он занимался скотоводством, у него были три стада: **акудим, некудим, врудим**. Здесь говорится о системе трех миров. Мир Адам Кадмон называется «акудим», потому что там существует только один сосуд, одно кли. «Некудим» — это следующий мир, в котором произошло разбиение сосудов «швират акелим». «Врудим» — это мир Ацилут, который занимается исправлением.

Буквально в нескольких предложениях говорится об огромных силах, огромных пространствах духовного мироздания. Мы не опускаемся ниже словесного уровня. Мы можем разбирать, почему такие буквы, почему такие значки, в таком порядке. Это огромнейшая информация, более внутренняя. Вся информация в принципе наложена на бумагу, но надо рассматривать и черный текст на бумаге, и только белую бумагу, а черный текст как отсутствующий. Тогда мы будем видеть, с одной стороны, свет, с другой стороны, сосуд и увидим, каким образом душа взаимодействует со светом. Граница между черным и белым несет огромную духовную информацию.

Вопрос: *В системе иудаизма есть такая вещь как курбан, т.е. жертва. Жертва могла быть принесена физически только в Храме и только первосвященником. По решению раввинов жертва была заменена молитвой и примерным поведением. Насколько современный иудаизм имеет право на существование без жертвы?*

Жертвоприношение в Каббале — действительно приношение жертвы, когда человек ощущает свой эгоизм как свою животную суть и доходит до такой ступени своего духовного развития, когда понимает, что одно, второе или третье свое внутреннее животное эгоистическое свойство он может принести в жертву духовному восхождению. Когда человек это совершает, у него впереди возникает Храм, т.е. ступень, на которую он восходит, называется Храмом. В принципе это уже не жертва, он просто меняет это на сближение с Творцом. Тогда он призывает ту альтруистическую силу, которая называется «коэн гадоль», коаним, левиим, которые в нем, и с их помощью сжигает эту эгоистическую силу. Вместо этого он получает альтруистическую, которая называется «ошан» т.е. дым, поднимающийся от жертвы.

«Ошан» — имеется в виду олам, шана, нэфэш (душа, мир и год) — это три координаты, по которым человек совмещается с Творцом. Он делает полное исправление в своей душе, когда полностью проходит шана (время 6000 ступеней), достигает наивысшей точки, называемой мир, при этом получается полное совмещение его с Творцом. Это то, к чему его приводит жертвоприношение — полное отторжение от своего эгоизма.

Когда человеку это еще не дано, т.е. он не находится еще на такой ступени, что может принести в жертву свой эгоизм, не дошел еще до того, чтобы увидеть и ощутить Творца, получить от Него такие ощущения, силы, что может распоряжаться самим собой, своим эгоизмом, — то он находится еще в состоянии, когда может только просить об этом. На таких низких ступенях жертвоприношений еще нет, и они якобы заменяются, предваряются его «молитвой о молитве» приблизиться к Творцу.

Все, что происходит в нашем мире, является следствием того, что происходит в мире духовном. Поскольку мы находимся на такой стадии, что у нас нет Храма, то наши молитвы действительно заменяют нам жертвоприношение. Только если человек просто приводил свою корову в Бейт Микдаш для того, чтобы ее заколоть, и делал это автоматически, так и молитву он делает сегодня автоматически.

Если человек хочет отторгнуть от себя эгоизм и духовно возвыситься, то для этого ему на сегодня достаточно молитвы, т.е. он молится и действительно будет так, что она вознесет его в Бейт Микдаш, в дом Творца. Здесь говорится просто о действиях человека в нашем мире, которые подобны его духовным внутренним действиям. Но поскольку человек находится в нашей шкуре, в нашем мире, в материальном теле, в материальной действительности, он и эту действительность он должен поставить в соответствие с духовными силами. Поэтому, соответственно, должно быть так, что духовные и физические действия выполнятся одновременно.

Вопрос*: Тогда для чего Бейт Микдаш? Просто как физическое, материальное место?*

Физическое, за которым стоит духовное, имеет при соединении с духовным совершенно ту же духовную силу. Поскольку не смогли удержать и духовную, и физическую силу вместе, потому Бейт Микдаш и физически отняли. Каббалистам это было известно уже давно. За много-много лет до крушения Храма они говорили о том, что это будет — беспричинная вражда, т.е. они говорили простыми словами, к чему люди скатились и какие поэтому впереди будут несчастья.

Вопрос*: Неужели можно было ограничить присутствие Творца какой-то определенной областью в Храме, огражденной завесой?*

Это не имеет никакого отношения к тому, что олицетворяет собой духовный, внутри человека, Храм, который он должен в себе создать. Когда человек создаст в себе этот духовный Храм, тогда, естественным образом, он проявится перед нами и в физическом виде.

В нашем мире берут книгу Торы, целуют ее, ходят с ней. Это говорит о том, что человек должен написать на самом своем эгоизме имена Творца, т.е. полностью исправить свой самый низкий уровень так, что на нем он сможет собственноручно написать (есть заповедь, по которой каждый человек должен сам написать свою сэфэр Тора), все эти духовные буквы, духовные свойства, после этого сам человек будет называться «сэфэр Тора».

Вопрос: *Что такое шестое чувство?*

Шестым чувством в Каббале называется масах и ор хозэр, т.е. экран и отраженный от него свет. Это антиэгоистическая сила, которую человек в состоянии создать на свое какое-либо эгоистическое желание.

Вопрос: *В этом присутствует Творец?*

Творец или духовный свет — это одно и тоже. Мгновенно, как только человек проходит махсом, т.е. перегородку между нашим и духовным миром, как только эта граница разрушается, он начинает видеть, что вообще все вокруг — это его «я», а кроме его «я», все остальное — Творец. В том числе и в нашем мире он видит, что все вокруг него и за этим миром, это все Творец, это все его силы, его желания, потому, как он явно начинает Его ощущать, разговаривать с Ним, с Ним общаться.

Вопрос: *Как же человек ищет Творца до того, как он Его ощущает?*

Я это называю просто предпосылкой. Человеку дают внутреннюю уверенность, ощущение, что стоит здесь поискать решение его проблем. Это его и ведет вперед. Человеку плохо, его специально с неба гонят вперед, подгоняют дико, жестоко, потому что он созрел для этого, и человек ищет, каким образом он может решить свои проблемы. Он может принять на веру только то, что таким образом он решит свои проблемы. Он уже якобы хочет духовного, хотя еще не знает, что это. Это не вера, а просто предпосылка, как то, что вы делаете многие вещи в мире, зная, что вам это поможет.

Вера — это духовная сила, которая ведет вас, вытаскивает вперед. Поэтому ощущение Творца называется верой, потому что, только ощутив Его, мы сможем двигаться вперед. Наш эгоизм нас никогда не выпустит из себя, мы не сможем никаким образом выбраться из него, если нас кто-то не будет тащить вперед. Тащить нас может только видение Творца, когда мы будем видеть и чувствовать Его. Вот это единственное противодействие эгоизму. В мире есть только две силы — эгоистическая и альтруистическая, только Творец и я. Я сам не могу себя исправить, только Творец.

Вопрос: *Мы видим — мир низок, наслаждения наши животные. Это мы так видим Творца?*

Мы видим Творца в мере своих свойств, своей неисправленности. Поэтому на сегодняшний день, если мы видим мир, что мы можем сказать о Творце, что Он тоже неисправленный, что Он тоже плохой, видим, каким плохим и ничтожным Он сделал весь мир и нас.

Праведником называется тот, кто достигает ступени, когда он видит все мироздание от начала и до конца, и тогда может оправдать Творца, поэтому он зовется праведником. Это четкая каббалистическая ступень осознания, явного видения всего мироздания. Этого человек должен достичь — того, что он полностью от начала и до конца будет равен Творцу по всем его свойствам, по ощущению, по пребыванию в вечности и совершенстве.

В этой недельной главе необыкновенно проявляется Лаван. С Яаковым они порывают. Мы говорим, что Яаков внутри человека — это центральная линия, по которой человек должен идти. Лаван — это свет жизни, ор хохма, который в итоге должен заполнить все эгоистические желания Яакова, называемые Рахель и Лея. Поэтому он родил этих двух дочерей, но сам их заполнить не может, а только через свойство, называемое Яаков. То есть Лаван — это источник духовного света.

Почему Яаков с ним разрывает? Лаван — это действие по принципу «цимцум алеф». Лаван — это прямое наполнение светом желания, и это невозможно сделать. Яаков — это наполнение с помощью альтруистического намерения, единственное, чем можно наполнить желание, светом. Поэтому, с одной стороны источник есть — Лаван, с другой стороны, против этого источника есть огромные желания, называемые Лея и Рахель, которые этот же Лаван своим светом создал, а Яаков становится между ними как их муж, который может с правильным своим намерением по средней линии их наполнить. Поэтому в конце главы Лаван и Яаков устанавливают границу между собой, границу, которую ни один, ни другой не будут переходить. Это очень четкая парса. Эта граница будет существовать до конца исправления, до воскрешения мертвых. Затем происходит воскрешение мертвых, и все мироздание переходит на уровень, где действительно и Лаван, и Эйсав, и все прочие становятся праведниками, потому что когда все исправлено, абсолютно все действия, абсолютно все желания ради Творца, они все начинают служить только альтруистически, все достигают своего полнейшего наполнения светом.

Человек и Творец

ОГЛАВЛЕНИЕ

Человек и Творец 517

ЧЕЛОВЕК И ТВОРЕЦ

Сказано, что Творец облачается в человека. И даже человек, который еще не ощущает высшие силы и не видит внутренним зрением свет, может представить себе, что Высшее существует, и каким бы именем мы Его ни назвали, в этом имени будет отражаться наше восприятие Его, а не Он Сам. Высший относительно нас — Творец, потому что создал нас. Высшая Сила представляет собою однородное поле, подобно силовому полю.

В Самом Себе Высшая Сила выделила место, где никак себя не проявляет. И потому это место называется пустым. В нем Высшая Сила создала человека: нечто, ощущающее себя. Человек способен ощущать и окружающего его Творца, но только в мере подобия (сравнения) свойств обоих. В начальном своем состоянии человек ощущает только себя, а искаженное восприятие Творца воспринимает как мир вокруг себя, называемый им «наш мир».

Относительно Творца мы существуем в абсолютном слиянии и согласии с Ним, и Он полностью управляет нами, пронизывая и наполняя нас и все пространство. Сокрытие Творца существует только относительно нас.

Задача человека: начиная от своего первоначального духовного уровня, на котором он родился и ощущает только себя и посредством своего субъективного восприятия — свой мир, дойти в своих ощущениях до постижения Творца в полной мере, когда желание получать наслаждение никоим образом не мешает его слиянию с Создателем, как это было до облачения души в эгоистическую, духовную и материальную оболочки.

Сокрытие является следствием созданных Творцом эгоистических свойств в человеке. Если, несмотря на наличие этих свойств, человек своими усилиями возвращается в состояние полного ощущения Творца, он сливается с Ним. И это слияние в 620 раз полнее, чем в первоначальном состоянии до сокрытия Творца.

Человек и Творец

Процесс постепенного раскрытия, ощущения Творца человеком подобен ощущению вхождения в тело человека силового, духовного поля, заполняющего изнутри тело человека. Это подобно внедрению в него сверху вниз некоего облака, придающего человеку свойства и ощущения возвышенного, очищенного, вневременного, высшего, доброго. Человек ощущает необходимость действовать в соответствии с тем, что он ощущает, хотя понимает при этом, что его поступки являются следствием вселения в него Высшего.

Иными словами:

1. Вся суть человека есть его ощущения. Уберите ваше ощущение себя и окружающего вас, и вы никто и ничто. Только наши субъективные ощущения самих себя и окружающих нас объектов создают картину, которую мы называем «наш мир». Картина эта полностью зависит только от наших органов восприятия и ощущения, а не от того, какова она сама, эта внешняя действительность. Каков он сам по себе, этот внешний мир, мы не знаем. Он просто такой, каким мы его представляем по нашим ощущениям, каким мы его воспринимаем.

Для примера: двое видят летящий в небе незнакомый летательный аппарат. Один утверждает, что его длина 10 метров, а второй — 20 метров. Кто прав? Оба. Поскольку сравнивать не с чем. А если есть еще третий, который видит тот же предмет в другой части спектра или другими органами чувств, и он прав, утверждая, что предмет вовсе не таков, каким он представляется двум первым наблюдателям.

Каким он выглядит на самом деле? Этот вопрос лишен смысла, потому как выглядит в разных органах чувств по-разному. Поэтому всегда получаемая картина мира абсолютно субъективна. И это оттого, что мы лишены истинных органов чувств. Иначе бы мы увидели, что вообще не существует ничего, кроме Творца, а мера получаемого от него света рисует нам эту картину, называемую нами «наш мир».

По мере своего духовного развития, т.е. по мере расширения своего восприятия мироздания, человек начинает ощущать субъективность своих представлений и ощущений как в научном, так и в личном постижениях, но никогда не сможет постичь истинной картины мироздания, всех миров в их истинном виде, потому как они существуют только относительно человека, только в наших ощущениях. На самом же деле существует только один Творец, а ступени его сокрытия от нас и представляют в наших ощущениях то, что мы называем духовными мирами.

2. Человек должен прийти к постижению самого себя, своей цели, своей участи, своего предназначения в мироздании — как со стороны природы, так и со стороны самого себя. Если верить в совершенство Творца, а значит, и в совершенство творения, то не должно быть никакого противоречия между целью, поступками каждого отдельного человека в каждый момент его жизни и целью всего мироздания: каждое движение, желание, мгновение человека и каждого объекта мироздания обязано подчиняться целевому управлению Творца — только во имя Его цели. Ничего бесцельного не может быть, если Творец совершенен.

Но если человек не понимает цели Творца и живет не в соответствии с ней, то это не значит, что он не выполняет желание Творца: все сознательно или поневоле выполняют Его желания. Отличие только в осознанном или бессознательном существовании: в наличии или отсутствии желания сознательно увидеть на себе, как Творец изменяет человека и ведет его к своей цели — слиянию с Собой.

В этом и заключается цель — раскрытие Творца для созданий, чтобы в каждом своем духовном, душевном, физическом движении человек радовался, чувствуя, как, вселившись в него, управляет им Творец.

Но в любом случае все делает Создатель: скрыто, если человек еще не подготовлен согласиться с Его волей, или явно, если желает всем своим существом слепо чувствовать на себе прохождение через него высшего управления. В таком случае — полного согласия с желаниями Творца — Создатель дает ощущение себя в каждом желании и действии человека.

Цель Творца — чтобы Его действия полностью проявились для всех населяющих наш мир. Это возможно только при полном исправлении природы человека, чтобы стала она подобна природе Творца — абсолютному альтруизму.

3. Сам человек — это его желания.

Именно они определяют его действия, его мысли, заставляют разум искать пути удовлетворения желаний. Мозг играет только вспомогательные функции, каким образом достичь желаемого. Человек живет только тем, что он желает в данный момент. Это определяет его отношение к жизни, к себе, ко всему окружающему; в соответствии со своими желаниями он оценивает все вокруг и выбирает, как действовать.

Желания являются первичными в человеке, т.е. определяющими все его мысли и действия. Желания не являются продуктом нашего мира, не возникают в человеке сами по себе или под «случайным» влиянием обстоятельств. Желания человек получает извне, свыше. Духовная чистота возникающих в человеке желаний определяется мерой сокрытия или раскрытия Творца человеку.

Желания являются следствием излучения на человека света Творца или, по-другому, мерой ощущения Творца человеком, мерой проявления Творца человеку в человеке: скрытого — тогда человек неосознанно выполняет желания Творца, принимая их за свои, как практически все население нашей планеты, — или явного, когда Творец светит человеку окружающим светом, притягивающим человека к духовному. Если человек уже подготовлен внутренним светом, Творец начинает постепенно, явно облачаться в него, свет входит в человека ощутимо. Но в любом случае только мера получаемого излучения света, явного (окружающего или уже внутреннего) или пока еще скрытого, определяет желания человека и их духовную чистоту.

4. Местонахождение человека на лестнице материально-духовных ценностей — в пределах эгоистических желаний нашего мира или когда человек уже вышел из ощущений только нашего мира и поднимается в ощущении Творца по лестнице духовных миров, — его местонахождение относительно Создателя является следствием воздействия Творца на человека, следствием воздействия той или иной дозы света, которая входит внутрь человека как внутренний свет или же светит человеку снаружи как окружающий свет.

Нет ничего, кроме Творца, и эту истину обязан постичь человек. Единственное, что создано Творцом, — это желание насладиться Им Самим. Поэтому только величина желания насладиться и определяет как духовные, так и физические свойства любого объекта. Только величиной этого желания отличаются между собой все творения, и, меняя величину этого желания, они меняют себя.

Поэтому только изменяя влияние духовного света на объект по количеству, интенсивности или по его виду, наполняя творение или светя снаружи, Творец полностью управляет нами, создавая в нас те или иные желания на тот свет, которым он светит нам в тот момент.

Помещая частичку света в различные объекты нашего мира, Творец вызывает в нас стремление к этим объектам. Этого вполне достаточно, чтобы полностью управлять каждым из нас, вызывая в нас желания и, соответственно, вынуждая поступать, как Ему угодно.

Помещая нэр дакик (тоненькую свечку) — мизерную долю света в определенные предметы, объекты нашего мира, Творец вызывает в человеке стремление к ним, желание их достичь, получить, приложив определенное количество усилий, а по достижении желаемого — насладиться или разочароваться, чтобы накопить опыт (хотя он ничего не стоит, потому что человек не в состоянии учиться на опыте прошлого).

И если снова светит притягательный свет, то человек не в состоянии противостоять его притягивающей силе и вновь, как бабочка, летит на огонь, даже заранее сознавая, что сгорит. Под опытом имеется в виду накопление определенного количества и качества желания, создающего кли (сосуд). Кли — это стремление и страдание, которые накапливаются вне человека, а потом проявляются в один момент, и тогда человек может использовать этот сосуд для получения качественно новой информации и ощущений.

Поэтому самое хорошее желание человека — это чтобы Творец облачился в него и проявил через него свои свойства, чтобы человек стал таким образом рабом, роботом, проводником воли Творца, следуя своему собственному, максимально сильному стремлению.

И человек уже заранее, еще при малом свечении извне света Творца, предвкушает вхождение в него этого света, чувствует, как он входит в него свыше — сверху вниз. Он даже физически воспринимает это как вхождение в него сверху цилиндра света, мгновенно меняющего его эгоистические свойства на противоположные.

Это ощущение своей зависимости от света — самое приятное и надежное, потому как человек сразу начинает осознавать, что не он, а Творец творит и управляет всем и им, и потому, уже понимая, что он не в состоянии изменить или даже чуть-чуть исправить себя, человек рад, что решение и сила исправления находятся у Творца, он уже осознал, что сам не имеет ни сил, ни желаний — все является следствием света Творца.

Все духовные миры существуют только в человеке. Кроме человека, все его окружающее — это проявление Творца. Духовные

Человек и Творец

миры — это внутренний мир человека. Кроме внутреннего ощущения человека, нет в мироздании ничего. Внутренние ощущения человека исходят из нашего источника — Творца. Меры ощущений Творца называются мирами.

Нет никакой необходимости в физическом движении, чтобы ощутить духовный мир вместо нашего: все зависит от внутренней подготовки человека.

Отличие нашего теперешнего состояния от самого духовно наивысшего — только в наших внутренних ощущениях: наше физическое тело остается на месте, а наше духовное тело путешествует в своих ощущениях. Если человек не ощущает Творца, считается, что он находится в состоянии, называемом «наш мир». Если начал ощущать Творца, считается, что «поднялся» из нашего мира в мир духовный: если ощущает, что от Творца исходит все: и плохое, и доброе, — значит, находится в мирах Асия, Ецира, Брия. Если ощущает, что Творец абсолютно добр, считается, что «поднялся» в мир Ацилут.

Все подъемы или падения существуют только во внутренних ощущениях человека. Причем, то, что человек ощущает в настоящем, называется «этот, наш мир» (аолам азэ). То, что человек ощутит в следующем состоянии, следующее ощущение человека называется «будущий мир» (аолам аба).

Творец желает, чтобы человек ощутил его абсолютно, полностью, как до нисхождения «я» человека, его души в ощущения, называемые «наш мир». Чтобы, несмотря на мешающие помехи эгоизма, он вновь ощутил Творца, как до отделения души от Создателя. Вся Тора дана только для продвижения человека в своих ощущениях из наинизшего состояния нашего мира до наивысшего состояния — полного слияния с Творцом.

Все, что мы знаем о мироздании и о Творце, — это то, что передают нам в своих беседах и книгах те великие личности, которые:

— смогли, духовно поднявшись, выйти из рамок ощущения только нашего мира;
— ощутить духовный мир, почувствовать, что существует Высшая Сила;
— приблизиться к ней и ощутить, что она нас создала (и поэтому назвали эту Высшую Силу Творец);
— из этого они сделали вывод, что Высшая Сила создала нас для наслаждения.

Это все, что мы знаем о Высшей Силе, — то, что постигли великие личности, что вообще может постичь человек: она создала нас, чтобы насладить.

Эти великие личности называются каббалистами, потому что они, поднявшись к Творцу, получили все то наслаждение, которое Творец желает дать (Каббала — от слова «получать»). Они передали нам знание о том, как они смогли подняться до такого состояния, и объяснили в своих книгах, каким путем все мы тоже можем подняться к источнику наслаждения.

Это знание называется Каббала (получение), потому как учит человека получить то, что уготовано ему по замыслу творения.

Каббалисты, поднимаясь по духовным ступеням, описывают свои ощущения, чтобы помочь идущим за ними. Это подобно описанию вновь открытой страны. Если у читателя есть правильное представление, уже аналогичные ощущения, то он получает ясное представление описываемого. Поэтому все книги по Каббале пишутся для уже вошедших хотя бы на первую духовную ступень «малхут дэ-Асия».

Существует несколько языков передачи духовной информации: язык ТАНАХ"А, язык АЛАХИ (законов), язык СКАЗАНИЙ, язык КАББАЛЫ (сфирот и парцуфим). Все они говорят только о законах духовных миров и ни слова о нашем мире по принципу «Вся Тора — это имена Творца». Имя Творцу дает сам постигающий Его по своим ощущениям.

Поэтому если человек желает использовать Тору как средство достижения цели творения, для самоисправления («Я создал зло и дал Тору для его исправления»), то самый действенный язык Торы для него будет язык Каббалы, потому как он прямо говорит о духовных действиях, а не описывает их аллегорически, иносказательно, исторически; когда человеку, еще не начавшему ощущать духовные объекты и действия, чрезвычайно трудно оторваться от внешней формы текста и удержать мысль на том, что говорится о духовных мирах и о Творце, даже там, где говорится о животных, плохих и плотских поступках, Фараоне и пр.

Но если этот язык понятен только тем, кто уже имеет некоторое представление о духовных ощущениях, чем он может помочь начинающему, неспособному представить точной аналогии между словами каббалистических текстов и теми духовными объектами и действиями, которые они описывают?

Ответ мы находим в п. 155 «Предисловия к «Талмуду Десяти Сфирот» раби Ашлага: в каждом из нас есть духовный сосуд (кли), называемый душа, которая должна наполниться Творцом (светом). Этот свет окружает душу, чтобы заполнить ее, как только человек исправит себя. Но если он, пока даже чисто механически, не понимая и, конечно, еще не ощущая, изучает духовные объекты и действия, произносит их названия, стремится постичь их, по мере этого желания светит его душе этот окружающий свет, пока еще неощутимо для человека, постепенно подготавливая его душу и к внутреннему получению этого света. Именно этот окружающий свет и дает человеку осознание его природы «осознание зла» (акарат ра), потому как, ощущая его внешне, человек начинает ощущать отличие его желаний от духовных и понимать, что его желания — зло для него, потому что не позволяют ощутить совершенство и бессмертие.

Все, что человек постигает, он постигает только в свои ощущения, он не может постичь объект вне своих ощущений, объективно и судить о самом объекте, а может только судить о тех ощущениях, которые этот объект в нем вызывает. Поэтому больше, чем то, что мы получаем от Творца, мы не можем о Нем знать: кто Он такой Сам по Себе. Только по Его проявлению относительно нас мы судим о Нем.

Только по своему постижению света кли дает имена свету-Творцу. Каббала основывается только на том, что человек постиг именно в своих ощущениях, потому что только это достоверно, как факт, для нас. В то же время мы осознаем ограниченность нашего знания несколькими органами чувств и его субъективность (суждение о внешнем объекте по нашим ощущениям его), но преодолеть эту ограниченность познания мы не в состоянии, поскольку это исходит из самой природы нашего создания как получающих.

Мы представляем собою объект, который ощущает своими чувствами только то, что в него поступает, но ничего не может ощутить вне себя и, более того, ощущает не поступающие в него воздействия, а свои реакции на них.

Мы ощущаем не сам предмет, а то, **как** мы ощущаем его. Такова ограниченность нашего познания и в нашем мире, и в духовном, но, осознавая границы нашего восприятия, мы можем исследовать и себя, и Творца.

Сам Творец вне связи с творениями не может быть обозначен никаким термином, потому что любое слово говорит о свойстве объекта, а о Самом Творце мы не знаем ничего. В таком случае Он не называется и Творцом, потому как говорится о Нем, но поскольку нет слова назвать Его, то мы условно называем его Творец.

Единственное, что нам известно о Творце, — это его желание: а) создать, чтобы б) насладить творения. Это нам стало известно благодаря каббалистам, личностям, которые поднялись до этой наивысшей ступени познания и почувствовали на себе, что из самого Творца, которого они постигнуть не могут, исходит абсолютное наслаждение. Почему у Творца возникла мысль о творении и создал нас такими — эти вопросы относятся к состоянию до начала творения.

Поскольку мы постигаем только от начала творения и далее, то на эти вопросы ответов нет и быть не может. Нам дан разум спросить, но не ответить на них. Все наши ответы — это результат нашего исследования природы, материальной или духовной, ощущения на себе действия света Творца.

Сердце человека является кли (сосудом) получения всех его ощущений (от всех органов чувств — хушим), как малхут получает от предыдущих ей стадий. Разум, ум, мозг человека является только вспомогательным орудием для поиска возможностей достижения тех желаний, которые человек ощущает в сердце.

Желания человек получает свыше и не в состоянии их изменить. Но, изучая и постигая цель творения, он может начать осознавать, что его желания ему во вред. Тогда в его сердце возникает осознание зла его желанииий, и человек автоматически отстраняется от них.

Части малхут Эйн Соф представляют собою пять парцуфим, из которых состоит каждый из миров, части из малхут Эйн Соф — это населяющие миров, часть — «наш мир» и его населяющие: неживая, растительная, живая природа, а самая последняя, эгоистически самая низкая часть бхина (4) — это человек, последняя ступень которой есть «Исраэль».

Поэтому, исправляя себя, человек духовно поднимается из нашего мира в состояние полного слияния с Творцом и достигает полного получения света «ор хохма», как того желает Творец, как в малхут Эйн Соф до Ц"А. А получая этот свет ради Творца, он наслаждается также слиянием с самим Творцом — ор хасадим.

В итоге своего последовательного огрубления нисхождением по ступеням от состояния «олам Эйн Соф» вниз, кли достигает такого состояния, что оно полностью противоположно Творцу по своей природе: желает только получать и не понимает даже возможности желания отдавать. И потому это состояние считается желательным для начала исправления и возвышения. В этом состоянии находимся все мы, и называется оно «наш мир» или «мир действия».

Наши желания получить наслаждение диктуют наши действия. Действия могут быть — получать или давать, но исходят из желания получить и потому называются «получить ради получения» (наслаждения) или «давать ради получения» (наслаждения). Иного мы не только не можем желать, но и не в состоянии понять!

Материальным в Каббале называется не физический материал нашего мира, а состояние абсолютно эгоистического желания кли без какого-либо желания отдавать. Кли, находящееся в таком состоянии, ощущает то, что ощущаем мы, мы и есть эти келим. Также и нечистые миры БЕ"А называются материальными ввиду отсутствия в них желания отдавать.

Если человек, находящийся, как мы, в своем физическом теле, имеет желание самонасладиться, это желание называется материальным действием, считается находящимся в нашем мире и таким себя ощущает. Если же его желание — отдавать, то такое желание называется духовным действием, ощущает и считается находящимся в каком-либо из миров БЕ"А, в том мире, который ощущает в соответствии с величиной своего масаха — кли отдачи.

А вся физическая природа нашей вселенной — неживая, растительная и животная, кроме человека, — не имеет никакого духовного значения, и только в мере содействия человеку в его духовном подъеме она поднимается вместе с ним, а при духовном падении человека опускается вместе с ним.

Ни в коем случае не следует представлять себе механические передвижения: все духовные движения внутренние, в человеке, а снаружи не меняется ничего. Автор книги «Зоар» раби Шимон сидел со своими учениками в пещере Галилеи и объяснял им устройства духовных миров, из этого и получилась книга «Зоар». То, что в книге говорится, как они шли из Рамле в Лод или совершали какие-то действия, во всем этом подразумеваются действия духовные, а не физические.

Путаница возникает только вследствие того, что Каббала написана языком ветвей: потому что мы не знаем, как описать духовные объекты и их действия в понятном для неощущающих виде. Каббалисты описывают словами нашего мира, но по подобию аналогичных объектов духовного мира.

При чтении каббалистических текстов это необходимо постоянно помнить, иначе читающий начнет себе представлять духовные объекты и их действия по подобию ветвей этих объектов в нашем мире и окончательно овеществит, материализует духовное, что станет для него непреодолимым препятствием постичь уже когда-нибудь что-либо.

И в этом большая ошибка многих институтов и кружков «Каббалы», представляющих своим посетителям духовное, духовные силы якобы облачающимися в человеческое тело, ввиду чего каждое физическое (!) движение человека приобретает духовную суть и становится духовным, что в корне ошибочно, и именно это являлось главной причиной сокрытия Каббалы от масс в прошлом, потому как знали каббалисты, что массы не смогут понять абстрактное, оторванное от физического образа.

Но в последние века и особенно в последние годы все человечество явно приближается к возможности чисто духовного восприятия сил и объектов и внутренне готово оторваться от физических образов, столь популярных, кстати, во всех других религиях. По мере внутренней подготовки мира массы все шире могут входить в изучение Каббалы.

Вообще четко осознать правильное соотношение духовного и материального в состоянии только поднявшийся выше нашего мира. В духовном ничего не пропадает, все остается, только на прошедшую форму накладывается новая картина. Это подобно тому, как говорят некоторые, побывавшие в параллельных мирах: человек, вдруг сделав шаг в сторону, ощутил себя в прошлом веке. Причем вокруг него все, как было в то время: жизнь идет, только параллельно нашему времени, нашей действительности.

Не касаясь материальных образов, мы же из этого можем себе представить вечность духовных объектов и действий: нет понятия времени, все, что было, раскрылось относительно творений, существует постоянно. Каждое состояние продолжает существовать как бы зафиксированным на киноленту, а наблюдатель, двигаясь вдоль ленты, видит проходящую во времени картину мира.

Но это только относительно него! На самом же деле нет ни движения, ни времени: мы можем выйти из нашего ощущения и ощутить прошлый век, как в кино, и пожить в нем, можем путешествовать во времени как угодно, все зависит только от того, в какие координаты мы переместимся. Так вот, по этому примеру мы можем понять, как человек может, не двигаясь с места, путешествовать в духовных мирах: все зависит от того, какую картину перед ним открывает ему Творец.

Через ту или иную определенную сферу на человека воздействует свет и дает этим человеку определенные духовные свойства, в соответствии с которыми человек может «видеть» соответствующую духовную картину.

Поэтому и говорится, что нет никакого места, нет потустороннего мира: «олам аба» тут же с нами, только ощутить его может тот, у кого есть соответствующие келим, а получить их можно только от той духовной ступени, на которой человек находится.

Теперь сможем понять, что значит выполнять волю Творца: поскольку сам свет — это Творец, то в мере его свечения человеку человек становится исполнителем желаний света. И это означает выполнять заповеди Творца, ощущать на себе, какие желания человека уже становятся такими же, как желания Творца, а какие еще действуют самостоятельно, самовольно, потому что нет на них еще определенного свечения, которое бы их исправило и изменило так, чтобы стали эти желания такими же, как и желания Творца, вплоть до того, «ше коль ацмотав томарна», что все желания, все тело человека становится кли Творца, становится полностью проводником желаний Создателя и человек ощущает на себе, как все его органы, каждая клеточка его тела сливается в гармонии с желанием Творца, и этот резонанс и есть самое восхитительное ощущение слияния человека с Творцом.

Тогда имеет смысл выполнять мицвот: желать того же, чего и желает Творец, потому что в духовном выполнение — это желание, а не физическое действие. А в подобные Творцу желания человек получает свет слияния с Творцом, называемый Тора. Отсюда нам уже понятно, что значит «лекаем Тора у мицвот» — выполнять Тору и заповеди.

Человек всегда является следствием излучения на него света определенной духовной ступени: если этот свет микроскопически мал, то человек не ощущает его вообще, не ощущает источника света, наличия Творца в своем мире. Если свет светит больше, то человек начинает тянуться к чему-то, еще не осознавая, к чему его тянет, а просто ощущает жажду чего-то. Если света больше, человек уже примерно может сказать, что его тянет к духовному, но что такое духовное, он еще не осознает, но что источник его притяжения находится в духовном, он уже понимает.

Это понимание дает ему свет, его интенсивность. И так далее — вплоть до того, что человек начинает понимать, что вся его суть, его «я» является следствием получаемого количества света, что только от количества получаемого света зависят его желания, его поступки, его будущее, его «я», и потому только тогда он начинает просить, без слов, а своим внутренним желанием свет, Творца помочь ему измениться, изменить его, его желания. И эта просьба и есть молитва.

То есть молитва — тоже есть следствие предыдущего влияния света, но как же действовать тогда человеку, который еще не получил такую порцию света, которая бы приподняла его над ничтожными желаниями и дала новые, духовные? Для этого и написали каббалисты книги по Каббале даже для еще не постигших духовные миры, чтобы при чтении текстов и даже не понимая, что читает, человек возбудил этим на себя внешнее действие света, так называемый ор макиф.

И это внешнее свечение очистило бы немного его желания — до такой степени, что начал бы получать от него и ощущения внутрь, т.е. почувствовал бы действие этого ор макиф сам, явственно, хотя еще и не понимая точно, что это за духовное вдохновение и силы он получает, а затем все более явственно, то получая свет, то ощущая, как без него он сразу же падает духовно в своих желаниях, человек все более осознает, насколько он зависит от действия света на него, что только Творец может спасти его из ничтожной суеты жизни. И это дает ему уже осознание:

1) наличия Творца;
2) зависимости от Творца-света;
3) ощущения разности желаний, состояний, ступеней своего и света (вследствие подъемов и падений), которые и являются необходимыми и достаточными условиями молитвы.

Мы и раньше уже говорили, что любое кли состоит из скелета — четырехбуквенного имени Творца — и света, его наполняющего, причем скелет кли один и тот же как в самом высшем кли самого высшего мира, так и у самого низшего духовного кли, а отличие только в наполняющем его свете, только в этом вся разница между келим, между духовными состояниями человека.

Так вот, есть и в каждом из нас скелет нашего духовного кли, и только от света, его наполняющего, зависит, на каком духовном уровне мы будем находиться. Каждый наш духовный подъем есть следствие свечения света с более высокой ступени.

Поэтому «коль агадоль ми хавейро, ицро гадоль мимейно» (чем больше человек, тем большие у него желания). Большое кли — это большие желания с силой противодействия им (масах), но вначале надо, чтобы появились желания, а потом масах на них. Поэтому каббалист на пути приближения к духовному проходит настоящее чистилище: вдруг появившиеся желания бросают его из одного конца стремлений к другим.

То хочет он только духовных возвышений, то только плотских наслаждений, то почести или власти, то быть праведником и жить в отказе от всего, кроме самого необходимого. Как уже не раз говорилось, наслаждение не существует вне кли, и только величина кли определяет величину наслаждения, как, например, голод определяет величину наслаждения от еды.

Поэтому, как только свыше начинают увеличивать кли человека, он начинает ощущать такие затаенные наслаждения в прошлых, уже потерявших привлекательность объектах нашего мира, что сам себе удивляется, как это вдруг, он ведь уже разочаровался в них, а тут вновь светят ему от этих объектов необычайные предвкушения наслаждений.

И это только от увеличения его кли. Поэтому не может каббалист выйти в духовный мир, прежде чем пройдет, прочувствует на себе все желания нашего мира для того, чтобы все их поднять в себе и исправить путем включения в свои желания (иткалелут).

Если бы человек спросил у коровы, стейк из которой он с большим аппетитом съедает, чувствует ли она наслаждение от своего мяса, как он, — ведь она состоит из сотни таких стейков, — она бы не поняла, о чем речь, потому что все зависит от кли. Человек наслаждается от коровы своим кли, а теленок, поглощая ее молоко, — своим кли.

Все отличие между нашим состоянием (миром) и духовными состояниями (мирами) в том, что объекты нашего мира и человек находятся под властью желания получать наслаждение, это наша природа, и поэтому мы не ощущаем духовные силы, миры, Творца. Объекты духовных миров или человек, постигший духовную природу, желают в той или иной мере отдавать, услаждать, и мера их желания отдавать определяет нахождение их на ступенях духовной лестницы, меру ощущения Творца, где нулевая отметка — это наш мир, а самая высшая ступень — это Творец, Его свойства.

Начиная от мира А"К и до нашего мира желание отдавать (леашпиа) или масах (сила сопротивления эгоизму, самонаслаждению) постепенно уменьшается: от своего максимального «4» в Гальгальта (может использовать желание насладиться ради Творца, для отдачи) до «0» в мире Асия (уже не может использовать желание насладиться ради отдачи, но, не получая, может отдавать). В духовных мирах кли имеет свойства (силы), чтобы:

1) Получать для отдачи (лекабэль аль минат леашпиа), даже может получать наслаждения, наслаждаться, потому что этим доставляет наслаждение Творцу. Такое состояние кли имеет с масахом авиют 4, 3, 2, 1.

2) Отдавать для отдачи (леашпиа аль минат леашпиа) — уже не в состоянии получать наслаждение ради Творца, но не получать наслаждение, а желать услаждать Творца, как и Он ее — это кли еще в состоянии. Такое состояние кли имеет с масах 0.

В нашем мире властвует стадия 4, желание самонасладиться, называемая телом человека (Каббала занимается рассмотрением желаний=кли и поэтому, естественно, не говорит о нашем физиологическом теле), кли лишено масаха и потому имеет только эгоистические свойства: отдавать для получения (леашпиа аль минат лекабэль) — вежливая форма эгоизма, получать для получения (лекабэль аль минат лекабэль) — прямая форма эгоизма.

Поэтому кли в нашем мире, имея законченную эгоистическую форму, считается годной для начала духовного возвышения. Такое кли автоматически, немедленно желает того, в чем видит наслаждение, и отдаляется от страданий.

Свет в таком эгоистическом кли настолько мал, что называется только светом жизни, оживляющим наше физиологическое тело, и настолько отдален от своего источника, что человек не ощущает Творца и только может верить, что Творец существует и создал его. И потому такое состояние кли называется самостоятельным, потому что чувствует только себя. И только если начинает верить, что существует Творец и есть связь Источника с человеком, может начать поиски связи с Творцом.

В человеке есть две силы: получение или отдача. На каждую из них возможны два намерения: наполнить свои желания или наполнить посторонние желания. Отсюда их сочетанием

получаем четыре возможные комбинации сочетания желания и намерения:
1) Получать для самонаслаждения (лекабэль аль минат лекабэль).
2) Получать для услаждения (лекабэль аль минат леашпиа). В Торе дается пример: женщина становится женой после получения подарка от жениха. И если его принимает, посвящается жениху. Но если жених уважаемая личность, то сказано в Торе, что если невеста дает ему подарок и он принимает, то считается, будто дал ей, и тогда она становится ему женой. Потому что, принимая от нее подарок, если он великая личность, как бы не получает, а дает ей этим большое наслаждение, и это наслаждение равносильно получению подарка от него. Видим, что хотя в действительности он получает, но, поскольку намерение было усладить этим невесту, благодаря этому становится жених дающим, а не получающим. Намерение изменило направление действия.
3) Отдавать для услаждения (машпиа аль минат леашпиа).
4) Отдавать для самонаслаждения (леашпиа аль минат лекабэль), отдать, чтобы получить желаемое. Из того же примера видим, что, несмотря на то что невеста дает жениху, потому как ее желание — получить вместо этого положение жены, считается ее действие не отдачей, а получением, потому как все измеряется намерением, а не физическим действием — явлением. В итоге все измеряется намерением в наслаждении.

Отсюда можно понять названия «Тора открытая» и «Тора тайная» (скрытая): открытым называется действие, потому как явно нам, и поэтому открытая Тора учит выполнению действий. Скрытая или тайная Тора учит правильному намерению и называется скрытой, потому что не может человек знать намерения исполнителя. Ведь человек может отдавать, но при этом его намерения — получить за это почести, и наоборот, может получать с намерением оказать помощь или любезность. Поэтому намерение всегда тайно, и этому учит Каббала.

Свет в человеке нашего мира называется нэфеш, потому как кли, его раскрывающее из общего света, не имеет собственного движения. Поэтому кли называется неживым по примеру неживой природы, которая не имеет своего движения, а только может быть приведена в движение внешней силой, так и человек в своем начальном духовном состоянии не имеет своего духовного движения и только под воздействием извне может начать двигаться.

Поэтому как только под воздействием окружающего света, скрыто светящего изучающему Каббалу, эгоизм начинает осознавать, что желание насладиться причиняет ему страдания, он немедленно ограничивает себя от получения наслаждения, и это называется «осознание зла» — осознание, что эгоизм зло! Кли в нашем мире считается законченным, потому что никакое кли до него не имело окончательного отрыва от Творца, но пребывало под Его воздействием.

Ни в одном кли, от парцуфа Гальгальта и до последнего кли малхут мира Асия, не соблюдалось правило: «Распространение света и его исчезновение создает кли годным к его роли», потому что до нашего мира кли находится в связи со светом: даже если свет и исходит из кли, оно ощущает его снаружи, т.е. ощущает связь с ним, потому как не желает получить для себя, имеет подобие свойств и поэтому находится в связи со светом.

Ор пними, заполнив кли, передал ему вместе с наслаждением и свои свойства, вынудив кли исторгнуть его из себя и сделать Ц"А, а когда кли решило получать только ради Творца, ор макиф начал парцуф за парцуфом утоньшать масах и т.д., через швира свет довел кли до состояния, когда оно не имеет вообще масах и, более того, находится в состоянии, когда вообще не ощущает свет-Творца, не имеет никакой связи со светом, но в результате предыдущей связи света и кли в кли остались нецуцим-решимот и соответствующий ей ор макиф, и с их помощью кли начинает подниматься из «нашего мира», самого удаленного состояния, навстречу Творцу.

Все предыдущие этому состояния кли, весь его путь нисхождения сверху вниз были этапами его развития (внутриутробного), и, только достигнув состояния полной оторванности от света-Творца, кли достигает необходимого условия назваться кли, потому как полностью противоположно и оторвано, не ощущает Творца, не понимает и не в состоянии понять, что может быть абсолютный альтруизм, желание безвозмездной отдачи, не может ощущать объективно другого, его боль и чувства, ощущает только себя и может только слышать о существовании другой природы и Творца, но не в состоянии понять альтруизм и его необходимость для своего же блага.

Вся природа эгоистического кли — «мое — мое и твое — мое», и только страх и слабость заставляет согласиться на действия «мое — мое, а твое — твое». Любое свое физическое или внутреннее движение такое кли в состоянии совершить, если только уверено, что новое состояние принесет ему какую-то выгоду, иначе нет энергии для малейшей мысли или физического движения.

Такова духовная природа кли, и потому такова и его физическая природа на всех ее уровнях: неживом, растительном, животном и человеческом — все эти уровни есть в человеке. Такое состояние кли называется «человек в нашем мире». А вся окружающая нас материальная вселенная является частью человека и вместе с ним возвышается к цели творения.

Но если человек нашего мира не ощущает желание души духовно возвыситься, то проводит всю свою жизнь только в поисках наполнения своего маленького эгоистического кли, и его разум является вспомогательным инструментом в поисках источников наслаждений на неживом, растительном, животном или человеческом уровнях. И подобен ребенку, заигравшемуся игрушками и довольному ушедшим временем в забытье о никчемности существования...

Но есть возможность в таком кли начать возвышаться именно из его крайне удаленного состояния тем, что начнет учиться именно на своих ничтожных желаниях совершать альтруистические поступки, как в игре, и если не сможет сегодня, то снова может попробовать завтра; в то время как с настоящим светом так поступать нельзя, если кли не в состоянии принять свет ради Творца, то оно теряет свой масах, происходит разбиение кли.

Поэтому именно на наслаждениях нашего мира человек может безопасно учиться поступать альтруистически и, когда уже в состоянии так поступать, получает вместо наслаждений нашего мира настоящий духовный свет. А до этого состояния духовный свет, т.е. духовные наслаждения, от нас скрыты, иначе мы бы навечно стали рабами этого наслаждения и никогда не смогли бы принять его не для самонаслаждения.

Все ступени нашего духовного роста Творец подготовил нам заранее, произведя нисхождение кли сверху вниз: душа человека, получая свет от этих ступеней, последовательно поднимается по ним до слияния с Творцом. Создав эти ступени, Творец как бы показывает нам, чему человек должен быть подобен, как должен поступать, чтобы занять более высокий духовный уровень.

Если человек в состоянии преодолеть свой эгоизм во имя альтруизма на определенном уровне, он тут же получает еще больший эгоизм и снова должен приобрести на него масах. Поэтому сказано: у большого человека эгоизм больше (но именно потому, что он в состоянии преодолеть его). И поэтому каббалисты, преодолевающие все ступени духовного подъема, проходят (ощущают на себе) все самые низменные желания, которые только могут когда-либо проявиться в кли. Но как ужасны их падения, так же и велики их возвышения!

То, что человек не в состоянии вести себя почтенно, как другие, и уважительно относиться к себе и спокойно к другим, — это потому, что специально не дает возможности Творец так поступать и вести себя, чтобы не мог лгать себе и другим, а ощутив это свое поведение как зло для себя, захочет просить Творца, чтобы свыше исправил его, поскольку видит, что не в состоянии сам измениться, и уже осознал, что только Творец может его изменить, поскольку только изменившись изнутри, он сможет изменить и свое внешнее поведение.

Поскольку все творение находится после Ц"А, т.е. обязано выполнять его, то кли — это не просто большое желание, но плюс масах. Поэтому, как только человек начинает свои первые духовные движения, ему вдруг светит все вокруг, во всем он ощущает необычайное сквозное свечение.

Так продолжается некоторое время. Для чего? Это человек узнает только после выхода в духовный мир. Затем через некоторое время все вокруг становится абсолютно непривлекательным — настолько, что не мил, как говорится, Божий свет. Таким образом даются человеку противоположные ощущения наличия и отсутствия света.

А уже затем следует длительный период создания первого духовного кли: человеку даются такие страсти и желания, о существовании которых в себе он и не подозревал, настолько это низкие стремления. Но это не его желания, как и вообще все желания человека зарождаются в нем свыше. Все желания — это и есть то единственное, что создал Творец.

Кроме того, человек не должен пугаться той бездны собственных пороков, вдруг им обнаруживаемых, — все они пригодятся в будущем для продвижения вперед, и ничего не создано в человеке лишнего, а все черты характера и способности, как физические, так и умственные, только для того изначально созданы в нем, чтобы мог достичь цели своего сотворения.

Поэтому не стоит злиться на свой характер, и заниматься надо не самоедством, а исправлением. Тот, кто создал в нас все эти свойства, он только и может их исправить и сделает это, как только мы об этом попросим, т.е. сильно захотим.

Одна из начальных ступеней познания — выявить, что в человеке его личное, а что привнесено учебой и воспитанием. От приобретенного человек должен отстраниться, но не сам; а в итоге своего внутреннего развития он видит, что возвращается к своим исконным чертам характера, своей природе.

«Ниже — выше» — имеется в виду большее или меньшее сокрытие света. Материал — желание насладиться, которое и есть творение, остается без изменения. Изменяется только форма этого материала с эгоистической на альтруистическую, с намерения самонасладиться на намерение насладиться ради Творца.

Подчас во время продвижения к цели человек вдруг испытывает чувство собственного ничтожества и бессилия: нет у него ни знания Торы, не может совершить никаких неэгоистических действий, и все его мысли только о преуспевании в этом мире. И тогда человек впадает в депрессию, говоря себе, что приближение к Творцу дано лишь особым личностям, у которых от рождения есть особые силы, свойства, и мысли и желания их соответствуют этой цели, и сердце их стремится к Торе и работе над собою.

Но иногда во время таких состояний вдруг приходит чувство, что каждому уготовано место рядом с Творцом, и что постепенно все, в том числе и он, удостоятся духовных наслаждений от слияния с Творцом, и что нельзя отчаиваться, а надо верить в то, что Творец все может, и планирует путь каждого, и слышит и чувствует все, что чувствует каждый из нас, и ведет нас, и ждет наших встречных просьб о сближении.

Но затем снова он говорит себе, что уже и это я не раз говорил себе, и все равно ничего не изменялось. И в конечном итоге он остается погруженный в мысли о никчемности, собственной слабости.

Но если ему приходит мысль, что это состояние посылается ему Творцом специально для его преодоления, и усилием воли он начинает работать над собой, то вдруг получает вдохновение и силы от будущего состояния, к которому он стремится. Это означает, что свет его будущего состояния светит ему издали, потому как еще не может светить внутри него самого, поскольку его желания пока что эгоистичны, а свет не может войти и светить в таких желаниях.

А что не может сделать человек, делает время...

От издателя

Михаэль Лайтман
КАББАЛА
ТАЙНОЕ УЧЕНИЕ

Готовятся к изданию:

Наука Каббала

Эта книга – основной вводный курс для начинающих изучать «Науку Каббала». Великий каббалист 20 века, почти наш современник, Бааль Сулам «перевел» основные каббалистические источники, создававшиеся в течение тысячелетий, на язык современных поколений, которым предназначено проникнуть в высшие духовные миры. С помощью книг Бааль Сулама древнее учение становится доступно массам (как и предсказывали каббалисты прошлого).

Главная часть книги – «Введение в науку Каббала» – приводится с комментариями последователя и наследника Бааль Сулама, современного каббалиста Михаэля Лайтмана. Учебный курс включает большой альбом графиков и чертежей духовных миров, контрольные вопросы и ответы, словарь каббалистических терминов.

Том II – каббалистический словарь.

Основы Каббалы

Настоящий сборник является основной книгой для начинающих изучать Каббалу. Книга в доступной форме позволяет желающим проникнуть в тайны науки, на тысячелетия скрытой от глаз непосвященных. Автор разворачивает перед читателем всю панораму строения и системы мироздания. Открывает структуру высших миров и Законы Высшего Управления.

Желающий познать Высшее найдет в этом сборнике ответы на множество своих вопросов. В первую очередь на главный вопрос человека: «В чем смысл моей жизни?». Книга захватывает и увлекает, позволяет человеку проникнуть в самые глубинные тайны мира и самого себя.

Книга Зоар

Книга «Зоар» - основная и самая известная книга из всей многовековой каббалистической литературы. Хотя книга написана еще в IV веке н.э., многие века она была скрыта. Своим особенным, мистическим языком «Зоар» описывает устройство мироздания, кругооборот душ, тайны букв, будущее человечества. Книга уникальна по силе духовного воздействия на человека, по возможности её положительного влияния на судьбу читателя.

Величайшие каббалисты прошлого о книге «Зоар»:

...Книга «Зоар» («Книга Свечения») названа так, потому что излучает свет от Высшего источника. Этот свет несет изучающему высшее воздействие, озаряет его высшим знанием, раскрывает будущее, вводит читателя в постижение вечности и совершенства...

...Нет более высшего занятия, чем изучение книги «Зоар». Изучение книги «Зоар» выше любого другого учения, даже если изучающий не понимает...

...Даже тот, кто не понимает язык книги «Зоар», все равно обязан изучать её, потому что сам язык книги «Зоар» защищает изучающего и очищает его душу...

Талмуд Десяти Сфирот

Совершенно уникальная книга, написанная величайшим каббалистом Бааль Суламом (Властелин Восхождения). Автор использовал материалы книги «Зоар» и фундаментальную работу великого АРИ «Древо Жизни» (16 томов классической Каббалы). Соотнеся их со своими постижениями Высшего Управления, он создал гениальный научный труд, раскрыв глубинные пласты Каббалы современным поколениям.

Книга является самым мощным учебным пособием даже для самых серьезных каббалистов. Она совершенно логично, мотивированно, подробно и доказуемо разъясняет все причинно-следственные связи Высшего Замысла творения и его воплощения. Ни один момент в процессе создания мироздания не остался за пределами настоящей научной работы. Нет во всемирном архиве книги, могущей соревноваться с «Талмудом Десяти Сфирот» по глубине познания, широте изложения и величию объекта изучения.

Эта книга принадлежит к числу самых важных книг человечества.

Уроки Каббалы
(Виртуальный курс)

Крупнейший ученый-каббалист современности Михаэль Лайтман снимает завесы тайны с науки, уникальной по точности и глубине познания. В древней книге «Зоар» («Сияние») сказано о времени, когда пробудится в людях стремление вырваться в Высший мир, овладеть Высшими силами. Сегодня десятки тысяч учеников во всем мире получили возможность изучать скрытую до недавних пор методику постижения Высшего благодаря трансляциям виртуального курса Международной академии Каббалы.

Изложенный в книге материал виртуального курса явится вдохновляющим пособием для учащихся первых лет обучения и послужит всем, кто стремиться постичь Законы мироздания

Учение Десяти Сфирот

Материал книги основан на курсе, прочитанном руководителем Международной академии Каббалы равом Михаэлем Лайтманом по фундаментальному каббалистическому источнику «Талмуд Десяти Сфирот».

В книгу вошли комментарии на 1, 3 и 9 части уникального научного труда Бааль Сулама, описывающего зарождение души, ее конструкцию и пути постижения вечности и совершенства.

Каббалистический форум 2001

Книга «Каббалистический форум 2001» является избранным материалом из каббалистического интернет-сайта Международного каббалистического центра «Бней Барух». Форум содержит более двух миллионов вопросов изучающих Каббалу со всего мира.

В сборник вошли лишь наиболее интересные, любопытные и полезные для продвигающихся Путем Каббалы слушателей ответы Михаэля Лайтмана.

Настоящая книга рекомендована читателю, интересующемуся проблемами происхождения душ, корректировки судьбы, отношения Каббалы к семье, воспитанию, роли женщины.

Международный каббалистический центр «Бней Барух»

BNEI BARUCH P.O.B. 1552 RAMAT GAN 52115 ISRAEL
Адрес электронной почты: russian@kabbalah.info

Международная академия Каббалы
заочное отделение

Виртуальный курс для начинающих

- Международная академия Каббалы транслирует по всемирной системе Интернет курс заочного обучения «Введение в Науку Каббала».
- Участие в этих занятиях обеспечит освоение основ Науки Каббала, постижение высшего мира, знание о своем предназначении, причинах происходящего с вами, возможность управления судьбой.
- Курс рассчитан на начинающих и предназначен для дистанционного обучения на языках английском, русском, иврите.
- Занятия транслируются в видео- и аудиоформатах, с демонстрацией чертежей, возможностью задавать вопросы и получать ответы в режиме реального времени.
- Во время прямой трансляции, действует служба технической поддержки.
- Курс бесплатный, включая рассылку учащимся учебных пособий.
- Успешные занятия поощряются поездкой на семинары, происходящие 2 раза в год в разных странах мира.

Адрес подключения
http://www.kab.tv

Архив курса
http://www.kabbalah.info/ruskab/virt_uroki/virt_urok.htm

Русское отделение
http://www.kabbalah.info/ruskab/index_rus.htm

Международный каббалистический центр
«Бней Барух»

Издательская группа
kabbalah.info
+972 (3) 619-1301

Для книготорговых организаций
(заказ учебных пособий)

Америка и Канада.................... info@kabbalah.info,
                                        +1-866 LAITMAN
Израиль................................. zakaz@kabbalah.info,
                                        +972 (55) 606-701
Россия.................................. +7 (095) 721-7154, 109-0131
                                        109341, Москва, а/я 42

Запись в группы изучения Каббалы
(обучение бесплатное)

США (Восточное побережье)............. +1 (718) 288-2222, 645-3887
США (Западное побережье).............. +1 (650) 533-1629
Канада................................. +1-866 LAITMAN
Израиль................................ +972 (55) 606-701
Россия.................................. +7 (095) 721-7154, 109-0131

Заказ книг и учебных материалов на английском языке
+1-866 LAITMAN

Международный каббалистический центр
«Бней Барух»
http://www.kabbalah.info

Учитывая растущий интерес к знаниям Каббалы во всем мире, Академия Каббалы под руководством рава М.Лайтмана издает серию книг «Каббала. Тайное учение», транслирует виртуальные уроки, совершенствует интернет-сайт, открывает по всему миру группы изучения Каббалы. В рамках нашего заочного университета занимаются более 700 000 учащихся с 68 стран мира (на 1.01.2003).

Вся деятельность Академии Каббалы осуществляется на добровольные взносы и пожертвования ее членов. Каббалистические знания вносят в мир совершенство, безопасность, высшую цель.

Мы с благодарностью примем Вашу помощь.

Наш счет:
wire transfer
Bnei Baruch
TD Canada Trust
7967 Yonge Street
Thornhill, Ontario
Canada L3T 2C4
Tel: 905 881 3252
Branch / Transit #: 03162
Account #: 7599802
Intuition Code: 004
Swift Code: TDOMCATTTOR

Михаэль Лайтман
серия
КАББАЛА
ТАЙНОЕ УЧЕНИЕ

ДУХОВНЫЙ ПОИСК

Научно-просветительский фонд
«Древо Жизни»

Издательская группа
kabbalah.info
+972 (3) 619-1301

ISBN 5-902172-11-X

9 785902 172116

Подписано в печать 10.08.2003. Формат 60х90/16
Печать офсетная. Усл. печ. л. 34.
Тираж 9800экз. Заказ № .
Отпечатано в ОАО Можайский полиграфкомбинат,
Московская обл., г. Можайск, ул. Мира, 93.

www.ingramcontent.com/pod-product-compliance
Lightning Source LLC
Chambersburg PA
CBHW051703160426
43209CB00004B/1009